Schlosser, Julius von

Quellenbuch zur Kunstgeschichte des abendländischen Mittelalters

Schlosser, Julius von

Quellenbuch zur Kunstgeschichte des abendländischen Mittelalters

Inktank publishing, 2018

www.inktank-publishing.com

ISBN/EAN: 9783747751312

QUELLENBUCH

ZUR

UNSTGESCHICHTE

DES

ABENDLÄNDISCHEN MITTELALTERS.

AUSGEWÄHLTE TEXTE
ES VIERTEN BIS FÜNFZEHNTEN JAHRHUNDERTS

GESAMMELT VON

JULIUS VON SCHLOSSER.

MIT VIER ABBILDUNGEN IM TEXT.

SONDER-AUSGABE AUS EITELBERGER-ILGS QUELLENSCHRIFTEN

WIEN
VERLAG VON CARL GRAESER
1896.

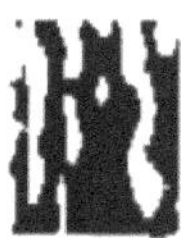

Vorwort.

Das vorliegende Buch ist aus einem eigenen Bedürfnisse hervorgewachsen. Der Schreiber dieser Zeilen hatte sich eine Sammlung der wichtigsten schriftlichen Quellen zur Kunstgeschichte des Mittelalters angelegt, um sie bei seinen Studien bequem zur Hand zu haben und nicht gezwungen zu sein, sie immer wieder von neuem, mit vieler Mühe und beträchtlichem Zeitverlust in den Originaldrucken aufsuchen zu müssen, die zum Theile schwer zugänglich und wenig handlich sind. So hat er gemeint, der Aufforderung des Herausgebers dieser Quellenschriften Folge leisten zu können und dem Fachmanne die wichtigsten dieser Schriftquellen in einem Bande vereinigt bieten zu dürfen, umsomehr, als die großen historischen und theologischen Sammelwerke, denen sie zumeist entnommen sind, kaum in der Privatbibliothek eines Kunsthistorikers zu finden sein mögen.

Dann leitete ihn noch eine andere Erwägung. Das Studium der schriftlichen Quellen wird heute neben dem Studium der Denkmäler, und mit Recht, nicht vernachlässigt; namentlich für den Studierenden ist es daher wichtig, sich bei Zeiten mit der Benützung dieser Quellen vertraut zu machen. Ich denke daher, dass diese Sammlung nicht ohne Vortheil bei akademischen Vorlesungen und bei Seminarübungen als Hilfsbuch verwendet werden kann.

Dieses Quellenbuch hat aber noch einen weiteren Ehrgeiz. Es will einen Überblick über die christlich-antike und mittelalterliche Kunstliteratur überhaupt geben, und in der Art, wie man dies auf rein geschichtlichem Gebiet bereits des öfteren versucht hat, ein kunsthistorisches Lesebuch darstellen, in dem die Äußerungen der mittleren Zeiten über ihre Kunst selbst vereinigt sind. Die Ordnung der einzelnen Stücke ist daher auch eine chronologische, nach der Zeit ihres Entstehens.

Mit dem Programme der in früheren Bänden dieser Quellenschriften veröffentlichten Sammlungen von literarischen Quellen (zur byzantinischen und karolingischen Kunstgeschichte) hat also dieser neue Band nichts gemein: jene streben eine möglichst vollständige Compilation aller Notizen und Stellen über die Kunst jener Zeiten an und sind wesentlich für einen kleineren Fachkreis bestimmt.[1]) Hier haben dagegen grundsätzlich nur größere, zusammenhängende Stücke Aufnahme gefunden, und auch diese nur in ihren wichtigsten und dem Kunsthistoriker interessantesten Partien. Gänzlich ausgeschlossen mussten, schon in Rücksicht auf den Umfang des Buches, alle nicht rein literarischen Äußerungen bleiben: so die Inschriften, — im eigentlichen Sinn, soweit sie an Monumenten erhalten sind — die Urkunden, Statute und Inventare, endlich, wie sich von selbst versteht, die selbständigen theoretischen Schriften.

Eine weitere Beschränkung zeigt der Titel an: es sind nur die Quellen des Abendlandes bis zum Ausgange des Mittelalters berücksichtigt worden.

Wien, zu Ostern 1895.

Dr. J. v. Schlosser.

[1]) Man findet deshalb auch die wichtigsten und ausführlichsten Stellen über karolingische Kunst in dem »Quellenbuche.«

Einleitung.

Überblick der Kunstliteratur vom IV. bis zum XV. Jahrhundert.

1. Es ist bekannt, dass die Kunstschriftstellerei der Antike qualitativ wie quantitativ eine bedeutende gewesen ist. Zunächst haben die Künstler selbst, wie später wieder in der Renaissance, Zirkel, Scarpell und Pinsel mit der Feder vertauscht und sich über ihre Kunst in Schriften und Anleitungen, bei denen bald das theoretische, bald das praktische Interesse überwog, vernehmen lassen. So haben Metrodor über die Baukunst, Antigonos über die Sculptur, Apelles über die Malerei, Euphranor über die Symmetrie und die Farben geschrieben. Alle diese Tractate sind uns nur aus der Encyclopädie des älteren Plinius bekannt; das einzige erhaltene Werk ist Vitruvs Buch De architectura, das noch zur Zeit Karls des Großen, im Kreise Einharts, fleißig studiert wurde und namentlich seit dem XVI. Jahrhundert durch die Vitruvianer zu kanonischem Ansehen gelangt ist. Daneben wissen wir, eben durch Vitruv, von Denkschriften, die einzelne Architekten über bedeutende von ihnen ausgeführte Bauwerke hinterlassen haben, wie z. B. Theodoros über den berühmten Heratempel von Samos. Sie bilden als historisch-technische Monographien den Übergang zu der folgenden Gruppe.

Kunstliteratur der Antike.

Denn auch die historische Betrachtung der Kunst haben die Alten bereits in den Kreis ihrer Studien gezogen. Aus Plinius wissen wir, dass Pasiteles über berühmte Kunstwerke, der Mauretanier Iuba Biographieen von Malern geschrieben hat; selbst die ikonographische Methode ist schon durch des Atticus Schrift über die Bildnisse berühmter Männer vertreten. Das einzig erhaltene dieser Art sind jedoch die Capitel, die Plinius in seiner großen naturwissenschaftlichen Encyclopädie den bildenden Künsten gewidmet hat, der erste Versuch einer historischen Darstellung der alten Kunst im Großen. Eine besondere Gattung bildet die periegetische Literatur, deren bedeutendster Vertreter Pausanias mit seinem Führer durch Griechenland ist.

Einen wesentlich anderen Standpunkt haben der Kunst gegenüber die alten Rhetoren eingenommen. Sie ist ihnen zunächst Mittel zum Zweck, indem sie ihnen brauchbare Sujets zu geistreichen Feuilletons oder zu Schulübungen liefert. Daneben tritt aber in diesen ἐκφράσεις, (wie der technische Ausdruck für solche Bilderbeschreibungen lautet) doch auch ein starkes ästhetisches Interesse hervor, namentlich bei Lukian — der ja von Haus aus zum bildenden Künstler bestimmt war — schwächer bei dem älteren Philostrat und seinen Nachahmern. Diese Ekphrasen, die natürlich auch gebundene Form annehmen können, wie in Statius' Beschreibung der Reiterstatue Domitians, sind dann aus den Rhetorenschulen in die Belletristik hinübergewandert und Gemäldebeschreibungen bilden bekanntlich ein ständiges Requisit des spätantiken Romans, schon bei Petronius.

Ähnlich ist die Stellung der spätantiken, namentlich der hellenistischen Poesie zur bildenden Kunst. Sehen wir von den metrischen Künstlerinschriften ab, die eine eigene Classe für sich bilden und von Hirschfeld, Loewy, Preger, gesammelt worden sind, so tritt das Epigramm, jene feine Blüthe hellenistischen Geistes, der Kunst ähnlich wie die Ekphrase gegenüber. Die Kunst gibt ihm Anlass zu blendender, geistreicher Entfaltung von Witz und Scharfsinn, zu immer neuer Variirung desselben Themas, aus dem der literarische Ehrgeiz immer wieder einen neuen Funken zu locken nicht ermüdet, wie am besten die zahllosen Epigramme auf Myrons Kuh beweisen. Die reale Anschauung des Kunstwerkes tritt schließlich bei diesen Spielen des Witzes ganz zurück.

Kunstliteratur des Mittelalters.

2. Die drei verschiedenen Gattungen der alten Kunstliteratur, die wir als die theoretische, die historische und als die ästhetische im weitesten Sinne bezeichnen können, haben sich im allgemeinen, wenn auch mit starken Veränderungen in Form und Inhalt, durch das ganze Mittelalter hindurch erhalten.[1]) Am

[1]) Ein Handbuch der Kunstliteratur in der Art von Wattenbachs ausgezeichnetem Werke über die Geschichtsquellen Deutschlands existiert bisher

besten natürlich in Byzanz, wo die Literaturgattungen des Hellenismus überhaupt fortlebten und durch die humanistischen Bestrebungen unter den Komnenen und Paläologen mächtige Förderung erhielten. Da die byzantinische Kunstliteratur außerhalb des Rahmens dieser Einleitung liegt, so kann nur auf weniges kurz hingewiesen werden, wie auf das ganz einzig dastehende Malerbuch vom Berge Athos, auf Prokop's Schrift über die Bauten des Justinian, auf die Abhandlung des Niketas Choniatas über die antiken Kunstwerke von Konstantinopel, auf die Topographie des Kodinos, auf des Paulos Silentiarios versificierte Beschreibung der Sophienkirche, auf die Epigramme des Manuel Philes und die zahlreichen Ekphrasen, theils auf wirklicher Anschauung beruhend, wie sie, im Stile Lukians, noch zu Beginn des fünfzehnten Jahrhunderts gepflegt wurden, theils auf freier Erfindung, wie in der byzantinischen Unterhaltungsliteratur. Byzanz. Die Ekphrasis.

Auch die theoretischen Kunstbücher des Mittelalters, deren Hauptrepräsentant die »Schedula« des Theophilus ist, bleiben natürlich, da sie nur den technischen Standpunkt vertreten, außerhalb des Rahmens dieses kunsthistorischen Lesebuches und damit dieser Einleitung. Theoretische Schriften.

3. Während die alten Gattungen, wie gesagt, im wesentlichen ziemlich stationär bleiben, zeigt sich in der poetischen Kunstliteratur des Abendlandes schon im vierten Jahrhundert n. Chr. eine sehr merkwürdige neue Erscheinung, die für die Kunst der neuen diocletianisch-constantinischen Ära nicht minder bezeichnend ist, als die Veränderung der classischen Schriftsprache in Geist und Form durch den Einfluss der Bibelsprache. An die Stelle des alten geistreichen Kunstepigramms, das in Byzanz noch lange sein Dasein gefristet hat, tritt eine neue, der Antike nur in ihren Anfängen (Aufschriften der Kypseloslade bei Paus. V., 17—19.) bekannte literarische Form, der Titulus.[1]) Es ist bezeichnend, Der Titulus.

---

nicht. Die treffliche »Einleitung in die monumentale Theologie« von Piper (Gotha, 1867) bietet zwar einen Ersatz, verfolgt jedoch wesentlich kirchlich archäologische Zwecke und ist daher namentlich für die neuere Zeit unzureichend. K. Frey stellt in der Vorrede zu seiner Ausgabe des Magliabechianus (Berlin, 1892) einen Leitfaden der Kunsthistoriographie in Aussicht.

[1]) Die eigentlichen, monumental erhaltenen Inschriften sind hier, wie im Texte, als einem andern Gebiete angehörig, bei Seite gelassen worden. Ich

dass er im griechischen Osten nie jene Rolle wie im Abendlande gespielt hat; namentlich in späterer Zeit, unter dem Einflusse des komnenischen Humanismus sucht er sich dort dem alten hellenistischen Epigramm wieder zu nähern, wie besonders die zahlreichen Verse dieser Art bei Manuel Philes zeigen.

Der Titulus ist seinem Geiste nach schon eine echt christlich-mittelalterliche Schöpfung, die sich vom alten Epigramme scharf unterscheidet. Hier enthüllt sich ein Gegensatz zweier Welten, der formfreudigen sterbenden Antike und des jungen Christenthums, das mit Angst und Sehnen hinter dem Schleier der Dinge ihr räthselhaftes Wesen zu erspähen sucht. Das alte Götterbild des vollendeten Stils war ein in sich abgeschlossenes Ideal, das über seine Kunstwirkung hinaus in keine nähere Beziehung zum Beschauer treten wollte; und seine formale Wirkung in sorgfältig zugeschliffener Form darzulegen, mit einer treffenden Pointe, war das Bestreben des alten Epigramms, das damit eine vom Kunstwerke völlig unabhängige, künstlerische Schätzung für sich in Anspruch nahm, wenn es auch ursprünglich, mit dem Kunstwerke als »Aufschrift« verbunden, dessen Veranlassung, den Künstler und Stifter, dem Volke kundgeben sollte. Ganz anders der Titulus. Er ist unlöslich, zu einer Einheit mit dem Bilde verbunden, und nur die zerstörende Kraft der Zeit hat ihn von diesem zu lösen gewusst. Er hat eine ganz andere, praktische Bestimmung, er soll das Bild, das nicht mehr allein formal wirken will, auch bald nicht mehr kann, ergänzen, zu einer gemalten Predigt, lehrsam und erbaulich. Es braucht nicht an das bekannte Wort Gregors des Großen über die Bibel der Armen im Geiste erinnert zu werden, damit man erkenne, dass die Kunst jetzt vor allem sittlich, religiös wirken, also einem außerhalb ihrer Bestimmung, zum Theil auch außerhalb ihres Vermögens liegenden Zwecke dienen soll. Nicht mehr die Form, der Inhalt steht in erster Linie, und ein ganz neuer Inhalt; was Wunder, dass darüber die alte Form starr und ausdruckslos wurde.

---

verweise auf die reiche epigraphische Literatur, auf de Rossi (Rom), Le Blant (Gallien), Allmer und Terrebasse (Vienne), Kraus (Rheinlande) etc. Vgl. Künstler, Die altchristl. Inschriften Afrika's nach dem Corpus Inscr. Lat. VIII. als Quelle f. altchr. Archäologie u. Kirchengesch. Tübinger Theologische Quartalschrift 1885.

Dieses übermächtige Ansehen des Inhalts hat denn auch dazu geführt, dass die einfache künstlerische, plastische oder malerische, an ganz anderen Stoffen herangebildete Form nicht mehr allein genügte, dass wie im Beginne der Entwickelung, wiederum das allein deutlich machende Wort eintreten musste; ein lehrreiches Schauspiel, an jenes erinnernd, wie der gewaltigste Symphoniker die Schranken seiner Kunst überschreitend, das lebendige Menschenwort das sagen ließ, was seine Instrumente nicht mehr oder noch nicht vermochten.

Dieser erklärende und moralisierende Titulus nun, der mit der Darstellung zu einem festen Gebilde verwachsen ist, findet sich völlig als Kunstform ausgebildet schon bei den christlichen Dichtern des vierten Jahrhunderts,[1] besonders bei Prudentius (348 bis 410) und bei Paulinus von Nola (353—431).[2] Namentlich der Brief des letzteren an den Schüler und Biographen des heil. Martin, Sulpicius Severus, ist für die Geschichte des Titulus sehr lehrreich; Paulinus sendet darin seinem gallischen Freunde auf dessen Ansuchen poetische Unterschriften; unter anderm für das Bild des kurz vorher (401) gestorbenen h. Martinus und für sein eigenes Bildnis — eine der merkwürdigsten Thatsachen der alten Kunstgeschichte. Paulinus hat die Bilder in Primuliacum selbst wohl nicht gesehen; der rein literarische Charakter des alten Titulus tritt hier scharf hervor.

Viel straffer und bestimmter als die lang ausgesponnenen Wandgedichte des Paulinus sind die 49 Tetrasticha, welche das sog. Dittochaeon (von διττός und ὀχή Doppelnahrung, nämlich aus dem alten und neuen Testamente) des Prudentius ausmachen. Schon durch das Ansehen dieses bedeutenden christlichen Dichters sind sie in ihrer knappen, eindringlichen Form für den erzählenden und erläuternden Titulus des späteren Mittelalters vorbildlich geworden: fast rein descriptiv, geben sie den Inhalt des

[1] Zuerst in den berühmten Inschriften des Damasus. Vgl. die neue Ausgabe von Ihm, die als Supplement der Riese'schen Anthologia Latina bei Teubner erschienen ist.

[2] Der zweite Band der neuen, von W. von Hartel besorgten Ausgabe des Paulinus im Wiener Kirchenvätercorpus erschien, als der aus Migne geschöpfte (übrigens gute) Text des Quellenbuches bereits gedruckt war. Die abweichenden Lesarten und Verbesserungen Hartels werden im Anhange angeführt werden.

Dargestellten in kurzen Worten an und enthalten sich zumeist moralischer Nutzanwendungen. Diese *erbauliche* Seite des Titulus tritt besonders in den Gedichten des *Venantius Fortunatus* (um 565) für die Grabeskirche des h. Martin zu Tours hervor.

Der Programm-Titulus.

Schon das Dittochaeon des Prudenz lässt der Vermuthung Spielraum, dass seine Verse nicht post festum, sondern als *Programm* für erst auszuführende Malereien gedacht seien. Dieses Vorhergehen des geschriebenen Wortes vor dem Bilde ist wieder sehr charakteristisch für die Anschauung des Mittelalters, in der das Wort überhaupt das Bild meistert, die Kunst gängelt. Scharf tritt diese Überzeugung von der Inferiorität des plastischen Gedankens in einem Briefe des Hrabanus Maurus an Abt Hatto von Fulda hervor, der selbst die Malerei ausübte und wahrscheinlich die Bilder zu Hraban's figuriertem Gedicht über das h. Kreuz ausgeführt hat.

Dass der Titulus wirklich zuweilen die Stelle eines Programmes für den Maler vertreten hat, sehen wir aus den Unterschriften, die *Ekkehard* IV. von St. Gallen auf Wunsch Erzbischof Aribo's für den Dom von Mainz gedichtet hat. Es ist der umfangreichste Cyclus von Inschriften, den wir kennen; er umfasst fast alle bedeutende Ereignisse der biblischen Geschichte; die Auswahl hatte nach der Überschrift »Eligantur qui picturis conveniant« wohl der Besteller Aribo sich vorbehalten.

Der Titulus des späten Mittelalters.

Im späteren Mittelalter, im italienischen Trecento, hat der Titulus durchaus keine Verminderung seines Ansehens erfahren; er verändert nur, der Reife der bildenden Kunst entsprechend, seinen Charakter. Der *erbauliche* Titulus, als Spruchband oder als selbständige Inschrift, erweitert sich, namentlich in Italien, in Pisa und Siena, zu einem ganz eigenartigen literarischen Gebilde; ich erinnere nur an die ergreifende Canzone des »Trionfo della morte«. Der alte erläuternde Titulus ist für diese vorgeschrittene Kunst nur mehr ein atavistischer Rest; dagegen finden wir jetzt eine andere merkwürdige Abart, den *erzählenden, prosaischen Titulus*, der in behaglicher Breite, zu einer ganzen kleinen Geschichte sich erweiternd, nicht etwa das Gemälde beschreibt, sondern unbekümmert um dieses seinen eigenen Weg geht, so dass sich gewöhnlich ein plus oder minus im Vergleich zu der Darstellung ergibt.[1]) Derart sind die noch erhaltenen Inschriften der alten historischen Gemälde im Dogenpalast; im Palaste der Carrara zu Padua standen unter den Fresken Guariento's aus der römischen Geschichte gar die Capitel des eigens für diesen Zweck gefertigten Auszuges von Petrarca's Biographien der berühmten Alten.[2]) Bis tief in die Renaissance hinein hat sich dieser Brauch erhalten. Zeuge dafür die herrlichen Burgundertapeten Karls des Kühnen in Bern und Pintoricchio's Gemälde aus dem Leben Enea Silvio's in der Libreria zu Siena. Es hat nicht dabei sein Bewenden. Das lehrhafte Interesse des Mittelalters tritt vielleicht noch stärker in den merkwürdigen, von Hartmann Schedel aufbehaltenen Inschriften der Bibliothek eines brandenburgischen Prämonstratenserstiftes hervor, die ein ganzes Compendium der scholastischen Philosophie darstellen.[3]) Die Malerei hat aber dabei entschieden das Übergewicht, sie sinkt nicht zur Illustration herab, wie in einer gewissen Periode der modernen Malerei, deren philosophische Speculationen und vergessene Haupt- und Staatsactionen ohne den gedruckten Commentar allerdings unverständlich waren.

Eine ganz eigenthümliche Form der Programminschrift lernen wir endlich noch in der realistischen Kunstperiode des XV. Jahrhunderts in den »Dicts moraulx« des Henri Baude kennen; es sind kleine moralische Allegorien in dramatischer Form, zur Darstellung auf Tapeten (Arazzi) bestimmt. Bild und Schrift ergänzen hier einander so sehr, dass das eine nicht als Illustration des andern zu betrachten ist. Dasselbe gilt für die von Schedel mitgetheilten Bilderverse, die im gewissen Sinne das nordländische Gegenstück der Canzonen auf den Fresken des toscanischen Trecento sind.

Die poetische Kunstbeschreibung.

4. Die prosaische Ekphrase hat im abendländischen Mittelalter keine Fortsetzung gefunden. Dagegen ist die poetische Kunstbeschreibung im christlichen Alterthum durch zwei

[1]) Ganz dasselbe ist der Fall bei den für die frühmittelalterliche Buchmalerei so wichtigen Schultafeln in der Art der Tabula Iliaca, deren vollständigstes Exemplar sich bekanntlich im Museo Capitolino befindet. Vgl. O. Jahn, griechische Bilderchroniken, Bonn 1873.

[2]) Jahrbuch der Kunstsammlungen des a. h. Kaiserhauses. Bd. XVI., S. 185.

[3]) In diesem Quellenbuch sind nur die Beschreibungen der Gemälde aufgenommen worden; vollständig ist der Text Schedel's abgedruckt im Jahrbuche der Kunstsammlungen des a. h. Kaiserhauses. Bd. XVII.

sehr interessante und lebendige Schilderungen des Prudentius, der Welt der Katakomben entnommen, vertreten. Sie hat dann namentlich in der karolingischen Zeit mit ihrer Restauration der Antike eifrige Pflege gefunden: ihr bedeutendster Vertreter ist der gelehrte Bischof Theodulf von Orléans († 821), ein romanisierter Gothe aus Südfrankreich (?), in dem sich die ganze Überlegenheit und feine Cultur jener im späten Alterthum so mächtig hervortretenden Landschaft Galliens noch einmal kräftig ausspricht. Er hat selbst die Kunst ausgiebig gefördert; doch theilt er diesen Ruhm mit anderen berühmten Zeitgenossen, — mit Alcuin, Angilbert, Einhart. Viel wichtiger und bedeutsamer ist aber seine ganz exceptionelle Stellung dem Kunstwerke gegenüber, dem er ein lebhaftes formales, nicht bloß inhaltliches Interesse entgegenbringt. Über ihm liegt der letzte Schimmer der Sonne des Alterthums, und das macht seine poetischen Schilderungen von Kunstwerken,[1]) die als selbständige Stücke auftreten und richtige Ekphrasen in gebundener Rede sind, kunsthistorisch so interessant. An Formgefühl weit unter diesem letzten Römer stehen zwei echte Germanen der ludovicianischen Ära, von denen uns ähnliche poetische Kunstschilderungen erhalten sind, Ermoldus Nigellus mit seiner Beschreibung der Pfalz von Ingelheim und Walafrid Strabo aus der Reichenau mit seinem culturgeschichtlich höchst merkwürdigen Gedichte über die Reiterstatue Theodorich's, die Karl d. Gr. von Ravenna nach Aachen versetzt hatte. Namentlich bei dem letzteren zeigt sich die mittelalterliche Anschauung des Kunstwerkes schon auf das deutlichste ausgeprägt; hier finden wir schon eine starke Hinneigung zur dämonistischen Auffassung der alten Kunst, die auch bei den spätbyzantinischen Topographen so grell hervortritt.

Eine sehr interessante Beschreibung des Prunkgemaches einer vornehmen Dame zu Beginn des zwölften Jahrhunderts ist in einem lateinischen Gedichte des Abtes Baudri von Bourgeuil erhalten. An der Realität des Geschilderten kann der ganzen Haltung des Poems nach kein Zweifel aufkommen, wenn auch im Detail manches dichterisch ausgeschmückt sein mag.

---

[1]) Am lebendigsten tritt sein Formgefühl in der Beschreibung eines antiken Metallgefäßes mit den Thaten des Hercules (inseriert dem Gedichte »contra indices«, Karoling. Schriftquellen no. 1034, vgl. no. 1135—1137) hervor.

Baudri leitet uns über zu den fictiven Beschreibungen von Kunstwerken, wie sie seit der Antike in den Unterhaltungsschriften beliebt, auch in die Nationalliteraturen des Mittelalters, in die byzantinische wie in die abendländischen, übergegangen sind. Bekanntlich hat sich um die reale Grundlage der philostratischen Bilderbeschreibungen ein gelehrter, aber recht unnützer Streit erhoben. Nun ist zunächst in einer sehr großen Anzahl von Fällen thatsächlich nachgewiesen, dass die Verfasser solcher rhetorischer oder dichterischer Ekphrasen ein wirkliches Kunstwerk vor Augen gehabt haben, das sie mehr oder minder frei, in den meisten Fällen wohl als Erinnerungsbild, behandelten. Man vergleiche doch nur moderne Schilderungen dieser Art, bei denen uns die Nachprüfung noch möglich ist, etwa in Heinse's Ardinghello. Aber auch, wo nicht einmal eine unmittelbare Anschauung, ein directes Erinnerungs bild vorhanden ist, ist die Phantasie des Beschreibers doch von dem künstlerischen Milieu seiner Zeit befruchtet, derart, dass seine Schilderungen, natürlich mit kritischem Urtheil, als historische Zeugnisse zu benutzen sind. Dies trifft auch auf die in diesem Buche mitgetheilten Schilderungen aus mittelalterlichen Dichtern zu: der Sattel Enîtens, den Hartmann beschreibt, die Wandgemälde der Liebesburg in Boccaccio's Amorosa Visione finden ihr Gegenbild in noch erhaltenen Kunstwerken ihrer Zeit, und selbst die höchst phantastische Schilderung des Graltempels im jüngeren Titurel enthüllt uns die magische, mystische Kraft, mit der die neue gothische Bauweise die Phantasie des deutschen Mittelalters gefangen nahm. Die Schilderung lässt sich an wie ein literarisches Gegenstück zu den phantastischen Rundbauten auf den Bildern der alten italienischen und nordländischen Maler, die in letzter Linie auf den berühmten Felsendom von Moria zurückgehen. Dagegen ist die Palastbeschreibung der »Intelligenzia« ein merkwürdiges Zeugnis dafür, wie ein Denkmal der spätantiken Kunst als dichterisches Versatzstück gebraucht wird. Fictive Kunstschilderungen.

5. Kommt in diesen dichterischen Erzeugnissen das ästhetische Interesse des Mittelalters am Kunstwerke, wenn auch nur schwach und nicht unmittelbar, zum Ausdrucke, so müssen wir die Ansätze einer eigentlichen Kunsthistoriographie mühsam in den verschiedenen Geschichtswerken zusammensuchen. Sowohl die diplomatische Methode als das Studium der Kunsthistoriographie.

Monumente sind hier, wenn auch in dürftigen Anfängen, zu bemerken.

Vor allem war man in Rom, am Sitze der Curie mit ihrer trefflichen, altrömischen Gewohnheiten nachgebildeten Organisation des Verwaltungswesens, seit jeher darauf bedacht, die zahllosen Schätze, die sich in den Kirchen und Klöstern aufgehäuft hatten, in Evidenz zu halten, genaue Inventare anzulegen, in denen Zahl, Größe, Gewicht, Wert, die Beschaffenheit der einzelnen Stücke sorgfältig vermerkt waren. Und so bietet uns die Chronik des päpstlichen Rom, der Liber pontificalis Romanus, das erste Beispiel einer auf Urkunden und archivalischen Aufzeichnungen beruhenden Darstellung der officiellen Kunstpflege am päpstlichen Hofe, der Dotierung der einzelnen Kirchen und Klöster, endlich des päpstlichen Palastes selbst mit Kunstwerken aller Art, wie sie mit zu den wichtigsten Obliegenheiten der Pontifices gehörte. Diese Register nehmen in vielen Biographien einen breiteren Raum ein als die Erzählung der übrigen Regierungshandlungen.

Dieses Beispiel des Caput mundi wirkte natürlich auf die übrigen Glieder des hierarchischen Organismus mächtig ein. Wie an der Curie, so legte man auch in den Kirchen und Klöstern anderer Länder schon frühzeitig Schatzverzeichnisse, Register u. s. w. an und die Chronisten haben denn auch aus dieser reichlich fließenden Quelle für ihre Localgeschichten zu schöpfen nicht unterlassen. Ich verweise nur auf die Beschreibung, die Erzbischof Christian II. nach alten Urkunden vom Mainzer Domschatz gegeben hat, oder auf die merkwürdige Bauurkunde des Klosters Farfa, die der Mönch Guido seiner Redaction der cluniacensischen Disciplinarvorschriften eingefügt hat.

Inventare. Erst im XIV. Jahrhundert, da sich das höfische Leben voll reichen Prunkes entwickelte, ungeheure Schätze in den Kammern und Garderoben der Fürstenschlösser sich häuften, hat man auch in weltlichen Kreisen an eine regelmäßige Inventarisation dieser Kostbarkeiten gedacht. Frankreich, vor allem der glänzende Hof der Valois, ist darin den übrigen Ländern vorangegangen, es beginnt damit für die Kunstgeschichte eine Quelle von größter Fülle, größter Wichtigkeit zu fließen. Doch müssen wir diese

Inventare, da sie nicht zur Literatur im eigentlichen Sinne gehören, hier beiseite lassen.[1])

Im römischen Pontificalbuch vermisst man aber auch das archäologische Interesse an den Denkmälern selbst nicht. Bau und Ausschmückung von Kirchen, namentlich ihre Ausstattung mit reichem, kunstvoll verziertem Geräth, haben ja immer zu den Ruhmestiteln nicht nur der Kirchenfürsten, sondern auch der weltlichen Herren gehört, und so bildet die Aufzählung und Beschreibung von solchen Stiftungen einen integrierenden Bestandtheil ihrer Biographien. Freilich ist das Interesse, das die Chronisten an den Denkmälern zeigen, ein sehr verschiedenes; die einen gehen kurz über sie hinweg, während die anderen mit Liebe und Behagen bei ihnen verweilen und manch wertvolles Detail mittheilen, je nach ihrer Individualität. So hat Gregor von Tours es sich angelegen sein lassen, neben anderen architektonischen Einzelheiten auch die genauen Maße von zwei bedeutenden Kirchen des Frankenreiches, der Martinskirche in Tours und der Basilica des Namatius in Clermont, mitzutheilen, die nicht nur auf directer Anschauung, sondern auch auf archivalischem Material, Bauurkunden u. dgl. beruhen. In späterer Zeit sind namentlich einzelne Klostergeschichten durch ihre reiche Fülle an Kunstnachrichten bemerkenswert, im Norden die Chroniken von Petershausen bei Constanz und von St. Trond bei Maastricht, im Süden namentlich Leo's von Ostia reiche und interessante Geschichte von Monte Cassino, des Mutterklosters des ältesten abendländischen Ordens.

Eine Stellung für sich nimmt ein Oberitaliener des neunten Jahrhunderts, Agnellus, der Verfasser des Pontificalbuches von Ravenna, ein. Er ist der erste, der mit Bewusstsein die Monumente als geschichtliche Quellen benützt und aus ihnen chronologische Schlüsse zieht. Dann ist keiner so eifrig und verständnisvoll wie er auf die Schilderung der Denkmäler, auch in ihrer äußeren Erhaltung, bedacht gewesen, und insofern ist Agnellus als der Ahnherr der späteren Localantiquare Italiens zu bezeichnen.

Eine Gruppe für sich bilden dann einzelne Monographien Monographien.

[1]) Die wichtigsten, hieher gehörigen Publicationen findet man zusammengestellt in meinem Aufsatze: Ein fürstlicher Kunstfreund Frankreichs im XIV. Jahrhundert. Beilage zur (Münchener) Allg. Zeitung 1894, no. 220.

über hervorragende Bauwerke. Zumeist sind es Denkschriften. die von den Bauherren selbst oder von unmittelbar daran interessierten Personen abgefasst wurden, ähnlich den Rechenschaftsberichten der antiken Baumeister. Hieher gehören neben dem Briefe des h. Paulinus an Sulpicius Severus, worin er seine Bauten in Nola und Fundi schildert, besonders die Denkschrift Angilbert's über seine Kirche in Centula-St. Riquier, der historisch äußerst interessante Compte-rendu Suger's über seine Bauthätigkeit in St. Denis, der Geburtsstätte des gothischen Stils, und der Tractat des Gervasius über den Neubau der Kathedrale von Canterbury.

Im fünfzehnten Jahrhundert sind es dann namentlich Polyhistoren, deren compilatorische Thätigkeit sich schon im Sinne der späteren Antiquare auch auf die Kunst der Vergangenheit erstreckt. So hat der Nürnberger Arzt Hartmann Schedel, der Verfasser der berühmten Weltchronik, seinen emsigen Sammelfleiß auch auf das Gebiet der bildenden Künste ausgedehnt. Sein reicher handschriftlicher Nachlass auf der Bibliothek zu München ist in dieser Beziehung noch sehr wenig durchforscht: ich habe aus einem seiner sauber geschriebenen Codices zwei charakteristische Beispiele ausgewählt. Schedel steht gewissermaßen auf dem ikonographischen Standpunkt: als echten Abkömmling des nordländischen Mittelalters interessiert ihn nicht das Formale, das Historisch-Persönliche an dem Kunstwerke, sondern ausschließlich dessen gelehrter oder merkwürdiger Inhalt, zu einer Zeit, wo in Italien bereits die Künstlerbiographie beginnt.

Periegetische und topographische Literatur.

Auch die periegetisch-topographische Literatur hat im Mittelalter reiche Nachfolge gefunden. Eines der interessantesten Werke dieser Art, weil es uns den Zustand der Bauwerke im h. Lande bald nach dem Siege des Islam schildert, ist der Bericht über die Pilgerfahrt des h. Arculf, nach dessen Angaben von Adamnanus (nach 700) aufgezeichnet, interessant auch durch die beigefügten, wenn gleich rohen Grundrisse, als die ersten Versuche archäologischer Illustration. Auf die spätere topographische Literatur, die sich im Osten wie schon gesagt, hauptsächlich an Konstantinopel, im Westen an Rom knüpft, auf die Itinerarien und sagenhaft aufgeputzten Mirabilia urbis Romæ kann ich hier nicht eingehen; ihr Schwerpunkt liegt ebenso, wie bei den verwandten Monographien des Johannes Diaconus und des Petrus Mallius (beide lebten im XII. Jahrhundert) über die Basiliken des Lateran und Vatican, vielmehr auf archäologischem und topographischem als auf kunsthistorischem Gebiete.

Zum Schlusse haben wir noch die biographischen Versuche zu erwähnen; auf dieser Seite liegt ja schon im Alterthume das Hauptgewicht der kunsthistorischen Betrachtung und von hier ist auch die moderne Kunstgeschichtschreibung ausgegangen. Biographien.

Im früheren Mittelalter können wir aber nur im uneigentlichen Sinne von Künstlerbiographien sprechen. Denn nicht die künstlerische Thätigkeit ist es, die den Anspruch auf eine Lebensbeschreibung erheben darf, bis dahin ist die Schätzung der Kunst um ihrer selbst willen noch nicht gediehen. So sehen wir denn auch bei den Biographien des h. Eligius wie des h. Bernward von Hildesheim, die von persönlichen Freunden und Zeitgenossen — Audoën und Thangmar — verfasst, größte Authenticität besitzen, dass das künstlerische Schaffen dieser beiden nur ein nebensächliches Element in ihrem Lebensbilde ist und das kirchliche und politische Leben bei diesen Kirchenfürsten im Vordergrunde steht.

Von andern Künstlern, deren sociale Stellung keine so hohe war, als dieser beiden Männer, ist uns gewöhnlich nicht viel mehr als der Name überliefert. Nur wenn sich die geschäftige Legende ihrer Gestalt bemächtigt hat, bekommen wir ein körperlicheres, dafür aber auch im Zwielichte der Sage schwankendes Bild ihres Lebens. Dies ist schon bei jenem Maler Johannes aus Italien der Fall, dessen die Biographie des Bischofs Balderich von Lüttich gedenkt; eine vollständige Künstlerlegende, hinter der die historische Figur fast völlig verschwindet, hat sich aber um die Gestalt des Tuotilo (urkundlich von 895 bis 912 nachweisbar) gebildet, den man eine Personification des Kunstlebens von St. Gallen (wo er sogar als Heiliger verehrt worden ist), nennen und — licet parva componere magnis — mit dem Dädalus der altgriechischen Künstlersage vergleichen könnte. Ekkehard IV., der uns schon als fruchtbarer Titulusdichter begegnet ist, hat Tuotilos Gestalt in seiner anmuthigen Hauschronik des Klosters St. Gallen fixiert. Die Künstlerlegende.

Das persönliche Interesse am Künstler ist im Norden bekanntlich überhaupt erst sehr spät erwacht. Nichts bezeichnet die Stellung der Künstler deutlicher, als dass noch die Meister der deutschen Frührenaissance ihre plastischen Werke, ihre Gemälde und Kunstblätter höchstens mit einem Monogramm, das nicht viel mehr vorstellt als eine Fabriksmarke, zeichneten, dass noch Dürer, der daheim vor den eitlen Krämern an der Pegnitz sich bücken musste, wehmüthig-drollig aus Welschland nach Hause schrieb: »O wie wird mich nach der Sonnen frieren! Hier bin ich ein Herr, daheim ein Schmarotzer.« Es ist etwas sehr seltenes, wenn einmal die Limburger Chronik den Namen eines bedeutenden Malers, wie Wilhelms von Köln, im Vorbeigehen erwähnt; und erst in der zweiten Hälfte des XVI. Jahrhunderts hat man in Deutschland mit dürftigen Aufzeichnungen über Künstler und Kunstwerke begonnen.

Italien.

6. Ganz anders in Italien. Schon seit dem Ende des dreizehnten Jahrhundert trägt dort die Kunst einen durchaus modernen Charakter; die Persönlichkeit des Künstlers tritt frei und kräftig hervor und lebt individuell, scharf umrissen im Gedächtnis der Nachwelt fort, so dass sich selbst die populäre Kunstform der Novelle ihrer bemächtigt. Eine solche Novelle, im Stile der alten Fabliauxsammlung des »Novellino« ist die von Benvenuto da Imola, einem der ältesten Dantecommentatoren erzählte Anekdote von Giotto und Dante. Auch Franco Sacchetti bringt schon ausgeführte Erzählungen, in denen sich das fröhliche, ungebundene Künstlertreiben in der Figur des lustigen Buffalmacco spiegelt. Dieses mächtige Hervortreten der Individualität, dieser Cultus der Persönlichkeit, der bald durch den humanistischen Gedanken der antiken »Gloria« neue Nahrung erhalten sollte, spiegelt sich in den Sonetten, die der berühmteste Dichter des Trecento nach Dante, Petrarca, seinem Freunde, dem sienesischen Maler Simone Martini gewidmet hat. Wie lange hat es gedauert, bis im Norden der Künstler den Dichter inspiriert hat?

Die Künstlernovelle.

Mit der antiken Ruhmesidee hängt es auch zusammen, wenn in Italien, wo die Kunst eine der wichtigsten öffentlichen Angelegenheiten bildet, nun auch die Erinnerung an die Leistungen der berühmten Künstler neben denen der Staatsmänner und Heerführer, der Gelehrten und Dichter, in ihren Heimatstädten sorg-

Die Künstlerbiographie.

fältig gepflegt, weiterlebt. So hat Filippo Villani, der Chronist von Florenz, in seinem Lobspruch auf die berühmten Bürger seiner Vaterstadt auch der großen Maler nicht vergessen und Michele Savonarola hat in seinem schönen Büchlein über Padua (um 1440) den Meistern des Trecento und ihren Werken, die die gelehrte Stadt des Livius zu einem weitberühmten Centrum der Kunst gemacht haben, die gebührende Beachtung geschenkt.

Auf einem höheren Standpunkt als diese mehr gelegentlichen Äußerungen des municipalen Bürgerstolzes steht dann das erste moderne Denkmal der Künstlerbiographie, Lorenzo Ghiberti's, des berühmten Bildners, Commentare, deren zweites Buch ausschließlich der historischen Betrachtung gewidmet ist. Es sind die ersten wirklichen Künstlerbiographien seit der Antike, und in offenkundiger Anlehnung an diese, an Plinius Encyclopädie, von einem Künster über seinesgleichen geschrieben, in einer köstlich naiven, ataktischen Sprache, ganz wie ein lebhafter Mann, erfüllt von seinem Gegenstande, wenig des äußeren Gefüges seiner Worte achtend, in eindringlicher Rede zu sprechen pflegt. Wieder tritt das persönliche, individuelle Moment kräftig hervor und diese kurzen Biographien der großen toscanischen Künstler des Trecento bilden das historische Prooemium zu dem eigenen Schaffen des Künstlers selbst: es ist eine geistige Ahnenreihe, die Genesis seiner künstlerischen Complexion, die uns Ghiberti hier mit richtigem historischem Gefühl vorführt. Und so schreitet er mit dem Berichte über sein eigenes Wirken in eine neue Zeit hinüber, die auch unserer gedrängten Darstellung hier ein Ziel setzt.

Inhaltsübersicht.

Zweites Buch. Hohes Mittelalter.

Drittes Buch. Vierzehntes und fünfzehntes Jahrhundert.

ERSTES BUCH.

CHRISTLICHES ALTERTHUM
UND
FRÜHES MITTELALTER.

(CAP. I.–XXII.)

I.

PARALLELGEMÄLDE DES ALTEN UND NEUEN TESTAMENTS IM IV. JAHRHUNDERT.

Prudentius (348—410), Dittochaeon. — Migne. LX., 89. = LXI, 1075 („Amoenus") Garrucci I., 476 ff. Beste Ausgabe von A. Dressel, Leipzig 1860, s. 470 ff.

Der Name des Werkchens ist wohl von διττός und ὀχή = Doppelnahrung (d. i. aus dem A. und N. T.) abzuleiten.

Literatur. Ebert I., 251 ff. bes. 289—291; Teuffel II., 1119, 1218. n. 2.; Steinmann S. 75 ff.; Garrucci a. a. O.; Dressel's Prolegomena; Brockhaus, Aurelius Prudentius Clemens in seiner Bedeutung für die Kirche seiner Zeit. Leipzig, 1872; Rösler, Der katholische Dichter A. P. Freiburg, 1886, bes. S. 127 ff.; Allard, Prudence historien, Revue des questions historiques. 1884; Ders. Rome au IV.e siècle d'après les poèmes de P. 1885, bes. p. 33 ff. Puech, Prudence. Paris 1888; Schmitz, Die Gedichte des P. und ihre Entstehungszeit. Aachen 1889; Ficker, Die Bedeutung der altchristlichen Dichtungen für die Bildwerke in den »Gesammelten Studien zur Kunstgeschichte. Eine Festgabe zum 4. Mai 1885 für Anton Springer.« Leipzig, 1885.

I. ALTES TESTAMENT.

1. Adam et Eva.

Eva columba fuit tunc candida, nigra deinde
Facta per anguinum male suada fraude venenum.
Tinxit et innocuum maculis sordentibus Adam:
Dat nudis ficulna draco mox tegmina victor.

2. Abel et Cain.

Fratrum sacra Deus nutu distante duorum
Æstimat accipiens viva et terrena refutans.
Rusticus invidia pastorem sternit: in Abel
Forma animæ exprimitur, caro nostra in munere Cain.

1*

3. Arca Noë.

Nuncia diluvii iam decrescentis ad arcam
Ore columba refert ramum viridantis olivæ:
Corvus enim ingluvie per fœda cadavera captus
Hæserat, illa datæ revehit nova gaudia pacis.

4. Ilex Mambre.

Hospitium hoc Domini est, ilex ubi frondea Mambre
Armentale senis pertexit culmen: in ista
Risit Sara casa, sobolis sibi gaudia sera
Ferri et decrepitum sic credere posse maritum.

5. Monumentum Saræ.

Abraham mercatus agrum, cui conderet ossa
Coniugis, in terris quoniam peregrina moratur
Iustitia atque fides: hoc illi millibus emptum
Spelaeum sanctæ requies ubi parta favillæ est.

6. Sompnium Pharaonis.

Bis septem spicæ vaccæ totidem Pharaoni
Per sompnum visæ portendunt dispare forma
Uberis atque famis duo per septennia tempus
Instare, hoc solvit patriarcha interprete Christo.

7. A fratribus agnitus Joseph.

Venditus insidiis fratrum puer: ipse vicissim
Cratera in farris sacco clam præcipit abdi:
Utque reos furti Joseph tenet, auctio fallax
Proditur, agnoscunt fratrem veniaque pudescunt.

8. Ignis in rubo.

Sentibus iuvolitans Deus igneus ore corusco
Compellat iuvenem pecoris tunc forte magistrum.
Ille capit iussus virgam, fit vipera virga,
Solvit vincla pedum, properat Pharaonis ad arcem.

9. Iter per mare.

Tutus agit vir iustus iter, vel per mare magnum.
Ecce Dei famulis scissim freta rubra dehiscunt,
Cum peccatores rabidos eadem freta mergant.
Obruitur Pharao, patuit via libera Moysi.

10. Moses accipit legem.
Fumat montis apex divinis ignibus, in quo
Scripta decem verbis saxorum pagina Moysi
Traditur: ille suos suscepta lege revisit,
Forma sed his vituli solus deus et deus aurum.

11. Manna et coturnices.
Panibus angelicis albent temptoria patrum,
Certa fides facti, tenet urceus aureus exin
Servatum manna: ingratis venit altera nubes
Atque avidos carnis saturat congesta coturnix.

12. Serpens æneus in eremo.
Fervebat via sicca eremi serpentibus atris
Jamque venenati per livida vulnera morsus
Carpebant populum; sed prudens ære politum
Dux cruce suspendit, qui virus temperet, anguem.

13. Lacus myrrhae in eremo.
Aspera gustatu populo sitiente lacuna
Tristificos latices stagnanti fělle tenebat.
Moyses sanctus ait: lignum date gurgitem in istum
Conicite, in dulcem vertentur amara saporem.

14. Elim lucus in eremo.
Devenere viri Moyse duce, sex ubi fontes
Et sex forte alii vitreo de rore rigabant
Septenas decies palmas, qui mysticus Elim
Lucus apostolicum numerum libris quoque pinxit.

15. Duodecim lapides in Jordane.
In fontem refluo Jordanis gurgite fertur
Dum calcanda Dei populis vada sicca relinquit.
Testes bis seni lapides, quos flumine in ipso
Constituere patres in formam discipulorum.

16. Domus Raab meretricis.
Procubuit Jericho: sola stant atria Raab.
Hospita sanctorum meretrix, tanta est fidei vis,
Incolumi secura domo spectabile coccum
Ignibus adversis in signum sanguinis offert.

17. Samson.

Invictum virtute comæ leo frangere Samson
Adgreditur, necat ille feram, sed ab ore leonis
Mella fluunt, maxilla asini fontem vomit ultro.
Stultitia exundat lymphis, dulcedine virtus.

18. Samson.

Ter centum vulpes Samson capit, ignibus armat,
Pone faces caudis circumligat, in sata mittit
Allophylum segetesque cremat: sic callida vulpes,
Nunc heresis flammas vitiorum spargit in agros.

19. David.

David parvus erat, fratrum ultimus et modo Jesse
Cura gregis citharam formans ad ovile paternum,
Inde ad delicias regis: mox horrida bella
Conserit et funda sternit stridente Goliam.

20. Regnum David.

Regia mitifici fulgent insignia David
Sceptrum, oleum, cornu, diadema et purpura et ara.
Omnia conveniunt Christo, chlamys atque corona,
Virga potestatis, cornu crucis, altar, olivum.

21. Ædificatio templi.

Ædificat templum sapientia per Salomonis
Obsequium: regina Austri grave congerit aurum.
Tempus adest, quo templum hominis sub pectore Christus
Ædificet, quod graia colant, quod barbara ditent.

22. Filii prophetarum.

Forte prophetarum nati dum ligna recidunt
Fluminis in ripa, cecidit discussa bipennis:
Gurgite submersum est ferrum, sed mox leve lignum
Iniectum stagnis ferrum revocabile fecit.

23. Captivitas Israel.

Gens Hebræorum peccamine capta frequente
Fleverat exilium diræ Babylonis ad amnes
Tum patrios cantare modos præcepta recusat
Organaque in ramis salicis suspendit amaræ.

24. Domus Ezechiæ.

Hic bonus Ezechias meruit ter quinque per annos
Præscriptum proferre diem legemque obeundi
Tendere: quod gradibus, quos vespera texerat umbra,
Lumine perfusis docuit sol versus iu ortum.

II. NEUES TESTAMENT.

25. Maria et angelus Gabriel.

Adventante Deo descendit nuncius alto
Gabriel Patris ex solio sedemque repente
Intrat virgineam: Sanctus te Spiritus, inquit,
Inplebit, Maria, Christum paries, sacra virgo.

26. Civitas Bethleem.

Sancta Bethlem caput est orbis, quæ protulit Jesum
Orbis principium, caput ipsum principiorum.
Urbs hominem Christum genuit, qui Christus agebat
Ante Deus, quam sol fieret, quam lucifer esset.

27. Magorum munera.

Hic pretiosa magi sub virginis ubere Christo
Dona ferunt puero myrrhæque et turis et auri:
Miratur genitrix tot casti ventris honores
Seque Deum genuisse hominem regem quoque summum.

28. Ab angelis pastores admoniti.

Pervigiles pastorum oculos vis luminis implet
Angelici natum celebrans de virgine Christum.
Inveniunt tectum pannis: præsepe iacenti
Cuna erat, exultant alacres et numen adorant.

29. Occiduntur infantes in Bethleem.

Inpius innumeris infantum cædibus hostis
Perfurit Herodes dum Christum quærit in illis.
Fumant lacteolo parvorum sanguine cunæ
Vulneribusque madent calidis pia pectora matrum.

30. Baptizatur Christus.

Perfundit fluvio pastus Baptista locustis
Silvarumque favis et amictus veste cameli:
Tinxerat et Christum, sed Spiritus æthere missus
Testatur tinctum, qui tinctis crimina donat.

31. Pinna templi.

Excidio templi veteris stat pinna superstes,
Structus enim lapide ex illo manet angulus usque
In seclum secli quem sprerunt ædificantes.
Nunc caput est templi et lapidum conpago novorum.

32. Ex aqua vinum.

Fœdera coniugii celebrabant auspice coetu
Forte Galilæi, iam deerant vina ministris:
Christus vasa iubet properanter aquaria lymphis
Inpleri; inde meri veteris defunditur unda.

33. Piscina Siloa.

Morborum medicina latex, quem spiritus horis
Eructat variis, fusum ratione latenti
Siloam vocitant, sputis ubi conlita caeci
Lumina Salvator iussit de fonte lavari.

34. Passio Joannis.

Præmia saltatrix poscit funebria virgo
Joannis caput abscissum, quod lance reportet
Incestæ ad gremium matris: fert regia donum
Psaltria respersis manibus de sanguine iusto.

35. Per mare ambulat Christus.

It mare per medium Dominus fluctusque liquentes
Calce terens, iubet instabili descendere cumba
Discipulum, sed mortalis trepidatio plantas
Mergit, at ille manum regit et vestigia firmat.

36. Dæmon missus in porcos.

Vincla sepulcrali sub carcere ferrea dæmon
Fregerat, erumpit pedibusque advolvitur Jesu.
Ast hominem Dominus sibi vindicat et iubet hostem
Porcorum raptare greges ac per freta mergi.

37. Quinque panes et duo pisces.
Quinque Deus panes fregit piscesque gemellos.
His hominum large saturavit milia quinque.
Inplentur nimio micarum fragmine corbes
Bis seni, æternæ tanta est opulentia mensæ.

38. Lazarus suscitatus a mortuis.
Conscius insignis facti locus in Bethania
Vidit ab inferna te Lazare sede reversum:
Adparet scissum fractis foribus monumentum
Unde putrescentis redierunt membra sepulti.

39. Ager sanguinis.
Campus Acheldemach sceleris mercede nefandi
Venditus exequias recipit tumulosus humandas.
Sanguinis hoc pretium est Christi. Juda eminus arctat
Infelix collum laqueo pro crimine tanto.

40. Domus Caiphæ.
Inpia blasphemi cecidit domus ecce Caiphæ:
In qua pulsata est alapis facies sacra Christi.
Hic peccatores manet exitus, obruta quorum
Vita ruinosis tumulis sine fine iacebit.

41. Columpna ad quam flagellatus est Christus.
Vinctus in his Dominus stetit ædibus atque columpnæ
Adnexus tergum dedit, ut servile, flagellis.
Perstat adhuc templumque gerit veneranda columpna
Nosque docet cunctis immunes vivere flagris.

42. Passio Salvatoris.
Traiectus per utrumque latus laticem atque cruorem
Christus agit: sanguis victoria, lympha lavacrum est.
Tunc duo discordant crucibus hinc inde latrones
Contiguis: negat ille Deum, fert iste coronam.

43. Sepulcrum Christi.
Christum non tenuit saxum, non claustra sepulcri,
Mors illi devicta iacet, calcavit abyssum.
Sanctorum populus superas simul ivit ad oras,
Seque dedit multis tactuque oculisque probandum.

44. Mons Oliveti.

Montis oliviferi Christus de vertice sursum
Ad Patrem rediit signans vestigia pacis.
Frondibus æternis præpinguis liquitur humor
Qui probat infusum terris de chrismate donum.

III. APOSTELGESCHICHTE.

45. Passio Stephani.

Primus init Stephanus mercedem sanguinis imbri
Adflictus lapidum. Christum tamen ille cruentus
Inter saxa rogat, ne sit lapidatio fraudi
Hostibus: o primæ pietas miranda coronæ.

46. Porta speciosa.

Porta manet templi, speciosam quam vocitarunt
Egregium Salomonis opus; sed maius in illa
Christi opus emicuit: nam claudus surgere iussus
Ore Petri stupuit laxatos currere gressus.

47. Visio Petri.

Sompniat inlapsum Petrus alto ex æthere discum
Confertum omnigenis animalibus: ille recusat
Mandere, sed Dominus iubet omnia munda putare.
Surgit et immundas vocat ad mysteria gentes.

48. Vas electionis.

Hic lupus ante rapax vestitur vellere molli:
Saulus qui fuerat, fit adempto lumine Paulus.
Mox recipit visum, fit apostolus ac populorum
Doctor et ore potens corvos mutare columbis.

IV. APOKALYPSE (APSISBILD).

49. Apocalypsis Joannis.

Bis duodena senum sedes pateris citharisque
Totque coronarum fulgens insignibus agnum
Cæde cruentatum laudat, qui evolvere librum
Et septem potuit signacula pandere solus.

II.

MARTYRIENGEMÄLDE DES IV. JAHRHUNDERTS.

Prudentius, Peristephanon, hymnus IX. u. XI. — Migne, LX., 432 u. 530. Dressel p. 383 u. 440.

Literatur. S. o. Ebert I., 259 ff., bes. S. 265, 266. Garrucci I., 475. Über Martyriengemälde: Le Blant, Revue Archéologique 1889; Kraus, Realencyklopädie des christlichen Alterthums. II., 377 f. Über Sage und Gemälde des h. Hippolyt: Döllinger, H. und Callistus. Regensburg, 1853 S. 57; Kraus a. a. O. I., 659 f. Auf dem ager Veranius bei S. Lorenzo wurde 1551 die berühmte Hippolytusstatue gefunden.

GEMÄLDE DES MARTYRIUMS DES HEIL. CASSIANUS IN IMOLA (FORUM CORNELII).

IX., v. 9. Erexi ad cælum faciem, stetit obvia contra
Fucis colorum picta imago martyris,
Plagas mille gerens totos lacerata per artus,
Ruptam minutis præferens punctis cutem.
Innumeri circa pueri, miserabile visu
Confossa parvis membra figebant stilis.
Unde pugillares soliti percurrere ceras
Scholare murmur adnotantes scripserant.
Æditunus consultus ait: »Quod prospicis, hospes,
Non est inanis ant anilis fabula.
Historiam pictura refert quæ tradita libris
Veram vetusti temporis monstrat fidem.

— — — — — — — — — — — — — — — —

Hæc sunt quæ liquidis expressa coloribus hospes,
Miraris, ista est Cassiani gloria.«

GEMÄLDE DES MARTYRIUMS DES HEIL. HIPPOLYT IN DER CRYPTA VERANIA EXTRA ESQUILINUM IN ROM.

XI., v. 123. Exemplar sceleris paries habet illitus in quo — Gemälde.
Multicolor fucus digerit omne nefas.
Picta super tumulum species liquidis viget umbris
Effigians tracti membra cruenta viri.

Rorantes saxorum apices vidi, optime papa,
Purpureasque notas vepribus inpositas.
Docta manus virides imitando effingere dumos
Luserat et minio russcolam saniem.
Cernere erat ruptis conpagibus ordine nullo
Membra per incertos sparsa iacere situs.
Addiderat caros gressu lacrimisque sequentes
Devia quo fractum semita monstrat iter.
Macrore attoniti atque oculis rimantibus ibant
Implebantque sinus visceribus laceris.
Ille caput niveum conplectitur ac reverendam
Canitiem molli confovet in gremio.
Hic humeros, truncasque manus et bracchia et ulnas
Et genua et crurum fragmina nuda legit.
Palliolis etiam bibulæ siccantur arenæ
Ne quis in infecto pulvere ros maneat.
Si quis et in sudibus recalenti adspergine sanguis
Insidet, hunc omnem spongia pressa rapit.
Nec iam densa sacro quidquam de corpore silva
Obtinet aut plenis fraudat ab exequiis.
Cumque recensetis constaret partibus ille
Corporis integri, qui fuerat, numerus;
Nec purgata aliquid deberent avia toto
Ex homine, extersis frondibus et scopulis:
Metando eligitur tumulo locus, ostia linquunt:
Roma placet, sanctos quæ teneat cineres.
Crypta. Haud procul extremo culta ad pomeria vallo
Mersa latebrosis crypta patet foveis.
Huius in occultum gradibus via prona reflexis
Ire per anfractus luce latente docet.
Primas namque fores summo tenus intrat hiatu
Illustratque dies lumina vestibuli:
Inde ubi progressu facili nigrescere visa est
Nox obscura, loci per specus ambiguum,
Occurrunt caesis inmissa foramina tectis
Quæ iaciunt claros antra super radios.
Quamlibet ancipites texant hinc inde recessus,
Arta sub umbrosis atria porticibus:

Attamen excisi subter cava viscera montis
Crebra terebrato fornice lux penetrat.
Sic datur absentis per subterranea solis
Cernere fulgorem, luminibusque frui.
Talibus Hippolyti corpus mandatur opertis,
Propter ubi adposita est ara dicata Deo.

— — — — — — — — — — — — — — — — —

Stat sed iuxta aliud, quod tanta frequentia templum — Grabeskirche.
Tunc adeat, cultu nobile regifico,
Parietibus celsum sublimibus atque superba
Maiestate potens muneribusque opulens.
Ordo columpnarum geminus laquearia tecti
Sustinet auratis suppositus trabibus.
Adduntur graciles tecto breviore recessus,
Qui laterum seriem iugiter exsinuent.
At medios aperit tractus via latior alti
Culminis exsurgens editiore apice.
Fronte sub adversa gradibus sublime tribunal
Tollitur, antistes prædicat unde Deum.

III.

DIE BASILIKEN ZU PRIMULIACUM, ZU NOLA UND FUNDI.

(Anfang des V. Jahrhunderts.)

S. Paulini (353—431) opera. — *Migne, LXI., 330, 599.*

Literatur: Ebert I., 293 ff.; Piper S. 169; Augusti, Beitr. I., 147; Garrucci I., 485 ff.; De Rossi II., 1, 185; Teuffel II., 1122; Steinmann S. 1—18 und 81 ff.; Buse, Paulinus von Nola, Regensburg, 1856; Lagrange, Histoire de St. P. Paris, 1882. Brockhaus, Prudentius a. a. O. S. 274 ff.; Domville, The basilica of Nola, Antiquary 1881; Holtzinger, Die Basilika des P. von N. Lützows Zeitschrift f. bild. K. XX., 135; Wickhoff, Das Apsismosaik in der Basilika des h. Felix zu Nola. Versuch einer Reconstruction. Römische Quartalschrift 1889; Beiträge S. 89, 90.

Kirche des Severus in Primuliacum (Gallia Narbonn.)

2. Sed in eo metuo ne operibus tuis, quibus iniqua viarum secularium dirigis, et clivosa complanas, ex illo, de quo semper conqueror affectu in nos tuo, salebram offensionis immisceas, quod splendidos devotionis in Christo tuæ titulos nostris nominibus infuscas; et iustis laboribus hanc iniquitatem inseris, ut locum sanctum etiam vultibus iniquorum polluas. Recte enim in loco refectionis (id est baptisterii) humanæ Martinus pingitur qui cœlestis hominis imaginem perfecta Christi imitatione portavit; ut deponentibus in lavacro terrenæ imaginis vetustatem, imitanda cœlestis animæ occurrat effigies. Noster vero quis illic locus est, qui nec infantibus innocentia, neque viris concurrimus sapientia? et ab immaculatis malitia, a perfectis infirmitate distinguimur? »Quæ ergo societas lumini et tenebris?«[1]) lupis et agnis? serpentibus et columbis? hoc est, nobis et Martino? Nonne tu lactis et fellis poculum miscuisti? Sed bene, quod non ut in liquoribus uno calice confusis, ita in hominibus eodem loco mixtis, si discrepent meritis, boni suavitas amaritudine mali venenatur: contraque evenit ut peccator iusto compositus magis sordeat, et peccatore collato magis iustus eluceat. Quominus moveor errore caritatis tuæ, quia nullam beato illi fecisti iniuriam, potiusque ad gloriam illius contulisti, ut contra despicabilem facies venerabilis pingeretur, quo splendor eius comparatione tenebrarum clarius emicaret, qui etiam »in splendoribus sanctorum«[2]) conspicua claritate præfulget. Et quidem nisi scirem te impenso nimii in nos amoris studio hanc informasse picturam, malitiosum te et callidum criminarer, qui nostræ humilitatis obscuras animorum nocte personas, ex adversi iuxta parietis regione depictas sancto capiti contulisses, ut illum tantum pingeres, nos vero potius deformares, quos iure conspecta Martini facie despuendos ad probrum ridiculæ comparationis exponeres. Sed ne nostri causa, quorum multo amore dum falleris, falsum facis, hæc commentatio tua de caritate prolapsa irrideretur; ut revera potest et debet.

Portraits des heil. Martinus und des Paulinus.

Tituli für die Kirche von Primuliacum.

3. Hac tantum gratia parui tibi in versiculis de huiusmodi tua pictura ad te mittendis, ut consilii tui ratio proderetur, qua salubriter novorum hominum informationi studens, diversas longe

[1]) 2. Cor. 6, 14. — [2]) Psalm. 109, 3.

sibi imagines proposuisses; ut emergentes a sacro fonte et vitandum et sequendum pariter conspicarentur. Itaque sic habes; si placet, utere.

Abluitis quicunque animas et membra lavacris,
 Cernite propositas ad bona facta vias.
Adstat perfectæ Martinus regula vitæ:
 Paulinus veniam quo mereare docet.
Hunc peccatores, illum spectate beati:
 Exemplar sanctis ille sit iste reis.

Item de eodem.

Dives opum Christo, pauper sibi pulchra Severus
 Culmina sacratis fontibus instituit.
Et quia cœlestes aulam condebat in actus,
 Qua renovarentur fonte Deoque homines:
Digna sacramentis gemina sub imagine pinxit.
 Disceret ut vitæ dona renatus homo.
Martinum veneranda viri testatur imago:
 Altera Paulinum forma refert humilem.
Ille fidem exemplis et dictis fortibus armat,
 Ut meriti palmas intemerata ferat.
Iste docet fusis redimens sua crimina nummis,
 Villior ut sit res, quam sua cuique salus.

5. Quam ob rem etiam basilicis tuis versiculos, quasi votivos sacris fontibus titulos destinavi. Si quid in his apte locutus videbor, hæc quoque fratris Victoris gratia est, cuius oculis et verbis omnia quæ in Christo Domino fecisti et agis vidi; et ideo versus quos et de basilicis interposui ipso autore censebis, qui materiam dictavit enarratione factorum tuorum. De baptisterio igitur ipso erunt isti, de cuius pictura tantum sunt illi superiores.

Hic reparandarum generator fons animarum
 Vivum divino lumine flumen agit.
Sanctus in hunc cœlo descendit Spiritus amnem,
 Cœlestique sacras fonte maritat aquas:
Concipit unda Deum: sanctamque liquoribus almis
 Edit ab æterno semine progeniem.
Mira Dei pietas! Peccator mergitur undis,
 Mox eodem emergit iustificatus aqua.

Sic homo et occasu felici functus et ortu,
Terrenis moritur, perpetuis oritur.
Culpa perit, sed vita redit; vetus interit Adam,
Et novus æternis nascitur imperiis.

Sequentes ad basilicarum picturam sunt:

Corpore, mente, fide, castissimus incola Christi
Condidit ista Deo tecta Severus ovans.
Totus et ipse Dei templum viget hospite Christo,
Gaudentemque humili corde gerit Dominum.
Ecce velut trino colit unam nomine mentem:
Sic trinum sancta mole sacravit opus.
Ampla dedit popolo geminis fastigia tectis,
Legibus ut sacris congrueret numerus.
Nam quia latorem duo Testamenta per unum
Pacta Deum in Christo copulat una fides.
Iste duas inter diversi culminis aulas
Turrito fontem tegmine constituit.
Læta novos geminis ut mater Eclesia partus
Excipiat sinibus, quos aqua protulerit.
Aula duplex tectis ut Eclesia Testamentis:
Una sed ambobus gratia fontis adest.
Lex antiqua novam firmat, veterem nova complet:
In veteri spes est, in novitate fides.
Sed vetus atque novum coniungit gratia Christi:
Propterea medio fons datus est spatio.
Inde parens sacro ducit de fonte sacerdos
Infantes niveos corpore, corde, habitu;
Circumdansque rudes festis altaribus agnos,
Cruda salutiferis imbuit ora cibis.
Hinc senior sociæ congaudet turba catervæ:
Alleluia novis balat ovile choris.

6. Cum hos operibus unanimitatis tuæ manufactis dedissem, illam non manufactam in domestica tua ecclesia gratiam Dei, qua perpetuum tibi hospitem in ea Clarum largitus est, silere non potui. Itaque sanctæ ipsius memoræ versus, non quid aliquid divinis eius meritus dignum loqui possem, sed ut studium plurimæ in illius animam caritatis exprimerem, ausus sum facere, et unanimitati

tuæ mittere. Quos tu coram Domino sanctæ et cohospitanti tecum semper in Domino animæ eius recitans, excusabis audaciam meam, et commendabis obsequium.

Nominis ut titulo, sic mentis lumine Clarus
Presbyter hoc tegitur, sed membra caduca sepulcro;
Libera corporea mens carcere gaudet in astris,
Pura probatorum sedem sortita piorum.
Sancta sub æternis altaribus ossa quiescunt,
Ut dum casta pio referuntur munera Christo,
Divinis sacris animæ iungantur odores.

Item de eodem, ut quos malueris legas: sed ego scio in hoc te potius ambigere debere, non ut aliquos ad titulum eligere, sed de nullo debeas iniuriam sancto Dei facere.

Presbyter hic situs est meritis et nomine Clarus
Martino studiis comes, et meriti modo consors:
Digno pio domus est altaria, sub quibus artus
Conditur exanimos; nam spiritus æthere gaudet,
Discipulumque pari sociat super astra magistro.

Clare fide, præclare actu, clarissime fructu,
Qui meritis titulum nominis æquiparas
Casta tuum digne velant altaria corpus,
Ut templum Christi contegat ara Dei.
Sed quia, tu non hac, qua corpus, sede teneris,
Qui meritis superis spiritus involitas;
Sive patrum sinibus recubas, Dominive sub ara
Conderis, aut sacro pasceris in nemore:
Qualibet in regione poli situs aut paradisi,
Clare sub æterna pace beatus agis;
Hæc peccatorum bonus accipe vota rogantum,
Ut sis Paulini Therasiæque memor.
Dilige mandatos interveniente Severo,
Quos ignorasti corpore sic meritos.
Unanimi communis amor sit fomes utrisque
Perpetui summo fœderis in Domino.
Non potes implicitos divellere; si trahis unum,
Unus adhærentem, quo rapitur, rapiet.

Ergo individuos pariter complectere fratres,
Utque sumus, sic nos dilige participans.
Sic Deus accivit, sic nos Martinus amavit:
Sic et tu pariter Clare tuere pares:
Non meritis, sed amore pares; tu sancte valebis
Exorare, pares et meritis fieri,
Si cum Martino socia pietate labores,
Ut vincant vestræ crimina nostra preces:
Et simul in vestri ducamur sorte Severi,
Vestraque nos semper protegat ala sinu.

7. Quod si Dominus desiderium animæ vestræ fecerit secundum fidem vestram, adiciens ornatui et sanctificationi operum vestrorum, ut sacros cineres de sanctis gloriosorum apostolorum aut martyrum reliquiis adipiscamini (quia huius voti præsumtione vos aliam apud Primuliacum nostram et priore maiorem basilicam præparasse cognovimus) dignum opere fidei vestræ, et operis fideliter elaborati dedicatione proculdubio celeberrima, sanctorum quoque reliquiis decens arbitramur, ut hoc etiam quod de cruce misimus, pariter depositum sacratumque veneremini. Quod si ita placuerit, placitum vestrum hi, si videbitur, versiculi nuntiabunt:

Divinum veneranda tegunt altaria fœdus,
Compositis sacra cum cruce martyribus.
Cuncta salutiferi coeunt martyria Christi,
Crux, corpus, sanguis martyris, ipse Deus!
Namque Deus semper vobis sua munera servat;
Atque ubi Christus, ibi Spiritus, et Pater est.
Sic ubi crux, et martyr ibi: qua martyr, ibi et crux,
Martyrii sanctis quæ pia causa fuit.
Illa cibum vitæ mortalibus, illa coronas,
Quæ Domini famulos participant, peperit.
In cruce fixa caro est qua pascor; de cruce sanguis
Ille fluit, vitam quo bibo, corda lavo.
Christe, tuo cœant simul hæc tua dona Severo,
Portitor et testis sit crucis iste tuæ.
Carne tua vivat, tuus illi pocula sanguis
Præbeat, in verbo vivat agatque tuo.
Quaque tuum socio Martinum ascendere Claro
Vidit, et ipse tuo munere vectus eat.

8. Si vero magis placeat vobis hanc de cruce benedictionem ad quotidianam tutelam atque medicinam in promptu habere, ne semel condita in altario, non semper ad manum, ut usus exigit, præsto sit, sufficit et illa ad basilicæ consecrationem gratia, scilicet Dominus cum apostolis et martyribus; quorum venerandus cinis si sine crucis consortio subiciatur altaribus, hic opertos titulus indicabit:

Pignora sanctorum divinæ gloria mensæ
  Velat apostolicis edita corporibus.
Spiritus et Domini medicis virtutibus instans
  Per documenta sacros viva probat cineres.
Sic geminata piis adspirat gratia votis,
  Infra martyribus, desuper acta sacris.
Vota sacerdotis, viventum et commoda, parvo
  Pulvere sanctorum mors pretiosa iuvat.

10. Recepi igitur et hunc ad peccata mea cumulum, ut fratri cupidissimo talis sarcinæ, qua eius anima gravato corpore levaretur, præstarem quam desiderabat iniuriam. Nam et vere ad unanimitatem nostram congruere hæc illius postulatio videbatur, qua asserebat ut oporteret tibi nostras in Domino ædificationes ita notescere, ut nobis tuas in titulis et in picturis indicare voluisses. Hac igitur ratione persuasus, basilicas nostras tuis, sicut et operis tempore et voti genere coniunctæ sunt, ita etiam litteris compaginare curavi: ut in hoc quoque nostra coniunctio figuraretur, quæ iungitur animis, et distat locis; sic et ista, quæ in nomine Domini eodem spiritu elaborata construximus, diversis abiuncta regionibus, eiusdem tamen epistolæ serie sibi tamquam contignata visentur. Basilica igitur illa quæ ad dominædium nostrum communem patronum in nomine Domini Christi Dei iam dedicata cellebratur, quatuor eius basilicis addita, reliquiis apostolorum et martyrum intra apsidem trichora sub altaria sacratis, non solo beati Felicis honore venerabilis est. Apsidem solo et parietibus marmoratam camera musivo illusa clarificat; cuius picturæ hi versus sunt:

Basilica des h. Felix in Nola.

Pleno coruscat Trinitas mysterio,
Stat Christus agno; vox Patris cœlo tonat:
Et per columbam Spiritus sanctus fluit.
Crucem corona lucido cingit globo.

Apsis.

2*

Cui coronæ sunt corona apostoli.
Quorum figura est in columbarum choro
Pia Trinitatis unitas Christo coit,
Habente et ipsa Trinitate insignia:
Deum revelat vox paterna, et Spiritus:
Sanctam fatentur crux et agnus victimam.
Regnum et triumphum purpura et palma indicant.
Petram superstat ipse Petra Ecclesiæ,
De qua sonori quatuor fontes meant,
Evangelistæ viva Christi flumina.

11. Inferiore autem balteo, quo, parietis et cameræ confinium interposita gypso crepido coniungit aut dividit, hic titulus indicat deposita sub altari sancta sanctorum:

Hic pietas, hic alma fides, hic gloria Christi,
  Hic est martyribus crux sociata suis.
Nam crucis e ligno magnum brevis astula pignus,
  Totaque in exiguo segmine vis crucis est.
Hoc Melani sanctæ delatum munere Nolam,
  Summum Hierosolymæ venit ab urbe bonum.
Sancta Deo geminum velant altaria honorem,
  Cum cruce apostolicos quæ sociant cineres.
Quam bene iunguntur ligno crucis ossa piorum,
  Pro cruce ut occisis in cruce sit requies.

12. Totum vero extra concham basilicæ spatium, alto et lacunato culmine geminis utrimque porticibus dilatatur, quibus duplex per singulos arcus columnarum ordo dirigitur. Cubicula intra porticus quaterna longis basilicæ lateribus inserta, secretis orantium vel in lege Domini meditantium, præterea memoriis religiosorum ac familiarium accommodatos ad pacis æternæ requiem locos præbent. Omne cubiculum binis per liminum frontes versibus prænotatur, quos inserere his litteris nolui, eos tamen quos ipsius basilicæ aditus habent, scripsi; quia possent, si usurpare velis, et ad tuarum basilicarum ianuas convenire, ut istud est:

Pax tibi sit, quicumque Dei penetralia Christi
  Pectore pacifico candidus ingrederis.

Vel hoc, de signo Domini (id est signo crucis) super ingressum picto hac specie, qua versus indicat:

Cerne coronatam Domini super atria C h r i s t i
Stare crucem, duro spondentem celsa labori
Præmia: tolle crucem, qui vis auferre coronam.

Alteri autem basilicæ, qua de hortulo vel pomario quasi privatus aperitur ingressus, hi versiculi hanc secretiorem forem pandunt:

Cœlestes intrate vias per amœna vireta,
Christicolæ; et lætis decet huc ingressus ab hortis
Unde sacrum meritis datur exitus in paradisum.

Hoc idem ostium aliis versibus ab interiore sui fronte signatur:

Quisquis ab æde Dei perfectis ordine votis
Egrederis, remea corpore, corde mane.

13. Prospectus vero basilicæ non, ut usitatior mos est, orientem spectat, sed ad domini mei beati F e l i c i s basilicam pertinet memoriam (id est tumulum) eius aspiciens: tamen cum duabus dextra lævaque conchulis intra spatiosum sui ambitum apsis sinuata laxetur, una earum immolanti hostias iubilationis antistiti patet, altera post sacerdotem capaci sinu receptat orantes. Lætissimo vero conspectu tota simul hæc basilica in basilicam memorati confessoris aperitur trinis arcubus paribus, perlucente transenna: per quam vicissim sibi tecta ac spatia basilicæ utriusque iunguntur. Nam quia novam a veteri paries apside cuiusdam monumenti interposita obstructus excluderet, totidem ianuis patefactus a latere confessoris quot a fronte ingressus sui foribus nova reservabatur, quasi diatritam speciem ab utraque in utramque spectantibus præbet, sicut datis inter utrasque ianuas titulis indicatur.

Itaque in ipsis basilicæ novæ ingressibus hi versiculi sunt:

Alma domus triplici patet ingredientibus arcu,
Testaturque piam ianua trina fidem.

14. Item dextra lævaque crucibus minio superpictis hæc epigrammata sunt:

Ardua floriferæ crux cingitur orbe coronæ,
Et Domini fuso tincta cruore rubet.
Quæque super signum resident cœleste columbæ
Simplicibus produnt regna patere Dei.

Item de eodem:

Hac cruce nos mundo, et nobis interfice mundum,
Interitu culpæ vivificans animam.
Nos quoque perficies placitas tibi Christe columbas,
Si vigeat puris pax tua pectoribus.

15. Intra ipsam vero transennam (qua breve illud, quod propinquas sibi basilicas prius discludebat, intervallum continuatur) et regione basilicæ novæ super medianum arcum hi versus sunt:

Ut medium valli pax nostra resolvit Jesus,
Et cruce discidium perimens duo fecit in unum:
Sic nova, destructo veteris discrimine tecti,
Culmina conspicimus portarum fœdere iungi.
Sancta nitens familis interluit atria lymphis
Cantharus, intrantumque manus lavat amne ministro.
Plebs gemina Christum Felicis adorat in aula,
Paulus apostolico quam temperat ore sacerdos.

Hæc vero binis notata versiculis epigrammata super arcus alios dextra lævaque sunt.

In uno hoc:

Attonitis nova lux oculis aperitur, et uno
Limine consistens geminas simul aspicit aulas.

In altero hoc:

Ter geminis geminæ patuerunt arcubus aulæ,
Miranturque suos per mutua limina cultus.

Item in iisdem arcubus a fronte, quæ ad basilicam domini Felicis patet, mediana hi sunt:

Quos devota fides, densis celebrare beatum
Felicem populis diverso suadet ab ore,
Per triplices aditus laxos infundite cœtus:
Atria quamlibet innumeris spatiosa patebunt
Quæ sociata sibi per apertos comminus arcus,
Paulus in æternos antistes dedicat usus.

In aliis isti bini:

Antiqua digresse sacri Felicis ab aula,
In nova Felicis culmina transgredere.

Item:

Una fides trino sub nomine quæ colit unum,
Unanimes trino suscipit introitu.

16. In secretariis vero duobus, quæ supra dixi circa apsidem esse, hi versus indicant officia singulorum.

A dextra apsidis:

Hic locus est veneranda penus qua conditur, et qua
Promitur alma sacri pompa ministerii.

A sinistra eiusdem:

Si quem sancta tenet meditanda in lege voluntas,
Hic poterit residens sacris intendere libris.

POEMA XXVII.

De S. Felice natal. Carmen IX. v. 511.

Nunc volo picturas fucatis agmine longo — Felix-basilica. Gemälde.
Porticibus videas, paulumque supina fatiges
Colla, reclinato dum perlegis omnia vultu.
Qui videt hæc vacuis agnoscens vera figuris,
Non vacua fidam sibi pascet imagine mentem.
Omnia namque tenet serie pictura fideli,
Quæ senior scripsit per quinque volumina Moses,
Quæ gessit Domini signatus nomine Jesus,
Quo duce Jordanis, suspenso gurgite, fixis
Fluctibus, a facie divinæ restitit arcæ.
Vis nova divisit flumen: pars amne recluso
Constitit, et fluvii pars in mare lapsa cucurrit,
Destituitque vadum; et validus qua forte ruebat
Impetus, adstrictas alte cumulaverat undas,
Et tremula compage minax pendebat aquæ mons,
Despectans transire pedes arente profundo,
Et medio pedibus siccis in flumine ferri
Pulverulenta hominum duro vestigia limo.
Iam distinguentem modico Ruth tempora libro,
Tempora Judicibus finita, et Regibus orta,
Intentis transcurre oculis: brevis ista videtur
Historia, at magni signat mysteria belli,
Quam geminæ scindunt sese in diversa sorores!
Ruth sequitur sanctam, quam deserit Orpha, parentem;
Perfidiam nurus una, fidem nurus altera monstrat:
Præfert una Deum patriæ, patriam altera vitæ.

Nonne, precor, toto manet hæc discordia mundo?
Parte sequente Deum, vel parte ruente per orbem?
Atque utinam pars æqua foret necis atque salutis!
Sed multos via lata capit, facilique ruina
Labentes prono rapit irrevocabilis error.
Forte requiratur quanam ratione gerendi
Sederit hæc nobis sententia, pingere sanctas
Raro more domos animantibus adsimulatis.
Accipite, et paucis tentabo exponere causas.
Quos agat huc sancti Felicis gloria cœtus,
Obscurum nulli: sed turba frequentior his est
Rusticitas non cassa fide, neque docta legendi.
Hæc adsueta diu sacris servire profanis,
Ventre Deo, tandem convertitur advena Christo
Dum sanctorum opera in Christo miratur aperta.
Cernite quam multi coeant ex omnibus agris,
Quamque pie rudibus decepti mentibus errent.
Longinquas liquere domus, sprevere pruinas
Non gelidi fervente fide; et nunc ecce frequentes
Per totam et vigiles extendunt gaudia noctem:
Lætitia somnos, tenebras funalibus arcent.
Verum utinam sanis agerent hæc gaudia votis,
Nec sua liminibus miscerent pocula sanctis.
Quamlibet hæc ieiuna cohors potiore resultet
Obsequio, castis sanctos quoque vocibus hymnos
Personat, et Domino cantatam sobria laudem
Immolat. Ignoscenda tamen puto talia parvis
Gaudia quæ ducunt epulis, quia mentibus error
Irrepit rudibus; nec tantæ conscia culpæ
Simplicitas pietate cadit, male credula sanctos
Perfusis halante mero gaudere sepulcris.
Ergo probant obiti, quod damnavere magistri?
Mensa Petri recipit quod Petri dogma refutat?
Unus ubique calix Domini, et cibus unus, et una
Mensa, domusque Dei. Divendant vina tabernis;
Sancta precum domus est ecclesia; cede sacratis
Liminibus, serpens: non hac male ludus in aula
Debetur, sed pœna tibi: ludibria misces

Suppliciis, inimice, tuis: idem tibi discors
Tormentis ululas, atque inter pocula cantas.
Felicem metuis, Felicem spernis inepte,
Ebrius insultas, reus oras; et, miser ipso
Judice luxurias, quo vindice plecteris ardens.
Propterea visum nobis opus utile, totis
Felicis domibus pictura illudere sancta;
Si forte attonitas hæc per spectacula mentes
Agrestum caperet fucata coloribus umbra,
Quæ super exprimitur titulis, ut littera monstret
Quod manus explicuit: dumque omnes picta vicissim
Ostendunt releguntque sibi, vel tardius escæ
Sunt memores, dum grata oculis ieiunia pascunt;
Atque ita se melior stupefactis inserat usus,
Dum fallit pictura famem: sanctasque legenti
Historias, castorum operum subrepit honestas
Exemplis inducta piis; potatur hianti
Sobrietas, nimii subeunt oblivia vini.
Dumque diem ducunt spatio maiore tuentes,
Pocula rarescunt, quia per miracula tracto
Tempore, iam paucæ superant epulantibus horæ.
Quod superest ex his, quæ facta et picta videmus,
Materiam orandi pro me tibi suggero, poscens,
Rem Felicis agens, ut pro me sedulus ores.
Et decet, ut quem mente pia comitaris eundem
Et mentis facie referas, animoque sequaris
Par in amore mei; nec enim miser ambigo amari
Martyre, vel modici dignatus amore catelli.
Cum mihi vita, domus, res, gratia, gloria, panis,
Sit Felix donante Deo; quo præsule posce
Montibus in sanctis mea fundamenta locari,
Et cœptam peragi irrupto molimine turrem.
De Genesi, precor, hunc orandi collige sensum:
Ne maneam terrenus Adam, sed virgine terra
Nascar, et exposito veteri, nova former imago.
Educar tellure mea, generisque mei sim
Degener; et sponsæ festinem ad mellea terræ
Flumina, Chaldæi servatus ab igne camini.

Sim facilis tectis, quasi Lot, fore semper aperta,
Liberer ut Sodomis; neque vertam lumina retro,
Ne salis in lapidem vertar, sale cordis egenus.
Hostia viva Deo, tamquam puer offerar Isac:
Et mea ligna gerens sequar almum sub cruce patrem,
Inveniam puteos; sed ne, precor, obruat illos
Invidus, et viventis aquæ cæcator Amalec.
Sim profugus mundi, tamquam benedictus Jacob
Fratris Edom fugitivus erat; fessoque sacrandum
Supponam capiti lapidem, Christoque quiescam.
Sit mihi castus amor, sit et horror amoris iniqui:
Carnis ut illecebras velut inviolatus Joseph,
Effugiam vinclis exuto corpore, liber
Criminis, et spolium mundo carnale relinquam.
Tempus enim longe fieri complexibus; instat
Summa dies: prope iam Dominus, iam surgere somno
Tempus, et ad Domini pulsum vigilare paratos.
Sit mihi ab Ægypto bonus exitus, ut duce lege
Divisos penetrans undosi pectoris æstus,
Fluctibus evadam Rubris, Dominique triumphum
Demerso Pharaone canam. Cum supplice voto
Exultando tremens, et cum formidine gaudens,
Ipsius pia dona, meos commendo labores.

POEMA XXVIII.

De S. Felice natal. Carmen X. v. 1 ff.

In veteri nobis nova res adnascitur actu,
Et solita insolito crescunt solemnia ritu:
Materiamque simul mihi carminis, et simul almi
Natalem geminant Felicis: in ædibus eius
Nata recens opera hæc, quæ molibus undique celsis
Cernitis emicuisse pari splendentia cultu.
Istic porticibus late circumdata longis
Vestibula impluvio tectis reserantur aperto,
Et simul astra oculis, ingressibus atria pandunt.
Illic adiunctæ sociantur mœnibus aulæ,
Diffusoque sinu simul et coeunte patentes
Æmula consertis iungunt fastigia tignis,

Et paribus variæ et speciosæ cultibus extant
Marmore, pictura, laquearibus, atque columnis.
  Inter quæ et modicis variatur gratia cellis;
Quas in porticibus (qua longius una coactum
Porticus in spatium tractu protenditur uno)
Appositas lateri tria comminus ora recludunt,
Trinaque cancellis currentibus ostia pandunt:
Martyribus mediam pictis pia nomina signant,
Quos par in vario redimivit gloria sexu.
At geminas quæ sunt dextra lævaque patentes,
Binis historiis ornat pictura fidelis.
Unam sanctorum complent sacra gesta virorum,
Jobus vulneribus tentatus, lumine Tobit.
Ast aliam sexus minor obtinet, inclita Judith,
Qua simul et regina potens depingitur Esther:
Interior variis ornatibus area ridet,
Læta super tectis et aperta luce serenis
Frontibus, atque infra niveis redimita columnis.
  Cuius in exposito prælucens cantharus exstat,
Quem cancellato tegit ærea culmine turris.
  Cetera dispositis stant vasa sub aere nudo
Fonticulis, grato varie quibus ordine fixis
Dissidet artis opus, concordat vena metalli,
Unaque diverso fluit ore capacius unda.
  Basilicis hæc iuncta tribus, patet area cunctis,
Diversosque aditus ex uno pandit ad omnes,
Atque itidem gremio diversos excipit uno
A tribus egressos, medio spatiosa pavito;
Quod tamen ordinibus structis per quinque nitentum
Agmina concharum, series densata coacto
Marmore, mira oculis aperit spatiantibus arte.
  Sed circumiectis in porticibus spatiari
Copia larga subest, interpositisque columnas
Cancellis fessos incumbere; et inde fluentes
Aspectare iocos, pedibusque madentia siccis
Cernere, nec calcare sola; et certamine blando
Mirari placido salientes murmure fontes.
Non solum hiberno placitura in tempore præsto est.

Commoditas, quia sic tecti iuvat umbra per æstum.
(Sicut aprica placent in frigore, siccaque in imbre.)

· Parte alia patet exterior, quæ cingitur æque
Area porticibus, cultu minor, æquore maior.
Ante sacras ædes longe spectabile pandit
Vestibulum, duplici quæ extructis tegmine cellis,
Per contextarum cœuntia tigna domorum,
Castelli speciem meditatur imagine muri,
Conciliisque forum late spectabile pandit.

---

v. 167. Nunc quia dimoto patuerunt obice frontes,
Eloquio simul atque animo spatiemur in ipsis
Gaudentes spatiis, sanctasque feramur in aulas:
Miremurque sacras veterum monumenta figuras:
Et tribus in spatiis duo Testamenta legamus:
Hanc quoque cernentes rationem lumine recto
Quod nova in antiquis tectis, antiqua novis lex
Pingitur: est etenim pariter decus utile nobis
In veteri novitas, atque in novitate vetustas.
Ut simul et nova vita sit, et prudentia cana.
Ut gravitate senes, et simplicitate pusilli,
Temperiem mentis gemina ex ætate trahamus,
iungentes nostris diversum moribus ævum.

Est etiam interiore sinu maioris in aulæ
Insita cella procul, quasi filia culminis eius,
Stellato speciosa tholo, trinoque recessu
Dispositis sinuata locis; medio pietatis
Fonte nitet, mireque simul novat atque novatur.
Namque hodie bis eam geminata novatio comit,
Dum gemina antistes gerit illic munera Christi;
In geminos adytum venerabile dedicat usus,
Castifico socians pia sacramenta lavacro:
Sic pariter templum novat hostia, gratia fontem.
Fonsque novus renovans hominem quod suscipit, et dat
Munus; sive magis, quod desinit esse per usum,
Tradere divino mortalibus incipit usu.
Nam fons ipse semel renovandi missus in usum,

Desinit esse novus: sed tali munere semper
Utendus, numquam veteres renovare facesset.
Hoc Domini donum, hanc speciem, qua munere Christi
Idem homo fit novus, et vetus interit, ecce refectis
Cernite culminibus gemina Felicis in aula
Quæ fuerant vetera, et nova nunc exstare videntur.

Ep. XXXII., c. 17. (De Fundana basilica.)

Egrediamur iam Nolana hac basilica, et in Fundanam transeamus. Fundis nomen oppido est, quod æque familiare mihi fuit dum maneret possessio, quam illic usitatiorem habui. Itaque vel ad pignus quasi civicæ caritatis, vel ad memoriam præteriti patrimonii, basilicam dare in ipso oppido, quoniam et indigebat, ruinosam et parvam habens, voti fuit. Propterea et hos versiculos adjiciendos putari, quos illi in hoc appido dedicandæ basilicæ paravimus. Nam adhuc in opere est, sed propitio Deo dedicationi propinqua. Quod tamen ea mihi maxime ratio persuasit, quia et in huius apside designatam picturam meus Victor adamavit, et portare tibi voluit, si forte et eam de duabus elegeris in hac recentiore tua pingere, in qua æque apsidem factam indicavit. Sed de hac apsida an abside magis dicere debuerim, tu videris: ego nescire me fateor, quia hoc verbi genus nec legisse reminiscor. Verum hanc quoque basiliculam, de benedictis apostolorum et martyrum reliquiis sacri cineres, in nomine Christi sanctorum Sancti, et martyrum Martyris, et dominorum Domini, consecrabunt. Ipse enim testatus est se vicissim confessorum suorum Confessorem futurum. Ideo super hac propter picturam gratia geminatus est titulus.

Basilica in Fundi.

De pictura:

Sanctorum labor et merces sibi rite cohærent,
Ardua crux, pretiumque crucis sublime, corona.
Ipse Deus, nobis princeps crucis atque coronæ,
Inter floriferi cœleste nemus paradisi,
Sub cruce sanguinea niveo stat Christus in agno,
Agnus ut innocua iniusto datus hostia letho.
Alite quem placida sanctus perfundit hiantem
Spiritus, et rutila Genitor de nube coronat.
Et quia præcelsa quasi iudex rupe superstat,

Bis geminæ pecudis discors agnis genus hædi
Circumstant solium: lævos avertitur hædos
Pastor, et emeritos dextra complectitur agnos.

De reliquiis:

Ecce sub accensis altaribus ossa piorum
Regia purpureo marmore crusta tegit.
Hic et apostolicas præsentat gratia vires
Magnis in parvo pulvere pignoribus.
Hic pater Andreas, et magno nomine Lucas,
Martyr et illustris sanguine Nazarius:
Quosque suo Deus Ambrosio post longa revelat
Secula, Protasium cum pare Gervasio.
Hic simul una pium complectitur arcula cœtum:
Et capit exiguo nomina tanta sinu.

IV.

GEMÄLDETITULI DES FÜNFTEN (?) JAHRHUNDERTS.

A. Dem heil. Ambrosius († 397) zugeschrieben. — Garrucci I., 461.
B. Fälschlich Claudian (um 400) beigelegt. — Anthologia Latina ed. Riese (Teubner) II., 302.

Literatur: Steinmann S. 63 f.; Garrucci a. a. O.; De Rossi II., 1, 184.

A.

1. Arca Noë nostri typus est et Spiritus ales
Qui pacem populis ramo prætendit olivæ.
2. Ætherium spectare polum patriarcha iubetur
Stellarumque modo, sobolem spectare micantem.
3. Hospitio largus Christum quoque suscipit Habram
Sarra pudore latens fida pietate ministrat.
4. Offert progeniem sanctis altaribus Habram
Patris ei est pietas caro non parcere nato.
5. Præstolatur ovans sponsæ de gentibus Isaac
Ecce Rebecca venit sublimi vecta camelo.
6. Jacob fraude bona patri dum suggerit escas
Præcipit eulogiam (per) dulcia frusta lucratus.

7. Pascit oves Jacob varias: vos discite vates,
Diverso populos virtutum adsuescere cultu.
8. Ficta quidem Jacob natis sed vera locutus
Bestia germano quod sit mens invida fratri.
9. Prælati invidia fratrum quoque pectora movit
Servitioque datus patrio dilectus amore.
10. Nil status inferior præclaris moribus obstat
Deformem dominæ condemnat servus amorem.
11. Joseph manipulus Christi crux stolaque Christus.
Quem sol luna decem cœli stellæ quoque adorant.
12. Pendet Abessalon adstrictus in arbore guttur
Ne cælum parricida ferus macularet humumque.
13. Excipit innocuo viventem bellua morsu
Cetus et ad terras Jonam gravis adtulit alvo.
14. Disparibus victum populis prænunciat unum
Isaias vates socians armenta leoni.
15. Hic est Hieremias sacratus matris in alvo
Hostia cui dominus specie monstratur ut agnus.
16. Helias ascendit equos currusque volantes
Raptus in ætheriam meritis cælestibus aulam.
17. Ecce feri norunt sanctis deferre leones
Atque famem cohibere metu vatemque vereri.
18. Angelus affatur Mariam, quæ parca loquendi
Ora verecundo solvit suffusa rubore.

B.

1. Angelus adloquitur Mariam, quo præscia verbo
Concipiat salva virginitate Deum.
2. Dant tibi Chaldæi prænuntia munera reges:
Myrrham homo, rex aurum, suscipe tura Deus.
3. Permutat lymphas in vina liquentia Christus,
Quo primum facto se probat esse Deum.
5. Quinque explent panes, pisces duo, millia quinque,
Et Deus ex parvo plus superesse iubet.
6. Editus ex utero cæcus nova lumina sensit
Et stupet ignotum se meruisse diem.
7. Lazarus e tumulo Christo inclamante resurgit
Et duræ mortis lex resoluta perit.

8. Nutantem quatit unda Petrum, cui Christus in alto
   Et dextra gressus firmat et ore fidem.
9. Exsanguis Christi contingit femina vestem,
   Stat cruor in venis, fit medicina fides.
10. Jussus post multos graditur paralyticus annos,
   Mirandum, lecti portator ipse sui.

V.

TITULI DER BASILICA DES HEIL. MARTIN ZU TOURS.

Unter B. Perpetuus, um 460. — Le Blant, Inscr. chrét. de la Gaule I., 234 ff.; Corpus scriptorum ecclesiasticorum Latinorum. Wien 1888. vol. XVI, p. 1 und 165.

Literatur: Le Blant a. a. O.; Beiträge S. 81 f.; Steinmann S. 83 ff.

INCIPIUNT VERSUS BASILICÆ.

1. In introitu a parte occidentis historia evangelicæ viduæ.[1])

Discat evangelico Christum sermone fateri
Quisque venit summo vota referre Deo:

— — — — — — — — — — — — — — — — — —

Non quæ multa dedit, sed quæ sibi nulla reliquit
Laudari meruit iudicis ore Dei.

2. A parte Ligeris super ostium.

Discipulis præcipiente Domino in mari navigantibus
Ventis flantibus fluctibus excitatis Dominus super mare pedibus ambulat.
Et sancto Petro mergenti manum porrigit et ipsum de periculo liberat.

3. (Item.)

Sanctissima Christi ecclesia quæ est mater omnium ecclesiarum,
Quam fundarevant apostoli, in qua descendit spiritus sanctus super apostolos

---

[1]) Eine Hs. hat super ostium picta h. e. v.

In specie ignis linguarum; in ea positus est thronus Jacobi Apostoli et columna, in qua verberatus est Christus.

4.[1])

Quisque solo adclinis mersisti in pulvere vultum
Humidaque illisæ pressisti lumina terræ,
Attollens oculos trepido miracula visu
Concipe et eximio caussam committe patrono.
Nulla potest tantas complecti pagina vires
Quamquam ipsa his titulis cœmenta et saxa notentur.
Terrenum non claudit opus quod regia cœli
Suscipit et rutilis inscribunt sidera gemmis.
Martini si quæris opem, trans astra resurgens,
Tange polum, angelicum scrutatus in æthera cœtum.
Illic coniunctum Domino perquire patronum
Sectantem æterni semper vestigia regis.
Si dubitas, ingesta oculis miracula cerne,
Queis famuli meritum verus salvator honorat.
Accedis reliquos inter tot millia testis
Dum narranda vides sollers et visa retexis
In sanctis quidquid signavit pagina libris,
Instauriat renovante Deo quo munere gaudent
Cœcus Claudus Inops Furiosus Anxius Æger,
Debilis Oppressus Captivus Mœstus Egenus;
Omnis apostolicis gaudet curatio signis.
Qui flens adfuerit, lætus redit, omnia cedunt
Nubila; quod meritum turbat medicina serenat.
Expete præsidium, non frustra hæc limina pulsas,
In cunctum perget pietas tam prodiga mundum.

5. Item super arcum absidis altaris.[2])
Quam metuendus est locus iste: vere templum
Dei est et porta cœli.

6. Item circa tumulum ab uno latere.
Hic conditus est sanctæ memoriæ Martinus episcopus

[1]) Verfasst von Paulinus v. Périgueux auf Verlangen des Bischofs Perpetuus (um 460). S. das Begleitschreiben Paulins bei Migne LXI., 1071.

[2]) absidæ in altare. Ms. Paris.

Cuius anima in manu Dei est, sed hic totus est
Præsens manifestus omni gratia virtutum.

VI.

TYPOLOGISCHER CYCLUS DES ALTEN UND NEUEN TESTAMENTS.

Dem Rusticus Helpidius († 533 ?) beigelegt. — Migne CI., 736 f.; Garrucci I., 521.

Literatur: Ebert I., 414—417; Teuffel II., 1201. n. 2., 1238. n. 11.; Steinmann S. 55 ff.; cf. de Rossi, Bull. di archeol. crist. 1887, 56 f. Der Text bedarf dringend einer kritischen Revision. (Ausgabe von Brandes im Wiener Kirchenvätercorpus in Vorbereitung.)

I.[a] SÜNDENFALL.

Evam viperea vetitum decerpere pomum
Invidus arte parat, tentataque[1]) noscia fraudis
Credidit infelix, socio[2]) peritura marito.

[1]) Var. tantæ quæ. — [2]) Var. sacro.

I.[b] VERKÜNDIGUNG AN JOSEPH.

Angelus illæsum Mariæ per somnia Joseph,
Coniugium servare monet, hic dote[1]) repleta
Spiritus hoc, quod sit flagrans, salvatur honore.[2])

[1]) Var. docte. — [2]) quod sit prægnans, salvatur honore. Froben.

II.[a] VERTREIBUNG AUS DEM PARADIESE.

Pellibus accincti peccati signa ferentes
Pœnarum famuli linquunt felicia regna.
Semper amica piis peccantes respuit aula.

II.[b] DER GUTE SCHÄCHER.

Sacrati nemoris Domino per amœna vireta
Felix latro duce hospitium vitale meretur.
Gratificata[1]) fides vincit tot crimina vitæ.

[1]) Var. fortificata.

III. a) DIE ARCHE NOE.

Hic volucres, armenta, viros, genus omne ferarum
Cuncta ne[1]) diluvii perdat violentia, Noë
Colligit atque unam, creaturam[2]) condit in arca(m).

1) Var. Ne quid. — 2) Var. tot condita.

III. b) VISION PETRI.

Reptilium, pecudumque [genus] cunctas [que] volucres
Discus habet, quæ cuncta iubet pater edere Petrum,
Nil commune putans, quod mundi auctore creatur.[1])

1) Var. mundum fecerat auctor.

IV. a) THURMBAU ZU BABEL.

Exstruit immensis opibus superbia[1]) turrem,
Sed facit ora Deus summus[2]) discordia rector
Ne quid stulta manus ultra[3]) sua iura pararet.

1) Var. vesania. — 2) Var. sed populi summa is turbat colloquia summi. — 3) Var. supra.

IV. b) PFINGSTFEST.

Consona diversas fundit prædicatio[1]) linguas
Barbara quaeque suam cognoscit natio vocem
Quam sacer humano præfertur[2]) spiritus ore.

1) Var. narratio. — 2) præfatur.

V. a) JOSEPH WIRD VERKAUFT.

Hic coniuratos germanum vendere fratres
Cogit livor edax, prosunt contraria iustis;
Hoc opus est gratiæ,[1]) ut qui vendidit, adoret.[2])

1) Var. divinum. — 2) Var. qui modo vendit adorat.

V. b) VERRATH DES JUDAS.

Nummi dira fames compellit vendere Judam
In pœnam regale caput, commercia tanti
Sanguinis exiguo peragit mens impia[1]) lucro.

1) Var. improba.

VI. a) DAS OPFER ABRAHAMS.

Cædis inexpertas[1]) propria fert hostia lignum
Nam carum obediens[2]) pignus mactare[3]) paratus,
Ducit Abram fidei meritum, non[4]) parcere nato.

1) Var. in expensas. — 2) Var. genitor. — 3) Var. mutare. — 4) Var. est nec.

3*

VI. [b] KREUZTRAGUNG.

Gestat[1]) honorandum[2]) cunctis manus inclita[3]) lignum[4])
Quos se sancta sinit suspendi victima mundi
Perditam[5]) ut miseris reddat mors una salutem.

[1]) Var. gestis. — [2]) Var. onerandum. — [3]) Var. indita. — [4]) Var. regum. — [5]) Tollitur.

VII. [a] WACHTELN UND MANNA IN DER WÜSTE.

Hic avidos carnis missa[1]) ortygometra pascunt,[2])
Immeritosque replet cœlestis copia panis,[3])
Nam dignis, quem cumque[4]) velit, dat manna saporem.

[1]) Var. mista. — [2]) Var. refecit. — [3]) Var. mensæ. — [4]) Var. quem quisque.

VII. [b] SPEISUNG DER VIERTAUSEND.

Hic panibus septem populorum millia pascit
Quatuor, et pauci saturant convivia pisces
Nam bis sex sportas[1]) panis fragmenta replerunt.

[1]) Var. nam septem reliquas sportas fragmenta replevit.

VIII. [a] MOSES ERHÄLT DAS GESETZ.

Veridicæ Moses pandit penetralia legis
Quod summus cunctis unus sit rector et idem
Nec divisa regat mundum sed sola potestas.

VIII. [b] BERGPREDIGT.

Montis valle sedens grande et immutabile verum[1])
Et pia iustitiæ populis præcepta profatur,
Quaque it qua pergit sese sapientia monstrat.[2])

[1]) Var. grave ut immutabile verbum. — [2]) Quæque intra sese pergat sapientia monstrat.

IX. MARIA UND MARTHA.

Arguit immeritis consortem Martha querelis
Quod vacat officio; cui verax arbiter inquit:
Cura Dei melior domus, et magis utilis illi.[1])

[1]) Var. utilis cura domus melior quæ semper habetur.

X. DER KNECHT DES HAUPTMANNS.

Heu mihi salvator, salvari servus anhelat
Non ego sum dignus, cuius tu tecta capessas
Sed verbo sanare potes, nam sufficis absens.

XI. HOCHZEIT ZU CANA.

Insipidi quondam laticis elementa saporem
Flagrantis sumpsere meri; nam providus auctor
Munera lætitiæ virtutum exordia fecit.

XII. HEILUNG DER GELÄHMTEN. (Luc. 13, 11.)

Dat dextram miseris; miseransque attollit ab humo[1])
Quam longinqua sui curvarant vitia[2]) morbi.
Surgit[3]) recta fides,[4]) mundat mens pia credentem.[5])

[1]) amicc. — [2]) tormina. — [3]) Var. surgite. — [4]) Var. fide. — [5]) Var. credentis mundaque mens est.

XIII. HEILUNG DER BLUTFLÜSSIGEN.

Hæc mulier tactu vestis furata salutem est
Siccavitque fides venas fluidumque pudendum:
Pulchra fides, cui vis cogendi magna tonantem.

XIV. ERWECKUNG DES SOHNES DER WITWE.

Mœrebat genitrix ignara mente cadaver
Cui mundique hominumque salus in limine portæ
Obvia cum venit, luctus in gaudia vertit.

XV. ZACHÆUS.

Dulcis honor Domini Zachaeo fulsit amico:
Maiestate sonans hodie mihi proficis hospes,
Ad maiora de hinc[1]) ramis descende relictis.

[1]) Var. de his.

XVI. ERWECKUNG DES LAZARUS.

Lazarus hic iterum proiecta morte resurgit
Et pariunt animas mutata lege sepulcra.
Qui vitam functis scit verbo reddere, vita est.

VII.

GEMÄLDE IN DER CATHEDRALE VON TOURS.

Venantius Fortunatus (um 565), Carmina, L. X., 6. — Monum. Germ. Auct. antiquiss. IV.

Literatur: Ebert II., 518 f.; Teuffel II., 1278; Leroux, Le poète V. F. Paris, 1887; Garrucci I., 551; Le Blant, Inscr. chrét. de la Gaule I., 185; Beiträge S. 85 f.; Steinmann S. 91 f.

In nomine domini nostri Jesu Christi versus ad ecclesiam Toronicam quæ per Gregorium episcopum renovata est.

Emicat altithroni cultu venerabile templum
Egregium meritis, nobilis arcis apex;
Quo propria tunica dum operit Martinus egentem,
Gestorum serie fulgida signa dedit.
Namque idem antistes, sacra dum mysteria tractat;
Lumina gemmarum est visus habere manu,
Ac de veste fuit quantum sua dextera nuda
Tantum membra sibi gemma corusca tegit.
Sanctus item domini almum dum benediceret altar,
De capite est visus flammeus ire globus.
Quæ modo templa sacer renovata Gregorius effert
Et rediit priscus cultus honorque suus.
Fulgida præcipui nituerunt culmina templi
Postque usus veteres præmicat aula rudis,
In senium vergens, melius revirescere discens,
Diruta, post casum firmius acta situ.
Martini auxiliis operando Gregorius ædem
Reddidit iste novus qud fuit ille vetus.

Clara supercilio domini delubra nitescunt:
Alma licet merito, sunt quoque celsa iugo;
Invida subruerat quam funditus ipsa vetustas,
Ut paries liquidis forte solutus aquis,
Quam pastor studuit renovare Gregorius ædem,
Nec cecidisse dolet quæ magis aucta favet.

Ambianis tremulum cernens Martinus egenum
Dimidiæ chlamydis mox ope membra tegit.
Sed coram angelicis turmis se hanc nocte silenti
Pauperis in specie Christus habere refert.
A sacer antistes, meritis referende sub astris!
Unde tegis nudum, hinc tua palla deum.

Inter opima deus figulus quæ vascula fecit
Martinus meritis vas in honore nitet.

Leprosi maculas pretiosa per oscula purgans,
  Cui quod ab ore dedit pax medicina fuit
Ulcera morbosi curans sic fauce beatus,
  Quod Jordanis agit tacta saliva facit.

Quam generosa fides Martini in sæcula civis!
  Qui quocumque fuit, mors ibi perdit iter.
Denique cum extincto catechumenus ore iaceret,
  Se superextendens effugat arma necis:
Sic viduæ genito laqueato, deinde reducto;
  Est vir ubi iste dei, non licet ire mori.

Fanaticam pinum sanctus succidere cogens,
  Iustum ibi subposuit rustica turba premi.
Cæsa secure arbor cum iam daret alta ruinam,
  Ad crucis imperium est ire coacta retro.
Quis vigor hic fidei, validæ dum pondera pini
  Quo natura negat crux facit ire viam!

Serpentis morsu tumido suprema regenti
  Hic digitum ut posuit, pestis iniqua fluit
Collecto morbo huc et ab ulcere pollice tracto,
  Dumque venena cadunt erigit ille caput.
Unguentumque novum, digitis traxisse venenum
  Et tactu artifici sic superasse neces!

Dum latro extinctus falso coleretur honere,
  Voce huc Martini cogitur umbra loqui,
Publice se referens scelerum pro mole peremptum
  Se quoque nec iustum, sed magis esse reum.
O vox sancta, loqui defuncta cadavera cogens,
  Cui post fata iacens dat sua verba cinis!

Pergeret in fluvio dum vipera lapsa natatu
  Et prope litorei tangeret ora soli.
Martini imperio liquidas revocatur ad undas
  Transactumque viæ lassa recurrit iter.

Quantus amor domini tali sub corde calebat,
  Quando venena potens ipsa retorquet aquis!

Martini meritis aliis quoque febre crematis
  Sudores refluos pagina sicca dabat:
Unde salutifero medicamine charta fovebat
  Atque graves ignes littera tinguit aquis.
Gratia quanta dei huius sermone rigabat,
  Febre ubi succensis fons suus ibat apex!

Alme, decus rerum, pie summe, Gregorius, arcis,
  Tu cui das sedem dat tibi templa sacer.
Nam veteri fuerant hæc funditus eruta lapsu
  Tecta, labore novo quæ modo culta cluunt.
Iure potestatis cui tu bone conditor orbis,
  Hæc danti in terris culmina redde polis.

Victa vetustatis per tempora culminis arca
  Diruit, ut melior surgeret aula solo,
Quo sacra Martinus domini mysteria tractans
  A capite igniferum misit in astra globum.
Ne tamen ipsa ruens miserando fine iaceret,
  Pontificem meruit qui sibi ferret opem.
Quæ rediviva micans instante labore Gregori,
  Decidua in senio, floret honore novo:
Fundamenta igitur reparans hæc prisca sacerdos
  Extulit egregius quam nituere prius.
Nunc placit aula decens, patulis oculata fenestris,
  Quo noctis tenebris clauditur arte dies.
Lucidius fabricam picturæ pompa perornat,
  Ductaque qua fucis vivere membra putes.

Leprosum purgavit.

Pannoniæ satio misit tibi, Gallia, fructum
  Gignens cælestem terra maligna dapem,
Martinum inlustrem meritis, qui munere divo
  Culmen in ætheria sede senator habet.

Qui lepræ maculas medicata per oscula purgat,
Curat et infectum pura saliva virum.
Ad fluvium domini cui non fuit ire labore:
Quod Jordanis habet, sanctus ab ore dedit.
Qui sacer ipse mihi te, pastor, agente, Gregori,
Fortunato adimat tot maculosa reo.

Chlamys divisa.

Dum chlamydem Martinus inops divisit egeno,
Christus ea memorat se bene veste tegi.
Dives paupertas, dominum quæ texit amictu,
Cui deus occurrit qui dedit astra faber!

Tunicam dedit.

Noscere qui mavis Martini gesta beati,
Hic poteris breviter discere mira viri,
Denique cum tunicam sacer ipse dedisset egenti
Ac sibi pars tunicæ reddita parva foret,
Quod non texerunt manicæ per brachia curtæ
Visa tegi gemmis est manus illa viri.
O nimium felix cui contigit in vice lanæ
Nobilium lapidum lumine membra tegi,
Ut, cum adhuc cinere adspersus foret atque favillis
Artifice angelico gemmeus iret homo!

Mortuos suscitavit.

Quid deus in famulis operetur opimus amator,
Martini gestis magna probare potes;
Ducere qui meruit de morte cadavera vitæ
Retulit atque diem reppulit unde necem.

Pinus excisa.

Dum caderet Martinum arbor pressura beatum,
Mox facit ipse crucem, pinus abacta redit.
Quis non virtuti divinæ commodet aurem,
Dum trabe conversa dant quoque ligna fugam?

Idola prostrata.

Idola dum cuperet Martinus sternere fulta,
Conterit hæc cælis magna columna ruens,

Auxilium ad iusti dignando militat æther:
  Quanta fides cuius currit ad arma polus!

Falsus martyr.

Forte colebatur dum quis pro martyre latro,
  Martini adventu se probat esse reum.
Virtutis merito fidei radiante corusco
  Nec tacet extincti nec latet umbra rei.

VIII.

DIE ERSTEN BAUTEN IM FRANKENREICHE.

Gregor von Tours († 594), Historia Francorum. — Mon. Germ. SS. Meroving. I. 81 f.

Literatur: Ruinarts Præfatio zu seiner Ausgabe Gregors, Paris, 1699 (Migne vol. LXXI.), noch heute wertvoll. Wattenbach I., 93 ff.; Ebert I. 566 ff.; Piper S. 188; Augusti, Beitr. II., 160. Steinmann S. 82 ff.

Hübsch, Altchristl. Kirchen T. 48; Schnaase III, 523; Dehio u. Bezold I., 260 ff.; Le Mire, Études archéologiques sur Grég. de Tours. Lons-le Saulnier, 1879; Quicherat, Restitution de la basilique de St. Martin, Revue archéol. XIX (1869), wiederholt in Qu.'s Mélanges d'archéologie. Paris, 1886; Chevalier, Les fouilles de St. Martin de Tours. Recherches sur les six basiliques succ. élevées autour du tombeau de St. M. Tours 1887; Dehio, im Jahrbuche der kgl. preuss. Kunstsammlungen 1889, 13. und im Repertorium für Kunstw. XVI. (Zwei Probleme etc.); Ratel, Les basiliques de St. M. à Tours. Paris, Picard, 1891.

Vgl. a. den Sermo IV. de combustione basilicæ S. Martini des Odo von Cluny († 942) bei Duchesne, Bibliotheca Cluniacensis p. 146.

Basilica des heil. Martin in Tours.

Lib. II., c. 14. Apud urbem vero Turonicam defuncto Eustochio episcopo, XVII. sacerdotii sui anno quintus post b. Martinum Perpetuus ordinatur. Qui cum virtutes assiduas ad sepulcrum eius fieri cerneret, cellulam, quæ super eum fabricata fuerat videns parvulam, indignam talibus miraculis iudicavit. Qua submota magnam ibi basilicam, quæ usque hodie permanet, fabricavit, quæ habetur a civitate passus DL. Habet in longum pedes CLX, in lato LX, habet in alto usque ad cameram pedes XLV; fenestras in altario XXXII, in capso XX, columnas XLI. In toto ædificio fenestras LII, columnas CXX. Ostia VIII, tria in altario, quinque in capso. Solempnitas enim ipsius basilicæ triplici virtute pollet: id est dedicatione templi, translatione corporis Sancti vel ordinatione eius episcopatus. Hanc enim IV. Nonas Julias observabis, depositionem vero eius III. Id. Nov. esse cognoscas. Quod si fideliter celebraveris et in præsenti sæculo et in futuro patrocinia beati antistitis promereberis. Et quoniam camera cellulæ illius prioris eleganti opere fuerit fabricata, indignum duxit sacerdos, ut opera eius deperirent, sed in honore beatorum apostolorum Petri et Pauli aliam construxit basilicam, in qua cameram illam adfixit. Multas et alias basilicas ædificavit, quæ usque hodie in Christi nomine constant.

Basilica des Namatius in Clermont.

Lib. II., c. 16. Sanctus vero Namatius post obitum Rustici episcopi apud Arvernus in diebus illis VIII. erat episcopus. Hic ecclesiam, qui nunc constat et senior intra murus civitatis habetur, suo studio fabricavit, habentem in longo pedes CL, in lato pedes LX, id est infra capso, in alto úsque cameram pedes L: inante absidam rotundam habens, ab utroque latere ascellas eleganti constructas opere totumque ædificium in modum crucis habetur expositum. Habet fenestras XLII, columpnas LXX, ostia VIII. Terror namque ibidem Dei et claritas magna conspicitur; et vere plerumque inibi odor suavissimus aromatum quasi advenire a religiosis sentitur. Parietes ad altarium opere sarsurio et multa marmorum genera exornatos habet. Exactum ergo in XII° anno beatus pontifex edificium, Bononiæ civitatem Italiæ sacerdotes dirigit, ut ei reliquias SS. Agricolæ et Vitalis exhibeant.

c. 17. Cuius (Namatii) coniux basilicam S. Stephani suburbano murorum ædificavit. Quam cum fucis colorum adornare velit, tenebat librum in sinum suum, legens historias actionis antiquas, pictoribus indicans, quæ in parietibus fingere deberent.

IX.

AUS DEM LEBEN DES H. ELIGIUS.

(† gegen 665.)

S. Audoënus († 683), Vita s. Eligii. — *D'Achéry, Spicilegium V, 147. (Quartausgabe) = II, 76 (folio).*

Literatur: Reich, Über Audoënus Lebensbeschr. des h. El. Diss. Halle, 1872. Wattenbach I, 114, vgl. 5. Auflage I, 421 (dort die ältere Lit. über E., zusammengestellt von Krusch); Ozanam, St. Éloi, patron des orfèvres etc., Paris. Bleriot. o. J.; de Linas, Orfèvrerie mérovingienne, les oeuvres de St. Éloi. Paris, 1864; de la Porte, un artiste du VII. siècle, Eligius aurifaber. Paris, 1865; Ilg, Die Bedeutung der St. Eligiuslegende für die Kunstgesch. Mitth. der k. k. Centralcomm. 1874; Vallone, Cenno della vita di Sant' E. Lecce 1876. Bapst, Vie de St. Éloi. Rev. archéol. 3. sér. vol. VII; Ders., Le tombeau de St. Martin. ibid. p. 321; Ders., La châsse de Ste. Geneviève. ibid. vol. VIII, 174; Ders., Le tombeau de St. Denis. ibid. VIII, 306. cf. vol. IX, 144; Corblet, Rev. de l'art chrét. IV, 587; de Linas, ibid. VIII, 225; Lenormant, Sur le fauteuil de Dagobert in Cahier-Martin's Mélanges d'archéol. I, 157; Clemen, Meroving. und karoling. Plastik. Bonn, 1892. S. 36 ff.; Beiträge S. 177 ff.

I, c. 3. Cum ergo videret pater eius tantum filii ingenium, tradidit eum ad imbuendum honorabili viro, Abboni vocabulo, fabro aurifici probatissimo, qui eo tempore in urbe Lemovicina publicam fiscalis monetæ officinam gerebat: a quo in brevi huius officii usu plenissime doctus, cœpit inter vicinos et propinquos in Domino laudabiliter honorari.

I, c. 5. Post aliquod autem temporis intervallum pervenitad notitiam Clotarii Francorum regis huiusmodi ex causa. Volebat enim idem rex sellam urbane auro gemmisque fabricare, sed non inveniebatur, in eius palatio qui huiusmodi opus, sicut mente conceperat, posset opere perficere. Cum sciret ergo præfatus regis thesaurarius (Bobbo) Eligii industriam, cœpit cum explorare si quominus opus optatum posset perficere et cum facile id apud eum fieri intellexisset, ingressus ad principem indicavit ei invenisse se artificem industrium, qui dispositum sine cunctamine aggrederetur eius operis artificium. Tunc rex mente gratissima tradidit ei copiosam auri impensam, sed et ipse nihil omnius tradidit Eligio. At ille acceptum opus cum celeritate inchoavit, atque cum diligentia celeriter consummavit. Denique quod ad unius opificii acceperat usum, ita ex eo duo composuit, ut incredibile foret omnia ex eodem pondere fieri potuisse; nam absque ulla fraude, vel unius etiam siliquæ imminutione commissum sibi patravit opus, non cæterorum fraudulentiam sectans, non mordacis limæ fragmina culpans, non foci edacem flammam incusans, sed omnia fideliter complens, geminam feliciter meruit felix remunerationem. Opus ergo perfectum defert protinus ad palatium traditque regi quam donaverat sellam, altera penes se quam gratuito fecerat, reservata. Cœpit tunc princeps mirari simul et efferre tantam operis elegantiam, iussitque illico fabro tribuere mercedem laboris dignam. Tunc Eligius altera ex occulto in medio prolata: »quod superfuit« inquit »ex auro ne negligens perderem, huic operi aptavi.« Confestim stupefactus Clotarius et maiori admiratione detentus, sciscitabatur opificem, si cuncta ex eodem penso facere potuisset, et cum consequenter iuxta id quod fuerat sciscitatus responsum accepisset, ingenium eius sublimi favore attollens: »ex hoc iam,« inquit, »etiam in maximis credi poteris.« Porro hoc fuit initium, necnon et testimonium in palatio regis, honorandi credendique Eligium; ex hoc nempe ad altius consurgens factus est aurifex peritissimus, atque in omni fabricandi arte doctissimus, invenitque gratiam in oculis regis, et coram cunctis optimatibus eius Dominoque iuvante roborabatur in fide, et a rege provocatus crescebat quotidie in melius.

I, c. 10. . . . Fabricabat in usum regis (Dagoberti) utensilia quamplurima ex auro et gemmis; sedebat fabricans indefesso et contra eum Thille vernaculus eius ex genere Saxonico, qui magistri sequens vestigia et ipse postmodum venerabilem vitam duxit. Sedens ergo Eligius ad opus prædictum, codicem sibimet præ oculis præparabat apertum, ut quoquo genere laborans divinum perciperet mandatum: sic igitur duplum gerens officium, manus usibus hominum, mentem usui mancipabat divino.

Ibid. Quoties brachile aureum, pungam quoque auro gemmisque comptam sibi surripuit, tansum ut miseris succurreret?

Ibid. Habebat præterea secum plures vernaculos in suo contubernio degentes, sibique necessario iugiter obtemperantes, de quibus erat Baudericus eiusdem liber comprovincialis, qui in omnibus honeste valde eius curam gerebat. Erat etiam Tituenus genere Suevus, fidelis cubicularius laicus, qui postea ad mercedis cumulum pervenit interemptus; necnon et Buchinus ex gentili conversus, qui et ipse postea venerabilis extitit, ac Ferrariensi cœnobio præfuit. Andreas quoque et Martinus atque Joannes, qui eo etiam procurante ad clericatum pervenire meruerunt; sed et alii quamplures quos enumerare perlongum est, qui die noctuque in eius camera cum omni studio solemniter canonicum adimplere studebant cursum.

I, c. 12. Sed dum vidi hominem, cur etiam non et formulam eius depingam? Erat enim statura prolixus, et facie rubicundus, gerebat cæsariem formosam et crinem quoque circillatum, manus habebat honestas et digitos longos, angelicum vultum, simplicem et prudentem visum. Utebatur quidem in primordio auro et gemmis in habitu, habebat quoque zonas ex auro et gemmis comptas, necnon et bursas eleganter gemmatas, lineas vero metallo rutilas, orasque sarcarum auro opertas, cuncta quidem vestimenta pretiosissima, nonnulla etiam holoserica. Sed his omnibus ad ostentationem fugiendam primo tempore utebatur in palam, intrinsecus vero ad carnem cilicium gestabat ex consuetudine; postea vero, cum ad altius profecit, cuncta ornamenta in egentium necessitatibus consumsit.

I, c. 32. . . . multa sanctorum auro argentoque et gemmis fabricavit sepulcra, id est Germani, Severini, Piatonis, Quintini, Lucii, Genovefæ, Columbæ, Maximiani et Loliani ac Juliani, adhuc autem et aliorum multorum, sed præcipue b. Martini Turonis civitate, Dagoberto rege impensas præbente, miro opificio ex auro et gemmis contexit sepulcrum, necnon et tumbam s. Brictionis et aliam ubi corpus b. Martini dudum iacuerat, urbane composuit. . . . . Præterea Eligius fabricavit et mausoleum s. martyris Dionysii Parisius civitate, et tugurium super ipsum marmoreum miro opere de auro et gemmis; cristam quoque et species de fronte magnifice composuit, nec non et axes in circuitu throni altaris auro operuit et posuit in eis poma aurea rotundilia atque gemmata: operuit quoque et lectorium et ostia diligenter de metallo argenti; sed et tectum throni altaris axibus operuit argenteis; fecit quoque et repam in loco anterioris tumuli, et altare extrinsecus ad pedes s. martyris fabricavit; tantumque illic, suppeditante rege, sua exercuit industria, atque ita suum diffudit specimen, ut pene singulare sit in Galliis ornamentum, et in magna omnium admiratione usque in hodiernum diem.

II, c. 6. tumbam denique ex auro argentoque et gemmis miro opere desuper (corpus s. Quintini) fabricavit; ecclesiam quoque quæ exigua conventibus populi videbatur, eximio opificio ampliatam decoravit.

II, c. 7. . . . mausoleum urbane desuper (corp. s. Piatonis) fabricavit (in territorio Medenantense, vico Sacilinio). Sussionis quoque civitate, sanctos martyres et germanos Crispinum et Crispinianum ex quadam crypta prolatos mirifice composuit eorumque memoriam insigni ornamento decoravit. Necnon et Belvacus municipio b. martyrem Lucianum collegam quondam s. Quintini inventum similiter fabricavit atque composuit.

X.

FRÜHESTE KUNSTTHÄTIGKEIT BEI DEN ANGELSACHSEN.

Beda (†735), Historia abbatum Wiremuthensium (Vita s. Benedicti Biscopi.) — Migne, XCIV, 713.

Literatur: Piper S. 196; Wattenbach I, 130; Ebert I, 640; Schnaase III, 524 f.; Beiträge S. 67; Steinmann S. 57. f.

(*c. 5.*) Nec plusquam unius anni spatio post fundatum monasterium interiecto, Benedictus Oceano transmisso Gallias petens cæmentarios qui lapideam[1]) sibi ecclesiam iuxta Romanorum quem semper amabat morem facerent, postulavit, accepit, attulit. Et tantum in operando studii præ amore b. Petri, in cuius honorem faciebat, exhibuit, ut intra unius anni circulum ex quo fundamenta sunt iacta, culminibus superpositis, missarum inibi solemnia celebrari videres. Proximante autem ad perfectum opere, mistit legatorios Galliam qui vitri factores, artifices videlicet Britanniis eatenus incognitos ad cancellandas ecclesiæ porti-

---

[1]) Offenbar Steinbau im Gegensatz zum Holzbau. cf. Beda Hist. eccl. III. 25. (Finanus ep. Merciorum) ecclesiam more Scotorum non de lapide sed de robore secto totam composuit atque arundine texit, sed ep. loci Eadberth ablata arundine plumbeis laminis eam totam hoc est tectum et parietes cooperire curavit.

cuumque et cœnaculorum eius, fenestras adducerent. Factumque est et venerunt, nec solum opus postulatum compleverunt, sed et Anglorum ex eo gentem huiusmodi artificium nosse ac discere fecerunt. Artificium nimirum vel lampadis ecclesiæ claustris, vel vasorum multifariis usibus non ignobiliter aptum; sed et cuncta quæ ad altaris et ecclesiæ ministerium competebant vasa sancta scilicet vel vestimenta, quia domi invenire non potuit, de transmarinis regionibus advectare religiosus emptor curabat.

(*c. 6.*) Et ut ea quoque, quæ nec in Gallia quidem reperiri valebant, Romanis e finibus ecclesiæ suæ provisor impiger ornamenta vel munimenta conferret, quarta illo, post compositum iuxta regulam monasterium, profectione completa, multipliciore quam prius spiritu aliam merci(um) fenore cumulatus rediit. Primo quod innumerabilem librorum omnis generis copiam apportavit .... ordinem cantandi psallendi atque in ecclesia ministrandi iuxta morem Romanæ institutionis suo monasterio contradidit... Picturas imaginum sanctarum quas ad ornandum ecclesiam b. Petri apostoli, quam construxerat, detulit; imaginem videlicet beatæ Dei genitricis semperque virginis Mariæ simul et XII. apostolorum, quibus mediam eiusdem ecclesiæ testudinem ducto a pariete ad parietem tabulato, præcingeret; imagines evangelicæ historiæ quibus australem ecclesiæ parietem decoraret; imagines visionum Apocalypsis b. Joannis, quibus septentrionalem æque parietem ornaret, quatenus intrantes ecclesiam omnes, etiam litterarum ignari, quaquaversum intenderent vel semper amabilem Christi Sanctorumque eius, quamvis in imagine contemplarentur aspectum vel dominicæ incarnationis gratiam vigilantiore mente recolerent vel extremi discrimen examinis quasi coram oculis habentes, districtius se ipsi examinare meminissent.

(*c. 9.*) . . . quinta vice de Britannia Romam accurrens innumeris sicut semper ecclesiasticorum donis commodorum locupletatus rediit, magna quidem copia voluminum sacrorum, sed non minori, sicut et prius, sanctarum imaginum munere ditatus. Nam et tunc dominicæ historiæ picturas, quibus totam beatæ Dei Genitricis, quam in monasterio maiore fecerat ecclesiam, in gyro coronaret; imagines quoque ad ornandum monasterium ecclesiamque b. Pauli apostoli de concordia veteris et novi testamenti summa ratione compositas exhibuit: verbi gratia, Isaac ligna quibus immolaretur portantem et Dominum crucem in qua pateretur æque portantem, proxima super invicem regione pictura coniunxit. Item serpenti in eremo a Moyse exaltato filium hominis in cruce exaltatum comparavit. Attulit inter alia et pallia duo holoserica incomparandi operis.

XI.

GESETZ KÖNIG LIUTPRANDS (713—744) ÜBER DIE BAULEUTE.

Memoratorium de mercedibus Commacinorum. — ed. Pertz, Mon. Germ. Leges IV, 176.

Literatur: Schnaase III, 516 ff.; Dartein, Études sur l'archit. lombarde. Paris, 1884; Cattaneo, L'archit. in Italia dal sec. VI. al mille. Venedig 1889; Mezzario, I maëstri Comacini (600—1800). 2 voll. Mailand, 1893.

Memoratorium de mercedibus Commacinorum.

I. De sala. Id est, si sala fecerit, reputet tegulas in solido uno numero sexcentos; si in solario, tegulas trecentas per solidum vestitum, quia quindecim tegulas viginti pedes lebant.[1])

II. De muro. Si vero murum fecerit, qui usque ad pedem unum sit grossus, duplicentur mercedes et usque ad quinque pedes subquinetur, et de ipso muro vadant per solidum unum pedes ducenti viginti quinque. Si vero macinam mutaverit, det per pedes centum octoaginta in solidum unum usque ad pedes quinque sursum, in longitudinem vero ter quinos per tremissem.

III. De muro albato. Similiter si murum dealbaverit vadant sexcentos pedes per solidum unum. Et si cum axibus clauserit et opera gallica fecerit, similiter mille quingenti pedes in solido vestito vadant. Et si arcum volserit, pedes XII vadant in solidum unum.

IV. De maceria. Si vero materias cappelaverit maiores minores, capita viginti per tremisse vadant: cum armaturas vero et brachiolas quinque ponantur pro uno materio.

---

[1]) i. e. levant (»sich heben«).

V. De annonas commacinorum. Tollant magistri annonam per tremisse unum, secale modia tria, lardo libras X, vinum ornam unam, legumen sextaria quattuor, sale sextario uno, et in mercedes suas reputent.

V.[a] De opera. Similiter romanense si fecerit, sic reputet sicut gallica opera: mille quingenti pedes in solidum unum. Et scias, quia ubi una tegula ponitur, viginti et quinque scindolas lebant, quia centum quinquaginta tegulas duo milia quingentos scindolas levant. Et si massa funderit, sexcenti pedes in solidum unum.

VI. De caminata. Si quis magistri caminatam fecerint, tollant per unam tremissem unum. Et si abietarii cancellas fecerit, per solidum unum vadant pedes XII. Si vero pneumas fecerint, quantos pedes habent, tantas siliquas lebant. Et si carolas fecerit cum gipso, det per tremissem carolas quattuor, annonas vero ei non reputetur.

VII. De marmorariis. Marmorarii si axes marmoreas fecerint, dent per sol. I pedes XV; et si columnas fecerint de pedes quaternos ant quinos, dent per tremisse columnas tres; annonas vero ei non reputetur.

VII.[a] De furnum. Si quis vero furnum in pisile cum caccabos fecerit et postes tres aut quattuor habuerit et cum pineam suam levaverit caccabos CCL, ita ut pinea ipsa habeat caccabos XXV, exinde tollant tremmisse unum. Et si quingenti caccabos habuerint, habeant duos tremisse; et si mille fuerint caccabos, tollant exinde mercedes tremisse quattuor.

VIII. De puteum. Si quis puteum fecerit ad pedes C, tollat exinde solidos XX; annonas ei non reputetur. Puteus autem de pedes XXX quinque solidos IV; puteus vero de pedes XXVI solidos III; puteus autem de pedes XII solidum unum. Annona ei non reputetur.

XII.

DIE KIRCHEN DES H. LANDES.

Adamnani abbatis Hiiensis libri III. de locis sanctis ex Arculphi relatione episcopi Galli (Anfang des VIII. Jhdts.) — Mabillon, Acta SS. O. B. (Venezianer Druck von 1734.) Saec. III., p. II., S. 456 ff.

Literatur: Mabillon, a. a. O. S. 452—455; Junkermann, De peregrinationibus et expeditionibus sacris ante synodum Claromontanum. Breslau, 1859; Itinera Hierosolymitana. Genf, 1880; de Vogüé, Les églises de la terre sainte. Paris, 1860. (Auszug daraus in der allg. Bauzeitung 1873); Unger, Die Bauten Constantins am h. Grabe. 1863. S. A. aus Benfey's Orient und Occident II.; Maussurow, Die Kirche des h. Grabes zu Jerusalem in ihrer ältesten Gestalt. A. d. Russischen von Boehlendorff. Heidelberg, 1888; Beltrame, Il tempio del S. Sepolcro in Gerusalemme. Atti del R. Ist. Veneto, 1894; Guthe, Die Bauten Constantins am h. Grabe. Zeitschr. des deutschen Palästina-Vereines. VIII. Dehio u. Bezold I, 37. (Dazu T. IX., 1 und X., 1.)

Lib. I, c. 1. De situ Hierusalem. Cæterum in illo famoso loco, ubi quondam templum magnifice constructum fuerat, in vicinia muri ab oriente locatum, nunc Saraceni quadrangulam orationis domum, quam subrectis tabulis et magnis trabibus super quasdam ruinarum reliquias construentes vili fabricati sunt opere, ipsi frequentant; quæ utique domus tria hominum milia simul (ut fertur) capere potest. Arculfus itaque de ipsius civitatis habitaculis a nobis interrogatus respondens ait: Memini me et vidisse et frequentasse multa civitatis eiusdem ædificia, plurimasque domos grandes lapideas per totam magnam civitatem intra mœnia circumdata mira fabricatas arte, sæpius considerasse.

c. 2. De ecclesia rotundae formulae super sepulcrum aedificata. De quibus diligentius sanctum interrogavimus Arnulfum præcipue de sepulcro Domini et ecclesia super illud constructa, cuius mihi formam in tabula cærata ipse depinxit. Quæ utique valde grandis ecclesia tota lapidea mira rotunditute ex omni parte conlocata, a fundamentis in tribus consurgens parietibus, inter unumquemque parietem et alterum latus habens spatium viæ; tria quoque altaria in tribus locis parietis medii artifice fabricatis. Hanc rotundam et summam ecclesiam supra memorata habentem altaria, unum ad meridiem respiciens, alterum ad aquilonem, tertium ad occasum versus, XII miræ magnitudinis lapideæ sustentant columnæ. Hæc bis quaternales portas habet, hoc est quatuor introitus per tres e regione interiectis viarum spatiis stabilitos parietes: ex quibus quatuor exitus ad Vulturnum spectant qui et Calcias dicitur ventus; alii vero quatuor ad Eurum respiciunt. In medio spatio huius interioris rotundæ domus rotundum inest in una eademque petra excisum tegorium in quo possunt ter terni homines stantes orare et a vertice alicuius non brevis staturæ stantis hominis usque ad illius domunculæ camaram pes et semipes mensura in altum extenditur. Huius tegorioli introitus ad orientem respicit: quod totum extrinsecus electo tegitur marmore, cuius exterius summum culmen auro ornatum auream non parvam sustentat crucem. In huius tegorii aquilonali parte sepulcrum Domini in eadem petra interius excisum habetur: sed eiusdem tegorii pavimentum humilius est loco sepulcri. Nam a pavimento eius usque ad sepulcri marginem lateris quasi trium mensura altitudinis palmorum haberi dinoscitur. Sic mihi Arculfus qui sæpe sepulcrum Domini frequentabat indubitanter emensus pronuntiavit. Hoc in loco proprietas sive discrepantia nominum notanda inter monumentum et sepulcrum. Nam illud sæpe supra notatum rotundum tegorium, alio nomine Evangelistæ monumentum vocant; ad cuius ostium advolutum et ab eius ostio revolutum lapidem resurgente Domino pronuntiant. Sepulcrum vero proprie dicitur ille locus in tegorio, hoc est in aquilonali parte monumenti in quo dominicum corpus linteaminibus involutum conditum quievit: cuius longitudinem Arculfus in septem pedum mensura propria mensus est manu. Quod videlicet sepulcrum non (ut quidam falso opinantur) duplex est, et quamdam de ipsa maceriola petram habens excisam, duo crura et femora, duo intercedentem et separantem, sed totum simplex a vertice usque ad plantas, lectum unius hominis capacem super dorsum iacentis præbens in modum speluncæ, introitum a latere habens ad australem partem monumenti e regione respicientem, culmenque humile desuper eminens fabrefactum: in quo utique sepulcro duodenæ lampades iuxta numerum XII. ss. Apostolorum semper die ac nocte lucent, ex quibus quatuor in imo illius lectuli sepulcralis loco inferius positæ, aliæ vero bis quaternales super marginem eius superius conlocatæ ad latus dexterum oleo nutriente præfulgent.

c. 3. Sed et hoc notandum esse videtur, quod mausoleum Salvatoris, hoc est sæpe supra memoratum tegorium spelæum sive spelunca recte vocitari possit......... Supradictæ igitur ecclesiæ formulam cum rotundo tegoriolo in medio eius conlocato, in cuius aquilonali parte Dominicum habetur sepulcrum, subiecta declarat pictura (*Fig. 1*) necnon et trium aliarum figuras ecclesiarum de quibus inferius intimabitur. In eadem vero ecclesia quædam habetur in petra excisa spelunca infra locum Dominicæ crucis ubi super altare pro quorumdam honoratorum animabus sacrificium offertur: quorum corpora interim in platea iacentia ponuntur ante ianuam eiusdem Golgothanæ ecclesiæ, usquequo finiantur illa pro ipsis defunctis sacrosancta mysteria. Has itaque quaternalium figuras ecclesiarum iuxta exemplar quod mihi (ut superius dictum est) Arculfus in paginola figuravit cerata, depinximus, non quod possit earum similitudo formari in pictura: sed ut Dominicum monumentum, licet tali vili figuratione, in medietate rotundæ ecclesiæ constitutum monstretur, aut quæ huic propior ecclesia, vel quæ eminus posita declaretur.

Fig. 1. **Die Grabeskirche zu Jerusalem**
(nach Mabillon.)

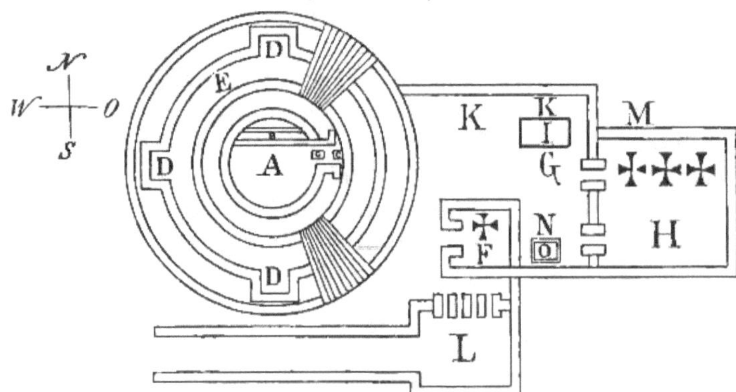

A Tegurium rotundum.
B Sepulcrum Domini.
C Altaria dualia.
D Altaria.
E Ecclesia.
F Golgothana Ecclesia.
G In loco altaris Abraham.
H In quo loco crux Dominica cum binis latronum crucibus sub terra reperta est.
I Mensa lignea.
K Plateola in qua die ac nocte lampades ardent.
L S. Mariæ ecclesia.
M Constantiniana basilica, hoc est martyrium.
N Exedra cum calice Domini.

c. 5. De ecclesia b. Mariae semper virginis quae rotundae ecclesiae cohaeret. Ceterum de sanctorum structuris locorum pauca addenda sunt aliqua. Illi rotundæ ecclesiæ supra sæpius memoratæ, quæ et Anastasis hoc est resurrectio vocitatur, quæ in loco Dominicæ resurrectionis est fabricata; a dextera cohæret parte S. Mariæ matris Domini quadrangulata ecclesia.

c. 6. Alia vero pergrandis ecclesia orientem versus in illo fabricata est loco qui hebraice Golgotha vocitatur, cuius in superioribus grandis quædam ærea cum lampadibus rota in funibus pendet: infra quam magna argentea crux infixa statuta est eodem in loco, ubi quondam lignea crux, in qua passus est humani generis Salvator, infixa stetit.

c. 7. De Basilica Constantini vicina supradictae. Huic ecclesiæ in loco Calvariæ quadrangulata fabricatæ structura, lapidea illa vicina orientali in parte cohaeret basilica, magno cultu a Rege Constantino constructa quæ et »martyrium« (al. monasterium) appellatur, in eo (ut fertur) fabricatum loco, ubi crux Domini cum aliis latronum binis crucibus, sub terra abscondita, post CCXXXIII annorum cyclos ipso Domino donante reperta est. Inter has itaque duales ecclesias ille famosus occurit locus, in quo Abraham patriarcha altare composuit ... ut Isaac immolaret ..... ubi nunc mensa habetur lignea non parva super quam pauperum elemosynæ a populo offeruntur. Sed et hæc mihi diligentius interroganti sanctus addit Arculfus inquiens: Inter anastasim hoc est illam sæpe supra memoratam rotundam ecclesiam et basilicam Constantini, quædam patet plateola usque ad ecclesiam Golgothanam; in qua videlicet plateola die ac nocte semper lampades ardent.

c. 8. De alia exedra intra ecclesiam Calvariae.

Inter illam quoque Golgothanam basilicam et Martyrium quædam inest exedra in qua est calix Domini ..., qui argenteus calix sextarii Gallici mensuram habens, duasque ansulas in se ex utraque parte altrinsecus contenens compositas ...... Quem s. Arculfus vidit et per illius scrinioli, ubi reconditus habetur, operculi foramen pertusi (al. perforati) manu tetigit propria osculatus.

c. 9. De lancea militis, qua latus Domini ipse percussit.

Hæc eadem lancea in porticu illius Constantinianae basilicæ inserta habetur in cruce lignea.

c. 13. De ecclesia S. Mariae in valle Josaphat, in qua monumentum eius habetur.

Cuius dupliciter fabricatæ inferior pars sub lapideo tabulato mirabili rotunda structura est fabricata: in cuius orientali parte altarium habetur; ad dexteram vero eius partem S. Mariæ inest saxeum cavum sepulcrum, in quo aliquando sepulta pausavit . . . Hanc inferiorem rotundam S. Mariæ ecclesiam intrantes, illam vident petram ad dexteram parieti insertam. Supra quam Dominus, in agro Gethsemani . . . . flexis oravit genibus . . . In superiore igitur æque rotunda ecclesia S. Mariæ quatuor altaria inesse monstrantur.

c. 19. De forma grandis basilicae in monte Sion fabricatæ et de ipsius montis situ.

Et quia paullo superius montis Sion mentio intercessit, de quadam pergrandi basilica in eo constructa quædam breviter succincteque intimanda sunt: cuius sic describitur formula: (*Fig.* 2.)

Fig. 2. **Die Kirche auf dem Berge Sion**
(nach Mabillon.)

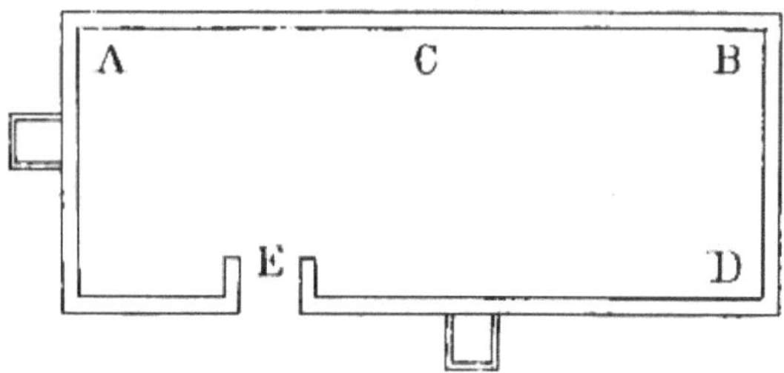

A Locus cœnæ Domini.
B Hic Spiritus sanctus super apostolos descendit.
C Hic columna marmorea stat, cui Dominus adhaerens flagellatus est.
D Hic S. Maria obiit.
E Porta.

Hic petra monstratur super quam Stephanus lapidatus extra civitatem obdormivit. Extra hanc supra descriptam grandem basilicam, quæ intrinsecus talia sancta complectitur loca, alia memorabilis exstat ad occidenalem partem petra, super quam (ut fertur) flagellatus est Dominus. Hæc itaque apostolica ecclesia (ut supra dictum est) in montis Sion superiore campestri planitie lapidea est fabricata structura.

22. De loco Dominicae ascensionis et de ecclesia in eo aedificata.

In toto monte Oliveti nullus alius locus altior esse videtur illo, de quo Dominus ad cœlos adscendisse traditur, ubi grandis ecclesia stat rotunda ternas per circuitum cameratas habens porticus desuper tectas. Cuius videlicet rotundæ ecclesiæ interior domus sine tecto et sine camara ad cœlum sub aëre nudo aperta patet; in cuius orientali parte altare sub angusto protectum tecto constructum extat. Ideo itaque interior illa domus camaram supra collocatam non habet, ut de illo loco in quo postremum divina institerant vestigia, cum in cœlum Dominus in nube sublevatus est via semper aperta et ad æthera cœlorum directa oculis in eodem loco exorantium pateat. Nam cum hæc, de qua nunc pauca commemorantur, basilica fabricaretur, idem locus vestigiorum Domini, ut alibi scriptum repertum est, continuari pavimento cum reliqua stratorum parte non potuit... In eodem igitur loco, ut sanctus refert Arculfus, ... ærea grandis per circuitum rota desuper explanata collocata est, cuius altitudo usque ad verticem haberi monstratur mensurata: in cuius medietate non parva patet pertusura (al. percussura) per quam desuper apertam vestigia pedum Domini plane et lucide impressa in pulvere demonstrantur. Illa quoque in rota ab occidentali parte quasi quædam semper patet porta, ut per eam intrantes facile adire locum sacrati pulveris possint et per apertum desuper eiusdem rotæ foramen de sacro pulvere porrectis manibus particulas sumant. Igitur nostri Arculfi de loco vestigiorum Domini narratio cum aliorum scriptis recte concordat quod nec culmine domus nec aliquo speciali inferiore et viciniore tegmine ullo quoque modo protegi potuerit, ut semper manifeste ab universis eius frequentatoribus conspiciatur et Dominicorum vestigia pedum in eiusdem loci pulvere depicta clare demonstrentur. Hæc enim eadem Dominica vestigia ingentis claritudine lampadis supra eamdem rotam in trochleis pendentis die et nocte flammantis inluminantur. Illius itaque supra memoratæ ecclesiæ rotundæ in occidentali parte his quaternales supernæ fabrefactæ habentur fenestræ valvas habentes vitreas, quibus utique fenestris eiusdem numeri vicinæ lampades intrinsecus e regione positæ in funibus pendentes ardent; quæ videlicet lampades sic collocatæ sunt ut unaquaeque lampas nec superius nec inferius pendeat, sed quasi adhærens eidem fenestræ videatur, cui interius e regione propinqua specialiter cernitur. Quarum utique lampadum in tantum claritas refulget, ut earum lumine, quasi de superiore montis Oliveti loco coruscantium per vitrum abundanter effuso, non tantum ea eiusdem montis pars, quæ ad occasum versus eidem adhæret rotundæ et lapideæ basilicæ; sed etiam civitatis Hierosolymæ de valle Josaphat adscensus . . . inlustretur . . . .

. . . . Cuius videlicet rotundæ ecclesiæ figura, vili quamvis pictura sic depicta declaratur; æreæ necnon in eius medietate collocatæ rotæ formula hac descriptiuncula demonstratur subiecta. (*Fig. 3.*)

Lib. II, c. 2. De loco nativitatis Domini.

Illa ergo Bethleemitica spelunca præsepis Dominici tota intrinsecus ob ipsus Salvatoris honorificentiam marmore adornata est pretioso. Cui utique semiantro super lapideum cœnaculum S. Mariæ ecclesia supra ipsum locum, ubi Dominus natus specialius traditur, grandi structura fabricata fundata est.

Fig. 3. **Himmelfahrtskirche auf dem Ölberge** (nach Mabillon.)

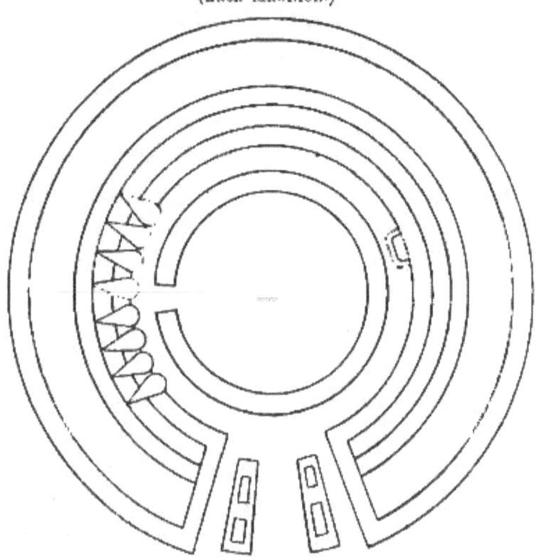

c. 13. De Hiericho. Sola domus Rahab post tres in eodem loco destructas civitates remansit quæ duos exploratores, quos Jesu-Ben-Nun transmisit, in solario eiusdem domus suæ lini stipula abscondit; cuius lapidei parietes sine culmine permanent.

c. 16. In extremitate vero fluminis (Jordanis) quaedam habetur parva quadrata ecclesia in eo (sicut traditur) fundata loco, ubi Dominica vestimenta hora illa custodita sunt, qua baptizatus est Dominus. Haec quatuor lapideis suffulta cancris, stat super aquas inhabitabilis, quia sub ipsam hinc et inde subintrant aquæ. Hæc desuper cocliti protegitur creta, inferius vero ut dictum est cancris et arcubus sustentata.

c. 21. De puteo Samariae. Itaque prope hanc eamdem civitatem quamdam extra murum vidit constructam ecclesiam, quæ quadrifida in quatuor mundi cardines formata extenditur, quasi in similitudinem crucis, cuius figura inferius describitur. (*Fig. 4.*) In cuius medietate fons Jacob qui et puteus dici solet, ad eius quatuor respiciens partes, intrinsecus medius habetur.

c. 26. De Nazareth et ecclesiis suis. Grandia tamen lapidea habet aedificia, ibidemque duae pergrandes habentur constructae ecclesiae, una in medio civitatis loco super duos fundata cancros,

Fig. 4. **Die Kirche in Samaria**
(nach Mabillon.)

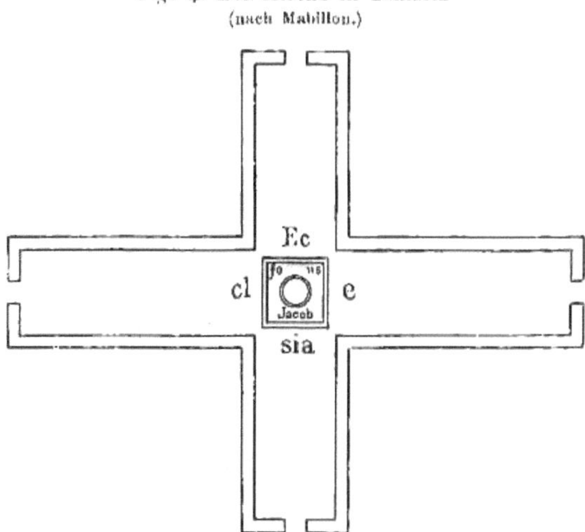

ubi quondam illa fuerat aedificata domus, in qua noster est Salvator nutritus. Hæc itaque eadem ecclesia duobus (ut superius dictum) tumulis et interpositis arcubus subfulta, habet inferius inter eosdem tumulos lucidissimum fontem collocatum.

c. 30. De Alexandriae situ. Occurrit Alexandriae grandis structurae ecclesia in qua Marcus evangelista in terra humatus iacet: cuius sepulcrum ante altare in orientali eiusdem quadrangulæ loco ecclesiæ Memoria superposita marmoreis lapidibus constructa monstratur.

Lib. III. c. 3. De illa ecclesia (Constantinopolitana), in qua crux Domini habetur.[1]) Cæterum de celeberrima eiusdem civitatis rotunda miræ magnitudinis lapidea ecclesia silere non debemus, quæ ut S. Arculfus refert, qui eam non brevi frequentavit tempore, ab imo fundamentorum in tribus consurgens parietibus, triplex supra illos altius sublimata, rotundissima et nimis pulchra simplici consummatur culminata camera. Hæc arcubus suffulta grandibus, inter singulos supra memoratos parietes latum habet spatium vel ad inhabitandum vel ad exorandum Deum aptum et commodum. Interioris domus aquilonali in parte pergrande et valde pulchrum monstratur armarium, in quo capsa habetur lignea . . . in quo salutare habetur reconditum crucis lignum . . . (quæ capsa) in tribus continuis diebus post expletum annum super aureum altare . . . elevatur. Quod utique altarium in eadem habetur rotunda ecclesia, duos longitudinis habens cubitos et unum latitudinis . . .

c. 4. In Diospoli[2]) civitate cuiusdam confessoris Georgii in quadem domo statua marmorea in columna, contra quam alligatus persecutionis tempore flagellatus est, formula depicta est.

c. 5. (*Constantinopel.*) Imago b. Mariæ in brevi tabula figurata lignea in pariete cuiusdam domus suspensa pendebat.

XIII.

KUNSTTHÄTIGKEIT IN ROM VON CONSTANTIN M. BIS ZUM SCHISMA.

Liber pontificalis Romanus. ed. Duchesne, Bibliothèque des écoles françaises d'Athènes et de Rome II. Série vol. I. (bis 795.) — Ed. Muratori SS. RR. Italicar. vol. III. p. I. (bis 897.) [Der älteste Theil des L. p. gehört dem VII. Jahrh. an.]

Literatur: Wattenbach I., 303. n. 3. Piper S. 315—346. De Rossi II., 1 passim; Duchesne a. a. O. bes. S. CXLI. ff.; Steinmann S. 19 ff.; vgl. Schnaase III., 564.

[1]) Kreuzkirche in Konstantinopel. (Chron. Paschal. Ol. 278; Ciampini, De s. aedif. 170.)

[2]) Lydda (Hagiugeorgiupolis) in Syrien, Centrum und Ausgangspunkt des Cultus des h. Georg.

Über die Basiliken: Ciampini, De sacris aedificiis a Constantino M. constructis Rom. 1693; Bunsen, Guttensohn u. Knapp, Die Basiliken des christlichen Roms. Stuttgart u. München, 1822 u. 1843; Kraus, Realencyklopädie der chr. Alterth. I., 129 ff.; Fontana, Raccolta delle migliori chiese di Roma . . . . seg. da una racc. di musaici della primitiva epoca. 6 voll. Turin, 1889.

Über die beiden Hauptkirchen Roms: 1. Basilica Constantiniana (S. Giovanni in Laterano) und Lateran, im Allg: Der Tractatus de ecclesia Lateranensi des Johannes Diaconus (XI. Jhdt.) bei Mabillon, Mus. Ital. II · Migne, P. Lat. CXCIV. (cf. Piper, monum. Theol. p. 499; de Rossi, Inser. christ. II., 222.); Rasponi, De basilica et patriarchio Later. Rom, 1656. (Nach dem Umbau durch Innocenz X. 1644—1655.); Ciampini l. c. cap. II; Rohault de Fleury, Le Lateran au m. a. Paris, 1877; Über die Apsis: E. Müntz in der Rev. archéol., 1878.

2. Basilica Vaticana (die alte Peterskirche.): cf. den Grundriss bei Duchesne zu p. 192, nach dem Plan des Alfarano von 1596 (vgl. Rossi, J. C. III., 229.); Tractat des Petrus Mallius. (XII. Jhdt.): Liber de bas. s. Petri in Vaticano, in den A. SS. Boll. Juni VII, 37—56. (cf. Piper S. 500 ff.); Maffeo Vegio († 1457.), De rebus antiquis memorabilibus bas. s. Petri. ibid. Juni VII., p. 61—85. (Piper S. 671 ff.); die sehr wichtige Beschreibung der alten Gemälde, die Giacomo Grimaldi (XVII Jhdt, Secretär Paul V.) hinterlassen hat, ediert von Müntz in der Bibl. des écoles françaises d'Athènes et de Rome I., Série. I., 248. (Steinmann S. 33 ff); Kirsch, Beitr. zur Gesch. der alten Peterskirche, Röm. Quartalschrift. II.

Über die römischen Mosaiken: Barbet de Jouy, Les mos. chrétiennes des basiliques et des églises de Rome. Paris, 1862; De Rossi, Musaici cristiani. Rom, 1872; Garrucci, Storia dell' arte cristiana. vol. IV.; Gerspach, La mosaique absidiale de St. Jean de Lateran. Gazette des beaux arts 1880; Frothingham, Mos. constantinienne inconnue à St. Pierre. Rev. archéol. 1882; Kuenstle, Mausoleum von S. Costanza. Röm. Quartalschr. IV.; Wolff, Papstbilder in der Lateranscapelle Calists II. Studien und Mitth. a. d. Benedictinerorden. VI.; E. Müntz, The lost mosaics of Rome IV.—IX. Cent. American Journal of archeology II.; Frothingham, Mos. of the fac. of S. Paolo fuori le mura. ibid. I.; Ders., The portico of the Lateranbasilica ibid II.; Beissel, Die ältesten Mosaiken der röm. Kirchen. Stimmen aus Maria-Laach. XLVI.

De Waal, Figürl. Darstellungen auf Teppichen und Vorhängen in röm. Kirchen bis Mitte des IX. Jhdts. nach dem Lib. pont. Röm. Quartalschr. 1888; Ders. Die antiken Reliquien der Petetskirche, ibid. 1893: Beissel, Il. Geräthe u. geistl. Kleidung bei der päpstl. Messe im VIII. Jhdt. Stimmen aus Maria-Laach 1893.

Silvester 314—335. *cap. 34. Silvester.* (314—335.) Huius temporibus fecit Constantinus aug. basilicas istas, quas et ornavit: Basilicam
S. Giovanni in Laterano. Constantinianam, ubi posuit ista dona: fastidium argenteum battutilem, qui habet in fronte Salvatorem sedentem in sella, in

pedibus V. pens. lib. CXX et XII apostolos qui pens. sing. in quinos pedibus libras nonagenas, cum coronas argento purissimo; item a tergo respiciens in absida, Salvatorem sedentem in throno, in pedibus V, ex argento purissimo pens. libr. CXL et angelos IV ex argento qui pens. sing. in pedibus V lib. CV, cum gemmis alabandenis in oculos, tenentes astas, fastidium ipsum pens. lib. IIXXV ex argento dolaticio; camaram ex auro purissimo et farum ex auro purissimo qui pendit sub fastidium cum delfinos L ex auro purissimo, pens. lib. L. cum catenas qui pens. lib. XXV. Coronas IV ex auro purissimo cum delfinos XX pens. sing. lib. XV.; cameram basilicæ ex auro trimita in longum et in latum lib. D; altaria VII et argento purissimo, pens. sing. lib. CC; patenas aureas pens. sing. lib. XXX; patenas argenteas XVI. pens. sing. lib. XXX. Scyphos auro purissimo VII pens. sing. lib. X; scyphum singularem ex metallo coralli, ornatum ex undique gemmis prasinis et yaquintis, auro interclusum, qui pens. ex omni parte lib. XX et uncias III. Scyphos argenteos XX. pens. sing. lib. XV. Amas ex auro purissimo II. pens. sing. lib. L, portantes sing. medemnos III. Amas argenteas XX. pens. sing. lib. X. portantes singulæ medemnos singulos. Calices minores aureos purissimos XL. pens. sing. lib. singulas. Calices minores ministeriales L. pens. sing. lib. II. Ornamentum in basilica: Farum cantharum ex auro purissimo, ante altare, in quo ardet oleus nardinus pisticus, cum delfinos LXXX. pens. lib. XXX. Farum cantharum argenteum cum delfinos XX. qui pens. lib. L, ubi ardet oleus nardinus pisticus; fara canthara argentea in gremio basilicæ XLV. pens. sing. lib. XXX, ubi ardet oleus suprascriptus. Parte dextera basilicæ, fara argentea XL pens. sing. lib. XX. Fara cantara in leva basilicæ argentea XXV. pens. sing. lib. XX; cantara cirostata in gremio basilicæ argentea L, pens. sig. lib. XX; metretas III. ex argento purissimo, pens. sing. lib. CCC portantes medemnos X; candelabra auricalca numero VII ante altaria qui sunt in pedibus X, cum ornatu ex argento interclusum sigillis prophetarum, pens. sing. lib. CCC.

Fontem sanctum, ubi baptizatus est Augustus Constantinus, ex lapide porfyretico, et ex omni parte coopertum intrinsecus et foris et desuper et quantum aquam continet ex argento purissimo lib. IIVIII. In medio fontis columna porfyretica qui portat fiala S. Giovanni in Fonte.

aurea, ubi candela est, pens. auro purissimo lib. LII, ubi ardet in diebus Paschae balsamum lib. CC, nixum vero ex stippa amianti. In labio fontis baptisterii agnum aureum fundentem aquam, pens. lib. XXX; ad dexteram agni Salvatorem ex argento purissimo in pedibus V pens. lib. CLXX; in leva agni, b. Johannem Baptistam ex argento in pedibus V, tenentem titulum scriptum qui hoc habet: ECCE AGNVS DEI, ECCE QVI TOLLIT PECCATA MUNDI. pens. lib. CXXV; cervos argenteos VII fundentes aquam, pens. sing. lib. LXXX.; tymiamaterium ex auro purissimo cum gemmis prasinis XLIX pens. lib. XV.

S. Peter. Eodem tempore Augustus Constantinus fecit basilicam b. Petro apostolo in templum Apollinis, cuius loculum cum corpus s. Petri ita recondit: ipsum loculum undique ex ære cypro conclusit, quod est immobile; ad caput pedes V, ad pedes, pedes V, ad latus dextrum, pedes V, ad latus sinistrum, pedes V, subter, pedes V, supra, pedes V.; sic inclusit corpus b. Petri apostoli et recondit. Et exornavit supra columnis purphyreticis et alias columnas vitineas quas de Grecias perduxit.

Fecit autem et cameram basilicæ ex trimma auri fulgentem et super corpus b. Petri supra æra quod conclusit, fecit crucem ex auro purissimo, pens. lib. CL. in mensurae locus, ubi scriptum est hoc: CONSTANTINVS AVGVSTVS ET HELENA AVGVSTA HANC DOMVM REGALEM SIMILI FVLGORE CORVSCANS AVLA CIRCVMDAT, scriptum ex litteris nigellis in cruce ipsa. Fecit autem candelabra aurocalca in pedibus X, numero IV, argento conclusa cum sigillis argenteis actùs Apostolorum pens. sing. lib. CCC. Calices aureos III cum gemmis prasinis et yacintis, singuli qui habent gemmas XLV pens. sing. lib. XII; metretas argenteas II. pens. lib. CC; calices argenteos XX. pens. sing. lib. X., amas aureas II pens. sing. lib. X; amas argenteas V pens. sing. lib. XX; patenam auream cum turrem, ex auro purissimo cum columbam, ornatam gemmis prasinis et yachintis qui sunt numero margaritis CCXV pens. lib. XXX; patenas argenteas V, pens. sing. lib. XV; coronam auream ante corpus qui est farus cantharus, cum delfinos L, qui pens. lib. XXXV. Fara argentea in gremio basilicæ XXXII cum delfinos, pens. sing. lib. X; ad dexteram basilicæ fara argentea XXX pens. sing. lib. VIII; ipsum altarem ex argento auroclusum cum gemmis prasinis et yaquintis et albis ornatum ex undique numero gemmarum CCCC pens. lib. CCCL; tymiamaterium ex auro purissimo cum gemmis ex undique ornatum numero LX. pens. lib. XV.

Eodem tempore fecit Augustus Constantinus basilicam b. Paulo apostolo ex suggestione Silvestri episcopi, cuius corpus ita recondit in aere et conclusit sicut b. Petri.... Omnia enim vasa sacrata aurea vel argentea aut aerea ita posuit ut in basilica b. Petri apostoli, ita et b. Pauli apostoli ordinavit. Sed et crucem auream super locum b. Pauli apostoli posuit, pens. lib. CL. S. Paolo fuori le mura.

Eodem tempore fecit Constantinus Augustus basilicam in palatio Sessoriano, ubi etiam de ligno S. Crucis domini nostri Jesu Christi in auro et gemmis conclusit, ubi et nomen ecclesiae dedicavit, quae cognominatur usque in hodiernum diem Hierusalem; in quo loco hoc constituit donum: candelabra ante lignum sanctum quae lucent ex argento IV, secundum numerum IV. evangeliorum, pens. sing. lib. LXXX.; fara canthara argentea L, pens. sing. lib. XV; scyphum ex auro pens. lib. X; calices aureos ministeriales V. pens. sing. lib. singulas; scyphos argenteos III. pens. sing. lib. VIII.; calices ministeriales argenteos X. pens. sing. lib. II.; patenam auream, pens. lib. X.; patenam argenteam auroclusam cum gemmis, pens. lib. L.; altare argenteum, pens. lib. CCL.; amas argenteas III. pens. sing. lib. XX. S. Croce in Gerusalemme.

Eodem tempore fecit basilicam s. martyris Agnae ex rogatu filiae suae et baptisterium in eodem loco ubi et baptizata est soror eius Constantia cum filia Augusti a Silvestrio episcopo, ubi et constituit donum hoc: patenam ex auro purissimo, pens. lib. XX.; calicem aureum, pens. lib. X.; coronam farum cantharum ex auro purissimo cum delfinos XXX, pens. lib. XV; patenas argenteas II. pens. sing. lib. XX; calices argenteos V. pens. sing. lib. X; fara cantara argentea XXX, pens. sing. lib. VIII; fara cantara aurocalca XL; cerostata aurocalca argentoclusa sigillata XL; lucerna aurea nixorum XII super fontem, pens. lib. XV. S. Agnese fuori le mura.

Eodem tempore fecit basilicam b. Laurentio martyri via Tiburtina in agrum Veranum supra arenario cryptae et usque ad corpus s. Laurenti martyris fecit grados ascensionis et descensionis. In quo loco construxit absidam et exornavit marmoribus purphyreticis et desuper loci conclusit de argento et S. Lorenzo fuori le mura.

cancellos de argento purissimo ornavit, qui pens. lib. M et ante ipsum locum in crypta posuit lucernam ex auro purissimo nixorum X pens. lib. XX: coronam ex argento purissimo cum delfinos L pens. lib. XXX; candelabra ærea II. in pedibus denos, pens. sing. lib. CC; ante corpus b. Laurenti martyris argentoclusas sigillis passionem ipsius cum lucernas binixes argenteas, pens. sing. lib. XV.

SS. Pietro e Marcellino. Eisdem temporibus fecit Augustus Constantinus basilicam beatis martyribus Marcellino presbitero et Petro exorcistæ in territurio inter duos lauros et mysileum, ubi mater ipsius sepulta est Helena Augusta, via Lavicana, miliario III. In quo loco et pro amorem matris suæ et veneratione sanctorum posuit dona voti sui: patenam auream purissimam, pens. lib. XXXV; candelabra argentea auroclusa in pedibus XII IV. pens. sing. lib. CC.; coronam auream quæ est farus cantharus cum delfinos CXX, pens. lib. XXX; calices aureos III, pens. sing. lib. X cum gemmis prasinis et yacintis; amas aureas II pens. sing. lib. LX; altarem ex argento purissimo, pens. lib. CC, ante sepulchrum b. Helenæ Augustæ, qui sepulchrum est ex metallo purphyriticus exculptus sigillis; fara canthara argentea XX pens. sing. lib. XX.

Item in basilica SS. Petri et Marcellini donum dedit: altare ex argento purissimo, pens. lib. CC; patenas aureas purissimas II. pens. sing. lib. XV; patenas argenteas II pens. sing. lib. XV; scyphum aureum maiorem purissimum, ubi nomen Augustæ designatur, pens. lib. XX.; scyphum aureum minorem, pens. lib. X; scyphos argenteos. V. pens. sing. lib. XII.; calices argenteos ministeriales XX, pens. sing. lib. III; amas argenteas IV., pens. sing. lib. XV.

Basilica in Ostia. Eodem tempore fecit Constantinus Augustus basilicam in civitate Hostia iuxta portam urbis Romæ, beatorum apostolorum Petri et Pauli et Johannis Baptistæ, ubi et dona obtulit hæc: patenam argenteam, pens. lib. XXX; calices argenteos X; pens. sing. lib. II; amas argenteas II, pens. sing. lib. X; fara cantara argentea XXX, pens. sing. lib. quinas; scyphos argenteos II, pens. sing. lib. VIII; patenam argenteam chrismalem singularem, pens. lib. X; pelvem ex argento ad baptismum, pens. lib. XX.

Titulus Silvestri (Equitii).[1] Hisdem temporibus constituit b. Silvester in urbe Roma titulum suum in regione III. iuxta thermas Domitianas qui

[1]) An der Stelle, wo sich jetzt die Kirche S. Martino in Monte befindet.

cognominantur Traianas, titulum Silvestri, ubi donavit Constantinus Augustus: patenam argenteam, pens. lib. XX; amam argenteam, pens. lib. X; scyphos argenteos II, pens. sing. lib. VIII; fara canthara argentea X pens. sing. lib. V; canthara cirostata ærea XVI, pens. sing. lib. XL; calices argenteos ministeriales V. pens. sing. lib. II.

cap. 46. Xystus (432—440). Hic ornavit de argento confessionem b. Petri apostoli, qui habet libras CCCC. Ex huius supplicatione optulit Valentinianus Augustus imaginem auream cum XII portas et apostolos XII et Salvatorem gemmis pretiosissimis ornatam, quem voti gratiæ suæ super confessionem b. Petri apostoli posuit. Fecit autem Valentinianus Augustus ex rogatu Xysti episcopi fastidium argenteum in basilica Constantiniana, quod a barbaris sublatum fuerat, qui habet libras $\overline{II}$. Xystus 432—440. S. Peter. S. Gio. in Laterano.

Huius temporibus fecit Valentinianus Augustus confessionem b. Pauli apostoli ex argento qui habet libras CC. Item fecit Xystus episcopus confessionem b. Laurenti martyris cum columnis porphyreticis et ornavit platomis transendam et altarem et confessionem sancto martyri Laurentio de argento purissimo, pens. lib. L; cancellos argenteos supra platomas purphyreticas pens. lib. CCC; absidam super cancellos, cum statuam b. Laurenti martyris argenteam, pens. lib. CC. S. Paolo S. Lorenzo.

Fecit autem monasterium in Catacumbas, fecit et fontem baptisterii ad S. Mariam et columnis porphyreticis exornavit. Hic constituit columnas in baptisterium basilicæ Constantinianæ, quas a tempore Constantini Augusti fuerant congregatas, ex metallo purphyretico numero VIII, quas erexit cum epistolis suis et versibus exornavit, et platoma in cymiterio Calisti, ubi conmemorans nomina episcoporum. Versch. Stiftungen.

cap. 48. Hilarius (461—468). Hic fecit oraturia III in baptisterio basilicæ Constantinianæ, s. Johannis Bapt. et s. Johannis Ev. et s. Crucis, omnia ex argento et lapidibus pretiosis: confessionem S. Johannis B. ex argento, qui pens. lib. C. et crucem auream; confessionem S. Johannis Ev. ex argento, pens. lib. C. et crucem auream; in ambis oratoriis ianuas æreas argentoclusas. Oratorium s. Crucis: confessionem ubi lignum posuit dominicum; crucem auream cum gemmis, qui pens. lib. XX; ex argento in confessionem, ianuas pens. lib. L; supra Hilarius 461—468. S. Gio. in Fonte.

confessionem arcum aureum qui pens. lib. IV, quem portant columnæ unychinæ, ubi stat agnus aureus pens. lib. II.; coronam auream ante confessionem, farus cum delfinos, pens. lib. V.; lampadas IV aureas, pens. sing. lib. II.; nympheum et triporticum ante oratorium s. Crucis, ubi sunt columnæ miræ magnitudinis quæ dicuntur exatonpentaicas, et concas striatas duas cum columnas purphyreticas raiatas aqua fundentes, et in medio lacum purphyreticum cum conca raiata in medio aquam fundentem, circundatam a dextris vel sinistris in medio cancellis æreis et columnis cum fastigiis et epistuliis, undique ornatum ex musibo et columnis aquitanicis et tripolitis et purphyreticis.

Symmachus 498—514. S. Peter. *cap. 53. Symmachus (498—514).* Basilicam vero b. Petri marmoribus ornavit. Ad cantharum b. Petri cum quadriporticum ex opere marmoribus ornavit et ex musivo agnos et cruces et palmas ornavit. Ipsum vero atrium omnem compaginavit; grados vero ante fores basilicæ b. Petri ampliavit et alios grados sub tigno dextra levaque construxit. Item episcopia in eodem loco dextra levaque fecit. Item sub grados in atrio alium cantharum foris in campo posuit et usum necessitatis humanæ fecit. Et alios gradus ascendentibus ad b. Andream fecit et cantharum posuit.

S. Agata. Hic fecit basilicam s. martyris Agathæ, via Aurelia, in fundium Lardarium: a fundamento cum fonte construxit, ubi posuit arcos argenteos II.

S. Pancrazio. Eodem tempore fecit basilicam s. Pancrati, ubi et fecit arcum argenteum, pens. lib. XV. Fecit autem in eodem loco S. Paolo. balneum. Item aput b. Paulum apostolum: in basilicam renovavit absidam, quæ in ruina inminebat et post confessionem picturam ornavit et cameram fecit et matroneum; et super confessionem imaginem argenteam cum Salvatorem et XII apostolos posuit, qui pens. lib. CXX; et ante fores basilicæ grados fecit in atrium et cantarum; et post absidam aquam introduxit, ubi et balneum a fundamento fecit.

Versch. Stiftungen. Intra civitatem Romanam, basilicam SS. Silvestri et Martini a fundamento construxit iuxta Traianas ubi et super altare tyburium argenteum fecit, qui pens. lib. CXX; arcos argenteos XII qui pens. sing. lib. X; confessionem argenteam qui pens. lib. XV. Ad beatum Johannem et Paulum fecit grados post absidam. Item ad archangelum Michahel basilicam ampliavit et grados fecit et introduxit aquam. Item ad S. Mariam oratorium SS. Cosmæ et Damiani a fundamento construxit.

cap. 86. Sergius (687—701). Hic fecit imaginem auream b. Petri apostoli quæ est in partem mulierum. Hic fecit tymiamaterium aureum maiorem cum columnis et coperculo quem suspendit ante imagines tres aureas b. Petri apostoli, in quo incensum et odor suavitatis festis diebus, dum missarum solemnia celebrantur, omnipotenti Deo opulentius mittitur. Hic posuit in absidam basilicæ suprascriptæ, super sedem, appallaream argenteam, pens. lib. CXX. Hic fecit in suprascripta basilica faros argenteos VI. pens. lib. CLXX, qui sunt super trabes ad ingressum confessionis. Hic fecit in circuitu altaris basilicæ suprascriptæ tetravela VIII, IV ex albis et IV a coccino. Hic tegnum et cubicula quæ circumquaque eiusdem basilicæ sunt, quæ per longa tempora stillicidiis et ruderibus fuerant disrupta, studiosius innovavit ac reparavit. Hic musibum, quod ex parte in fronte atrii eiusdem basilicæ fuerat dirutum, innovavit. Similiter et specula eiusdem ecclesiæ, tam quæ super sedem vel regias argenteas maiores sunt renovavit. Hic corpus b. Leonis probatissimi patris ac pontificis, quod in abdito inferioribus secretarii prædictæ basilicæ positum fuerat, facta diligentius tumba, in denominata basilica publico loco, ut sibi fuerat revelatum, reposuit ac locum ipsum ornavit. Hic fecit patenam auream maiorem, habentem in gyro gemmas ex albis et in medio ex iacinto et smaragdo crucem, pens. lib. XX.

Sergius 687—701. S. Peter.

Hic tegnum et cubicula universa in circuitu basilicæ b. Pauli apostoli, quæ longa per tempora vetustate confecta fuerant, studiosius innovavit ac reparavit. Similiter et trabes fecit de Calabria adduci et quæ in eadem basilica vetustissimas invenit, renovavit. Hic imaginem apostolorum vetustissimam, quæ erat super fores eiusdem basilicæ, mutavit.

S. Paolo.

Hic fecit amborem et cyburium in basilica ss. Cosmæ et Damiani, ubi et multa dona obtulit; trullum vero eiusdem basilicæ fusis chartis plumbeis cooperuit atque munivit. Hic cyburium basilicæ s. Susannæ, quod ante ligneum fuerat, ex marmore fecit; diversaque cymilia aurea et argentea vel immobilia loca illic condonavit. Hic basilicam s. Eufemiæ quæ per multa tempora fuerat distecta, cooperuit ac renovavit. Hic basilicam s. Aureæ in Hostis quæ similiter fuerat distecta vel

SS. Cosma e Damiano u. a. Kirchen.

disrupta, cooperuit suoque studio renovavit. Hic oratorium s. Andreæ apostoli qui ponitur Lavicana, a solo refecit.

Constantin 708—715. Synodengemälde.

cap. 90. Constantinus (708—715.) . . . . . . lugubre nuntium personuit, quod Justinianus (II.) christianissimus et orthodoxus imperator trucidatus est, Philippicus hereticus in imperiali promotus est arce. Cuius et sacra cum pravi dogmatis exaratione suscepit, sed cum apostolicæ sedis concilio respuit. Huiusque rei causa zelo fidei accensus omnis cœtus Romane urbis imaginem, quod Greci Botarea[1]) vocant, sex continentem sanctos ac universales synodos, in ecclesia b. Petri erecta est.

Gregor III. 731—741. S. Peter.

cap. 92. Gregorius III. (731—741.) Hic concessas sibi columnas VI onichinas volutiles ab Eutychio exarcho, duxit eas in ecclesiam b. Petri apostoli quas statuit erga presbiterium ante confessionem, tres a dextris et tres a sinistris, iuxta alias antiquas sex filopares.[2]) Super quas posuit trabes et vestivit eas argento mundissimo, in quo sunt expresse ab uno latere effigies Salvatoris et apostolorum et ab alio latere Dei genetricis et sanctarum virginum; posuitque super eas lilia et faros argenteos, pensantes in unum libras DCC.

Hic fecit oratorium intro eandem basilicam, iuxta arcum principalem, parte virorum, in quo recondivit in honore Salvatoris sanctæque eius genetricis reliquias sanctorum apostolorum vel omnium sanctorum martyrum ac confessorum, perfectorum iustorum, toto in orbe terrarum requiescentium. Quorum festa vigiliarum a monachis trium monasteriorum illic servientium cotidie per ordinem existentia atque nataliciorum missas in eodem loco celebrare, instituens in canone ita a sacerdote dicendum: Quorum solemnitas hodie in conspectu tue maiestatis celebratur, domine Deus noster, toto in orbe terrarum. Quam institutionem in eodem oratorio tabulis lapideis conscribere fecit. In quo faciens pergulam, contulit dona diversarum specierum, id est: gabatas aureas numero II et alias saxiscas numero V; cruces pendentes num. IIII; item cruces similes num. X; amulas super auratas, paria II, pendentes; fibulatoria

[1]) Die Ableitung dieses Wortes ist dunkel. Zur Sache vgl. meine Beiträge S. 17, 18.

[2]) Bekanntlich sind diese (damals noch erhaltenen) Säulen auf einem der Teppiche Raffaels (Heilung des Lahmen) abgebildet.

num. V; coronam auream cum cruce pendentem, in gemmis, super altare; patenam et calicem aureos, par unum, in gemmis; aquamanus argenteum par unum; et in imaginem sancte Dei genetricis diademam auream in gemmis et collare aureum in gemmis, cum gemmis pendentibus,; inaures habentes iacinthias sex; et faciem altaris et confessionem cum regiolis vestivit argento et in tribus lateribus altaris posuit cruces argenteas III, pens. in unum lib. XXXVI; canistra argentea II; calicem argenteum I cotidianum; coronulas argenteas num. V; et calicem argenteum I, qui pendit in absida ipsius oratorii et super eandem absidam cruces argenteas III; et cetera quæ in ornamento pergule seu et vestes altaris ordinata sunt.

Hic fecit in ecclesia sanctæ Dei genetricis ad Præsepem per circuitum super columnas regulare candelabrum ad instar ecclesie beati Petri apostoli. Fecit et ibidem in oratorio sancto quod Præsepe dicitur imaginem auream Dei genetricis amplectentem Salvatorem dominum Deum nostrum in gemmis diversis, pens. lib. V. S. Maria ad præsepe.

Hic renovavit tectum sancti Chrisogoni martyris et cameram sive parietum picturas; cyburium etiam de argento seu arcos V, pens. in unum lib. CCX. S. Crisogono.

cap. 93. Zacharias (741—752.) Hic in Lateranense patriarchio ante basilicam beate memorie Theodori papæ a novo fecit triclinium quem diversis marmorum et vitro metallis atque musibo et pictura ornavit; sed et sacris imaginibus tam oratorium beati Silvestri quamque et porticum decoravit, ubi etiam et suam substantiam omnem per manus Ambrosii primicerii notariorum introduci mandavit. Fecit autem a fundamentis ante scrinium Lateranensem porticum atque turrem ubi et portas ereas atque cancellos instituit et per figuram Salvatoris ante fores ornavit; et per ascendentes scalas in superioribus super eandem turrem triclinium et cancellos æreos construxit, ubi et orbis terrarum descriptione depinxit atque diversis versiculis ornavit. Et omnem patriarchium pæne a novo restauravit: in magnam enim penuriam eundem locum invenerat. Zacharias 741—751. Lateran.

cap. 97. Hadrian I. (772—795.) Hic enim coangelicus vir fecit in ecclesia beati Petri apostoli vestem mire pulchritudinis ex auro et gemmis, habentem præfiguratam storiam qualiter beatus Hadrian I. 772—795. S. Peter.

P e t r u s a vinculis per angelum ereptus est. Item in eadem basilica ab introitu de rugas usque ad confessionem pavimentum vestivit de argento purissimo, qui pens. lib. CL. Fecit etiam in eadem basilica beati P e t r i iuxta ianuas maiores argenteas cortinam mire magnetudinis de palleis stauracim seu quadrapolis. Nam et per universos arcos eiusdem apostolorum principis basilicae de palleis tyreis atque fundatis fecit vela numero LXV. Denique eius beatitudo fecit et farum maiorem in eadem beati P e t r i ecclesia, in tipum crucis, qui pendet ante presbiterium, habentem candelas mille CCCLXV; et constituit ut quattuor vicibus in anno ipsum farum accendatur, id est in natale Domini, in Pascha, in natale Apostolorum et in natale pontificis. Idemque praefatus sanctissimus praesul fecit in eadem basilica calicem fundatum argenteum, pens. lib. V, quem et posuit in presbiterio, pro eo qui perierat temporibus domni P a u l i papae. Nam et in ecclesia beati A n d r e a e apostoli, sitam iuxta eandem beati P e t r i ecclesiam, cyburium noviter ex argento mundissimo ipse ter beatissimus pontifex fecit, qui pens. lib. CXXXV.

S. Paolo. Itaque et in ecclesia beati P a u l i apostoli investivit corpus eiusdem doctoris mundi ex lamminis argenteis, pens. lib. XXX; quas addidit isdem sanctissimus praesul, quoniam argentum illud, qui ibidem primitus erat nimis confractum, existebat. Item fecit in eadem ipsa basilica beati P a u l i cortinam maiorem iuxta ianuas principales, ex palleis quadrapolis, ad instar cortinae, quam in ecclesia beati P e t r i fecit; sed et aliam cortinam maiorem fecit ex palleis quadrapolis, quae pendet sub arco maiore iuxta altare. Etiam et per diversos arcos ipsius ecclesiae ex palleis quadrapolis fecit vela numero LXX. Atrium vero ipsius beati P a u l i ecclesiae, quod antea nimis desolatum existebat, ubi boves atque caballi ingrediebantur ad pabulandum propter herbam quae ibidem nascebatur, inspiratus a Deo isdem sanctissimus pontifex ex marmoribus pulchris sternere fecit.

S. Maria ad praesepe. In ecclesia vero sanctae Dei genetricis ad P r a e s e p e fecit vestes II super altare maiore: una ex auro purissimo atque gemmis, habentem adsumptionem sanctae Dei g e n e t r i c i s, et aliam de stauracim ornatam in circuitu blattin. Fecit in ipsa ecclesia et cortina maiore iuxta ianuas maiores ex palleis quadrapolis, ad similitudinem quam in ecclesia sancti P e t r i fecit. Sed et per

diversos arcos eiusdem basilicæ sanctæ Dei genetricis simili modo
ex palleis quadrapolis fecit vela numero XLII. In basilica vero
Salvatoris domini nostri Jesu Christi iuxta Lateranis similiter S. Gio. in
fecit vestem de stauracim seu cortina maiore ex palleis quadra- Laterano.
polis; sed et per diversos arcos vela sirica numero LVII, omnia
ex palleis quadrapolis seu stauracim. Fecit in æcclesia beati
Laurenti martyris foris muros, scilicet ubi sanctum eius corpus S. Lorenzo.
requiescit, vestem de stauracim; et in æcclesia maiore aliam
similiter fecit vestem. Nam et tectum eiusdem beati Laurenti
bassilicæ maiore, qui iam distectus erat et trabes eius confracte,
noviter fecit.

In basilica autem beati Valentini simili modo fecit vestem S. Valen-
de stauracim. In basilica beati Pancratii aliam simili modo de tino.
stauracim fecit vestem. Ecclesia vero beati Marci, cuius tectum S. Pan-
iam vetustate positum vicina ruinæ existebat, depositis vetu- crazio. S. Marco.
stissimis travibus et aliis fortissimis inpositis, a noviter ipsum
tectum atque portica in circuitu fecit, eandemque ecclesiam restauravit. Arcora vero tria quæ vetustissima erant addens isdem beatissimus pontifex argenti lib. XII, noviter fecit. Fecit etiam in
eadem æcclesia super altare maiore et vestem de stauracim. Sed
et per diversos arcos eiusdem æcclesiæ ex palleis quadrapolis
fecit vela numero XXVII, simulque et cortinam ex eisdem palleis
quadrapolis quæ pendet sub trabe fecit. Tectum vero basilicæ
beati Laurentii quæ ponitur ad Taurellum, dum nimis vetu- S. Lorenzo
stissimum inerat, omnes eius trabes novas ibidem posuit, eumque »ad Tau-
restauravit; simulque et vestem de quadrapolo super altare rellum.«
eiusdem æcclesiæ fecit atque obtulit. Basilicam vero beati Felicis S. Felice.
positam in Pincis, quæ in ruinis erat et tectum eius distectum
existebat, facto eodem tecto, noviter ipsam æcclesiam renovavit
et vestem super altare eiusdem ecclesiæ de quadrapolo faciens
obtulit. Renovavit etiam et tectum basilicæ beati Laurentii S. Lorenzo
quæ appellatur Damassi, ubi et vestem super eius altare de in
stauracim obtulit; simulque et aliam vestem de post altare fecit, Damaso.
ubi requiescit corpus sancti Damassi. Basilicam itaque Aposto- SS. Apo-
lorum in via Lata, portica in circuitu renovavit, quæ antea stoli.
initiaverat eius predecessor domnus Paulus papa et non exple-
verat, omnia Deo propitio præfatus beatissimus pontifex reparavit,
simulque et tectum maiorem restauravit. Nam apsidam ipsius

æcclesiæ cernens isdem beatissimus pontifex iam ruinæ vicinam existentem, cancalis ferreis eandem absidam confirmare fecit et ita eam renovavit. Fecit enim et vestem in eadem æcclesia super *SS. Pietro e Marcellino.* altare maiore de stauracim. Cimiterium itaque beatorum Petri et Marcellini via Lavicana iuxta basilicam beatæ Elene renovavit; et tectum eius, id est sancti Tiburtii et eorundem sanctorum Petri et Marcellini noviter fecit, et gradas eius, que descendunt ad eorum sacratissima corpora noviter fecit, quoniam nullus erat iam descensus ad ipsa sancta corpora.

S. Adriano. Fecit in basilica b. Adriani cereostata argentea, pens. lib. XII, simulque et laudimas duas ex argento, pens. lib. VIII, quas posuit super rugas de presbiterio ubi arcum de argento existit. Fecit etiam et vestes duas de stauracim, unam super altare beati Adriani, et alia super altare sancte Martine. Sed et vela de palleis quadrapolis numero XV in eadem æcclesia fecit. Tectum denique tituli *S. Prisca.* beatæ Priscæ quæ iam casurum erat et in ruinis positum noviter fecit, ubi et vestem de stauracim fecit. In æcclesia vero *SS. Cosma e Damiano.* beatorum Cosmæ et Damiani in Tribus fatis vestem de stauracim fecit, simulque et cortinam ante absidam ex palleis quadrapolis fecit, necnon et vela ex eisdem quadrapolis fecit numero XX et linea XX.

Lateran. Pro honore beati Petri apostolorum principis et ornatu ipsius sancti patriarchii, construxit atque ædificavit ibidem noviter turrem miræ pulchritudinis decoratam, coherenti porticu, qui descendit ad balneum; ubi et deambulatorium, scilicet solarium, cum cancellis æreis nimis pulcherrime construi fecit. Sed et porticum ipsam, quæ vetustate diruta inerat, nimis utiliter renovavit et picturis atque marmoribus eandem turrem et cuncta ædificia ab eo noviter constructa decoravit.

Itaque isdem ter beatissimus et revera præcipuus pater et bonus pastor egregiusque præsul, tanto amoris affectu fervens *S. Peter.* erga nutritorem suum beatum Petrum principem apostolorum, dum cunctum ornatum eiusdem apostolicæ aulæ tam in præclaris ex auro et gemmis vestibus, seu diversis palleis et aliis ornamentis ex auro et argento in eadem apostolica aula fecit atque offeruit, etiam et omnes eius grados maiores, qui ascendunt in atrio, simulque et ex duobus porticibus qui ascendunt in eandem ecclesiam ex utriusque lateribus renovavit; sed et cunctum pavimentum ipsius ecclesiæ ubi marmores confracte erant, adivitis aliis pulcherrimis melioribus marmoribus renovavit. Portica vero ex utriusque lateribus suprascriptæ ecclesiæ, in quibus confracte trabes inerant et tectum ruine vicinum positum erat, positis novibus travibus ipsum tectum noviter faciens restauravit. Fecit etiam eius ter beatitudo imagines VI ex lamminis argenteis investitas ex quibus tres posuit super rugas qui sunt in introitu presbiterii, ubi et regularem ex argento investito fecit, et posuit super eundem regularem prafatas tres imagines: in medio quidem imago, existentem habentem depictum vultum Salvatoris et ex utriusque lateribus imagines habentes depictas effigies, unam beati Michahelis et aliam beati Gabrihelis angelorum. In secundas vero rugas, id est in medio presbiterii, faciens alium regularem ex argento investito, constituit super cum reliquas tres imagines: in medio quidem habentem præfiguratum vultum sanctæ Dei genetricis, et ex duobus lateribus unam habentem vultum depictum sancti Andree apostoli et aliam sancti Johannis evangelistæ. Utrasque vero sex imagines, ut dictum est, de lamminis argenteis nimis pulcherrime factas deauravit; in quibus imaginibus posuit argenti libras C.

Simulque isdem beatissimus pontifex fecit in basilica beati Pauli apostoli ex lamminis argenteis imagines III qui ponuntur S. Paolo.
super rugas in introitu presbiterii, una quidem habente depictum vultum Salvatoris domini nostri Jesu Christi et ex utriusque lateris imagines depictas habentes effigies angelorum, qui pens. lib. XXIV.

Ipse vero præcipuus pontifex fecit imaginem ex lamminis argenteis deaurata, habentem effigiem Salvatoris domini nostri Jesu Christi, qui posita est super introitum basilicæ b. Petri S. Peter.
apostoli, ubi portas argenteas existunt, qui pens. lib. L.

Diaconia vero sanctæ Dei genetricis semperque virginis Mariæ quæ appellatur Cosmidin, dudum breve in edificiis S. M. in
existens, sub ruinis posita, maximum monumentum de Tubertinos Cosmedin.
tufos super ea dependens, per annum circuli plurima multitudo populi congregans, multorumque lignorum struem incendens, demolivit. Simulque collectio ruderum mundans, a fundamentis ædificans, prædictamque basilicam ultro citroque spatiose largans, tresque absidas in ea construens præcipuus antistes, veram Cos-

midin amplissima noviter reparavit. Pariter et titulum beati
S Lorenzo in Lucina u. a. Kirchen. Laurentii martyris qui appellatur Lucine, seu ecclesiam beati Martini sitam iuxta titulum sancti Silvestri, simulque et basilica beati Agapiti martyris foris muros iuxta sanctum Laurentium posita, quæ præfate ecclesiæ a priscis temporibus marcuentes in ruinis mole evenerunt; quas præcipuus antistes fervens in amore Spiritus sancti in omnibus una cum porticibus earum noviter nimio decore renovavit. Verum etiam tituli sancti Sixti seu et basilicæ sancti Adriani a noviter simili modo renovavit ædes. Videlicet et basilicam beati Pancratii martyris nimia vetustate dirutam atque ruinis præventa, isdem almificus præsul omnia in integro a noviter nimio decore una cum monasterio sancti Victoris ibidem situm restauravit. Item præcipuus præsul basilicæ sanctæ Dei genetricis ad Præsepe quæ a priscis temporibus tota marcuerat, ultro citroque restauravit, et in sarta tecta eiusdem ecclesiæ posuit trabes maiores XX. Simili modo et basilicam sancti Eusebii undique renovans restauravit.

S Peter. Camera vero beati Petri apostolorum principis in omnibus distructam atque dirutam exemplo olitano sculpens diversis coloribus noviter fecit.

S. Paolo u. a. Kirchen. Porticus vero quæ ducit ad beatum Paulum apostolum a porta una cum ecclesia sancti Eupli usque ad prædictam basilicam sancti Pauli noviter restauravit.

Immo et porticus quæ ducit ad sanctum Laurentium foris muros a porta usque in eadem basilicam noviter construxit. Hic idem almificus vates eandem basilicam sancti Laurentii martyris ubi sanctum eius corpus quiescit, adnexam basilicæ maioris quæ dudum isdem præsul construxerat, ultro citroque noviter restauravit. Immo et æcclesiam sancti Stephani iuxta eas sita, ubi corpus sancti Leonis episcopi et martyris quiescit, similiter undique renovavit una cum cymiterio beatæ Cyriacæ seu ascensum eius.

S. Croce in Gerusalemme u. a. Kirchen. Verum etiam et basilicam Hierusalem, quæ in Suxorio sita est, et olitanas eius marcuerant trabes, mirificæ ipsas mutans ex omni restauravit parte. Pariter et titulum Apostolorum quæ appellatur Eudoxiæ ad vincula, totam eius noviter restauravit ecclesiam. Immo et basilicam sanctæ Rufinæ et Secundæ, quæ ponitur in episcopio Silvæ Candidæ, quæ ab olitana vetustate marcuerat una cum baptisterio summo studio renovavit. Videlicet et basilicam beati Andrææ apostoli, sitam via Appia in silicæ, ultra sancto Thoma apostolo, non procul a tricesimo, desolatione ruinis præventa, noviter una cum baptisterio restaurans, mole magnitudinis decoravit. Pariter et basilicam beati Cosme et Damiani, sitam in Tribus fatis, quæ a nimia vetustate similiter trabes eius marcescentes defecerant, noviter renovavit totam. Scilicet et ecclesiam beati Johannis Baptistæ sitam iuxta portam Latinam, ruinis præventam, in omnibus noviter renovavit. Verum etiam et ecclesiam Apostolorum foris porta Appia, miliario tertio, in loco qui appellatur Catacumbas, ubi corpus beati Sebastiani martyris cum aliis quiescit, in ruinis præventam, noviter restauravit. Immo et titulum Pudentis, id est ecclesia sanctæ Pudentianæ, in ruinis præventam noviter restauravit. Seu et basilicam sancti Theodori, sitam in Sabellum, iuxta domoculta Sulficiano, necnon et basilicam sancti Petri posita in massa Marulis, per olitana dirutas tempora, a solo renovavit.

SS. Cosma e Damiano.

S. Sebastiano.

S. Pudenziana.

Hic fecit in basilica beatæ Petronillæ ad beatum Petrum apostolum arcos argenteos VI, pens. lib. L. Titulum vero sanctæ Praxedis ex parte ruens in integro renovavit. Immo et basilicam sanctæ Eugeniæ tam intus quamque foris noviter restauravit. Simili modo et basilicam sancti Gordiani atque Epimachi, seu cymiterium eiusdem ecclesiæ Simplicii et Serviliani, atque Quarti et Quinti martyribus et beatæ Sophiæ una cum cimiterio sancti Tertullini foris porta Latina noviter renovavit. Necnon et ecclesiam beati Tiburtii et Valeriani atque Maximi, seu basilica sancti Zenoni una cum cymiterio sanctorum Urbani pontificis, Felicissimi et Agapiti atque Januarii seu Cyrini martyribus, foris porta Appia, uno coherentes loco, quæ ex priscis marcuerant temporibus noviter restauravit. Itemque titulum sanctæ Dei genetricis semperque virginis Mariæ quæ vocatur Calisti trans Tiberim, noviter in integro ex omni restauravit parte. Simili modo et titulum sancti Marcelli via Lata situm noviter restauravit. Seu basilicas cymiterii sanctorum martyrum Hermetis, Proti et Jacincti atque Bassillæ miræ magnitudinis innovavit. Cymiterium vero sanctæ Felicitatis via Salaria, una cum ecclesiis

S. Peter.

S. Prassede u. a. Kirchen.

S. M. in Trastevere u. a. Kirchen.

sancti Silani martyris et sancti Bonifacii confessoris atque pontificis, uno coherentes solo, miræ restauravit magnitudinis. Seu et basilicam sancti Saturnini in prædicta via Salaria posita una cum cymiterio sanctorum Crisanti et Dariæ renovavit, atque cimiterium sanctæ Hilariæ innovavit. Immo et cimiterium Jordannorum, videlicet sanctorum Alexandri, Vitalis et Martialis martyribus, seu sanctorum septem virginum noviter restauravit. Pariter in eadem via Salaria cymiterium sancti Silvestri confessoris atque pontificis aliorumque sanctorum multorum in ruinis positum renovavit. Necnon et ecclesiam sancti Felicis positam foris portam Portuense, noviter restauravit; simulque et basilicam sanctorum Abdon et Sennes atque beatæ Candidæ una cum ceteris sanctorum cymiteriis in idipsum pariter renovavit.

S. Adriano. SS. Cosma e Damiano. Idem egregius præsul prælatas basilicas scilicet beati Adriani martyris seu sanctorum Cosme et Damiani, quas noviter restauravit, diaconias constituit, in quibus et multa bona fecit pro sua sempiterna memoria, concedens eis agros vineas oliveta, servos vel ancillas et peculiis diversis atque rebus mobilibus, ut de reditum eorum crebro lusma diaconiæ perficientes pauperes Christi refocillentur. In prefata vero diaconia sancti Adriani obtulit in argento canistra XII, ama una, scyphum I, patenam I, calice sancto I, amula offertoria I, pens. inibi lib. LXVII.

S. Peter. Hic vero egregius sacerdos, ob nimium amorem confessionem beati Petri apostoli totam intus ex auro purissimo in laminis diversisque historiis compte ornavit, ponderum CCC librarum ponens; et in postem superius eiusdem sacræ confessionis auri mundissimi lib. XIII. Pari modo et in ipsius apostoli confessione limitare inferius lib. XXV. Aspectum vero altaris super eadem almam confessionem atque dextra levaque parte iuxta grados quæ coherent iamdictæ confessionis, addens in eo argenti lib. CXXXVI, curiose renovavit, eiusque historiis ex auro purissimo lib. XVIII nitidissime deauravit. Simulque et cantaros in eadem Dei apostoli ecclesia numero X renovavit, addens in eos argenti lib C. Ante ianuas vero argenteas fecit canistros argenteos numero VIIII, pens. simul lib. XLV. Simili modo et in turre canistros XII, pens. inibi lib. XXXVI. In eadem quippe beati Petri ecclesia, per diversas coronas fecit delfinos ex argento lib. C. Et in ecclesia beati Pauli apostoli instar in delfinos posuit argenti lib. LXXX; pariter et in ecclesia Salvatoris quæ appellatur Constantiniana fecit delfinos argenteos lib. LXXX. Fecit et in ecclesia beati Petri per diversa oratoria canistra argentea numero XII, pens. simul lib. XL; et rugas in presbiterio a parte virorum et mulierum ex argento purissimo pens. simul lib. CXXX; nec non et alias rugas in caput presbiterii ante confessionem, ex argento, pens. simul lib. CIIII. Et in ecclesia sanctæ Dei genetricis trans Tiberim fecit canistra argentea V, pens. simul lib. XV. Enimvero in basilica sanctæ Dei genetricis quæ appellatur ad Præsepem in altare ipsius Præsepii fecit lamminas ex auro purissimo historiis depictis, pens. simul lib. CV; ex argento intus suprascriptæ confessionis tabulas II, pens. simul lib. XV. S. Paolo. S. Giovanni in Laterano. S. Peter. S. M. in Trastevere. S. M. in Præsepe.

Ecclesia vero beatæ Agnes martyris seu basilica beate Emerentiane, pariter etiam et ecclesiam beati Nicomedis sitam foris porta Numentana, simul et cymiterium beati Yppoliti martyris iuxta sanctum Laurentium, quæ a priscis marcuerant temporibus, noviter restauravit. Pari modo et ecclesia beati Christi martyris Stephani, sitam iuxta pradictum cymiterium sancti Yppoliti, similiter restauravit. Fecit vero in confessione beati Pauli apostoli ex auro purissimo imaginem in modum evangeliorum, intus super eiusdem sacratissimum corpus pens. lib. XX. S. Agnese u. a. Kirchen.

Fecit autem idem præsagus antistes in confessione beati Laurentii martyris foris muros imaginem ex auro purissimo in modum evangeliorum, eiusdem beati Laurentii effigies continentem, quæ pens. lib. XV. In ecclesia vero Salvatoris quæ vocatur Constantiniana fecit ante vestibulum altaris gabatas aureas III, pens. lib. X. Sed et in basilica beatæ Dei genetricis ad Præsepem fecit delfinos argenteos per diversas coronas, pens. inibi lib. XXIIII. Præsertim idem eximius antistes fecit in ecclesia beati Petri apostoli ad corpus imaginem quæ dudum ex argento inerat Salvatoris, sanctæ Dei genetricis, sanctorum apostolorum Petri ac Pauli atque Andreæ, de auro purissimo miræ magnitudinis, pens. inibi lib. CC. S Lorenzo fuori le mura. S. Gio. in Laterana. S. M. ad præsepe. S. Peter.

Hic idem eximius papa altare beati Pauli apostoli una cum eiusdem confessionis fores, ex auro mundo in sacris designans historiis mirifice ornavit, pens. lib. CXXX. Sed et sarta tecta

SS. Quattro Coronati. tituli sanctorum Quattuor Coronatorum, quæ in ruinis
existébant, trabes ibidem plures imponens, omnia noviter restau-
S. Peter. ravit. Item fecit patenam et calicem in basilica beati Petri apostoli in diebus cotidianis ministeriis, ex auro purissimo, pens.
simul lib. XXIIII. Item beatissimus vir fecit in ecclesia sanctæ
S. M. ad præsepe. Dei genetricis ad Præsepem patenam et calicem sanctum
ex auro obrizo, pens. inibi lib. XX. Item in titulo Eudoxiæ,
S. Pietro in vincoli. videlicet beati Petri apostoli ad vincula, fecit canistra XII,
pens. simul lib. XXXVI, et delphinos per diversas coronas XXXV,
S. Sabina pens. lib. VIII. Pariterque et ecclesiam beatæ Sabinæ, sita territorio Ferentinello, noviter reparavit. Hic ipse almificus præsul
S. Paolo. fecit in basilica beati Pauli apostoli patenam ex auro obrizo cum
calice sancto, pens. simul lib. XX. Similiter et in ecclesia beati
S. Lorenzo. Laurentii martyris foris murum fecit ex auro purissimo patenam
cum calice sancto, pens. inibi lib. XVI.

S. Peter. Presertim et in altare maiore ecclesiæ beati Petri apostoli
fecit ex auro purissimo diversas storias, pens. lib. DXCII; et intus
in confessione imaginem in modum evangeliorum ex auro obrizo
pens. lib. XX, simul et cancellum ante eadem confessionem ex
auro purissimo pens. lib. LVI, qui fiunt simul tam in altare quam
intus in sacra ultro citroque confessione, seu imagine in modum
evangeliorum, necnon et in postibus inferioribus et superioribus
atque cancello, simul etiam et in corpus auri obrizi lib. mille
CCCXXVIII.

Leo III. *cap. 98.* Leo III. (795—816.) (Fecit) sarta vero tecta basilicæ
795—816. b. Petri apostoli, id est navem maiorem, sed et aliam navem
S. Peter. super altare cum quadriporticu simul et fontem, atque ante fores
argenteas. Verum etiam et turrem cum cameris suis ab imo usque
ad summum omnia in omnibus noviter restauravit. Præsertim
imaginem Salvatoris cum reliquis miræ pulchritudinis depictam
ad decorem suprascriptæ ecclesiæ in fastigio sub arcu maiori
S. Paolo. posuit. Pari modo et in basilica b. Pauli apostoli atque in
basilica Salvatoris instar imagines fecit et constituit.

S. M. ad præsepe. Fecit autem et in basilica b. Dei genetricis, quæ appellatur
ad Præsepe, cyburium ex argento purissimo, quod pensat lib.
DCXI. Simul et rugas argenteas in ingressu presbyterii, pens. lib.
LXXX, atque cortinam maiorem sericam albam, habentem periclysin et crucem de fundato. Immo et in sacratissimo altari maiori

ecit vestem de chrysoclabo, habentem historiam nativitatis, et . Simeonis et in medio cherismon. Simul etiam et in camera iusdem ecclesiæ, et in quadriporticu, necnon et coronas argenteas III. pens. inibi lib. CXLV et uncias IX. Interea et in basilica . Christi martyriis Laurentii, sita foris muros, fecit imagines rgenteas tres Salvatoris, b. Petri apostoli, et s. Laurentii, ens. simul lib. LIV et semis. Et in sacro altari vestem sericam hrysoclabam, habentem historiam Dominicæ Passionis et Resurrectionis.

Fecit autem isdem præsul in basilica Doctoris mundi b. 'auli apostoli confessionem simul et rugas ex auro obrizo, habente gemmas pretiosas instar b. Petri apostoli, pens. lib. LVI. Et super ipsum sacrum altare imaginem auream habentem alvatorem et XII apostolos, pens. lib. LXXV, sed et cameram iusdem basilicæ in modum b. Petri apostoli noviter fecit, præertim et coronas argenteas III, pens. in uno lib. CCXX. Et vela oloserica maiora sigillata, habentia periclysin et crucem de latthin, seu fundato, num. XV. Vela promiscua maiora de uadraplo investita, quæ pendent in arcubus XLIII. Vela modica igillata, quæ pendent in arcubus minoribus ornata quadraplo XX. tem vela modica de stauracin, quæ pendent in arcubus X et lia X, ex quibus tria habent periclysin de chrysoclavo. Item vela V filo parï Alexandrina. Item velum alithino rotatu, habens eryclisin rotas cum cancellis, et in medio crucem cum gemmis t quatuor rotas de Tyrio filo pares. S. Paolo.

Fecit in altari maiori b. Petri apostolorum principis vestem hrysoclabam, pretiosis gemmis ornatam, habentem historias tam alvatoris b. Petro apostolo ligandi solvendique potestatem triuentis quamque principum apostolorum Petri ac Pauli passionem gurantes miræ magnitudinis in natale apostolorum resplendentem.

... in titulo b. Susannæ ... ob nimium amorem ampliavit S.Susanna. edificium et noviter in altum fodiens firmissimum posuit fundanentum et eruta planitie mirifice excelsa super ipsa fundamenta edificavit ecclesiam cum absida amplissima et cacumina mirifica c musivo atque cameram decoratam, seu presbyterim et pavimenum marmoribus pulchris ornavit. Verum etiam dextra lævaque t porticus eius cum columnis marmoreis construxit. Sed et baptiterium ibidem constituit.

Lateran. Fecit autem et in patriarchio Lateranensi triclinium maius super omnia triclinia nomini suæ magnitudinis decorata, ponens in eo fundamenta firmissima, et in circuitu laminis marmoreis ornavit atque marmoribus in exemplis stravit. Et diversis columnis, tam porphyreticis quamque albis et sculptis cum vasibus et liliis simul postibus decoravit cameram cum apsida de musivo et alias duas absidas diversas historias pingens super marmorum incrustationem, pariter in circuitu decoravit.

S. Peter. . . . . iuxta ecclesiam b. Petri apostoli fecit in triclineo maiori miræ pulchritudinis decoratam absidam de musivó ornatam et absidas duas dextra lævaque super marmore, et pictura splendentes et in pavimento marmoreis exemplis stratis, cum cæteris amplis ædificiis, tam in ascensu schalæ, quamque post ipsum triclineum compte fecit. Itemque fecit in basilica b. Petri apostoli vestem chrysoclabam, cum pretiosis gemmis ornatam, habentem historiam Dominicæ resurrectionis. Sed et inter arcus argenteos vela serica alba et vela de staurace pulcherrima. Post reversionem suam et ob nimium amorem fecit eidem nutritori suo presbyterium noviter totum marmoreum magnæ pulchritudinis sculptum compteque erectum. Sed et super altare maius fecit tetravela holoserica alithina IV, cum astillis et rosis chrysoclabis.

Et in eodem altare fecit cum historiis crucifixi Domini vestem
S. Paolo. Tyriam. Et in ecclesia doctoris mundi b. Pauli apostoli tetra vela holoserica alithyna IV et vestem super altare albam chrysoclabam; habentem historiam s. resurrectionis et aliam vestem chrysoclabam, habentem historiam nativitatis Domini et sanctorum Innocentium. Immo et aliam vestem Tyriam, habentem historiam cœci illuminati et resurrectionem . . . . Fecit in basilica
S. M. ad præsepe. b. Mariæ ad Præsæpe vestem albam chrysoclabam, habentem historiam s. resurrectionis. Sed et aliam vestem in orbiculis chrysoclabis habentem historias annunciationis et ss. Joachim et
S. Callisto. Annæ..... Et in titulo Calixti vestem chrysoclabam ex blattin Byzanteo habentem historiam nativitatis Domini et s. Simeonis.
S. Pancrazio. Item in ecclesia s. Pancratii vestem Tyria, habentem historiam ascensionis Domini . . . .

S. Paolo. Simulque et in nave (eccl. b. Pauli) quæ est super altare sarta tecta omnia noviter restauravit et tres imagines aureas ibidem obtulit, scilicet Salvatoris Domini nostri Jesu Christi, bb. principum apostolorum Petri ac Pauli. Sed et aliam imaginem argenteam Salvatoris deauratam super postes in introitu posuit, pens. lib. LX. Sed et omne argenteum ibidem, quod conquassatum fuerat, noviter restauravit. Necnon et fenestras ipsius ecclesiæ miræ pulchritudinis ex metallo cyprino decoravit. Ipse vero præfatus pontifex fecit in basilica Salvatoris quæ vocatur Constantiniana, super altare vestes duas, ex quibus unam S. Gio. in Laterano. cum chrysoclavo, et gemmis, habentem historiam Salvatoris introeuntem in sanctam civitatem et aliam chrysoclavam, cum gemmis pretiosissimis, habentem historiam resurrectionis dominicæ.

. . . . . super altare b. Petri apostoli fecit vestem cum S. Peter. vite ex auro purissimo, cum gemmis pretiosissimis et margaritis, habentem in medio vultum Salvatoris et s. Dei genitricis Mariæ et XII apostolorum, ubi et misit auri libras XXV. Et aliam vestem chrysoclavam, habentem historiam lætaniæ maioris. Sed et aliam vestem, habentem tabulas chrysoclavas tres, et historiam Dominicæ passionis, legentem: »Hoc est corpus meum, quod pro vobis tradetur« etc. Fecit et in basilica doctoris mundi b. Pauli apostoli vestem chrysoclavam, habentem in medio S. Paolo Salvatorem, et dextra lævaque b. Petrum et Paulum gentibus prædicantem, cum periclysin de chrysoclavo et gemmis pretiosissimis.

Fecit . . . . in medio basilicæ (s. Petri) crucifixum ex S. Peter. argento purissimo, pens. lib. LXXII. Itemque fecit in patriarchio Lateranensi triclinium miræ magnitudinis decoratum cum Lateran. absida de musivo, sed et alias absidas decem, dextra lævaque, diversis historiis depictas, habentes Apostolos gentibus prædicantes, cohærentes basilicæ Constantinianæ in quo loco et S. Gio. in Laterano. accubita collocavit, et in medio concham porphyreticam aquam fundentem. Necnon et pavimentum ipsius marmoribus diversis stravit.

Simili modo et in diaconia b. Archangeli fecit vestes tres, ex quibus unam ex stauraci, cum periclysi de blatthin, et alias duas de tyrio, cum periclysi de fundato, cum historia de elephantis (sic). Et in diaconia b. Georgii fecit vestem de fundato cum historia de elephantis (sic. al. elementis) seu diversis historiis, cum periclysi de fundato . . . Fecit in basilica b. Petri S. Peter. apostoli nutritori suo gabatham ex auro purissimo anaglypham, cum gemmis pretiosis ornatam, quæ pendet ante imaginem ipsius apostoli in ingressu vestibuli, pens. lib. VII et semis. Faciem vero sacri altaris ipsius apostolorum principis ab imo, usque ad summum, cum luminaribus inferius superiusque; necnon et intra confessionem Salvatorem stantem dextra lævaque eius b. apostoli Petri et Pauli, habentes pariter coronas ex gemmis pretiosis atque pavimentum ipsius confessionis investivit ex auro fulvo nimis, pens. lib. CCCCLIII et uncias VI. Verum etiam super ipsum sacrum altare fecit vestem chrysoclavam, habentem historiam Dominicæ ascensionis et Pentecosten, cum periclysi de chrysoclavo.

Pari modo ubi supra fecit imaginem ipsius apostolorum principis in porta virorum, ex auro purissimo, et gemmis pretiosissimis miræ magnitudinis et pulchritudinis decoratam, pens. lib. X et IX, et uncias III. . . . Fecit ubi supra cancellos fusiles in ingressu presbyterii, seu in dextra parte lævaque, necnon et in ingressu vestibuli, ex argento mundissimo, pens. simul lib. MDLXXIII.

Pari modo in basilica ipsius apostoli fecit Cherubin ex argento purissimo deauratos quatuor, qui stant super capita columnarum argentearum sub cyborio, pens. lib. XCIII. Fecit quoque isdem præcipuus præsul ubi supra imaginem Salvatoris auream, quæ stat in trabe super ingressum vestibuli, pens. lib. LXXIX. S. Paolo. Fecit autem in basilica doctoris mundi b. Pauli apostoli angelos ex argento purissimo, deauratos duos, qui stant iuxta imaginem Salvatoris in ingressu vestibuli, pens. lib. C et semis. Verum etiam et polycandilum porphyreticum, pendentem in pergula ante confessionem in catenulis aureis, quæ pens. lib. unam. Præsertim et in ingressu basilicæ, ubi supra, regias maiores fecit imagines ex argento V, pens. inibi lib. CCXXIX.

Fecit autem hic præclarus pontifex ubi supra in altari maiori vestem chrysoclavam miræ magnitudinis et pulchritudinis decoratam, habentem historiam Salvatoris Domini nostri Jesu Christi sanctæque eius genitricis et duodecim apostolorum, cum periclysi de chrysoclavo undique cum margaritis ornatam, et ab utrisque lateribus blatthin, cum chrysoclavo decoratam, quæ in natalibus apostolorum isdem egregius præsul ibidem poni constituit . . . . . Fecit in basilica doctoris mundi b. Pauli apostoli super altare maius vestem chrysoclavam, habentem historiam

Dominicæ Rerurrectionis, cum margaritis ornatam, et periclysin de chrysoclavo, similiter ex margaritis ornatas imagines apostolorum duas ex argento deauratas, pens. lib. LXXXVI.

. . . . conspiciens, quia iam præ nimia vetustate ruinæ proximum inerat, et quia angustior locus populi existebat qui ad baptismum veniebat, isdem præsul a fundamentis ipsum baptisterium in rotundum ampla largitate construens in meliorem erexit statum, atque sacrum fontem in medio largiori spatio fundavit et in circuitu columnis porphyreticis decoravit et in medio fontis columnam posuit, et super columnam agnum ex argento purissimo, fundentem aquam, qui pens. lib. XVIII. et uncias X. . . . . Ipsum vero baptisterium diversis in circuitu decoravit picturis. Baptisterium des Laterans.

Oratorium vero s. crucis, ubi supra, quod præ nimia erat vetustate ruiturum, hic præcipuus pastor a fundamentis simul cum absida novo ædificio erexit, et ad perfectum usque perduxit, atque ipsam absidam ex musivo diversis decoratam picturis atque marmoribus miro splendore ornavit, ubi et obtulit cyborium super altare, cum columnis suis, atque faciem ipsius altaris investivit ex argento purissimo pens. lib. CXXI et uncias II. Regnum spanoclystum ex auro purissimo, cum cruce in medio, pendens super ipsum altare, pens. lib. I. et uncias XI. Necnon et alias columnas argenteas IV et super ipsas columnas regularem investitum ex argento purissimo pens. inibi lib. LXIV et uncias III. Arcus argenteos tres, pens. lib. XLIII et uncias VIII. Imagines argenteas deauratas III. pens. inibi lib. XXX. . . . . Fecit ubi supra ad fontes vela tyria tria quæ pendent in regularem ante imagines . . .

. . . Fecit in basilica domini nostri Jesu Christi, quæ appellatur Constantiniana, super altare maius vestes chrysoclavas II; ex quibus unam habentem historiam Dominicæ resurrectionis, et aliam habentem historiam vivificæ et adorandæ Dominicæ Crucis . . . . . Sarta tecta vero ipsius ecclesiæ, cum quadriporticu, simul et ad fontes omnia, et in omnibus noviter restauravit. Simul et fenestras de absida ex vitro diversis coloribus conclusit, atque decoravit. Et alias fenestras basilicæ ex metallo cyprino reparavit; et in gremio basilicæ fecit cortinas duas, ex quibus una maior fundata alba et alia minor alba rosata. S. Gio. in Laterano.

In titulo ipsius vero Dei Genitricis qui appellatur Calixti, fecit vestem albam holosericam rosatam, habentem in S. M. ad præsepe.

6*

medio tabulam de chrysoclavo, cum historia præsentationis Domini nostri Jesu Christi et S. Simeonis, cum periclysi de tyrio.

S. Peter. . . . . fecit in basilica b. Petri apostoli nutritoris sui super altare maius cyborium cum columnis suis IV ex argento purissimo deaurato, cum diversis historiis miræ magnitudinis mirifice decoratum quod pens. lib. IIDCCIV et uncias III.

Fecit . . . . ante confessionem ipsius apostolorum principis angelos ex argento purissimo deauratos, dextra lævaque, pens. simul lib. CXLVI. Necnon et alios angelos duos ex argento purissimo deauratos, qui stant in trabe maiori super ingressum vestibuli, dextra lævaque, iuxta imaginem Salvatoris auream, pens. simul lib. LXIII. Et alios angelos quatuor minores ex argento purissimo deauratos, ubi supra, dextra lævaque, qui pens. simul lib. LXVIII. Verum etiam fecit, ubi supra, columnellas ex argento deauratas VI in ingressu vestibuli, diversis depictas historiis, quæ pens. simul lib. CXLVII.

S. Gio. in Laterano. . . . . fecit in basilica Salvatoris, quæ appellatur Constantiniana, cyborium cum columnis suis IV ex argento purissimo, diversis depictum historiis, cum cancellis et columnellis suis miræ magnitudinis et pulchritudinis decoratum, quæ pens. undique simul lib. MCCXXVII.

S. Peter. Cubicula vero iuxta ecclesiam b. Petri apostolorum principis, quæ nimia vetustate marcuerant, etiam pene ruitura erant, isdem egregius præsul a fundamentis firmissimum ponens ædificium in meliorem erexit statum. Fecit et ubi supra iuxta columnam maiorem balneum in superiore positum constructum in rotundum mirifice decoratum. Gradus vero in introitu eiusdem basilicae tam super porticum, quam etiam in atrio noviter restauravit. Fecit et iuxta eosdem gradus parte dextra atrii domum a fundamentis miræ magnitudinis et pulchritudinis decoratam, in qua etiam et accubitos collocavit. Fecit et iuxta eandem domum pro subsidiis Christi pauperum atque peregrinorum balneum a fundamentis mirifice decoratum.

Lateran. . . . . fecit in patriarchio Lateranensi oratorium a fundamentis in honore b. Archangeli, insigni opere firmissime construens, quod etiam ex musivo seu diversis picturis atque pulcherrimis marmorum metallis diversis coloribus ornavit undique. Et omnia cimilia tam aurea quamque argentea, vel etiam vela diversa ibi obtulit. Macronam vero ipsius Lateranensis patriarchii, quæ extenditur a Campo et ultra imagines apostolorum, quæ præ nimia vetustate ruiturae erant, a fundamentis simul et sarta tecta, necnon et solarium ab uno usque ad summum noviter restauravit, et in melius firmissimis marmoribus stravit atque cameram ipsius macronae noviter fecit et diversis historiis pictura mirifice decoravit.

. . . . fecit in circuitu altaris b. Petri apostoli nutritoris sui tetravela rubea holoserica alithyna, habentes tabulas seu orbiculos de chrysoclavo, diversis depictos historiis, cum stellis de chrysoclavo; necnon et in medio cruces de chrysoclavo, ex margaritis ornatas, miræ magnitudinis et pulchritudinis decoratas, quæ in diebus festis ibidem ad decorem mittuntur. Pari modo ut supra et alia tetravela alba holoserica rosata paschatiles, habentes tabulas atque orbiculos de chrysoclavo; necnon et cruces cum chrysoclavo ex margaritis, cum periclysi de chrysoclavo. Immo etiam et alia vela modica quatuor, ubi supra, in singulis columnis de cyborio fecit, habentes tygres de chrysoclavo et in circuitu ornatas de blatthi. S. Peter.

(Bas. s. Pauli). Ingressum vero corporis isdem præsul ex marmoribus candidis miro decore ornavit, atque regias æreas ibidem posuit. Super columnas vero marmoreas, quæ stant in circuitu altaris ipsius doctoris mundi, ubi trabes quondam ligneæ positæ fuerant, etiam nimia vetustate emarcuerant, hic sacer antistes super ipsas columnas lilios poni fecit et super ipsos lilios ex metallis marmoreis platonias posuit, diversisque picturis miræ magnitudinis opus decoravit. Necnon ubi supra fecit vela Alexandrina maiora numero V, quae pendent super regias maiores in ingressu basilicæ, mirifice decorata. S. Paolo.

Super altare vero ipsius sacræ basilicæ (s. Apollinaris) ob honorem omnipotentis Dei et b. Petri apostoli, de cuius donis ac datis fecit vestem sericam rosatam, habentem in medio crucem de chrysoclavo, cum orbiculis et rotas sericas, habentes historicas annunciationis, seu natalis domini nostri Jesu Christi, atque passionem et resurrectionem, necnon et in cœlis ascensionem atque Pentecosten, ornatas in circuitu simili modo, sicut et vestem de chrysoclavo. S. Apollinare in Classe (Ravenna).

Verum etiam in ecclesia b. Petri apostoli, ubi supra, fecit S. Peter.

vestem rosatam, habentem historiam domini nostri Jesu Christi, quando extendit manus et apprehendit b. Petrum apostolum de fluctibus maris . . . . Verum etiam in titulo Pammachii super altare SS. Joannis et Pauli fecit vestem albam holosericam, ornatam in gyro de fundato, habentem historiam crucifixi, Ascensionis et Pentecostes. Pariter et in ecclesia b. Clementis martyris atque pontificis fecit vestem albam cum chrysoclavo, habentem historiam resurrectionis, seu ascensionis, necnon et Pentecosten.

S. Gio. e Paolo. S. Clemente.

S. Ciriaco. Immo et in ecclesia S. Cyriaci, posita via Ostiensi fecit vela ex quadruplo numero V, habentia historiam Salvatoris vocantis discipulos de navi . . . . Verum etiam id ipsum deorsum, ubi sacratissimum corpus ipsius principis apostolorum requiescit, (bas. S. Petri) renovavit imaginem auream, habentem vultum Salvatoris Domini nostri Jesu Christi ac S. Dei genitricis Mariæ Dominæ nostræ et beatorum apostolorum Petri et Pauli atque Andreæ, necnon et b. Petronillæ martyris, ubi et addidit auri obrizi lib. XXI et uncias III.

S. Peter.

S. Nereo ed Achilleo. (Bas. S. Nerei et Achillæi). Vestes duas, ex quibus unam albam holosericam, habentem historias dominicæ nativitatis, seu resurrectionis, ascensionis, atque Pentecostes, ornatam in circuitu de chrysoclavo et aliam de tyrio.

Paschal I. 817—824. S. Peter. *cap. 100.* Paschalis (817—824). Fecit autem in sacro altari b. Petri principis apostolorum vestem miræ magnitudinis, pulchram et decoratam nimis, ex auro gemmisque contextam, perfigurantem historiam, qualiter idem apostolus a vinculis per angelum ereptus est. In eiusdem venerabili basilica ante aditum, quæ ducit ad corpus in loco ferrata, altare constituit, in quo et venerandum b. Sixti martyris atque pontificis corpus honestissime collocavit. Ubi et desuper arcum musivo exornatum decenter instruxit. Simili modo in eadem sacratissima b. Petri apostoli ecclesia iuxta ingressum, qui ducit ad b. Petronillam, oratorium summæ magnitudinis atque pulchritudinis decoranter construxit. Et super columnas in quadrificio camerantes musivo pulchrisque metallis decoravit. In quo et corpora beatissimorum martyrum Processi et Martiniani . . . . recondidit. In cuius absidam imaginem pulcherrimam de argento, exauratam cum diversis historiis inter marmorum constructiones ordinatas infixit, quæ pens. lib. LXII et semis;

simulque et lilia de argento, pens. lib. XVII et uncias II. . . . . Imagines etiam de argento adauratas fecit in eodem venerabili loco numero III. Unam Salvatoris domini nostri Jesu Christi, et duas aliorum bb. martyrum Processi et Martiniani, pens. insimul lib. XXXVI.

(Brand des burgus Anglorum). Cuius exuberantis incendio pene totam porticum, quæ duxit ad basilicam principis apostolorum ignis fomes devastavit.[1]) Borgo.

. . . . fecit in ecclesia b. Petri apostolorum principis nutritoris sui vela de chrysoclavo per arcus presbyterii, habentia historiam de mirabilibus apostolorum, quæ per eos dominus operari dignatus est numero XLVI. Ecclesiam etiam beatissimæ Christi Martyris Praxedis, quæ quondam priscis ædificata temporibus nimio iam lassata senio, ita ut a fundamentis casura, ruinam sui minaretur, idem . . . . in alium non longe demutans locum, in meliorem eam, quam dudum fuerat, erexit statum. Absidam vero eiusdem ecclesiæ musivo opere exornatam variis decenter coloribus decoravit. Simili modo et arcum triumphalem eisdem metallis mirum in modum perficiens compsit . . . . Item ubi supra, obtulit aliam vestem chrysoclavam ex auro, gemmisque confectam, habentem historiam Virginum cum facibus ascensis mirifice comptam atque decoratam. Ad sacrum denique eiusdem virginis (Praxedis sc.) corpus obtulit imaginem ex laminis argenteis præfiguratis, pens. lib. XCIX. S. Peter. S. Prassede.

(in ecclesia S. Mariæ, »quæ appellatur Dominica«) fecit . . . aliam vestem de blatthin bizantea, habentem tabulam de chrysoclavo, cum vultu S. Dei genitricis et angeli obsequio stantes, cum periclysi de stauraci. Pariterque aliam vestem de staurace, habentem pavones et in medio crucem de blatthin. S. M. in Domnica.

(in eccl. S. Cæciliæ) . . . obtulit in sacro altari vestem de blatthin byzantea, habentem in medio tabulam de chrysoclavo cum historia, qualiter angelus b. Cæciliam, seu Valerianum et Tyburtium coronavit, cum periclysi de chrysoclavo, mirae pulchritudinis exornatam. S. Cecilia.

Præterea in oratorio bb. martyrum Processi et Martiniani, sito infra ecclesiam b. Petri principis apostolorum, S. Peter.

[1]) Er wurde von Paschal wieder hergestellt.

quod et idem ipse construxit, obtulit imaginem ex auro purissimo, habentem vultum S. Dei genitricis pens. lib. X et uncias IV. Ibi et ipse fecit vestem de blatthin byzantea, habentem tabulas de chrysoclavo II., cum vultu b. Petri et SS. martyrum Processi et Martiniani et periclysin de chrysoclavo, mira pulchritudine decoratam.

SS. Cosma e Damiano. . . . fecit in ecclesia bb. martyrum Cosmae et Damiani, in via sacra, vestem de tyrio, habentem in medio tabulam de chrysoclavo, cum vultu Domini nostri Jesu Christi atque bb. martyrum Cosmæ et Damiani, cum aliis tribus fratribus cum cruce de auro texto, et periclysin de olovero, pulcherrime comptam atque decoratam.

Mon. S. Salvatoris (Rieti) . . . . Fecit in monasterio Salvatoris domini nostri Jesu Christi, sito in territorio Reatino, vestem de chrysoclavo, cum historia, qualiter idem dominus noster Jesus Christus cum archangelis et apostolis in cœlo coruscat, mira pulchritudine diversis ornatam margaritis.

Mon. S. Stephani. . . . . Fecit in iam dicto monasterio (b. Stephani) vestem de fundato, habentem in medio tabulam de chrysoclavo, cum vultu S. Dei genitricis et SS. apostolorum Petri et Pauli et periclysin de blatthin.

S. Maria ad præs. (S. Maria ad Præsepe.) Denique sedem optimam quam dudum fuerat, pulcherrimis marmoribus decoratam condidit, et undique ascensus, quibus ad eam gradiatur, construxit, pavimentumque altaris erigens pretiosissimis marmoribus stravit. Erexit sane sex inibi ante confessionem sacri altaris purpureo colore columnas, quas super et candidi marmoris trabem posuit, purpureis dextra lævaque marmoribus nectens illas scilicet celaturisque exornans statis commode decoravit. Presbyterium quoque ipsius ecclesiæ diversis marmoribus, quam pridem fuerat, in melius reparavit. . . . Similiter et altare ipsius basilicæ ex argenteis laminis, cum historiis diversis, pulcherrime compsit, atque deauravit, pens. lib. CCCLXXXV. . . . . . . Fecit etiam ibidem imaginem ex argento deauratam, cum vultu b. Dei genitricis Mariæ, pens. lib. XVII et unc. III . . . . . Obtulit in sacrosancto altari sæpedictæ basilicæ vestes de chrysoclavo duas habentes historiam dominicæ nativitatis domini nostri Jesu Chrsiti, cum periclysi, diversis ornatas gemmis atque margaritis, mirifice decoratas. Obtulit etiam ibi ipse aliam vestem de chrysoclavo, habentem historiam, qualiter dominus noster Jesus Christus a Joanne in Jordane baptizatus est, cum periclysi de chrysoclavo mirifice exornatam. Item, ubi supra compsit vestem de chrysoclavo, habentem historiam Dominicæ resurrectionis . . . . . Fecit ibidem in iam præfato altari vestem similiter de chrysoclavo, habentem historiam, qualiter b. Dei genitrix Maria corpore est assumpta. Fecit . . . . . . aliam vestem de chrysoclavo, habentem historiam dominicæ ascensionis Christi domini nostri, rite decoratam. Item . . . . construxit historiam, qualiter Spiritus sanctus venit super apostolos, diversis ornatam margaritis et decoratam. Immo ibidem aliam historia Palmarum, modeste comptam, atque decoratam.

cap. 103. Gregor IV. (827—844.) (In bas. s. Petri) obtulit . . . imagines denique desuper deargentatas, necnon auro perfusas tres, habentes vultum Domini et eorum depictos, quorum specialia ibidem corpora humana miraculis ac virtutibus pollent.[1]) — Gregor IV. 827—844. S. Peter.

(In eccl. b. Marci pontificis.) Et gabathas interrasiles ex argento, duodecim angelorum opere constructas . . . . . . obtulit, ubi supra vestem de fundato unam, habentem mucrones per circuitum . . . . vestem de olovero, cum gryphis et unicornibus. — S. Marco.

. . . . obtulit in prænominata ecclesia vestem cum gryphis et chrysoclavo per circuitum, habentem in medio navitatem domini nostri Jesu Christi. Item vestem aliam cum chrysoclavo, habentem per mediam rotas de chrysoclavo IV. et nativitatem atque baptismum domini nostri Jesu Christi. Obtulit vero prænominatus pontifex vestem aliam cum leonibus, habentem resurrectionem Domini de chrysoclavo. . . . . Vela Alexandrina III. ante portas maiores pendentia, habentia homines et caballos . . . . Vela alia Alexandrina, ex quibus unam habens rotas, et rosas in medio, et aliud arbores et rotas pendentia ante valvas ipsius ecclesiæ. Item velum modicum de olovero, habens in medio hominem cum caballo.

. . . . . Fecit in ecclesia b. Petri apostoli vela cum chrysoclavo num. XIV., habentis diversas historias Evangeliorum, et passiones b. Petri ac Pauli, necnon Andreæ apostoli, quæ dependent inter imagines auro argentoque fusas in trabe desuper — S. Peter.

---

[1]) D. i. der HII. Sebastian, Gorgonius u. Tiburtius.

argentata, antequam adeas sacram confessionem, speciosa valde visibus humanis atque præcipua.

S. Giorgio in velabro. Fecit autem et in ecclesia b. Christi martyris Georgii magnificus præsul hinc inde porticus, quas etiam ad decessorem ipsius basilicæ variis ornavit picturis. Obtulit.... hæc dona: vestem de fundato unam, cum chrysoclavo, habentem imaginem Salvatoris et martyris Sebastiani atque Georgii.

Lateran. Verum etiam fecit in patriarchio Lateranensi triclinium miræ magnitudinis, decoratum cum absida de musivo. Sed et alias absidas duas dextra lævaque, positas infra paracellarium, variis historiis depictas.

S. Lorenzo fuori l. m. Fecit autem in ecclesia b. Christi martyris Laurentii, quæ ponitur foris muros, vestem chrysoclavam, habentem historiam Zachæi.

S. M. ad præsepe. (S. M. ad præsepe.) .... Fecit vestem auro textilem habentem Nativitatem, Baptismum, Præsentationem et Resurrectionem; habentem in capite ipsius historiæ gemmas albas CCCLXXX, hyacinthinas L prasinas XXII et in circuitu alvaviras legente de nomine domni Gregorii Quarti papæ. Fecit et aliam vestem de

S. Martino. fundato in ecclesia b. Martini confessoris atque pontificis,

S. Eusebio. habentem leones, cum arboribus. Necnon in basilica b. Eusebii martyris vestem de olovero, habentem aquilas, cum periclysi de quadrapulo.

S. Marco. .... Fecit in ecclesia b. Marci confessoris Christi atque pontificis patenam octogoni exauratam, habentem in medio vultum domini nostri et in duobus lateribus vultum ipsius b. Marci atque eiusdem præsulis, pens. lib. VI.

S. Paolo. Verum enimvero in ecclesia doctoris gentium S. Pauli apostoli obtulit sæpedictus pontifex vestem de chrysoclavo, habentem historiam domini Dei nostri et in eius obsequio a dextris vel sinistris archangelorum seu Apostolorum, laudabili numero, miræ magnitudinis atque pulchritudinis, diversis lapidibus vel margaritis ornatam pulcherrimeque contextam.

S. Crisogono. .... Fecit in titulo b. Chrysogoni martyris vestem de tyrio, habentem historiam Danielis, cum periclysi de stauraci.

S. M. in Trastevere. (Eccl. s. Mariæ, »quæ more veterum nunc usque Calixti trans Tiberim dicitur.«) Et in ea sanctum fecit præsepium ad similitudinem præsepii s. Dei genitricis, quæ appellatur maioris, quod videlicet laminis aureis et argenteis adornavit. . . . . hæc obtulit dona: imaginem auream habentem historiam dominæ nostræ cum diversis et pretiosis gemmis, hyacinthos maiores num. XIII, prasinas X, albas maiores num. XXIX, alamandinas maiores num. XX, albas modicas, habens in circum capitis coronam diverse philopares. Cercelli paria duo, habet gemmas pretiosissimas albas numero XVIII, prasinas VIII, hyacinthinas IV. Item in eadem imagine habet murenas prasinales pretiosissimas II, ex quibus habet pendulas num. XI. Item murenam trifilem auream, quæ habet gemmas diversas albas num. LXXIII et buticulas XXXIII. . . . . Signum Christi, habet navicellas II et murenas III . . . . . Signum Christi, pendentem in catenulis tribus lilio et unc . . . . . (*Lücke*) legente de donis Dei et s. Mariæ, quod vocatur Præsepe trans Tiberim, Domini Gregorii Papæ quarti, qui puro corde optulit; III gabathas saxiscas. Signum Christi, habet historiam in modum leonis incapillatam, cum diversis operibus purissimis aureis, pendentibus in catenulis IV, e uncino uno. Item gabatham saxiscam habet in modum leonis IV cum diversis historiis serpentium et in medio stantem pineam et IV leunculis exauratam, qui pendent in catenulis III. et uncino uno.

Immo vero obtulit iam dictus præsul in ecclesia doctoris gentium b. Pauli apostoli cortinam fundatam, pendentem in arco triumphalem habentem in medio Annunciationem, et Nativitatem Domini nostri Jesu Christi. Item velum oloverum unum, pendens in regularem, sub imaginem argenteam, habens historiam Imperatoris. . . . . . Fecit . . . . vela de chrysoclavo per arcus presbyterii, habentia historiam ipsius b. Pauli apostoli et in circuitu listam cum auro. S. Paolo.

Fecit . . . . infra ambitum ipsius ecclesiæ (s. Mariæ tit. Calixti) operosam decoramque resurrectionem. Nam prius altare in humili loco situm fuerat pene in media testudine, circa quod plebs utriusque sexus conveniens, pontifex cum clero, plebi confuse immixto, sacra mysteria celebrabat. . . . Fecit ibidem vestem chrysoclavam cum blatta byzantea habentem historiam Nativitatis et Resurrectionis Domini nostri Jesu Christi. Et insuper imaginem b. Dei genitricis Mariæ refoventem imaginem oblatoris sui. S. M. ad præsepe.

Necnon et in fronte paradysi iam fatæ ecclesiæ (s. Petri) S. Peter.

principali musivo cuncta, quæ a priscis temporibus in eodem pariete erant diruta, velocitate nimia pingere ac restaurare decrevit . . . . Fecit etiam iuxta acoliti pro quiete pontificis, ubi post orationes matutinales, vel missarum officia eius valeant membra soporari, hospitium parvum sed honeste constructum et picturis decoravit eximiis . . . . .

S. Gio. in Laterano. Pari modo et in ecclesia Salvatoris, quæ appellatur Constantiniana, fecit vestem auri textilem, habentem historiam Palmarum et Cœnam Domini.

Fecit . . . . in basilica Salvatoris Domini nostri Jesu Christi iuxta patriarchium Lateranense vestem cum chrysoclavo habentem in fronte altaris historiam beatissimorum baptistæ atque evangelistæ Joannis. Et per altaris circuitum similiter uno corpore cohærentium quasi vela similiter de chrysoclavo et quasdam picturas habentium in modum gryphorum cornua in frontibus picta.

Villa Curtis Draconis. . . . . in curte, quæ cognominatur Draconis, domum satis dignam, undique porticibus ab solariis circumdatam a solo noviter fieri statuit, in qua tam ipse, quamque etiam futuri pontifices, cum omnibus, qui eis obsequuntur, quamdin eis placuerit, ibidem statiose immorari valeant.

S. Giorgio Immo vero et in Diaconia b. Georgii Martyris fecit velum Alexandrinum habens phasianos XII et vela ante ianuas lineum plumatum unum.

Sergius II. 844—847. S. Gio. in Laterano. *c. 104.* Sergius II. (844—847). In primo quidem pontificatus sui exordio superno amore exardescens in basilica Salvatoris quæ Constantiniana vocabatur, miræ pulchritudinis opus explevit. Nam ambitum sacri altaris, qui strictim in ea fuerat olim constructus, largiorem proprio digito designans a fundamentis perfecit pulchrisque columnis cum marmoribus desuper in gyro sculptis splendide decoravit . . . . Ubi etiam confessionem mirificam Christo cooperante construxit et argenteis tabulis auroque perfusis fulgide compsit, quam propriis manibus consecrans, reliquias posuit. Et aliud quidem opus ante fores huius venerandæ basilicæ valde optimum peregit. Quia sacra pridem, quæ latebant populis limina, summo studio omnibus manifesta constituit, cum pulchre decoros ibidem arcus a fundamentis construeret, quos etiam variis picturis nitide decoravit.

Ipse . . . . cameram præsepii domini nostri Jesu Christi, quod basilicæ b. Dei Genitricis Dominæ nostræ connectitur, quæ Maior ab omnibus nuncupatur, argenteis tabulis, ac deauratis, habentibus historiam b. Dei genitricis Mariæ magnifice atque præcipue perornavit. Quod nullus pontificum per tot annorum curricula ad tanti decoris speciem perducere arbitratus est. Hic vero præsul cum de omnibus ecclesiis sollicite curam gereret, etiam basilicam s. Archangeli quæ in cacumine Fajani montis est constituta largiorem, quæ pridem fuerat, a fundamentis perfecit ac radiantibus picturis luculente pingi iussit . . . . Fecit autem et in basilicam S. Theodori martyris quæ in Coranis videtur finibus posita miliaro ab urbe Roma XXX^mo^, quam etiam splendide picturis fulgentibus decoravit. S. M. ad præsepe u. a. Kirchen.

Fecit autem in basilica b. Petri apostoli vestem de chrysoclavo, habentem in medio Salvatoris effigiem, et dextra levaque eius omnium sanctorum Apostolorum rutilantes figuras, quam etiam pretiosissimis gemmis prasinis et hyacinthinis perornavit. S. Peter.

(Wiederherstellung der Kirche SS. Silvestro e Martino.) Absidam quoque ipsius aureis musivo perfuso coloribus ingenti amore depinxit. . . . . Obtulit, ubi supra, imagines de argento, auroque perfusas III. Quarum una habens effigiem domini nostri Jesu Christi. Aliæ vero duæ SS. Silvestri et Martini, sedentes super vestibulum sacri altaris Obtulit vero in iam superius dicta basilica vestem de chrysoclavo, habentem historiam resurrectionis domini nostri Jesu Christi, cum gemmis prasinis, hyacinthinis et albis. Fecit etiam et aliam vestem de fundato valde pretiosissimam cum chrysoclavo, habentem in medio effigiem Salvatoris domini nostri Jesu Christi, dextra levaque eius effigies SS. Silvestri ac Martini. SS. Silvestro e Martino.

c. 105. Leo IV. (847—855). Obtulit vero ibidem (in eccl. S. Petri.) . . . . cortinam Alexandrinam miræ pulchritudinis unam, habentem historiam pavonum, portantium desuper homines, et aliam historiam aquilarum rotarumque et avium, cum arboribus . . . . Et aliam vestem albam cum rosis, habentem rotas VII et in medio tabulam de chrysoclavo, cum effigie hominis gerentis in capite gemmas prasinas V. . . . Velum acupictile habens hominis effigiem sedentis super pavonem unum. Item vela habentia historiam S. Dei Genitricis III. Leo IV. 847—855. S. Peter.

S. Maria in vico Sardorum .... fecit in basilica s. Dei Genitricis, qui ponitur in vico qui nuncupatur Sardorum, vestem de fundato, habentem historiam S. Dei Genitricis, de chrysoclavo, cum Prophetis.

Lateran. .... sedilia in ingressu marmoribus patriarchii construxit, quæ nullus pontificum, ut perficeret, arbitratus est. Nam et solarium quod b. memoriæ Leo III. papa construxerat, cum præ nimia vetustate fractis trabibus in ruinis cerneretur, eversum, noviter pulchrius in meliorem speciem restauravit.

SS.Quattro Coronati. .... fecit in basilica ss. martyrum Quatuor coronatorum vestem de chrysoclavo habentem historiam resurrectionis Domini nostri Jesu Christi atque effigies prædictorum martyrum et ipsius almifici praesulis.

S. Peter. Fecit autem isdem egregius pontifex in monasterio S. Martini, quod b. Petri basilicæ cohæret, ad laudem et gloriam ipsius b. Martini oraculi miræ pulchritudinis vestem perfecit, habentem historiam superius memorati Sancti iacentis in lectulo, cum effigie Salvatoris domini nostri Jesu Christi. Simul effigiem s. martyris Agathæ, habentis ad pedes effigiem ipsius almi pontifici, habentem gemmas hyacinthinas XVII.

SS.Quattro Coronati. Fecit idem in basilica sanctorum Quatuor Fratrum vestem de fundato unam, habentem historiam ipsorum ss. martyrum, et effigiem ipsius almi præsulis, habentem gemmas XII.

S. Peter. Fecit etiam .... in ecclesia b. Petri principis apostolorum vela, quæ pendent in arcu presbyterii ex auro texta habentia historiam b. Petri apostoli num. XVIII.

.... fecit super corpus b. Petri apostoli imagines argenteas totasque num. III; et unam quidem in medio, habentem effigiem Salvatoris domini nostri Jesu Christi, cum gemmis in capite per crucem ornatam hyacinthinis et prasinis. Item aliam quandam, positam ad dextram partem Salvatoris, et habentem vultum b. Petri apostoli et b. Petronillæ. Aliam quandam, positam ad partem levam depictam, vultum habentem b. Andreæ apostoli, simul et vultum prædicti summi præsulis, pens. lib. CIV.

.... intra basilicam b. Petri apostoli oraculum miræ pulchritudinis summique decoris construxit, quod pulchris marmoribus circumdans splendide compsit absidamque eius ex musivo aureo superinducto colore glorifice decoravit ... venerandi altaris frontem præcipuam tabulis auro optimo noviter dedicavit, una cum gemmis quamplurimis valde optimis, ac pretiosis totam circumdedit et in meliorem ut prius statum decoremque perduxit. In quibus scilicet aureis, ut dictum est, tabulis non solum Redemptoris nostri forma depicta præfulget, verum et eius resurrectio veneranda atque indicium sacræ ac salutiferæ crucis. Petri quoque Paulique pariter vultus atque Andreæ in prænominatis tabulis similiter splendent atque coruscant, inter quos sanctissimi quarti Leonis præsul, necnon et specialis filii sui domni imperatoris Lotharii, propter futuram memoriam sive mercedem, personæ Deo caræ per cuncta sæcula venerandæ, depictæ sunt. Fecit denique tabulam de smalto, opus CCXVI auri obrizi, pens. lib. (. . . .). Confessionem vero crebro dicti altaris tabulis ex argento patratis purissimo simili modo tota animi devotione ad antiquum decus et statum perduxit. In quibus Salvatorem in throno sedentem conspicimus pretiosas in capite gemmas habentem et a destris illius Cherubin, a læva quoque eius vultus Apostolorum cæterorumque depictos. Immo et rugas sacræ confessionis ex argento constructas, vultus habentes beatissimi Petri et Pauli, pens. omnia lib. CCVIII.

Fecit autem in oratorio ss. Processi et Martiniani splendoris non modici vestem cum rotis et hominibus et historiam cum cruce, similiter de chrysoclavo et gammadiam unam.

. . . . Obtulit (in eccl. SS. Quattuor Coronatorum) SS.Quattro . . . . patenam ex auro purissimo, aureo superinductam colore, Coronati. cum crucis tropheo, Salvatorisque effigie, sanctæque Dei Genitricis et ss. Apostolorum pulchro schemate decoratam, pens. lib. VII. Similiter calicem sanctum auroque perfusum, Evangelistarum habentem iconam et crucem, pens. lib. IV. Necnon ex argento purissimo cantharum exauratum, in quo signaculum in circuitu depressum cernitur crucis, cum Prophetarum effigiebus, beatissimique Stephani primi martyris icona.

. . . Fecit in ecclesia b. Petri principis apostolorum vestem S. Peter unam auro textam, habentem historiam, qualiter b. Petrus prædicavit ad s. Romanam ecclesiam, cum gemmis albis, id est margaritis, VII, et cum gemmis prasinis XI, necnon et gemmis hyacinthinis XXVII. . . . Et in ecclesia b. Dei genitricis semperque virginis Mariæ dominæ nostræ, quæ ponitur ad S. Laurentium S.Lorenzo. foris murum, fecit vestem unam, habentem historiam resurrectionis

Domini nostri Jesu Christi et imaginem almifici prædicti Præsulis.

. . . . Fecit in ecclesia b. Christi martyris Laurentii, sita foris murum civitatis Romanae vestem de serico mundo cum aquilis, habentem tabulas auro textas III, ex utraque parte, habentes martyrium prædicti martyris depictum et imaginem prædicti Præsulis.

SS. Quattro Coronati Necnon fecit in ecclesia ss. martyrum IV. Coronatorum imagines de argento exauratas III, unam quidem habentem vultum Salvatoris et alias duas habentes vultus ss. Claudii et Nicostrati, pens. lib. LII et semis . . . . . Et in pergula eiusdem ecclesiæ, quæ est ante altare maius, suspendit lilium de argento, habens mala de crystallo et ranunculum.

S. Peter. . . . obtulit in basilica b. Petri apostoli ante confessionem sacri altaris a dextris et a sinistris ad decorem ipsius basilicæ angelos VI. ex argento mundissimo, pens. lib. LXIV.

. . . . Sed et tabulas de argento exauratas, in gradu ante confessionem b. Petri apostoli num. IV et agnos II, qui pens. lib. insimul XLIV.

. . . . Ipse . . . cum innumera summi decoris opera in basilica b. Petri coeli clavigeri perfecisset, portas, quas destruxerat Saracena progenies argentoque nudarat, erexit multisque argenteis tabulis lucifluis salutiferisque historiis sculptis decoravit . . . . pens. lib. LXX.

. . . Fecit in circuitu altaris b. Petri apostoli vela serica de prasino IV, habentia tabulas de chrysoclavo, cum effigie Salvatoris et apostolorum Petri et Pauli et sui ipsius almifici præsulis et in medio cruces et gammadias de chrysoclavo, cum orbiculis, in quibus sunt imagines Apostolorum miræ pulchritudinis decoratas, quæ in diebus festis ad decorem ibidem suspenduntur.

. . . . . coronas ex auro mundissimo inclytis Christi videlicet et Sanctorum vultibus refulgentes fieri in apostolorum principis Petri ecclesia iuxta altare, sub quo eius sacratissimum corpus requiescit, dextra levaque pendentes fieri duas, cum catenulis aureis, bullis, gemmisque prasinis decoratas decrevit, habentes insimul delphinos LX, pens. lib. XX. Fecit et Crucifixum argenteum miro opere depictum in eadem ecclesia, qui in leva introitus parte inter columnas magnas positus ingenti splendet decore, habentem lib. LXII et dimidiam.... Fecit in oratorio b. Andreæ apostoli, quod S. Petri cohæret ecclesiæ, vestem sericam unam, habentem historiam aquilarum et in medio tabulam cum chrysoclavo, in qua depictæ Christi et discipulorum eius dextra levaque imagines fulgent et ipsius almifici Præsulis. Ac similem post totius operis perfectionem et ornamentis decoris in ecclesia SS. IV. Coronatorum vestem fecit de eodem serico, cum tabula de chrysoclavo, habentem historiam seu miraculum, quod dominus Christus de quinque panum et piscium alimentis duorum quinque millia hominum abundanter satians est operatus.

Fecit super eius (s. Petri) sanctum altare vestem de chrysoclavo, habentem historiam in medio Salvatoris inter angelicos vultus fulgentes, Petroque apostolo claves regni cœlorum tradentis et in dextra levaque gloriosam Petri et Pauli passionem fulgentem. Inter quos ipse Præsul civitatem, quam fieri iusserat[1]) Petro interveniente offert depictam, et crucem auro gemmisque nitentem... Obtulit autem, ubi supra, vela IV cum chrysoclavo, in quibus ipse Præsul depictus imagini Salvatoris, inter angelicos vultus fulgentis, civitatem quam funditus paraverat, offert.

Fecit etiam in ecclesia b. Clementis martyris atque pontificis aquæmanile de argento par unum, habens in se sculptum similitudinem capitis hominis cum vite et alia historia, pens. lib. III. S. Clemente.

cap. 106. Benedict III. (855—858.) .... in basilica Salvatoris quæ Constantiniana dicitur, ipsius Redemptoris Domini nostri Jesu Christi miræ pulchritudinis ex argento purissimo auroque perfusam fecit iconam, leonem draconemque pedibus conculcantem, pens. lib. XVI et semis. Benedict III. 855—858. S. Gio. in Laterano.

.... apostolorum principi .... obtulit miræ pulchritudinis vestem unam aureo textam opere decoreque fulgentem almificam, Annunciationis habentem historiam et Hypapanti, qualiter ipse unigenitus Dei filius, templum ingressus doctorum in medio residebat. S. Peter.

.... in ecclesia b. Dei genitricis semperque virginis Mariæ dominæ nostræ, quæ ponitur trans Tiberim absidam maiorem S. M. in Trastevere.

---

[1]) Die Leostadt.

ipsius ecclesiæ in ruinis positam, noviter atque a fundamentis faciens ad meliorem erexit statum. Fenestras vero vitreis coloribus ornavit et pictura musivi decoravit. Necnon et porticum atque baptisterium cum secretario omnia et in omnibus sarta tecta noviter renovavit.

Geschenk des oström. Kaisers Michael III. Huius temporibus Michael filius Theophili imperatoris Constantinopolitanæ urbis Imperator ob amorem Apostolorum misit ad b. Petrum apostolum donum per manum Lazari monachi et pictoriæ artis nimie eruditi, genere vero Chazai, id est Evangelium de auro purissimo, cum diversis lapidibus pretiosis. Calicem vero similiter de auro, et lapidibus circundatum, reticulo pendente de gemmis albis pretiosis miræ pulchritudinis decoratum, et vela duo de olovero, cum cruce de olovero et lista similiter de chrysoclavo et parva coopertoria ipsius calicis, sicut mos Græcorum est. Similiter et vestem de purpura imperiali munda super altare maius ex omni parte cum historia et cancellis et rosis de chrysoclavo magnæ pulchritudinis deornatam, etiam et velum de stauraci unum, cum cruce de chrysoclavo et litteris de auro Græcis.

Nicolaus I. 856—867. S. M. in Cosmedin. *cap. 107.* Nicolaus I. (858—867.) . . . . in diaconia s. Dei genitricis Mariæ dominæ nostræ, quæ vocatur Cosmedin fecit vestem holosericam unam de stauraci, habentem historiam leones maiores II.

S. Gio. in Laterano. Fecit autem in Basilicæ Salvatoris . . . . cruces de argento purissimo, quæ pendent ante figuram substantiæ carnis eiusdem domini nostri Jesu Christi.

Geschenke Michaels III. (Geschenke des oström. Kaisers Michael III.) Similiter vero et vestem de chrysoclavo cum gemmis albis, habentem historiam Salvatoris et b. apostolum Petrum et Paulum et alios apostolos, arbusta et rosas utraque parte altaris, legentes de nomine ipsius Imperatoris, miræ magnitudinis et pulchritudinis decore.

Necnon in titulo Vestinae expressæ figuræ b. Vitalis martyris fecit iconam, habentem IV. lib. et semis.

S. M. Nuova, (S. Francesca Romana.) Ecclesiam autem Dei genitricis, semperque virginis Mariæ, quæ primitus antiqua nunc autem nova vocabatur, quam Dominus Leo IV. Papa a fundamentis construxerat, sed picturis eam minime decorarat, iste beatissimus præsul pulchris ac variis fecit depingi coloribus augens decorem et plurimis corde puro ornavit speciebus.

. . . renovavit in basilica Dei genitricis Mariæ, quæ dicitur Cosmedin, secretarium, ibique pulchri decoris fecit triclinium cum caminatis ad honorem et decorem eius. Pari modo iuxta idem secretarium porticum renovans ille construxit, atque ædificavit oratorium in honore s. Nicolai et plurima dona ibi contulit almus. S. M. in Cosmedin.

(In eccl. S. Petri.) . . . tres imagines argenteas, una figura Domini Salvatoris, duabus vero angelorum scalpsit effigies, ac illis IX lib. auri deaurans subposuit; quarum una pens. lib. LXXX, alia lib. LXX, tertia vero pens. lib. similiter LXX. S. Peter.

In patriarchio siquidem Lateranensi domum pulcherrimam nimisque decoram fieri iussit. Lateran.

c. 108. Hadrian II. (867—872.) . . . basilicam Nicolaitanam, quam sanctissimus papa Nicolaus a fundamentis adeo luculenter cum tribus aquæductibus fabrefactis extruxerat, ut omnes Lateranenses basilicas sui pulchritudine superaret, iuxta votum decessoris sui picturis variis decoravit. Hadrian II. 867—872.

c. 112. Stephan VI. (V.) (885—891.) Deinde cum venerabilibus episcopis et augustali legato ac honorabili senatu per omnia sacri palatii perrexit vestiaria, quæ in tantum devastata reperit, ut de sacratis vasis, quibus mensas teneri festis diebus pontifices consueverant, paucissima invenirentur. De reliquis vero opibus nihil omnino; sed quia nimirum si vestiariorum gazas ablatas reperit, qui sacraria perquirens de pluribus donariis et ecclesiarum ornamentis pene nihil invenit. Crux tamen aurea illa famosissima, quam Belisarius patricius ad honorem b. principis Petri apostolorum instituit et plurimæ sacratissimorum altarium aureæ vestes, cum reliquis pretiosis ornamentis non defuerunt. Nam ideo ipse beatissimus papa coram tantis testibus ea requirere providit, ut cuncti cognoscerent nil tale suis temporibus esse adtemptatum. Stephan VI. (V.) 885—891 Schatz des Lateran.

Fecit in eadem prædicta basilica (S. M. ad Præsepe) vela IV. in circuitu altaris maioris, quorum duo sunt de serico pigacio, tertium pavonatile, quartum de Alexandrino, ornatum totum in circuitu de olovero. S. M. ad præsepe.

(in bas. Constantiniana) contulit . . . vela serica de blatthin byzantea IV in circuitu altari maioris, II ex his aquilata, S Gio. in Laterano.

7*

et II de basilisci, ornata in circuitu de olovero. Et per singulos arcus presbyterii vela serica leonata XC.

S. Giacomo. Ecclesiam bb. apostolorum Jacobi et Philippi, quæ nimio senio consumpta ruinæ proxima erat, a fundamento renovavit. Quam collato calice et patena exaurata nomine Græcis Latinisque litteris inscripto adornavit.

XIV.

KUNSTTHÄTIGKEIT IN RAVENNA BIS INS SECHSTE JAHRHUNDERT.

Agnellus (um 839). Liber pontificalis ecclesiae Ravennatis. — ed. Holder-Egger, Mon. Germ. SS. RR. Langobard. p. 265 ff.

Literatur: Piper, S. 349—361; Steinmann, S. 43—61; Rubeus (Girol. Rossi) Historiarum Ravennatum libri X. Venedig, 1589 (im Thesaur. antiquitat. et hist. Ital. T. VII. p. 1.) besonders dessen Beschreibung der verlorenen Mosaiken in S. Giovanni Evangelista (auch gedruckt bei Muratori SS. RR. Ital. I., 2. 567).

Quast, Die a. chr. Bauwerke von R. vom V.—IX. Jahrh. Berlin, 1842; Rahn, Ein Besuch in R. Zahns Jahrb. f. Kunstw. 1869; Ricci, Ravenna. Rav., 1878; Richter, Die Mosaiken von R. Wien, 1878; Berti, Sull'antico duomo di R., battistero, episcopio e tricolo. Rav. 1880; Diehl, Ravenne, ètudes d'archéol. byzantine. L'Art, 1885.

Wickhoff, Die ‚monasteria' bei Agnellus. Mitth. des Inst. für österr. Geschichtsforschung. 1887; Ders., Das Speisezimmer des Bischofs Neon von R. Repertorium f. Kunstw. XVII.; Müntz, The lost mosaics of R. American Journal of archeology, vol. I., II.

Ursus (370—369.) 23. Igitur haedificavit iste beatissimus præsul infra hanc civitatem Ravenna sanctam catholicam ecclesiam, quo omnis assidue cuncurremus, quam de suo nomine Ursiana nominavit. Ipse eam suis temporibus fundavit et, Deo iuvante, usque ad effectum perduxit. Lapidibus preciosissimis parietibus circumdedit, super totius templi testudinem tessellis variis diversas figuras composuit. Omnis autem populus quasi vir unus, spontaneus animus laborabat lætans et gaudens, et de cælis Deum cunlaudabat quia, prosperabatur salus in manibus eorum per intercessionem sui sacerdotis et confessoris. Qua Euserius et Paulus unam parietem exornaverunt, parte mulierum, iuxta altarium S. Anastasiæ quod fecit Agatho. Ipsa est paries, ubi columnæ sunt positæ in ordinem usque ad murum de postis maiore. Aliam vero parietem parte virorum comptitaverunt Satius et Stephanus usque ad prædictam ianuam, et hinc atque illinc gipseis metallis diversa hominum animaliumque et quadrupedum enigmata inciserunt et valde optime composuerunt.

24. Fundator ecclesiæ Petrianæ, muros per circuitum Petrus I.
hædificans, sed nondum omnia conplens. Nulla ecclesia in ædificio 396—425.
maior fuit similis illa neque in longitudine, nec in altitudine; et valde exornata fuit de preciosis lapidibus et tessellis variis decorata et valde locupletata in auro et argento et vasculis sacris, quibus ipse fieri iussit. Ibi asserunt affuisse ymaginem Salvatoris depictam, quam nunquam similem in picturis homo videre potuisset, super regiam; tam speciosissima et assimilata fuit, qualem ipse Filius Dei in carne non fastidivit, quando gentibus praedicavit.

25. Sed tamen volo, ut vobis notum sit, quod de superscripta Domini nostri sancta effigie a singulis audivi senioribus, tam popularibus, quamque sacerdotibus, sicut ipsi traditum habuerunt ab antecessoribus suis. Non solum mihi intimatum est qui volo hunc adscribere Pontificalem, verum etiam et ceteris meis cundiscipulis et fratribus, qui nutriti in gremio sancta Ursiana ecclesia fuimus: Quod fuisset quidam spiritualis pater in heremo, postulabatque cotidie a Dominum, ut ostendisset ei formam incarnationis suæ. Qui dum post multa tempora in tali oratione suae animæ tædio lassaretur, astitit ei nocte vir in candidis vestimentis, angelico habitu indutus, dixit illi: ‘Ecce exaudita est oratio tua et laborem tuum aspexi. Surge, vade in civitatem quae vocatur Classis et quære ibi ecclesiam Petrianam; et cum ingressus ibidem fueris, aspice super valvas eiusdem ecclesiæ infra ardicam, ibi me videbis depictum in parietis calce, qualis ego fui in mundo in carnem.‘ Deinde ipse gaudio magno repletus, verbo auditu lætus et ovans, heremum reliquit, comitabanturque cum eo duo leones. Et surgens, per longinqua terrena itinera ad civitatem Classim pervenit, et cum ingressus fuisset in præfatam ecclesiam una cum ipsis leonibus, diutissime plorans et orans per parietes sanctam effigiem quærere cœpit. Qui cum non invenisset, venit ad locum, quo dormienti revelatum fuerat ipsa esse depicta effigies.

Et videns eam, cecidit pronus in terram, lacrimans, adoravit et agens gratias, quia sicut viderat, veluti ei fuerat in sompnis revelatum.

27. Et infra ecclesia beati Johannis evangeliste iussit Galla Placidia pro illius sanctitate eius effigie tessellis exornari in pariete tribunali post tergum pontificis, supra sedem ubi pontifex sedet. Quæ effigies ita facta: prolixam habens barbam, extensis manibus, quasi missas canit, et hostia veluti super altare posita est, et ecce angelus Domini in aspectu altaris illius orationes suscipiens est depictus. Istius temporibus Galla Placidia augusta multa dona in ecclesia Ravennati optulit et lucernam cum cereostato ex auro purissimo fecit, pensantes, ut dicunt quidam, pondere publico libras septem, una cum sua effigie scenofactoriæ artis factam infra orbita et per in giro legentem: 'Parabo lucernam Christo meo.' Et hic beatissimus alapas Evangeliorum ex auro optimo et gemmis lucidissimis fecit, et effigies illius ibidem facta est, quæ permanent usque in præsentem diem, et literæ hoc ostendentes desuper capitis illius scripta sunt: 'Domnus Petrus antistes ob diem ordinationis suæ sanctæ ecclesiæ optulit.'

Neon *28*. Ædificator autem fuit superscripta ecclesia Petriana,
um 458. cuius funditus aliquam partem antecessor construxerat, unde necesse erat, successores antecessori opus implere. Dehinc fuerant omnia postquam constructa ædificia et sartatecta tenpli innovata sunt, et auratis tessellis apostolorum imagines et nomina camera circumfinxit, parietes promiscuis lapidibus cinxit. Nomen ipsius lapideis descriptum est helementis:

,Cede vetus nomen, novitati cede vetustas,
Pulcrius ecce nitet renovati gloria Fontis,
Magnanimus hunc nanque Neon summusque sacerdos
Excoluit, pulcro conponens omnia cultu.'

29. Domum infra episcopium Ursianæ ecclesiæ, quæ vocatur Quinque agubitas, a fundamentis construxit et usque ad effectum perduxit. Ex utraque parte triclinii fenestras mirificas struxit, ibique pavimenta triclinii diversis lapidibus ornare præcepit. Istoriam psalmi, quam cotidie cantamus, id est ,Laudate Dominum de cælis',[1]) una cum cathaclismo in pariete, parte ecclesia,

[1]) Ps. 148.

pingere iussit; et in alio pariete, qui super amnem posito, exornari coloribus fecit istoriam domini nostri Jesu Christi, quando de quinque panibus et duobus piscibus tot milia, ut legimus, homines satiavit. Ex una autem parte frontis inferius triclinei mundi fabricam comptitavit; in qua versus descriptos exametros cotidie legimus ita:

,Principium nitidi prima sub origine mundi
Cum mare, tellurem, cæli cum lucida regna
Virtus celsa Patris Natique potentia fecit;
Cumque novus sol, luna, dies, aurora micabit,
Ex illo astrigerum radiavit lumina cælum.
Unus in orbe novo vir terra virgine factus
Exiluit humo, insons hinc corpore senso.
Iste Dei meruit vocitari solus imago,
Namque sui similem hominem produxit in orbem
Supremi genitoris, amor, dominumque locavit.
Hunc Sator omnipotens, rerum ditissimus, ipse
Multifluis opibus lungum ditavit in ævum.
Isti cuncta simul silvarum præmia cessit,
Iussit in æternum fetus producere terram.
Huius oves niveæ, nitida per gramina vaccæ,
Huius et alticomis sonipes fulvique leones,
Huius erant passim ramosi in cornua cervi,
Pinnatique greges avium piscisque per undas.
Omnia nanque Deus homini, quæcunque paravit,
Tradidit et verbo pariter servire cœgit.
Hunc tamen in primis monitis cælestibus olim
Observare suam legem et vitalia iussit,
Præcepit vetita [auderet] ne mandere poma:
Præceptum spernens, sic perdidit omnia secum.'

Et in alia fronte depicta istoria Petri apostoli, subscriptique sunt versus metricos:

,Accipe, sancte, libens, parvum ne despice carmen,
Pauca tuæ laudi nostris dicenda loquelis.
Euge, Simon Petre, et missum tibi succipe munus,
In quod sumere te voluit Rex magnus ab alto.
Suscipe de cœlo pendentia lintea plena,
Missa Petro tibi, hæc diversa animalia portant,

Quæ mactare Deus te mox et mandere iussit.
In nullis dubitare licet, quæ munda creavit
Omnipotens genitor, rerum cui summa potestas.
Euge, Simon Petre, quem gaudet mens aurea Christi
Lumen apostolicum cunctos ornare per annos:
In te sancta Dei pollens ecclesia fulgit,
In te firmum suæ domus fundamenta locavit
Principis ætherei clarus per secula natus.
Cunctis clara tibi est virtus, censura fidisque.
Bis senos inter fratres in principe sistis
Ipse loco, legisque novæ tibi dantur ab alto,
Quis fera corda domas hominum [quis] pectora mulcis
Christicolasque doces tu omnes esse per orbem.
Iamque tuis meritis Christi parat gloria regnum.'

Exuperantius † 477. 32. De vero illorum effigie si forte cogitatio fuerit inter vos, quomodo scire potui: sciatis, me pictura docuit, quia semper fiebant imagines suis temporibus ad illorum similitudinem. Et si altercatio ex picturis fuerit, quod adfirmare eorum effigies debuissem: Ambrosius Mediolanensis sanctus antistes in Passione beatorum martirum Gervasii et Protasii de beati Pauli apostoli effigie cecinit dicens: Cuius vultum me pictura docuerat.'

Johannes II. 477—494. 34. Ipsius temporibus ecclesia beati Laurentii martiris, quæ sita est in Cæsarea, constructa ab Lauricio maior cubiculi Honorii imperatoris, cum summa diligentia compta esse cernimus miræ magnitudinis hædificiorum.

35. Sed tamen de iam dicta ecclesia non silcam, quomodo audivi a narrantibus. Idem Honorius cæsar iussit huic Lauricio, ut in Cæsarea ei palatium hædificaret. Qui sumpta pecunia in Cæsarea pervenit ibique iam dictam basilicam beati martiris hædificavit. Qua cum omnibus consummata fuisset, reversus ad suum dominum, ut ei expletam aulam commissam narraret. Moxque eum turbatum invenit, et sedens imperiali habitu, ita architectum Lauricium in ira interrogare cœpit, si tota regalis aula, quam ei fabricare iusserat, perfecta in suis operibus fuisset. Invidiosa et prisca fraus, malivolos homines aures imperatoris temptaverant, quod beatus Lauricius non ædes imperialis, sed ecclesia hædificasset. Qui respondens ait: magnam aulam hono-

rifice struxisset, atria, excelsas arces et cubilia promiscua ad ipsius domus latera sufulsisset. Imperatoris ira quievit. Qui dum ex longinquo itinere Honorius augustus a Cæsaream pervenisset, vidensque sublimia ædificia, placuit valde sibi; qui cum intus fuisset ingressus, veloci cursu Lauricius fugiens post sanctam aram ut evadere potuisset. Quem cum iussisset Honorius cunprehendere, cecidit in faciem suam pronus in terram, et factus in extasim, preciosissima gemma, quam in corona capitis habebat, infixa est in uno ex lapidibus. Solumque caput sursum erigens, post nebulatis oculis visumque receptum, vidit post ipsum altare beati Laurentii, quod beatissimus papa consecraverat Johannes, stantem prædictum Lauricium et athleta Christi Laurentius manum super Lauricii colla tenentem. Tunc imperator Lauricium iustiorem se iudicavit, et relicta iracundia, acsi patrem eum venerare cœpit et secundum se inter omnes in palatio habuit.

36. . . . . . . sepultusque est in monasterio sanctorum Gervasii et Prostasii, iuxta prædictam ecclesiam, mirabiliter decoratam musiva aurea et diversarum lapidum genera singulaque metalla, parietibus iuncta. Arca vero illa ubi præstantissimum corpus requiescit, tanta prælucida, ut quidam asserunt, fuit, ut a prætereuntibus infra pium corpus videretur. Et cur non hodie apperet, ut prisco apparebat tempore, ut nuper, dicam, didici. Nescio nomen, quis ille imperator voluit ad suam abstrahere utilitatem. Nocte quadam astitit beatus Lauricius custodi ecclesiæ et dixit: ‚Affer cinerem et aquam, et line sepulcrum meum et postmodum diligenter lava.‘ Quo factor candor evanuit. Alia vero die, cum venissent cæmentarii ad tollendum, viderunt deteriorem, et nunciaverunt præposito, qui super vectigalia erat, deinde nunciantes in atria principis, demiserunt usque huc; et ipsam arcam non terra sustentat neque lapis. Et antequam in cubiculum arcæ ingrediaris, manu dextera aspexeris, iuxta quod effigies trium puerorum musive depicta sunt, ibi literis aureis invenies continente ita: ‚Stefano Protasio Gervasio b. martirio et sibi memoria æterna Lauricius huius dedicavit sub die III. Kal. Octubris, Theodosio XV. et Placido 435.
Valentiniano.‘

Et in arco maioris tribunæ, in quantum valuimus legere, ex parte invenimus continentem ita, quod in 4 annis et 6 mensibus ædificatio cunsummassent, finita sunt omnia. Et in ingressu ecclesiæ reperimus scriptum, quod Opilius ipsam exornasset frontem, qui ipse Opilius multum eam ornavit in argento et auro. Et si diligentius inquiras, multus ornatus foralitius maiorum vasculorum, tam corona, quanque et calices appensorii, quos in ornamentis cernimus habere Ursiana ecclesia, ex ipsa martiris basilica sublati fuerunt. Et ipse sepultus est Opilius parte mulierum circa mediam subditam. Gemma vero illa, unde superius memoravimus, tam præstantior gemmis fuit, ut ad illius lumen noctu potuisset homo per ipsam ecclesiam gradere. Etiam, aiunt quidam, extrinsecus fulgebat, et apparet signum lapidis, ubi infixa fuit, usque in præsentem diem.

39. Et abiit ad Ariminum, et venit exinde cum dromonibus in Porte Lione, ubi postea palatium modicum hædificare iussit in insula, non longe a litore maris, ubi nunc monasterio sanctæ Mariæ esse videtur, infra balneum, non longe ab Ravenna miliario 6. Et nunc in nostris temporibus prædictum palatium servos meos demolire iussi et Ravennna perduxi in hædificia domus meæ, quam a fondamentis hædificavi iure materno, quæ vocatur domus presbiteralis in regione qui dicitur ad Nimpheos, iuxta ecclesiam sanctæ Agnetis martiris, et ab alia parte numero bando primo, non longe a miliario aureo.

41. Interea cum illo in tempore mater Valentiniani, augusta Galla Placidia ecclesiam sanctæ Crucis redentricis nostræ ædificaret, nepta ipsius nomine Singledia nocte quadam per visum ammonita, cui astitit vir in candidis vestimentis, canitie capitis decoratus pulcerrimaque barba dixit: ‚In illo et illo loco non longe ab hac sanctæ Crucis ecclesia, quam amita tua hædificare iubet, quantum iactum sagitta est, construe mihi monasterium, sicut designatum inveneris. Et ibi cum inveneris in terra crucis similitudinem, sit ibi altarium consecratum. Et inpone in eum Zachariæ vocabulum præcursoris pater.‘ Quæ mox evigilans, cucurrit citius ad locum, ubi designatio illi ostensa fuerat; invenit, quasi ad manus hominis cavatum fundamentum fuisset. Quæ mox procurrens, retulit augustæ cum gaudio magno et petiit ab ea operarios; largivitque illi XIII. hædificatores. Et statim cœpit hædificare, ut designatum invenit, in bissenosque dies et unum insuper omnia construxit et ad effectum perduxit. Et cunsecravit ditavitque eum in auro et argento et coronis aureis et gemmis preciosissimis et calices aureos, quos in nativitate Domini procedunt, per quos sanguinem Domini potamus; in sancta Ursiana ecclesia inde fuerunt. Et iuxta labellum calicis sic invenimus sciptum:

,Offero sancto Zacharia Galla Placidia augusta.'

Ipsaque Singledia ibidem requiescit; sepulcrum eius nobis agnitum est. Galla vero augusta hædificavit ecclesiam sanctæ Crucis preciosissimis lapidibus structa et gipsea metalla sculpta; et in rotunditate arcus versus metricos continentes ita:

,Christum fonte lavat paradisi in sede Johannes,
Quo vitam tribuit felicem, martirem mostrat.'

Et in fronte ipsius tenpli, introeuntes pili ianuas, desuper depictis quatuor paradisi flumina versus exametros et pentametros, si legeritis, invenietis:

,Christe, Patris verbum, cuncti concordia mundi,
Qui ut finem nescis, sic quoque principium.
Te circumstant dicentes ter ,sanctus' et ,amen,'
Aligeri testes, quos tuā dextra reget.
Te coram fluvii currunt per secula fusi
Tigris et Eufrates, Fison et ipse Geon.
Te vincente, tuis pedibus calcata per ævum
Germanæ morti crimina sæva tacent.'

Et dicunt quidam, quod ipsa Galla Placidia augusta super quatuor rotas rubeas marmoreas, quæ sunt ante nominatas regias, iubebat ponere cereostatos cum manualia ad mensuram, et iactabat se noctu in medio pavimento, Deo fundere preces, et tamdiu pernoctabat in lacrimis orans, quamdiu ipsa lumina perdurabant.

42. Sepulta est Galla Placidia in monasterio sancti Nazarii, ut aiunt multi, ante altarium infra cancellos, quos fuerunt æreі, qui nunc lapidei esse videtur. Aedificavitque ecclesiam sancti Johannis evangelistæ. Cum esset angustiosa per discrimina maris gradiens, orta procella, carina quassante a fluctibus, putans mergere in profundum, Deo votum vovit de apostoli ecclesia: liberata est a furia maris. Et infra tribunam ipsius ecclesiæ super capita imperatorum et augustarum legitur ita:

'Confirma hoc Deus, quod operatus es in nobis, a tenplo tuo Jerusalem tibi offerent reges munera.'

Et desuper alium versum invenies sic legentem:

'Sancto ac beatissimo apostolo Johanni evangelistæ Galla Placidia augusta cum filio suo Placido Valentiniano augusto et filia sua Justa Grata Honoria augusta liberationis periculum maris votum solvent.'

Iterumque ædificavit ecclesiam S. Stephani in Arimino.

Petrus III. 494—519. 50. Aedificavit hic beatissimus fontem in civitate Classis iuxta ecclesiam quæ vocatur Petriana quam Petrus antistes fundavit. Qui fons mira magnitudinis duplicibus muris et altis mœnibus structis aritmeticæ artis. Iterumque fundavit domum infra episcopium Ravennæ sedis, quæ dicitur Tricoli, eo quod tria cola contineat; quæ hædificia nimis ingeniosa inferius structa est. Fecitque non longe ab eadem domo monasterium S. Andreæ apostoli; suaque effigies super valvas eiusdem monasterii est inferius tessellis depicta. Foris vero parietibus proconnisis marmoribus decoravit; et in ingressu ianuæ extrinsecus super liminare versus metricos continentes ita videlicet:

,Aut lux hic nata est, aut capta hic libera regnat.
Lux est ante, venit cæli decus unde modernum,
Aut privata diem pepererunt tecta nitentem,
Inclusumque iubar secluso fulget Olimpo.
Marmora cum radiis vernantur, cerne, serenis
Cunctaque sidereo percussa in murice saxa.
Auctoris pretio splendescunt munera Petri.
Huic honor, huic meritum tribuit, sic comere parva,
Ut valeant spatiis anplum superare coactis.
Nil modicum Christo est. Artas bene possidet aedes,
Cuius in humano consistunt pectore tenpla.
Fundamen Petrus, Petrus fundator et aula.
Quod domus, hoc dominus, quod factum, factor et idem,
Moribus atque opere. Christus possessor habetur,
Qui duo cunsocians mediator reddit et unum.
Huc veniens fundat parituros gaudia fletus,
Contritam solidans percusso in pectore mentem.
Ne iaceat, se sternat humo morbosque latentes,

Ante pedes medici, cura properante, recludat.
Sæpe metus mortis vitæ fit causa beatæ.'

57. Et hic pontifex in sua proprietatis iura hædificavit ecclesia sanctæ et semper virginis intemeratæ Mariæ, quam cernitis, mira magnitudine, cameram tribunalis et frontem ex auro ornatam, et in ipsa tribunali camera effigies sanctæ Dei genitricis, cui simile nunquam potuit humanus oculus cunspicere. Quis vir ille ausus diutissime intuere imaginem illam, continentem ita versus metricos sub suis pedibus [inveniet], videlicet: Ecclesius 522—532.

,Virginis aula micat, Christum quæ cepit ab astris,
Nuncius e cælis angelus ante fuit.
Misterium! Verbi genitrix et virgo perennis
Auctorisque sui facta parens Domini.
Vera magi, claudi, cæci, mors, vita fatentur.
Culmina sacra Deo dedicat Ecclesius.'

66. Fecit autem et civorium de argento super altarium sanctæ ecclesiæ Ursianæ, quæ a nomine hædificatoris vocatur, miro opere. Alii aiunt, una cum plebe, et alii dicunt, quod temporibus Justiniani orthodoxi senioris imperator per suggestionem sibi postulasset, quod tale opus facere voluisset, ut auxilium præberet. Qui misericordia motus omnem censum istius Italiæ in ipso anno beato Victori largivit. Quem cum accepisset, cunstruxit, ut cernitis, opus, quod dehinc, sublato ligneo vetusto, centies viginti librarum argenti iusto pondere structum est. Et super arcos civorii versus conscripti hii sunt: Victor 537—544.

,Hoc votum Christo solvit cum plebe sacerdos
Victor, qui populis auxit amore fidem.
Pontifici Christo solventi vota ministrat
Aligerum cingens hæc loca sancta manus.
Egregium miratur opus sublata vetustas,
Quæ melior cultu nobiliore redit.
Catholicæ legis venit . . (*Lücke*) si quis amator,
Mox reparatus abit corpore, Christe, tuo.'

Reliquo vero, quod remansit, diversa vascula ad mensam pontificis extruxit, de quibus ex parte aliqua permanent usque in præsentem diem. Fecitque endothim super sancta ecclesia altarium Ursianæ ex auro puro cum staminibus siricis, ponderosa nimis, mediam habens coccam; et inter quinque imagines suam ibi decernimus, et subtus figuratos pedes Salvatoris graphia contexta est purpurata:

,Victor episcopus, Dei famulus, hunc ornatum ob diem resurrectionis domini nostri Jesu Christi anno V. ordinationis suæ obtulit.'

Refecitque balneum iuxta domui ecclesiæ, hærens parietibus muri episcopii, ubi residebat, quod usque hodie mirifice lavat, et preciosissimis marmoribus pariete iunxit, et diversas figuras tessellis aureis variasque composuit, et tabulam descriptam literis aureis tessellatis, in qua laboriose legere curavimus, et ita hos exametros catalecticos versos in ædem conscriptos invenimus:

,Victor, apostolica tutus virtute sacerdos
Balnea parva prius prisco vetusta labore
Deponens, miraque tamen novitate refecit,
Pulcrior ut cultus maiorque resurgat ab imo.
Hoc quoque perpetuo decrevit more tenendum,
Ut biduo gratis clerus lavet ipsius urbis,
Tertia cui cessa est et feria sexta lavandi.'

Maximianus 546—556. 72. Aedificavitque ecclesiam beati Stephani hic Ravennæ, levita et martiris, non longe a posterula Ovilionis, a fundamentis, mira magnitudine decoravit pulcerrimeque ornavit; et in cameris tribunæ sua effigies tessellis variis infixa est, et per in giro mirifice opere vitreo cunstructa est, multasque reliquias ibidem condidit sanctorum de corporibus, quorum nomina ita exarata invenietis:

,In honore sancti ac beatissimi primi martiris Stephani servus Christi Maximianus episcopus hanc basilicam, ipso adiuvante, a fundamentis construxit, et dedicavit die tertio Idus
550. Decenbris, ind. XIV. novies p. c. Basilii iunioris.'

75. Iste Tricolim suis temporibus omnia hædificia complevit, et ubi ipse cum suis antecessoribus depictus est, si legere vultis, aspicientes, ita scriptum invenietis:

,Hic Petrus iunior Christi concepta secutus,
Ut docuit, sacris moribus exibuit.
Hanc quoque fundavit mirandis molibus arcem,
Nominis ipse sui hæc monumenta dedit.

Huius post obitum Aurelianus gessit honores,
Post hunc antistes extitit Ecclesius;
Hinc fuit Ursicinus, sequitur post ordine Victor,
Temporibus iunior Maximianus adest.
His Polensis erat, Christi levita profundus,
Legi Dei miserans et pietate bonus.
Quem Deus ipse virum decoravit culmine sacro,
Ecclesiæque sua pontificem statuit;
Ipse autem, factis propriis se non meruisse
Culmen apostolicum, sed pietate Dei.'

76. Aedificavitque ecclesiam beatæ Mariæ in Pola quæ vocatur Formosa, unde diaconus fuit, mira pulcritudine et diversis ornavit lapidibus. Domum vero, ubi rector istius ecclesiæ in ipsa civitate habitat, ipse hædificavit et omnes opes suas Ravennati ecclesiæ tradidit, quas usque hodie possidemus. Ecclesiam vero beati Andreæ apostoli hic Ravennæ cum omni diligentia non longe a regione Herculana, columnas marmoreas suffulsit, ablatasque vetustas ligneas de nucibus, proconisas decoravit.

77. Consecravit ecclesiam beati Apolenaris pontificis in Classe sitam et beati Vitalis martiris in Ravenna et beati archangeli Michaelis hic Ravennæ, quam Bacauda cum sancta recordationis memoria Juliano argentario ædificavit in regione qui dicitur ad Frigiselo. Ibique invenietis in camera tribunæ ita legentem:

,Consecuti beneficia archangeli Michaelis Bacauda et Julianus a fundamentis fecerunt et dedicaverunt sub die Non. Mai quater p. c. Basili iunioris viri clarissimi consulis in VIII.' 545.

Et, ut asserunt quidam, hic Bacauda gener prædicti Juliani fuisset, et in arca saxea non longe ab ipsa archangeli ecclesia infra turrem Bacauda requiescit. Et in tribuna beati Vitalis eiusdem Maximiani effigies atque augusti et augustæ tessellis valde comptitatæ sunt. Quamdiu possumus de hoc sancto viro tantam bonitatem referre, deficit mihi tempus narrationis. Iste plus omnibus laboravit quam ceteri pontifices prædecessores sui. Illius temporibus hædificatus est numerus vicinus domui meæ qui dicitur bandus primus, non longe a miliario aureo, et illius nomen etiam in tegulis exaratum, invenimus ita: Maximianus episcopus Ravennæ,' quod ego vidi et legi. In ardicaque beati Apolenaris et Vitalis tabulas descriptas invenietis magnis literis continentes ita:

‚Beati Apolenaris sacerdotis basilica, mandante vero beatissimo Ursicino episcopo, a fundamentis Julianus argentarius ædificavit, ornavit atque dedicavit, consecrante vero beato
549. Maximiano episcopo die Non. Maiarum ind. XII, octies p. c. Basilii'.

In ardica beati Vitalis ita invenietis:

547. ‚Beati martiris Vitalis basilica, mandante Eclesio vero beatissimo episcopo, a fundamentis Julianus argentarius ædificavit, ornavit atque dedicavit, consecrante vero reverentissimo Maximiano episcopo sub die XIII [Kal. Mai.] sexies p. c. Basilii iunioris [v. c., indictione X]'.

Corpus vero beati Probi cum ceteris sanctorum pontificum corporibus iste sanctus vir aromatibus condivit et bene locavit, et in fronte ipsius ecclesiæ beatorum Probi et Eleuchadii et Caloceri effigies tessellis variis decoravit, et sub pedibus eorum invenietis . . . . (*Lücke*).

80. Fecitque duo crismataria vascula, quorum unus libras habuit quatuordecim, mirifice anagrifa operatione, sed ante tempus nuper periit Petronacis archiepiscopi tenporibus, aliud vero permanet in præsenti, pulcherrime operatum, in quo legitur:

‚Servus Christi Maximianus archiepiscopus hunc crismatarium ad usus fidelium fecit fieri'.

Iussit ipse endothim bissinam preciosissimam, cui similem nunquam videre potuimus, aculis factam, omnem Salvatoris nostri historiam cuntinentem. In sancto die epiphaniæ super altarium Ursianæ ecclesiæ ponitur. Sed non tota cunplevit; successor ipsius explevit unam partem. Quis similem videre potuit? Non potest aliter æstimare ipsas imagines aut bestias aut volucres, quæ ibi factæ sunt, nisi quod in carne omnes vivæ sint. Et ipsius Maximiani effigies in duobus locis præclare factæ sunt, una maior et altera minor, sed nulla inter maiorem et minorem distantia est. In minore habet literas exaratas, continentes ita: ‚Magnificate Dominum mecum, qui me de stercore exaltavit'. Fecitque aliam endothim ex auro, ubi sunt omnes prædecessores sui, auro textiles imagines fieri iussit. Fecitque tertiam et quartam cum margaritis, in qua legitur: ‚Parce, Domine, populo tuo, et memento mei peccatori, quem de stercore exaltasti in regno tuo'. Crucem vero auream maiorem ipse fieri iussit et preciosissimis gemmis et margaritis ornavit, iachintos et amethistos et sardios et smaragdos, et infra aurum medio loco crucis de ligno sanctæ redemptricis nostræ crucis, ubi corpus Domini pependit, occultavit. Est autem auri maximum pundus.

86. Igitur iste beatissimus omnes Gothorum ecclesias reconciliavit, quæ Gothorum temporibus vel regis Theuderici constructæ sunt, quæ Ariana perfidia et hereticorum secta doctrina et credulitate tenebantur. Reconciliavit ecclesiam sancti Eusebii sacerdotis et martiris, quæ sita est non longe a campo Coriandri extra urbem, Id. Novenbris, quam ædificavit Unimundus episcopus anno 24. Theodorici regis absque fundamentis. Similiter et ecclesiam beati Georgii reconciliavit temporibus Basilii iunioris, sicut in ipso relegitur tribunali. Reconciliavit ecclesiam beati Sergii, quæ sita est in civitate Classis iuxta viridiarium, et beati Zenonis in Cesarea. Infra urbem vero Ravennam ecclesiam sancti Theodori non longe a domo Drocdonis, qua domus una cum balneo et sancti Apolenaris monasterio, quod in superiora domus structum, epicopium ipsius ecclesiæ fuit. Et ubi nunc est monasterium sancta et semper virginis intemeratæ Mariæ, fontes prædictæ martiris ecclesia fuerunt. Sed de hoc fero nomine ‚cosmi', quod Latinum sit — unde non solum Latini, sed et Greci aliquantas altercationes inter se habuerunt — nam sine omni reprehensionem ‚cosmi', id est ornata, unde et mundus apud Grecos ‚cosmos' appellatur. Igitur reconciliavit beatissimus Agnellus pontifex infra hanc urbem ecclesiam sancti Martini confessoris, quam Theodoricus rex fundavit; quæ vocatur Caelum aureum; tribunal et utrasque parietes de imaginibus martirum virginumque incedentium tessellis decoravit; suffixa vero metalla gipsea auro super infixit, lapidibus vero diversis parietibus adhæsit et pavimentum lithostratis mire composuit. In ipsius fronte intrinsecus si aspexeritis, Justiniani augusti effigiem reperietis et Agnelli pontificis auratis decoratam tessellis. Nulla ecclesia vel domus similis in laquearibus vel travibus ista. Et postquam consecravit, in ipsius confessoris episcopio

Agnellus 556—570.

514.

ibidem epulatus est. In tribunali vero, si diligenter inquisieritis, super fenestras invenietis ex lapideis literis exaratum ita:

‚Theodericus rex hanc ecclesiam a fundamentis in nomine domini nostri Jesu Christi fecit.'

87. De prædicta vero ecclesia, cur lithostrata sic comminuta sunt, sicut audivimus, nunciemus. Erat quidem illo tempore non perfecte orthodoxus rex Wandalorum, qui ex ipsa voluisset ecclesia pavimenta eruere et ad suam propriam deportare sedem. Nam quidem, dum omnia parata ad evellendum lastras fuissent, subito turbine dies tenebrosus fuit, nocte vero ipsius subsequente diei ventus validus per ipsam ecclesiam discurrebat, mugitos ferens secum validos, sonitus factus est ingens per totam ipsius ecclesiam. Tunc vero omnes exinde concrepuerunt marmores, acsi a malleatoribus fractæ et cumminutæ fuissent.

88. Tamen hoc intuere potestis in pariete. Ibi vero, ut dixi, duæ factæ sunt civitates. Ex Ravenna egrediuntur martires, parte virorum, ad Christum euntes; ex Classis virgines procedunt, ad sanctam virginem virginum procedentes; et magi antecedentes, munera offerentes. Sed tamen cur variis vestimentis et non omnes unum indumentum habuisset depicti sunt? Idcirco, quia ipse divinam pictor secutus est Scripturam. Nam Gaspar aurum optulit in vestimento iacintino, et in ipso vestimento coniugium significat. Balthasar thus optulit in vestimento flavo, et in ipso vestimento virginitatem significat. Melchior mirram optulit in vestito vario, et in ipso vestito pœnitentiam significat. Ipse qui prævius erat, purpurato sage indutus, et per eundem significat, ipsum regem natum et passum.

Qui autem in vario sage munus Nato optulit, significat, in eodem omnes languidos Christum curare, et variis iniuriis et diversis Judeorum verberibus flagellari. Scriptum de illo est: ‚Ipse infirmitates nostras suscepit et langores portavit, et putavimus eum tanquam leprosum' et cetera. Et post: ‚Vulneratus est pro peccata nostra, affixus est propter scelera nostra.'[1]) Qui vero in candido munus optulit, significat eum post resurrectionem in claritate esse divina. Sicut enim illa tria preciosa munera divina in se misteria continent, id est per aurum opes regales, per thus

[1]) Jesaias 53, 4, 5.

sacerdotis figuram, per mirram mortem intelligitur, ut per omnia hæc ostenderent, eum esse, qui iniquitates hominum suscepit, id est Christus; sic et in sagis eorum, ut diximus, tria hæc dona continentur. Quare non quatuor, aut non sex, aut non duo, nisi tantum tres ab oriente venerunt? Ut significarent totius Trinitatis perfectam plenitudinem. Ex quorum amore iste beatissimus Agnellus partem endothim bissinam, unde superius fecimus mentionem, quam Maximianus prædecessor istius non explevit, iste magorum istoriam perfecte ornavit, et sua effigies mechanico opere aculis inserta est.

89. Fontesque beati Martini ecclesia ipse reconciliavit et tessellis decoravit; sed tribunal ipsius ecclesia nimio terræmotu exagitatum, Johannis archiepiscopi temporibus quinti iunioris cunfractum, ruit. Post hædificia camera coloribus ornavit. Fecit beatissimus Agnellus crucem magnam de argento in Ursiana ecclesia super sedem post tergum pontificis, in qua sua effigies manibus expansis orat. Adquisivitque rura in ecclesia Ravennæ Argentea qui dicitur, et infra ipsius ruris monasterium beati Georgii a fundamentis hædificavit, sed in senectute positus. Et sua effigies mire tabula depicta est, et ante introitum ipsius monasterii versus metricos, quos non potui clare videre.

94. Post vero deprædata a Langobardis Tuscia, obsiderunt Ticinum, quæ civitas Papia dicitur, ubi et Theodericus palatium struxit, et eius imaginem sedentem super equum in tribunalis cameris tessellis ornati bene conspexi. Hic autem similis fuit in isto palatio quod ipse hædificavit, in tribunale triclinii quod vocatur Ad mare, supra portam et in fronte regiæ quæ dicitur Ad Calchi istius civitatis, ubi prima porta palatii fuit, in loco qui vocatur Sicrestum, ubi ecclesia Salvatoris esse videtur. In pinnaculum ipsius loci fuit Theodorici effigies, mire tessellis ornata, dextera manum lanceam tenens, sinistra clipeum, lorica indutus. Contra clipeum Roma tessellis ornata astabat cum asta et galea; unde vero telum tenensque fuit, Ravenna tessellis figurata, pedem dextrum super mare, sinistrum super terram ad regem properans. Misera, undique invidia passa, cives inter se maximo zelo . . . . . . (*Lücke*) in aspectu ipsorum pyramis tetragonis lapidibus, et bisalis in altitudinem quasi cubiti sex. Desuper autem equus ex ære, auro fulvo perfusus, ascensorque

Petrus IV. 570—578.

8*

eius Theodoricus rex scutum sinistro gerebat humero, dextro vero brachio erecto lanceam tenens. Ex naribus vero equi patulis et ore volucres exibant, in alvoque eius nidos hædificabant. Quis enim talem videre potuit qualis ille? Qui non credit, sumat Franciæ iter, eum aspiciat. Alii aiunt, quod supradictus equus pro amore
474—491. Zenonis imperatoris factus fuisset. Qui Zeno natione Isauricus et pro nimia velocitate pedum eum Leo imperator generum sumsit et maximum apud imperatorem honorem accepit. . . . .
Pro isto equus ille præstantissimus ex ære factus auro ornatus est, sed Theodoricus suo nomine decoravit; et nunc pene annis XXXVIII, cum Karolus, rex Francorum omnia subiugasset regna et Romanorum percepisset a Leone III. papa imperium, postquam ad corpus b. Petri sacramentum præbuit, revertens
801. Franciam, Ravenna ingressus, videns pulcerrimam imaginem, quam numquam similem, ut ipse testatus est, vidit, Franciam deportare fecit, atque in suo eam firmare palatio, qui Aquisgranis vocatur.

XV.

ANGILBERTS DENKSCHRIFT ÜBER S. RIQUIER (CENTULA).

Angilberti de ecclesia Centulensi libellus. — Mon. Germ. SS. vol. XV, 1, 173; Schriftquellen n. 782.

Angilbert war seit 790 Abt von Centula.

Literatur: Piper S. 311; Graf, Opus francigenum S. 104 ff.; Holtzinger, in den Beitr. zur Kunstgesch. (Seemann). Heft V., 9 ff.; Dehio u. Bezold I., 167 u. 174.

Ansicht des Klosters nach einer Miniatur in alten Kupferstichen: bei Petau, De Nithardo 1612. (Lenoir, Architecture monastique I., 27) und bei Mabillon, Acta SS. O. B., saec. IV., 1 (von 1673. Vgl. Dehio u. Bezold T. 43, 1.)

De constructione æcclesiæ s. Salvatoris sanctique Richarii necnon de totius sancti huius loci ac monasterii perfectione.

Ego igitur prescriptus Angilbertus considerans . . . qualiter una cum consensu fratrum meorum . . . hunc sanctum locum, michi licet indigno ab omnipotente Deo et excellentissimo domino meo Carolo serenissimo augusto ad gubernandum commissum, auxiliante Domino in melius reædificare valuissemus . . . Quia igitur omnis plebs fidelium sanctissimam atque inseparabilem Trinitatem confiteri, venerari et mente colere firmiterque credere debet, secundum huius fidei rationem in omnipotentis Dei nomine tres æcclesias principales cum menbris ad se pertinentibus in hoc s. loco, Domino cooperante et predicto domino meo augusto iuvante, fundare studuimus. Quarum prima est in hon. s. Salvatoris et omnium sanctorum eius. Alia in hon. s. Dei genitricis semperque virginis Mariæ et ss. apostolorum. Tertia vero in claustro fratrum in hon. s. Benedicti abbatis et reliquorum ss. regularium abbatum. Quæ etiam mirifico ordine dedicatæ sunt a venerabilibus patribus, 12 scilicet sanctissimis episcopis, quorum nomina ob venerationem et memoriam illorum huic opusculo annectenda esse iudicavimus. Hi sunt: Meginhardus Rothomagensis æcclesiæ ven. archiepiscopus, Georgius, Absalon, Gerfridus, Pleon (Noviomagensis), Hildiwardus (Cameracensis), Teodoinus (Tarvennensis), Idelmarus, Benedictus et Kellanus, preclarissimi episcopi Johannes vero et Passivus, S. Dei Rom. æccl. legati, presules nobilissimi. Nam altare s. Salvatoris, in quo positæ sunt reliquiæ ipsius et ss. innocentum, qui pro eo passi sunt; et altare s. Richarii, in quo sunt reliquiæ s. Dei gen. Mariæ et eiusdem s. Richarii; altare s. Petri, in quo reliquiæ eius et Pauli et Clementis; altare s. Johannis B., in quo reliquie eius et Zachariæ patris ipsius, altare s. Stephani, in quo reliquiæ eius et Symeonis qui Dominum in ulnas suscepit; altare s. Quintini, in quo reliquie et ss. Crispini et Crispiniani martyrum; altare s. Crucis, in quo reliquiæ ligni ipsius; altare s. Dyonisii, in quo reliquiæ eius, Rustici et Eleutherii; altare s. Mauricii, in quo reliquie eius, Exuperii et Candidi; altare s. Laurentii, in quo reliquie eius, Sebastiani et Valeriani; altare s. Martini, in quo reliquie eius et ss. Remigii, Vedasti, Medardi, Gualarici, Lupi, Servatii, Germani atque Eligii. In æcclesia vero s. Benedicti altare ipsius, in quo sunt reliquiæ eius et Antonii et Columbani; altare s. Hieronimi, in quo reliquie eius, Effrem et Equitii; altare s. Gregorii, in quo reliquie eius, Eusebii et Ysidori, ab eisdem iam dictis electissimis viris condigne ac diligentissime cum ingenti gaudio sub die Kal. Jan. fuerant Domino consecrata.

In æcclesia enim b. Mariæ virginis altare ipsius, in quo reconditæ sunt reliquie eius et ss. Felicitatis, Perpetuæ, Agathæ, Agnetis, Luciæ, Ceciliæ, Anastasiæ, Geretrudis et Petronillæ; altare s. Pauli, in quo reliquie eius, Ambrosii et Sulpicii; altare s. Philippi, in quo reliquie eius, Silvestri et Leonis; altare s. Andreæ, in quo reliquie eius, Georgii et Alexandri; altare s. Jacobi, in quo reliquie eius, Christi et Apollinaris, altare b. Johannis Evangeliste, in quo reliquie eius, Lini et Cleti; altare s. Bartholomei, in quo reliquie eius, Ignatii et Policarpi; altare s. Symonis, in quo reliquie eius, Cosmæ et Damiani; altare s. Mathei, in quo reliquie eius, Marchi et Lucæ; altare s. Taddei, in quo reliquie eius, Nazarii et Vitalis; altare s. Jacobi fratris Domini, in quo reliquie eius, Gervasii et Protasii; altare s. Mathiæ, in quo reliquie eius, Hilarii et Augustini: 6. Id. Sept. in eius sacratissima nativitate a venerabilibus episcopis, Georgio videlicet, Absalone, Pleone et Gerfrido, honore dignissimo sunt dedicata.

Sed et altare b. archangeli Gabrihelis, quod est situm in porta meridiana, 8. Kal. April. in annuntiatione s. Mariæ; Michaelis vero quod est in porta occidentali, 3. Kal. Oct. a Hildiwardo ven. episcopo optime sunt consecrata. Raphaelis autem altare quod est in porta septentrionali, 2. Non. Sept. in hon. ipsorum archangelorum omniumque virtutum cælorum a Jesse religioso episcopo (Ambianensi) optime est consecratum.

Reliqua vero mœnia ipsius monasterii, eodem domino cooperante, quæ actenus conspiciuntur constructa, sicuti cernuntur, omnia a fundamentis studuimus cum turribus et cappellis reformare, et ut habitatores illius in eo missarum sollemnia frequentare et omnipotenti Deo delectentur deservire, ipso adiuvante, muro curavimus firmiter undique ambire.

cap. 2. De reliquiis quas de diversis provintiis Domino auxiliante in hoc sancto loco congregavimus, necnon et de capsis in quibus habentur reconditæ. — — — — — — — — — —

His igitur . . . reconditis in nomine s. Trinitatis, cum multa diligentia preparavimus capsam maiorem auro et gemmis ornatam, in qua posuimus partem supra scriptarum reliquiarum, quam . . . subtus criptam s. Salvatoris ponere studuimus. Nam ceterorum sanctorum reliquias que supra leguntur conscriptæ per alias 13 capsas minores auro argentoque vel gemmis preciosis honestissime paratas . . . . . dividere ac super trabem, quam in arcu coram altare b. Richarii statuimus, ponere curavimus...

cap. 3. De ornatu eiusdem æcclesiæ et de multiplicitate thesauri seu sacrarum vestium cultu.

. . . diligenti cura tractare cepimus, qualiter . . . . de donis Dei et largitate magni domini mei Caroli eiusque nobilissimæ prolis vel reliquorum bonorum hominum liberorum michi ab illis collatis opere fabrili in auro, argento et gemmis ornare etiam, et ubi loca convenientia existerent, desuper ciboria ponere potuissemus . . .

Id sunt: in æcclesia s. Salvatoris et s. Richarii altaria fabricata 11 et ciboria 2, lectoria auro, argento et marmoribus parata 2. In ecclesia s. Dei genitricis Mariæ et ss. apostolorum altaria fabricata 13, ciborium 1 et lectorium optime paratum 1. In æcclesia s. Benedicti altaria parata 3. In æcclesiis vero ss. angelorum Gabrielis, Michaelis et Raphaelis altaria 3. Quæ fiunt simul altaria 30, ciboria 3 et lectoria 3. Nam de aliis vasis et suppellectilibus habentur cruces auro argentoque paratæ 17; coronæ aureæ 2; lampades argenteæ 6, cuprinæ auro argentoque decoratæ 12; poma aurea 3; calices aurei magni cum patenis 2. Item calix 1 magnus aureus cum imaginibus simul cum patena sua. Alii calices argentei 12 cum suis patenis. Offertoria argentea 10. Ad caput s. Richarii tabula auro et argento parata 1, ostia maiora auro et argento parata 2, alia minora 2, alia ostiola similiter parata 2. Balteus aureus 1. Atramentarium optimum argenteum auro paratum 1; cultellus auro et margaritis paratus 1. Codex eburneus auro, argento et gemmis optime paratus 1. Ponga auro parata 1. Incensaria argentea auro parata 4. Hanappi argentei superaurati 13. Conca argentea maior cum imaginibus argenteis 1. Bocularis argenteus 1. Urcei argentei cum aquamanilibus suis 2. Canna argentea 1, eburnea 1. Situle argenteæ 2. Suiones argentei 2. Clavis aurea 1. Schilla argentea 1. Corone argenteæ cum luminibus 13. Columnæ coram altare s. Richarii auro et argento paratæ 6. Trabes minores cum arcubus suis argento paratæ 3. Cloccaria auro parata 3. Cloccæ optimæ 15, cum earum circulis 15. Schillæ 3. Imagines æneæ 6, eburnea 1. Candelabra auro parata 2. Ostia auro parata 7. Insuper donavimus ibi pallia optima 78; cappas 200; dalmaticas sericas 24; albas Romanas cum amictis suis auro paratas 6, albas lineas 260; stolas auro paratas 5; fanones de pallio aureo paratos 10; cussinos de pallio 5; saga de pallio 5; casulas de pallio 30; de purpura 10; de storace 6; de pisce 1; de platta 15; de cendato 5.

De libris.

Evangelium auro scriptum cum tabulis argenteis, auro et lapidibus preciosis mirifice paratum. Aliud evangelium plenarium 1. De aliis libris volumina 200.

Insuper etiam plurima ornamenta in fabricaturis et in diversis utilitatibus, in plumbo, vitro, marmore, seu cetera instrumenta, quæ longum fuit numerare prolixiusque scribere, que tamen tunc temporis appreciata sunt a fidelibus Dei et s. Richarii, qui nobiscum in Dei servitio laborantes extiterant, hæc omnia valere potuisse libras quindecim milia vel eo amplius.

Omnipotens Dominus, qui celsa vel ima gubernas,
  Maiestate potens, semper ubique Deus,
Respice de solio, sanctorum gloria, summo
  Auxiliumque tuis, rex bone, da famulis.
Principibus pacem, subiectis adde salutem
  Hostis pelle minas et fera bella preme:
Hec quoque que statui fulgentia culmina templi,
  Angilbertus ego, sint tibi grata Deo.
Augusto et Karolo cuius virtute peregi,
  Concede imperii gaudia magna tui.
Quisquis et hic summas precibus pulsaverit aures,
  Effectum tribuas semper habere, Deus.

In pavimento altaris b. Richarii.

Hoc pavimentum humilis abbas componere feci
  Angilbertus ego, ductus amore Dei.
Ut michi post obitum sanctum donare quietem
  Dignetur Christus, vita salusque mea.

XVI.

DIE TISCHE THEODULFS.

Theodulfi († 821) carmina. — Mon. Germ. Poetae Latini vol. I, 544; Schriftquellen n. 1026 und 1031 ff.

Literatur: Piper S. 299 ff.; Ebert II., 70 ff.; Traube, Karoling. Dichtungen, München, 1888. S. 66, 67. Clemen, Zeitschr. des Aachener Geschichts-Ver. XI., 216. n. 2; Beiträge S. 133 ff. u. 154 ff. vgl. Schriftquellen S. 428.

Im Kaiserpalast zu Constantinopel befand sich ein ganz ähnlich verzierter Tisch, wie die von Theodulf beschriebenen, der Tradition nach von Alexander M. herstammend. Beschrieben in einem Gedichte des Manuel Philes (XIV. Jhdt.) ed. E. Miller, Paris, 1857. II., 267. Vgl. Stark, De Tellure dea deque eius imagine a Manuele Phile descripta. Diss. Jena 1848. Ein ähnliches Gemälde der Tellus in einer Ekphrasis des Constantin Manasses (XII. Jhdt.) ed. Hercher in den Nuove memorie dell' Istituto archeol. II., 491.

Carm. XLVI.

De VII liberalibus artibus in quadam pictura depictis.

Discus erat tereti formatus imagine mundi
Arboris unius quem decorabat opus.
Huius Grammatica ingens in radice sedebat
Gignere eam semet seu retinere monens.
Omnis ab hac ideo procedere cernitur arbos
Ars quia proferri hac sine nulla valet.
Huius læva tenet flagrum, seu dextra machæram
Pigros hoc ut agat, radat ut hæc vitia.
Et quia primatum sapientia gestat ubique
Compserat illius hinc diadema caput.
Et quia te sensus bonus aut opinatio gignit
Ambæ hic adsistunt, celsa Sophia, tibi.
Arboris illius recto de stipite rami
Undique consurgunt e regione sibi.
Dexter Rhetoricam habet et, Dialectica, temet
Virtutes lævus quatuor atque gerit.
Rhetorica atque foro dextram protensa sedebat,
Turritæ atque urbis fabrica stabat ei,

Jura quod eloquio peragit civilia magno
  Litibus et populi dedere frena solet.
Corporis arx alas revehit, caput atque leonis,
  Fecerat artificis quæ bene docta manus.
Verborum levitas alis, virtusque leonis
  In capite eloquii congrua signa dabant.
Sic capite et pedibus gestans caducifer alas
  In verbis cursum signat inesse levem.
Haud procul hinc sedit sensus Dialectica mater,
  Illa videbatur stans, erat ista sedens.
Par quibus in sensu, dispar in pluribus actus,
  Stando quod illa boat, ista sedendo legit.
Illa tumultifluas sedes petit, ista remotas,
  Illa forum iugiter appetit, ista stilum.
Oribus illa modum componit, moribus ista
  Illaque fons verbis, sensibus ista manet.
Læva caput monstrat, corpus tamen occulit anguis
  Dum nil dextra tenet, quis petit, illa petat.
Quæ proponit et assumit, concludit acute,
  Incautum ut sollers mox petat angue suo.
Hæc vera a falsis studio discernere magno
  Aestuat, et veri scit reperire viam.
Hoc Logica, ast alio consederat Ethica ramo
  Hæc ratione viget, moribus ille probis.
Hac in parte locum retinet Prudentia primum
  Quæ sanctæ vitæ perdere nescit iter.
Stabat ibi gravitate pia librumque tenebat,
  Ut queat imbutus hoc suus esse sequax.
Proxima Vis illi stabat fortissima virtus,
  Insignita armis, officiisque suis.
Altera namque manus sicam tenet, altera parmam,
  Tectum erat et cono cassidis omne caput.
Quo queat horrendas vitiorum vincere larvas,
  Et pia libertas quo bene tuta fiat.
Hanc prope Justitia gladium palmamque tenebat,
  Libra erat in cuius sive corona manu.
Quis tormenta ferat non iustis, præmia iustis,
  Pondere seu iusto dicta vel acta probet.

Hanc prope temperiem præbens Moderatio stabat
  Fortia frena vehens sive flagella manu.
Quis pigros stimulet, veloces temperet, et quîs
  Aequus ut æquatis cursibus ordo meet.
Arboris at magnæ sursum tendebat imago
  Ibat et in celsum stips bene rectus ei,
Quem numerorum ulnis Ars amplexata tenebat,
  Stare videbantur ramo in utroque pedes.
Ista manus numeros retinebat et illa volumen
  Quam constat matrem, Physica, inesse tuam.
Hanc super ex primis geminæ procedere ramis
  Cernuntur, similes e regione sibi.
Musica in unius residebat parte sonora,
  Arte videbatur fila movere lyræ.
Et cui disparibus calamis est fistula septem,
  Qui numerus celebris mystica multa gerit.
Stabat et acclinis læva in Geometrica parte
  Dextra manus radium, læva vehit rotulam,
Et radius teretem metitur comminus orbem
  Aetherias zonas at rota quinque tenet.
E quibus extremæ geminæ sunt frigore pressæ,
  Torrida per medium temperat una duas.
Inter quas medius stips surgens ibat in altum
  Ars et ab astrologis culta retentat eum.
Huic caput alta petens onerabat circulus ingens
  Quem manibus geminis brachia tensa tenent:
Circulus astriferi formatus imagine cæli
  Quem signorum implet flammeus ordo decens.
Signa quater terna hunc, sive astra errantia septem,
  Lege, vice exornant cursibus, orbe, locis.
Hinc aries, taurus, gemini, cancerque, leoque
  Virgoque cum curru, libraque, sive nepa,
Arcitenens, capricornus, aquarius, et duo pisces
  Circumdant orbem per sua signa poli.
Sol, Luna et Mars, Cylleni, Jovis et Cytherea,
  Et Saturne gravis, itis in orbe dies.
Nec tibi displiceant gentilia nomina, lector,
  Iste vetustatis mos datur a patribus.

Septenis astris et signis his duodenis
Dirigitur mensis, annus et ipse dies.
Illa diebus eunt aptata, et mensibus ista,
Hebdomades istis, constat et annus eis.
Arbor habebat ea, et folia et pendentia poma,
Sicque venustatem et mystica plura dabat.
In foliis verba, in pomis intellige sensus,
Hæc crebro accrescunt, illa bene usa cibant.
Hac patula nostra exercetur in arbore vita,
Semper ut a parvis editiora petat,
Sensus et humanus paulatim scandat ad alta
Huncque diu pigeat inferiora sequi.
Ethica Grammaticæ, Logica et mox iungitur illis
Physica cum sociis artibus atque sedet.
Quarum suprema sedem sibi legit in arce
Quæ legem astrorum continet atque poli.
Eloquium mores, Logica illos alma sequatur
Ut naturales res bene nosse queat.
Et convexa poli cantus terrasque peragret
De mundi et rebus æthera celsa petat.

Carm. XLVII.

Alia pictura, in qua erat imago terræ in modum orbis comprehensa.

Quo terræ in speciem perstabat pulchra virago
Quæ puerum lactat, fruge replet calathum.
Turritumque caput, magni et sinuaminis anguem,
Inque manu clavem, cymbala et arma vehens.
Hac coram galli, pecudes, torvique leones
Summissi stabant, sella et inanis erat.
Mobilis huic magni suberat vertigo vehicli,
Atque rotæ teretis circulus ibat ei.
Hæc puerum lactat, quoniam nascentia pascit
Tellurisque fovet cuncta creata simul.
In calathis fruges, magnas in turribus urbes,
Agricolæ ingenium signat in angue vafrum.
Panditur æstate, in bruma quia clauditur annus
Gestamen clavis hæc vehit inde manu.

Cymbala sunt sonitus, fiunt qui agrestibus armis
  Factitat aut opifex quilibet arte sua.
Et quia pro patria cuncti confligere debent,
  Effigies, Tellus, hinc vehit arma tua.
Orbis stemma rotæ, signabant semina galli
  Orbis concepto semine multa dabit.
Olli subduntur pecudes, quia pabula ab illa
  Sumunt, nil et opis hac sine habere queunt.
Quodque subest illi rabies inimica leonum
  Hoc est quod Tellus terrea cuncta domat.
Omnia cum sint mota, tamen nequit ipsa moveri
  Hinc fingebatur sella perennis ei.
Per sedes etiam mundi signatur honores
  Perpetuo quod eos nemo habiturus adit.
Alter in alterius gaudet residere cathedra
  Hic sedet, hic sedit, hic it, et ille redit.
Inde vehebatur curru, quod in aëre pendet
  Tellus, et levibus sustineatur aquis.
Hinc est de domino verax quod lectio promit
  Illius laudes enumerare studens.
Qui super inmensum Borean extendit inane
  Et, terra, appendit te super ipsa nihil.
Quodque rotis vehitur, mundi vertigo notatur
  Qui volucri cursu volvitur atque modo.
Stare videbatur terrenæ sortis imago,
  Semper habet quoniam rura colens quod agat,
Hoc opus ut fieret Theodulfus episcopus egi
  Et duplici officio rite vigere dedi.
Scilicet ut dapibus pascantur corpora lætis
  Inspecta et mentem orbis imago libet.
Plus epulas animæ quam corpus dilige, visor,
  Vivida mens illis, his caro pollet hebes.
Cælica verba sonent, dapibus hæc mensa redundet
  Et teneant nullum livida dicta locum.
Totius orbis adest breviter depicta figura,
  Rem magnam in parvo corpore nosse dabit.
Hic Amphitrite terrarum margine longo
  Bracchia protendit flumina cuncta vorans

Inflatis buccis discordes undique fratres
  Insistunt orbi, sunt sua cuique loca.[1])

XVII.

DIE WANDGEMÄLDE VON INGELHEIM.

Ermoldus Nigellus, (um 826) In honorem Hludowici L. IV. v. 179 sq. — Mon. Germ. Poetae Latini vol. I, 63; Schriftquellen n. 925 u. 1007. (vgl. n. 144, 145.)

Literatur: Piper S. 304; Ebert II., 170 ff.; Wattenbach I., 208; Garrucci I., 598.

Lersch, Die bibl. Parallelbilder, in Dieringers Zeitschr. f. Gesch. des Niederrheins II., 1; Bock in Lerschs Niederrhein. Jahrb. II., 141; Janitschek, Bilderstreit und Bilderproduction, im Straßburger Festgruß an A. Springer; Beiträge S. 24 ff. u. 59; Clemen, Der karoling. Kaiserpalast in Ingelheim, Westdeutsche Zeitschr. IX., 54. bes. S. 140 ff.

v. 179. Engilin — ipse pius placido tunc tramite — heim
  Advolat induperans coniuge cum, sobole.
Est locus ille situs rapidi prope flumina Rheni
  Ornatus variis cultibus et dapibus.
Quo domus ampla patet centum perfixa columnis
  Quo reditus varii tectaque multimoda.
Mille aditus, reditus, millenaque claustra domorum
  Acta magistrorum artificumque manu.
Templa Dei summo constant operata metallo
  Aerati postes, aurea hostiola,
Inclita gesta Dei, series memoranda virorum
  Pictura insigni quo relegenda patent.
Ut primo, ponente Deo, pars læva recenset
  Incolitant homines te, paradise, novi.
Inscia corda mali serpens ut perfidus Aevæ
  Temptat, ut illa virum tangit, ut ipse cibum.
Ut Domino veniente tegunt se tegmine ficus,
  Ut pro peccatis iam coluere solum.

---

[1]) cf. Isidor. Origg. VIII., 11, 61—66.

Frater ob invidiam fratrem pro munere primo
  Perculit, haud gladio, sed manibus miseris.
Inde per innumeros pergit pictura sequaces
  Ordine sive modo dogmata prisca refert.
Utque latex totum merito diffusus in orbem
  Crevit et ad finem traxit ut omne genus.
Ut miserante Deo paucos subvexerat archa
  Et corvi meritum, sive columba, tuum.
Inde Habrahæ sobolisque suæ, pinguntur et acta
  Joseph seu fratrum, et Pharaonis opus.
Liberat ut populum Aegypto iam munere Moyses
  Ut perit Aegyptus, Israel utque meat,
Et lex dante Deo geminis descripta tabellis
  Flumina de rupe, deque volucre cibus.
Et promissa diu quo redditur hospita tellus,
  Ut Hiesus populo dux bonus extiterat.
Jamque prophetarum regum præmagna caterva
  Pingitur, acta simul et celebrata nitent.
Et Davidis opus, Salomonis et acta potentis
  Templaque divino ædificata opere.
Inde duces populi quales quantique fuere
  Atque sacerdotum culmina seu procerum.

Altera pars retinet Christi vitalia gesta
  Quæ terris missus a genitore dedit.
Angelus ut primo Mariæ delapsus ad aures,
  Utque Maria sonat: »Ecce puella Dei.«
Nascitur ut Christus, sacris longe ante prophetis
  Notus, et e pannis volvitur utque Deus.
Ut pia pastores capiunt mox iussa tonantis
  Cernere moxque Deum, quo meruere magi.
Ut furit Herodes, Christum succedere credens
  Perculit ut pueros, qui meruere mori.
Ut fugit Aegypto Joseph, puerumque reportat,
  Crevit ut ipse puer, subditus atque fuit.
Ut baptizari voluit, qui venerat omnes
  Sanguine salvare qui periere diu,
More hominis ut tanta tulit ieiunia Christus,

Ut temptatorem perculit arte suum.
Ut pia per mundum docuit mox munia patris
Reddidit infirmis munia prisca pius.
Mortua quia etiam ut reparavit corpora vitæ
Dæmonis arma tulit, expulit atque procul.
Discipulo ut tradente fero sævoque popello
More hominis voluit ut Deus ipse mori.
Ut surgens propriis apparuit ipse ministris
Utque polos palam scandit et arva regit.
His est aula Dei picturis arte referta
Pleniter artifici rite polita manu.

Regia namque domus late persculpta nitescit,
Et canit ingenio maxima gesta virûm.
Cyri gesta canit nec non et tempore Nini
Prœlia multimoda duraque facta nimis.
Hic videas fluvio regis sævire furorem
Vindicat ut cari denique funus equi.
Deinc mulieris ovans infelix prenderat arva
Sanguinis utre caput ponitur inde suum.
Impia nec Falaris reticentur gesta nefandi
Utque truces populos hic necat arte fera.
Ut Pyrillus ei quidam faber æris et auri
Jungitur et Falari cum impietate miser
Aere celer taurum nimio fabrivit honore
Truderet ut hominis quo pia membra ferus.
Moxque tyrannus eum tauri conclusit in alvo
Arsque dedit mortem ut artificique suo.
Romulus et Remus Romæ ut fundamina ponunt
Perculit ut fratrem impius ille suum.
Hannibal ut bellis semper persuetus iniquis,
Lumine privatus ut fuit ipse suo.
Atque Alexander bello sibi vindicat orbem,
Ut Romana manus crevit et usque polum,
Parte alia tecti mirantur gesta paterni
Atque piæ fidei proximiora magis.
Cæsareis actis Romanæ sedis opimæ
Junguntur Franci gestaque mira simul.

Constantinus uti Romam dimittit amore
  Constantinopolim construit ipse sibi.
Theodosius felix illuc depictus habetur,
  Actis præclaris addita gesta suis.
Hinc Carolus primus Frisonum Marte magister
  Pingitur, et secum grandia gesta manus.
Hinc, Pippine, micas, Aquitanis iura remittens
  Et regno socias, Marte favente, tuo.
Et Carolus sapiens vultus prætendit apertos
  Fertque coronatum stemmate rite caput.
Hinc Saxona cohors contra stat, prœlia temptat,
  Ille ferit, domitat, ad sua iura trahit.
His aliisque actis clare locus ille nitescit
  Pascitur et visu cernere quosque iuvat.

XVIII.

DIE KLOSTERBAUTEN IN ST. WANDRILLE BEI ROUEN
(unter Abt Ansegis 807—833.)

Gesta abbatum Fontanellensium. — Mon. Germ. SS. vol. II, 270; ed. Loewenfeld (Schulausgabe der Mon. Germ.) Hannover 1886. S. 49; Schriftquellen n. 860—872.

Literatur: Piper S. 312; Wattenbach I., 220; Schnaase III., 539; Dehio u. Bezold I., 192; Langlois, Essai hist. et descr. sur l'abbaye de Fontenelle. Paris, 1827; Schlosser, Abendländ. Klosteranlage des frühen M. A. Wien, 1889, S. 29 ff. (Reconstruction T. I.)

c. 17. Ædificia autem publica ac privata ab ipso cœpta et consummata hæc sunt. Inprimis dormitorium fratrum nobilissimum construi fecit longitudinis pedum 208, latitudinis vero 27; porro omnis eius fabrica porrigitur in altitudine p. 64; cuius muri de calce fortissimo ac viscoso arenaque rufa et fossili lapideque tofoso ac probato constructi sunt. Habet quoque solarium in medio sui, pavimento optimo decoratum, cui desuper est laquear nobilissime picturis ornatum; continentur in ipsa domo desuper fenestræ vitreæ, cunctaque eius fabrica excepta maceria de materia quercuum durabilium condita est, tegulæque ipsius universæ clavis ferreis desuper affixæ; [habet sursum trabes et deorsum]. Post quod ædificavit aliam domum, quæ vocatur refectorium, quam ita per medium maceria ad hoc constructa dividere fecit, ut una pars refectorii, altera foret cellarii, de eadem videlicet materia similique mensura sicut et dormitorium; quam variis picturis decorari fecit in maceria et in laqueari a Madalulfo, egregio pictore Cameracensis ecclesiæ. Tertiam nempe domum egregiam construi fecit, quam maiorem vocant, quæ ad orientem versa, ab una fronte contingit dormitorium, ab altera adheret refectorio, ubi cameram et caminatam necnon et alia plurima ædificari mandavit; sed, interveniente morte eiusdem, hoc opus ex parte imperfectum remansit. Hæc tria egregia tecta ita constituta sunt: dormitorium videlicet ab una fronte versum est plagæ septentrionali, ab altera australi, et adheret ab ea basilicæ s. Petri; refectorium similiter versum est eisdem plagis et est fere contiguum a parte meridiana absidæ basilicæ s. Petri; porro illa maior domus sicut supra diximus constituta est.

Æcclesia autem s. Petri a parte meridiana sita est, versa tamen ad orientem; ipsam etiam a parte occidentali 30 pedum in longitudine ac totidem in latitudine accrevit, constructo desuper cœnaculo, quam in hon. domini dei ac salvatoris nostri Jesu Christi dedicandam fore præoptabat: sed et ipsum opus propter mortem eius tam citam imperfectum remansit. In eadem autem s. Petri basilica piramidam quadrangulam altitudinis 35 ped., de ligno tornatili compositam, in culmine turris eiusdem æcclesiæ collocari iussit; quam plumbo, stagno ac cupro deaurato cooperiri iussit, triaque ibidem signa posuit; nam antea nimis humile hoc opus erat. [Ipsam namque turrim simulque absidam tegulis plumbeis a novo cooperiri iussit.] Jussit præterea aliam condere domum iuxta absidam basilicæ s. Petri ad plagam septentrionalem, quam conventus sive curia, quæ grece beleuterion dicitur, appellari placuit, propter quod in ea consilium de qualibet re perquirentes convenire fratres soliti sint; ibi nanque in pulpito lectio cotidie divina recitatur, ibi quicquid regularis auctoritas agendum suadet, deliberatur; in qua etiam monumentum nominis sui collocare iussit, ut, dum vitæ præsentis terminum daret, illic a suis deponeretur. [Item ante dormitorium, refectorium et domum illam quam maiorem nominavimus, porticus honestas cum diversis pogiis ædificari iussit, quibus trabes imposuit ac iuxta mensuram eorumdem tectorum in longum extendit; in medio autem porticus, quæ ante dormitorium sita videtur, domum cartarum constituit.] Domum vero, qua librorum copia conservaretur [quæ græce pyrgiscos dicitur] ante refectorium collocavit, cuius tegulas ferreis clavis configere iussit.

XIX.

DIE GEMÄLDE DER KLOSTERKIRCHE VON ST. GALLEN.

Carmina Sangallensia n. VII. — Mon. Germ. Poetae Latini vol. II, 480; Schriftquellen n. 931; Garrucci I, 599.

Die Gallusbasilika wurde 830—833 von Abt Gozbert erbaut.

Literatur: Rahn, Zur Statistik schweizerischer Kunstdenkmäler. Anzeiger f. schweiz. Alterthumskunde. 1886. Supplement no. 4; Beiträge S. 139; Steinmann S. 105 f.

I. Versus de evangelio ad picturam.

1. Angelus ecce seni promittit munera nati
Quem populus trepidans foris expectabat et orans.
2. Concipit en verbo prolem castissima virgo.
Angelus hic sponsam Joseph commendat alendam.
3. Hic genitrix domini meat Elisabethque salutat
Atque deo exultet Johannem spiritus implet.
4. Zacharias suboli nomen posuere propinqui
Sed mage Johannes certant vocitare parentes.
5. Nunciat angelicus Christum pastoribus ymnus,
In stabulo dominum celebrant en omnia parvum.
6. Ecce magi solio præsentant munera vero,
In somnis moniti faciem fugere tyranni.
7. Sistitur hic domino Jesus cum munere iusso,
Mox ipsum dominum didicerunt corda piorum.
8. Partibus Ægypti differtur passio Christi.
Quem simulacra tremunt et cara habitacula linquunt.

9*

9. Præcipit Herodes natos cruciare recentes,
Milia lactantum tendunt lætantia cælum.
10. En senibus potior reperitur pusio doctor
Qui tamen imperium dignatur ferre parentum.
Explicit de infantia Christi.

II. Hi versus in dextro pariete chori; isti vero in dextro pariete stationis populi.

1. Baptizat dominum servi devotio summum,
Prædicat hunc genitor, invisit spiritus auctor.
2. Dæmonis en fraudes Christus contemnit inanes
Eius cunctimodas ducens ut stercora pompas.
3. Demonstrat placidum Johannes nutibus agnum
Andreas sequitur, fratri comperta profatur.
4. Imperat os vitreum post se properare Philippum,
Nathanahel spissa qui mox subducit ab umbra.
5. Testibus hisce novum fecit de flumine signum,
Convivis latices in vitea pocula vertens.
6. Retia germani linquunt in nomine Christi,
Mox alii lacrimas spernunt cum nave paternas.
7. Omnipotens medicus hominum miserator et unus
Omnimodis pressos iussit discedere sanos.
8. Spiritibus diris hominum de corpore pulsis
Das pecorum furiare greges, iustissime iudex.
9. En verbum domini curat medicamine verbi
Præcipit et sanum proprium portare grabattum.
10. Principis ut natam sanet vel suscitet, ibat,
Furatur mulier sacra de veste salutem.
11. Reddidit en stupidæ dominus sua munia dextræ
Consilium stolidi faciunt de sanguine Christi.
12. Unicus en viduæ redivivus redditur orbæ,
Ingeminant plebes: »O vere, magne prophetes«
13. Saltatrix petiit caput innocuumque recepit,
Lictores fluvidum linquunt in carcere truncum.
14. Panibus ex quinis et piscibus haud mage binis
En hominum large saturantur milia quinque.
15. Christus aquæ fluctu pressit vestigia gressu,
At fidei dubium mergunt vada turgida Petrum.

16. Ydropicum tangente manu, quæ cuncta creavit,
    Pallidus humor abit, facies et læta rubescit.
17. Ecce decem mundans templo se ferre iubebat,
    Unus regreditur grates persolvere Jesu.
18. Contentus pueros deus est benedicere parvos,
    Talibus atque sui promittit gaudia regni.
19. Hic scribæ domino sistunt in crimine captam,
    Quam placidus censor damnatis solvit eisdem.
20. Ex limo reparat quidquid natura negabat,
    Qui luteum primo totum plasmaverat Adam.

Hucusque de miraculis Christi in dextro pariete.

III. Hi vero in fronte occidentali in spatio, quod supra tronum est.

Ecce tubæ crepitant quæ mortis iura resignant;
Crux micat in cælis, nubes præcedit et ignis.

IV. Hi etiam subtus tronum inter paradysum et infernum.

Hic resident summi Christo cum iudice sancti
Justificare pios, baratro damnare malignos.

V. Passio domini in sinistro pariete stationis populi.

1. Esse sibi patrem domino tractante tonantem
   Plebs furibunda pium certat lapidare magistrum.
2. »Mortue quatriduo, fœtens et corpore toto
   Lazare surge, veni, te morti tollo rapaci.«
3. Funeris obsequium mulier prævenit amicum,
   Dum caput atque pedes nardo perfudit honora.
4. Mansuetum regem plebes devota frequentat
   Frondea cum festis præiens comitansque choreis.
5. En urbis miseræ dignatur flere ruinas,
   Quæ manibus crudis ipsum discerpere gestit.
6. Hic sub carne latens deitas per signa patescit,
   Dum turbas patria flagro proturbat ab aula.
7. En ficum viridem sterilem remanere iubebat.
   Quod sibi ieiuno fructum præbere negabat.

8. Agricolæ servos cædentes vulnere sævo
Post natum domini satagunt hic mittere morti.
9. Gentiles dominum iam cupiunt cernere Christum,
Discipulos idem mortem perferre docebat.
10. Ecce sacerdotum primi populique nefandi
Infidum famulum censu corrumpere gaudent.

XX.

DIE THEODORICHSTATUE IN AACHEN.

Walafridi Strabonis († 849) Versus in Aquisgrani palatio editi anno Hludowici imperatoris XVI. de imagine Tetrici. — Mon. Germ. Poetae Latini II, 370; Schriftquellen n. 1140.

S. o. bei Agnellus cap. XIV, 94.

Literatur: Piper S. 277. (nur über die Liturgik W.'s); Ebert II., 145 ff. bes. S. 154. Bock, im Rhein. Jahrb 1844 und 1871; Ladoucette, mem. de la soc. royale des Antiquaires de France XII., 20; Grimm, Das Reiterstandbild des Th. Berlin, 1869; Dümmler in Haupts Zeitschr. für deutsches Alterthum XII., 461; Dehio in Zahns Jahrb. f. Kunstwissensch. 1872; Schmidt, ebenda 1873; Ebert, Sber. der sächs. Akademie 1878; Friedrich, Die Elfenbeinreliefs a. d. Kanzel des Dom v. Aachen. Nürnberg, 1883; Aus'm Weerth, im Rhein. Jahrb. 11, 78; Dobbert im Repertorium f. Kunstw. VIII., 162; Clemen, Zeitschr. des Aachener Gesch.-Ver. XI., 246 n. 3; Beiträge S. 164 ff.

Strabus.

Cur non, dulce decus, quoniam se contulit hora
Et ver floriferis lætum se subrigit austris,
Magnus et ardentem gradibus legit æthera Phœbus,
Jam spatiis crevere dies, dulcescit et umbra,
In flores partusque novos et gaudia fructus
Herba recens, arbos datur et genus omne animantum,
Quod mare, quod silvas, quod rura, quod aëra tranat,
Quærere me pateris, te respondere petitis?
Discere namque mihi votum, tibi dicere promptum.

Scintilla.

Nec te, credo, latet, veteresque more pœtæ
Digna diis terrisque canebant carmina magnis.

Aut etenim abrupti montis iuga sola sequentes,
Aut specubus, fossis aut saltus valle remoti
Omnigenam pharetrata echonem voce ciebant,
Hirta suis hederis circum bene tempora cincti.
Triste nemus testesque feræ timidæque volucres,
Mens secura, procul furibundæ crapula curæ.
At nos pro silvis, hederis, echone, coturno
Immanes omni ferimus de parte tumultus,
Et vix ipsa luto subducit pupula sese
Stercoribusque novissima, pro pudor, omnis inhorret.
Hinc detractorum sonat illinc clamor egentum
Nudaque stercoribus sordescunt crura nigellis.
Has umquam Musæ si dilexere nitellas,
Stercora, clamores, cænosa fluenta, tumultus,
Respondere tibi nequaquam differo, sed si
Pauca loquar, quia deest locus, argue lenius, oro.

Strabus.

Primum nosse velim, iuxta quam sæpe viamus,
Cur sit imago suis sic effigiata figuris.

Scintilla.

Tetricus, Italicis quondam regnator in oris,
Multis ex opibus tantum sibi servat avarus,
At secum infelix piceo spatiatur Averno,
Cui nihil in mundo, nisi vix fama arida restat.
Quamquam thermarum vulgus vada præparet olli
Hoc sine nec causa, nam omni maledicitur ore,
Blasphemumque dei ipsius sententia mundi
Ignibus æternis magnæque addicit abysso.
Quam statuam vivo artifices si forte dederunt,
Credito, blanditos insano hac arte leoni,
Aut etiam quod credo magis, miser ipse iubebat
Hæc simulacra dari, quod sæpe superbia dictat.
Infelix nam nullus erit, nisi desinit ipse
Scire quod est, audens sese quod credere non est.
Curribus atque in equis noris si stare superbas,
Non quod sedit equo, tecum miraberis unquam.

Strabus.

Cernimus aërias simul adventare columbas
Terque die exorta, media et vergente venire.
Talia non vanis addam spectacula rebus.

Scintilla.

Nonne vides humiles sævos quasi amare tyrannos?
Non ex corde tamen, sed enim pro tempore huius
Pace, petunt pastum, non nidificando quiescunt.

Strabus.

Cur dextra de parte nolam gestare videtur?
Nudus ab hoc solum, puto, ut atra pelle fruatur.

Scintilla.

Etsi non caneret, nequaquam pelle careret,
Quam semel indueret, sed erit, quod dicere possis:
Flagitiosorum certe præconia summis
Laudibus accelebrant omnis virtutis egentes
Verius ut dicam: dat nudo opprobria nudus.

Strabus.

Si quid in his aliud, nobis edicito, nosti.

Scintilla.

Fulget avaritia exornatis aurea membris
Spicula fert, quæ sæpe latus pulsare pigrescens
Sufficiant solitisque accendant corda rapinis.
Aurea quod regnat stipata satellite nigro,
Non aliud portendit enim, quam quod, mala quantum
Luxuries quosdam sensu distendit avaro,
Tantum pauperies alios devastat adurens.
Quam subterlabuntur aquæ, quia teste poeta
Semper avarus eget; quod desunt frena, notabis,
Quodque super lapides plumbumque et inane metallum
Currit equo, signat se pectore belua duro,
Corde pigno sensuque cavo regnare superbiam.
O pestis sine fine nocens, non sufficit omnem
Pervolitasse orbem bellis et cæde potentum,
Quin etiam faciem præclara palatia contra

Christicolasque greges videas posuisse nefandam.
Ante pedes ternos parentibus undique nervis
Ille tuus sonipes vacuum super aëra nando
Tollet et albentes monstrabitur inter olores,
Quam pia corda tuis macules, vis pessima, telis.
Jam tamen ipsa pedem vanis conatibus unum
Optima nequicquam contra consulta levasti,
Nam quotiens procerum tibimet coniungere quemquam
Es conata, tibi totiens aut obvia mortis
Ex insperato venere repagula nigræ,
Aut cautela patrum, quos arx sanctissima semper
Substituit, pedem monitis compescuit atris.
Deficiet quorum sceptrum de semine numquam
Donec in ignivoma veniet rex nube coruscans.

Strabus.

Dignum est, ut video, præmissis tristibus ergo
Debita principibus laudum persolvere vota.

Scintilla.

Novi equidem, sed felici numquam offuit ulli
Adversis firmare animum, neque contigit ullum
Ante bonum non esse malum; sic numina nerunt.
Aurea, quæ prisci dixerunt sæcula vates
Tempore, magne, tuo, Cæsar, venisse videmus.
Tu pietate reples quicquid minus esse putasti
Thesaureis alii, meritis tu comptior esto,
Tu bonitate places, aliique tyrannide gaudent.
Solus ad omnigenas transis, rex magne, triumphos:
Quem te namque vocem, nisi magnum in plebe Moysen,
Qui populos tenebris per lumen ducis ademptis
Qui morum nova templa struis, qui munera Christi
Quæ conlata tibi, cunctis communia præstas.
Ille umbram, tu corpus habes, heremo ille remota
Ante tabernaclum et serpentes finxit aënos,
De silice hausit aquam, sumens de manna pruinis:
Tu vero in populis paradysi ad amœna vocatis
Templa regis fundata sacris, rex magne, lapillis,
Quorum pensa pater quondam tibi magnus adauxit;

Aurea cui ludunt summis simulacra columnis,
Cuius ad ingenium non confero dogma Platonis.
Lacte fluis et melle simul petræque sequentis
Largiris latices undis Pharaone necato.
Laudibus altithronum celebras per sæcula patrem
Digna loco, cui semper erunt spectacula amœno.
Hinc magnum Salomonis opus, hinc templa supremis
Structuris æquanda micant, specularia subter
Dant insigne nemus viridique volantia prato
Murmura rivorum; ludunt pecudesque feræque,
Uri cum cervis, timidis cum caprea dammis.
Si quoque deinde velis, saltabunt rite leones,
Ursus, aper, pantheres, lupus, linces, elephanti,
Rinoceros, tigres venient, domitique dracones
Sortiti commune boumque oviumque virectum.
Omnia pacatis animalia litibus assunt,
Aeriæ summo quercus de vertice lætis
Commodulantur aves nostris et suave susurrant.
Ast alia de parte nitens fulgore corusco
Auratus discurrit eques, comitante pedestri
Agmine, tintinuum quidam, quidam organa pulsant.
Dulce melos tantum vanas deludere mentes
Cœpit, ut una suis decedens sensibus ipsam
Femina perdiderit vocum dulcedine vitam.
Cedant magna tui, super est, figmenta colossi,
Roma: velit cæsar magnus, migrabit ad arces
Francorum, quodcumque miser conflaverit orbis.
En is quis præcipue iactabat Græcia sese
Organa rex magnus non inter maxima ponit.
Quæ tamen inceptos servent si intacta canores,
Deses erit, qui sæpe suo quatit æra plectro.
Ante tamen spreta iactabit pelle lacernam
Et ferri rapta bachatus mole sonoros
Comminuet truncos et iniquas voce cicutas,
Nec frustra, quia nulla suo pro carmine dona
Emeruit, saltim ut fulvi pars extima nigros
Auri conlatis meritis depingeret artus.

———

XXI.

DIE BILDNISSE GREGORS D. GR. UND SEINER ELTERN.

Johannes Diaconus (Ende des IX. Jahrh.) Vita Gregorii M. — Mabillon, Acta SS. O. B. saec. I, 476. (Ven. 1733.)

Literatur: Piper S. 191; Wattenbach I., 131; Ewald, Die älteste Biogr. Gregor's I. in den «Histor. Aufs. dem And. an G. Waitz gewidmet» 1886.

Lib. IV, cap. 83. In cuius venerabilis monasterii[1]) atrio iussu Gregorii[2]) iuxta nymphium duæ iconiæ veterrimæ artificialiter depictæ usque hactenus videntur. In quarum altera b. Petrus apostolus sedens conspicitur stantem Gordianum regionarium, videlicet patrem Gregorii, manu dexera per dexteram nihilominus suscepisse. Cuius Gordiani habitus castaneis coloris planeta est, sub planeta dalmatica, in pedibus caligas habens, statura longa, facies deducta, virides oculi, barba modica, capilli condensi, vultus gravis. In altera vero mater Gregorii sedens depicta est Silvia candido velamine a dextro humero taliter contra sinistram revoluto contecta, ut sub eo manus nunquam de planeta subducat, et circa pectus sub gula inferior tunica pseudolactini coloris appareat, quæ magno sinuamine super pedes defluat: duabus zonis ad similitudinem dalmaticarum, sed latioribus omnino distincta, statura plena, facies rotunda quidem et candida, sed senio iam rugosa; quam ipsa quoque senectus pulcherrimam fuisse significat: oculis glaucis et grandibus, superciliis modicis, labellis venustis, vultu hilaris, ferens in capite matronalem mitram candentis brandei raritate nibeata[2]), duobus dexteræ digitis signaculo crucis se munire velle prætendens, in sinistra vero patens psalterium retinens, in quo hoc scriptum est: »Vivet anima mea et laudabit te et iudicia tua adiuvabunt me.«[3]) A dextero vero cubitu usque ad sinistrum circa scapulas versus ascendens reflectitur qui ita se habet: Gregorius Silviæ matri fecit.

cap. 84. Sed in absidicula post fratrum cellarium Gregorius eiusdem artificis magisterio in rota gypsea pictus ostenditur, statura iusta ac bene formata, facie de paterna faciei longitudine

[1]) Mon. S. Andreæ, Rom. — [2]) nimbata? Mab. — [3]) Ps. 118.

et materna rotunditate ita medie temperata, ut cum rotunditate quadam decentissime videatur esse deducta, barba paterno more subfulva et modica, ita calvaster, ut in medio frontis gemellos cincinnos rarusculos habet et dextrorsum reflexos; corona rotunda et spatiosa, capillo subnigro et decenter intorto, sub auriculæ medium propendente, fronte speciosa, elatis et longis sed exilibus superciliis, oculis pupilla fulvis, non quidem magnis, sed patulis, subocularibus plenis, naso a radice vergentium superciliorum subtiliter directo, circa medium latiore, deinde paulum recurvo et in extremo patulis naribus præminente, ore rubeo, crassis et subdividuis labiis, genis compositis, mento a confinio maxillarum decibiliter prominente, colore aquilino et livido, nondum, sicut ei postea contigit, cardiaco, vultu mitis, manibus pulchris, teretibus digitis et habilibus ad scribendum, præterea planeta super dalmaticam castanea, evangelium in sinistra, modus crucis in dextra, pallio mediocri a dextro videlicet humero sub pectore super stomachum circulatim deducto: deinde sursum per sinistrum humerum post tergum deposito, cuius pars altera super eumdem humerum veniens propria rectitudine, non per medium corporis, sed ex latere pendet; circa verticem vero tabulæ similitudinem, quod viventis insigne est, præferens, non coronam. Ex quo manifestissime declaratur, quia Gregorius dum adhuc viveret, suam similitudinem depingi salubriter voluit, in qua posset a suis monachis non pro elationis gloria sed pro cognitæ districtionis cautela frequentius intueri. Ubi huiusmodi distichon ipse dictavit:

Christe potens Domine nostri largitor honoris,
Indultum officium solita pietate guberna.

cap. 85. Ibi etiam iam tempore Petri archidiaconi et Joannis œconomi Saturninus monachus dextra lævaque Gregorii beati effigies sanctorum Apostolorum, quem admodum modo videntur, depinxit. Quo scilicet loco nonumquam divinitus candela succenditur, et in eiusdem similitudinis effigie pro regimine sui monasterii sæpe beatus Gregorius præsentatur.

XXII.

DIE BAUTEN ABT WITIGOWO'S IM KLOSTER REICHENAU.

(985—997.)

Purchardi Gesta Witigowonis (um 994—996.) — Mon. Germ. SS. IV., 621 ff.

Literatur: Piper S. 395; Wattenbach I., S. 397; Breitenbach im Neuen Archiv der Ges. f. ält. deutsche Geschichtsk. II., 176; die Miniatur der Hs. abgebildet bei Mone, Quellensammlung der bad. Landesgesch. III. Taf. 1. Kraus, Die Kunstdenkmäler des Großh. Baden, Kreis Konstanz; Ders. Die Wandgemälde der St. Georgskirche zu Oberzell auf der Reichenau. Freiburg i./B. 1884. Neuwirth, Die Bauthätigkeit der alemann. Klöster S. Gallen, Reichenau und Petershausen. Sitzungsber. der Wiener Akad., Bd. CVI.

v. 313. Ceperat in primo mihi[1]) cum dominarier anno, 985.
Est[2]) latus æcclesiæ levum genitricis ad almæ
Fundans eximium devota mente sacellum,
Quod Januarii voluit sub honore dicari,
Cælestis patriæ quem fecit amore subire
Palmam martyrii victrix confessio Christi.
In quo dispositis divinis cultibus aris,
Una beate tibi, protomartyr Stephane Christi,
Est erecta, preces ut clemens ipse receptes
Quas devotorum tibi fundit contio fratrum;
Altera, Laurenti, tibi cernitur atque dicari,
Tu simul ut votis te rite precantibus adsis.
In medio quarum Witigowo, norma bonorum,
Erexit celsam studiis ferventibus aram,
Hanc ornans tabula gemmis auroque parata
Qua Januarii concluserat ossa beati.
In tali primum studio perduxerat annum.
Voces omnigenæ dicant: Tibi gloria Christe!
Ut cursus anni tunc advenere secundi, 986.
Divini cultus non immemor ille beatus,
Pulchre formatam cepit fundare capellam,
Porta monasterii qua pandit pervia claustri,

---

[1]) Die personificierte Augia wird redend eingeführt. — [2]) Scil. Witigowo.

Omnibus aggressum demonstrans atque regressum.
Quam sub Pirminii sacravit honore beati,
Qui pastor primo me rexit amore paterno.
Inde morans operi nil, iunxit mœnia claustri,
Hic ubi circuitus fuerat non rite peractus,
Hac Januarii supera de parte beati
Culminis æcclesiæ, quem tum perfecerat ipse,
Atque gradus saxo fecit post ista polito,
Scanditur æcclesiæ per quos ad limina portæ.
Picta manet muro necnon genitricis imago,
In gremio Christum gestantis, pignus amorum
Quam graduum fratres proni super alta iacentes
Orando tangunt, ac sancta per oscula lambunt.
At latus ad dextrum signat pictura beatum
Evangelistam Marcum faciemque decoram
Fert Januarius levo sub margine pictus,
Orat quos ambos devotio nostra patronos;
Pingi quos ideo voluit domnus Witigowo
Ut defensores defendant undique tales
Nos ex insidiis his adversantibus hostis.
Iusserat et totum pictores pingere claustrum;
Sunt illæ tabulæ quæ per laquearia pictæ,
Signantes patrum facti monimenta priorum;
Vivere quod bellis, quæ conversatio pacis
Illis tunc fuerat, totum pictura figurat.
Introitum claustri, quem verbis ante notavi,
Sub forma patrum iussit variare meorum,
Quos mihi prelatos fecit prelatio dignos.

— — — — — — — — — — — — — —

v. 385. Omnia quæ dixit, tribus annis ipse peregit
Æquali forma faciens compage venusta
Tale Deo templum, quo non spatiosius ullum.
Omni structura diverso stemmate fulta
Ut domnus voluit, festinans ipse paravit
Huic arcus camyros et subdidit undique sculptos
Gipso, sub variis et verno flore figuris.
Fecerat hoc sectas et sustentare columnas
Pulchre de saxis distinctis atque politis.

Tunc opus omne quidem cum perduxisset ad unguem,
Lætitia grandi templum sollemne dicari
Fecerat in sanctæ devotus honore Mariæ
Virgineique chori, pro nobis in prece proni,
Et sub apostolicis Petri Paulique coronis.
Largitor studii talis tibi, Christe, volenti
Iura potestatis sex taliter indidit annis.
Mox ut septeni devenit circulus anni 991.
Altius arrectam sursum construxerat aulam
Sancte, dicata tibi, Michahel archangele Christi,
Quæ micat Otmaro pulchre pariterque beato.
Quam per utrumque latus firmaverat ille benignus
Cum turri gemina, tereti sub imagine facta,
Fornicibus curvis per circuitumque reductis,
Ad quas ascensum monstrat gradus esse supinum.
Has inter, pretii mercatus pondere magni,
Cymbala signorum suspendit dulce sonantum.
Ante domus sanctæ limen post ista Mariæ
Excoluit pulchrum, parvi licet æquoris, hortum.
Quem cingens muris ac arcubus undique curvis,
Fecit terrestrem paradysum luce micantem,
Qua longe splendet templi decus atque relucet;
Huc adventanti nova dans spectacula plebi.
Huius in æcclesiæ medio, quam fecit et ipse,
In gradibus positam sublimem sustulit aram,
Fronte sub adversa quæ respicit ostia contra;
Ut mos est, tabulam cui tunc prefecerat unam
Fulgentem solidis auri de mole talentis.
Per cuius medium speculum patet, ecce, serenum,
Quod pariter viridis vitrei manet atque coloris;
In quo quisque suum valet apte cernere vultum.
Si quis in æcclesiam graditur vel pervius ipsam
Coram se pronus, naturæ poscit ut usus,
Ecce retro positum rutilat spectabile totum.
Talibus in studiis me sic senioris amantis
Hoc pergrande decus se clausit septimus annus
Auctor tantorum tibi sit laus, Christe, bonorum!
Ut sol octavi metam tunc volverat anni 992.

Hoc paradisyaco coram fundaverat horto
Æcclesiam sancti prepulcram Bartholomei,
Atque salutiferum iuxta sacraria templum
Fecit, Herasme, tibi, simul et tibi, martyr Heracli.

— — — — — — — — — — — — — — — —

993. *v. 442.* Sic ex octavo florens virtutibus anno
Ascendit nonum, quem cepit ducere totum,
Ornans aureolis altaria singula gemmis.
Ante, Maria, tuam, virgo prænobilis, aram
Una sub ascensu graduum miranda paratu,
Gemmis ac auro vestita nitescit ab illo.
Fecit et argenti plectro tabulata parari,
Cum quibus est laterum precingens undique textum
Aræ quem lecti specie circumtulit ipsi,
Voceque de nostra confessio dicitur alma.
Hidria post ipsam Domini stans comminus aram,
Qua fieri vinum fluxum precepit aquosum,
Orantum votis et adhuc fert dona salutis.
Hinc iterum Marco gaudens altare beato
Et simul in sanctæ Crucis unum fecit honore,
Pulchre quæ cocto vestivit funditus auro
Et pinxit varie per gemmas atque monile.

ZWEITES BUCH.

HOHES MITTELALTER.

(CAP. XXIII.—XXXIX.)

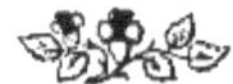

XXIII.

KUNSTTHÄTIGKEIT DES H. BERNWARD VON HILDESHEIM.

(† 1022.)

Thangmar (der Lehrer Bernwards), Vita Bernwardi episcopi. — Mon. Germ. SS. IV, 758.

Literatur: Piper S. 457; Wattenbach I., 346 f.; Gehle, De s. Bernwardi ep. Hild. vita et rebus gestis. Bonn, 1876.

Schnaase IV., 664; Kratz, Der Dom zu Hildesheim, 1840; Wiecker, Die Bernwardsäule zu H. Hildesheim, 1874; Dücker, Der liber mathematicalis des h. B. im Domschatz zu H. Hildesheim, 1875; A. Schultz, in Dohme's Kunst und Künstler I.; Springer, Die Deutsche Kunst im X. Jahrh. Westdeutsche Zeitschr. III; Beissel, Die Kunsthätigkeit des h. B. Stimmen aus Maria-Laach. 1885, 131; Sommerwert, Der h. B. von. H. als Bischof, Fürst und Künstler. Hildesheim, 1885; Cuno, Die Bernwardsthüren zu H. Deutsche Bauzeitung 1885; Ders., im chr. Kunstbl. 1886; Ders., Hildesheims Künstler im M. A. etc. Hildesheim, 1886; Sivers, Der h. B. Stimmen und Mitth. a. d. Benedictiner-Orden. XIV.; Neumann, Mitth. des k. k. österr. Museums f. K. u. Ind. Neue F. Bd. V.; Bertram, Die Thüren von S. Sabina in Rom, das Vorbild der Bernward-Thüren. Hildesheim, 1892.

Cap. 1 . . . . . Et quamquam vivacissimo igne animi in omni liberali scientia deflagraret, nichilominus tamen in levioribus artibus, quas mechanicas vocant, studium impertivit. In scribendo vero adprime enituit, picturam etiam limate exercuit, fabrili quoque scientia et arte clusoria omnique structura mirifice excelluit, ut in plerisque ædificiis, quæ pompatico decore composuit, post quoque claruit.

Cap. 6. Scriptoria namque non in monasterio tantum, sed in diversis locis studebat, unde et copiosam bibliothecam tam divinorum quam philosophicorum codicum comparavit. Picturam vero et sculpturam et fabrilem atque clusoriam artem, et quicquid elegantius in huiuscemodi arte excogitare poterat, numquam

10*

neglectum patiebatur, adeo ut ex transmarinis et ex Scotticis vasis, quae regali maiestati singulari dono deferebantur, quicquid rarum vel eximium reperiret, incultum transire non sineret. Ingeniosos namque pueros et eximiae indolis secum vel ad curtem ducebat vel quocumque longius commeabat, quos, quicquid dignius in ulla arte occurebat, ad exercitium impellebat. Musivum præterea in pavimentis ornandis studium, necnon lateres ad tegulam propria industria nullo monstrante composuit.

Cap. 8. Antiqua quippe loca ab antecessoribus suis possessa, quæ ille inculta reperit, optimis ædificiis collustravit, inter quæ quædam elegantiori scemate albo ac rubro lapide intermiscens, musiva pictura varia pulcherrimum opus reddidit. Quid dicam, quo studio vel ambitu sanctum locum nostrum vel principalem æcclesiam nobilitaverit, cum se ipsum et cuncta quæ habere potuit in eius usum impertivi maluerit. Testantur eius opera, quae futuro ævo pium illius animi votum apertis locuntur indiciis. Ecclesiam namque miro studio decorare ardenter instabat. Unde exquisita ac lucida pictura tam parietes quam laquearia exornabat, ut ex veteri novam putares. Fecit et ad sollempnem processionem in praecipuis festis evangelia auro et gemmis clarissima, thimiamateria quoque precii et ponderis magnifici, calices nichilominus plures, et unum ex onichino, alterum vero cristallinum mira industria composuit. Adhuc autem unum aureum, valentem libras XX publici ponderis, ex purissimo auro in usum ministerii conflavit. Coronam quoque argento auroque radiantem mirae magnitudinis in facie templi suspendit, et alia perplura quæ supersedenda putavimus, ne fastidium prolixitate ingeramus. Sanctum quoque locum nostrum murorum ambitu vallare summa instantia aggressus, dispositis per gyrum turribus, tanta prudentia opus inchoavit, ut decore simul ac munimine, velut hodie patet, simile nil in omni Saxonia invenias. Sacellum etiam splendidum valde, foris murum in honore vivificæ Crucis exstruxit. Cuius etiam aliquantam partem, largiente domno tercio Ottone Augusto imperatore, ibidem clarissimis gemmis auroque purissimo inclusam condidit.

cap. 9. . . . . . Bernwardus thecam auro gemmisque lautissimam, in qua vivificum lignum includeret, paravit, et cum ex tribus particulis sancti ligni quartam si fieri posset excidere temptaret, ut per singulas absides singulas conderet portiones, nec gracilitas vel parvitas quacumque ex causa sectionem admitteret, cum devotissimus Dei famulus animo fluctuaret: ecce subito inter manus ipsius antistitis quarta particula sacratissimi ligni angelico ut creditur ministerio delata apparuit. Mox igitur praesul laetus lignum sanctum per quatuor absides paravit.

cap. 10. Ipsum vero sacellum sanctæ crucis, vario decore perfectum, dedicavit 4. Ydus Septembris, anno incarnationis 996. indictione 9. regni vero gloriosissimi tercii Ottonis imperatoris 13. imperii primo, ordinationis autem suae quarto; locumque quondam dumis et vepribus horridum, vicinis incolis — Gloria tibi, Christe! — ex tuis datis baptismi, sepulturæ, unctionis fecit æternum solatium.

XXIV.

DER MALER JOHANNES AUS ITALIEN.

Vita Balderici episcopi Leodiensis (1008—1018, geschrieben um 1050). — Mon. Germ. SS. IV, 729.

Literatur: Fiorillo, Gesch. der zeichn. Künste in Deutschland I., 76; Schnaase IV., 693, 725.

Cap. 13. Hac nimirum tempestate vir erat venerabilis, ca. 1010.
Johannes nomine, natione et lingua Italus, episcopus officio, qui sui gratiam nominis moribus illustrabat candidatis et pietatis studio . . . . . . Nec scientiæ claritudo per litteras deerat, nec acumen ingenii; habituque ipso honoris videbatur angelici, hisque rebus honestatus, quæ maxime officio congruunt episcopi. Peribetur etiam satis egregie in arte picturæ illis temporibus claruisse. Cuius rei experimentum si quis exigit, Aquis eum dirigimus, ubi palmam adhuc optinet tanti artificis opus, licet vetustate temporis ut res cetere ex magna parte decorem suum amiserit. Quis autem imperator eundem a patriæ sustulerit gremio, brevi in eadem pictura declaravit hoc versiculo:

A patriæ nido rapuit me tercius Otto.

Alter etiam versus ibidem appositus breviter huius artificis pandit titulum; qui se habet in hunc modum:

Claret Aquis sane, tua qua valeat manus arte.

In loco etiam nostro,[1]) quem plurimum dilexit, ubi et tumulari meruit, suæ monumenta picturæ dereliquit. Cancellum enim nostrum honeste depinxit. Cuius pars quedam adhuc perseverat, sed iam senescit et caligat; pars altera, nova superveniente, est deleta.

cap. 14. Quæ autem causa adventus huius viri ab Italia in Gallias fuerit, vel quo ordine gradu sacerdocii sit perfunctus, ut his qui super hac re fuere curiosi est compertum, per eos nobis est significatum, silentio non transibimus. Quod si frivolum quibusdam esse videbitur et falsitatis arguimur, illis magis imputandum, quorum auctoritate est testimonio sumus usi et ad scribendum compulsi. Otto tercius imperator, de quo dubium fuit, iusticia an validis armis foret potentior, quodam tempore in partes deveniens Galliarum, mansionem accepit in Aquensi palatio, ut in regni sede et puplicæ rei domicilio. Ubi aliquandiu commoratus, eiusdem loci capellam studio devocionis regiis muneribus et bonis honoravit, et quod deerat ad decorem ipsius capellae supplere animum intendit. Necdum enim color alicuius picturæ laudem decorabat. Unde prædictum Johannem preciosum artificem missa legacione ab Italia accersivit et ut doctas manus huic applicaret negocio, oravit et imperavit. Paruit ille regali imperio, et quid valeret in hac arte, declaravit magnifice. At imperator in huius operis remunerationem, infra Italiam quodam ab hac vita decedente episcopo, eiusdem cathedræ donavit officio. Cuius rei gratia dum patriam repeteret, ut collati honoris potiretur baculo, dux eiusdem provinciæ ibidem commorandi illius avertit arbitrium, dum missis nunciis de suæ filiæ interpellavit coniugio, dicens in eadem patria cuius rector habebatur honore et fructu episcopatus privari, nisi animum subiceret huic condicioni. Ille magis favens castitati, qua nihil erat ei præstantius, quam tale officium maculare copula carnali, respuit huiusmodi pactum, sponte sua elegit exilium, et a finibus decedens Italiæ, regali se reddit præsentiæ. Quem pro suæ vitæ merito idem Otto imperator non minus se ipso diligebat, eumque inter primos regiæ domus habebat, et honeste tractabat. Ammonicionem quoque illius salutarem, qua increpabat regiam potestatem de

---

[1]) St. Jakobskloster in Lüttich.

iusticia tenenda, de utilibus rei puplicæ causis, de lenitate erga subiectos, libenter excipiebat; eoque audito, animum ab effrenata licentia frequenter cohibebat. Ne ergo vir tantus ob varias occupationes intra curiam suam aliquam sustineret penuriam eundem episcopo nostro (Balderico) commendavit, et ut humane tractaret, foveret, monuit et oravit.

XXV.

DIE KÜNSTLERLEGENDE DES TUOTILO VON ST. GALLEN.

Ekkehardi IV. Casus s. Galli (Anfang des XI. Jahrh.). — Mon. Germ. SS. vol. II., 59. Neueste wichtige Ausgabe von Meyer v. Knonau, St. Gallische Geschichtsquellen, 1877. Schriftquellen n. 1105—1111.

Literatur: Über Ekkehard Piper S. 469 ff.; Wattenbach I., 395. Dümmler, Zeitschr. f. deutsches Alterth. XIV.; Meyer v. Knonau a. a. O., Neujahrsblatt des historischen Vereines von St. Gallen, 1863 (mit Abb. der Elfenbeintafeln); Schultz, Tuotilo, in Dohmes Kunst u. Künstlern I. Abth; Bd. I., 23 ff.; Rahn, Nachlese zur Gesch. der bild. K. in der Schweiz S. 787 ff.; Beiträge S. 97 und 180 ff.; Bode, Gesch. der deutschen Plastik S. 8; Kraus, Christl. Inschr. der Rheinlande, II., n. 38 u. 304.

c. 34. At Tuotilo longe aliter bonus erat et utilis, homo lacertis et omnibus menbris, sicut Favius[1]) athletas eligere docet. Erat eloquens, voce clarus, celaturæ elegans et picturæ artifex, musicus, sicut et sotii eius, sed in omnium genere fidium et fistularum præ omnibus; nam et filios nobilium in loco ab abbate destinato fidibus edocuit. Nuntius procul et prope sollers, in structuris te ceteris suis artibus efficax, concinnandi in utraque lingua potens, et promtus natura, serio et ioco festivus, adeo ut Karolus noster aliquando ei maledixerit, qui talis naturæ hominem monachum fecerit. Sed inter hæc omnia, quod præ aliis est, in choro strenuus, in latebris erat lacrimosus, versus et melodias facere præpotens, castus, ut Marcelli discipulus, qui feminis oculos clausit.

---

[1]) Quintiliani Inst. orat. X., 1, 333.

c. 39. Tuotilo vero abbatum, sub quibus militaverat, permissis plerumque et præceptis multas propter artificia simul et doctrinas peragraverat, ut in suo capitulo tetigimus (*c. 34.*), terras. Picturas etiam et anagliphas carminibus et epigrammis decorabat singulariter pretiosis. Tantæque auctoritatis, ubicumque moraretur, apparuit, ut nemo illum, qui vidisset, s. Galli monachum dubitasset. Erat autem in divinis et humanis ad responsa paratissimus, et si quid incondecens, maxime in monachis, usquam vidisset, pro loco, tempore et persona zelator erectus, ut in uno de pluribus dicere habebimus.

c. 22. (*Bischof Salomon von Konstanz.*) Crucem etiam illam honorandam s. Mariæ[1]) Tuotilone nostro anaglyfas parante, ex eodem auro et gemmis mirificavit. Altare vero s. Mariæ et analogium ewangelicum eiusdem fratris nostri artificio in locis congruis deaurata, Hattonis sui de scriniis vestivit argento et dyptivit, ut videre est, ex auro electo. S. Gallo ætiam, in nullis fortuniis immemor eius, duas tabulas eburneas de eisdem scriniis attulit; quibus alias magnitudine equipares rarissime videre est, quasi sic dentatus elephans aliorum fuerit gigas. Erant autem tabulæ quondam quidem ad scribendum ceratæ, quas latere lectuli soporantem ponere solitum in vita sua scriptor eius[2]) Karolum dixit. Quarum una cum sculptura esset et sit insignissima, altera planitie politissima, Tuotiloni nostro politam tradidit sculpendam. Quibus longioris et latioris moduli Sintrammum nostrum scribere iussit ewangelium, ut quod tabulis abundaret, auro et gemmis Hattonis ornaret.

c. 40. (*Tuotilo zu S. Alban in Mainz.*) Rogatusque ibi morari, usque dum thronum Dei in brathea altaris aurea cælaret, cui similem anaglipham raro usque hodie videre est alteram [in circulo scribens hunc versum:

»Ecce polo potior solio terraque scabello.«][3])

c. 45. Tuotilo vero cum apud Metensium urbem cælaturus satageret, peregrini duo s. Mariæ imaginem cælanti astiterant elemosinamque petebant. Quibus cum nummos clam tribueret, divertentes ab eo, clerico cuidam astanti aiebant: ‚Benedictus Domino vir iste, qui nos hodie bene consolatus est; sed

[1]) Dom von Konstanz. — [2]) Einhart. — [3]) Randglosse. Die Worte nach Jesaias 66, 1.

estne soror eius,' inquiunt, ,domina illa præclara, quæ ei tam commode radios ad manum dat et docet, quid faciat?' Ille vero miratus, quid dicerent, cum nuperrime ab eo digressus nil tale vidisset, revertitur et quod dixerant, velut ad momentum et in ictu oculi contemplatur. Ait autem illi clericus et peregrini: Benedictus tu pater Domino, qui tali magistra uteris ad opera! Qui cum ipsos, quid dicerent, nescire assereret, vehementer in illos invectus, ne cui tale quid dicerent, interminatur. In crastinum autem, cum gloriam talem de se plures audirent dictitare, subtrahens se cessit de medio, neque iam ultra in urbe illa operari volebat. In brattea autem ipsa aurea cum reliquisset circuli planitiem vacuam, nescio cuius arte postea cælati sunt apices:

Hoc panthema (*anathema?*) pia cælaverat ipsa Maria.

Sed et imago ipsa sedens, quasi viva, cunctis inspectantibus adhuc hodie est veneranda.

XXVI.

DIE LEGENDE DES H. GALLUS IM KREUZGANGE ZU ST. GALLEN.

Tituli, von Ekkehard IV. auf Wunsch Abt Purchards II. (1001—1022) gedichtet. — ed. E. Dümmler in der Zeitschr. f. deutsches Alterthum. XIV, 34 ff. (Danach bei Kraus, Christl. Inschriften der Rheinlande. II, 11.)

Die Gemälde rührten von Abt Immo (975—984) her.

Literatur: Meyer v. Knonau, St. Gallische Geschichtsquellen IV., 10.

Ad picturas claustri sancti Galli Purchardi abbatis iussu.

1. Ecce deo Gallum puerili flore tenellum
   Prospera poscentes sistunt votando parentes.
2. Indolis egregiæ puer hic documenta sophiæ
   Ore Columbani non spe prælibat inani.
3. Ecce deo gratus ad honorem presbiteratus
   Chrismate roratur, in ephôt bâth [1]) rite togatur.

---

[1]) lineo toto. *Glosse.*

4. Pacta Columbano sententia fixaque Gallo
Cum simul allectis [1]) patriæ decedere tectis.
5. Æquipar est votum marium ter vincere motum.[2])
Impiger hic Gallus, petitur procul altera tellus.[3])
6. Ter Nereo fracto decedunt ab maris acto
Caelum non animum mutant Gallosque salutant.
7. Hinc Francis dantur, Sigiberto fausta precantur.
Hospite tractantur, sua regna fovere rogantur.
8. Luxovium struitur, monachorum planta rigatur
Tempus ibi substant, Brunhildis luxibus obstant.
9. Luxovii septis Zezabelis septupla neptis [4])
In terras alias Brunhilda fugat tot Helias. [5])
10. Agmen divinum castrum petit hinc Turicinum
Quo cum Felice Regulaque fruuntur amice.
11. Ecce petunt pelago loca Tucconiæ superato
Participantque bonis cum gente superstitionis.
12. Gallus agens verbo zelo sacra [6]) fregit acerbo
Mersaque Neptuno iacet obruta sub Iove Iuno.
13. Abscedunt sancti minus effectus ibi functi
Atque refellentem damnat anathemate gentem.
14. Tucconio spreto maris [7]) illius agmine læto
Quod rigat Arbonam, pede perspaciantur arenam.
15. Vuillimar hospitio sacer [8]) illos colligit apto
Oscula dans cunctis, infundens flumina plantis.
16. Vecti trans pontum puppi petiere Brigantum,
Fit domus Aureliae fanum vetus ore Columbae.
17. Hic iterum Gallus nulli dicendo secundus
Suadet et hanc gentem,[9]) credant ut in omnipotentem.
18. De grege pascente iumento digrediente
Dum duo sectantur fratrum latrone necantur.
19. Ingeminans gemitus sacer avolat inde Columbus
Pullis plus fidum Bobis petit et sibi nidum.
20. Gallus ab his regnis volitare nequit febre segnis
Columbusque iubet, ne se vivo sacra libet.

---

[1]) cum Chiliano ut aiunt et ceteris multis. — [2]) tria maria sunt inter Hiberniam et Galletiæ continentiam. — [3]) Gallia — [4]) pluris mecha quam illa fuerit, quæ Heliam fugavit. — [5]) In Sueviam. — [6]) idola. — [7]) relicto laci Potamici. — [8]) presbiter. — [9]) Brigantinos.

21. Febre piger Gallus patre celsa volante pupillus
Cantubus [1]) os claudit vocique gementis [2]) obaudit.
22. Arbonæ tectis Gallo sociisque [3]) revectis
Frigoribus pigrum vetus hospes [4]) colligit egrum.
23. Ut febre desivit, heremi secreta cupivit,
Hiltibalt optata cui silvæ spondet opaca.
24. Ibant per colles, condensa, per invia, valles,
Retia portantes, cæsoria rastra, bidentes.
25. Fluminis aggressi tandem laculos pede fessi
Gallus agit grates, scintillam excudit Achates [5])
26. ‚Hæc requies mea' psallebat, vepre forte ruebat,
Dux levet accurret, ‚sine me, quis sic libet', inquit.
27. Cerne pares pactis iustare securibus actis:
Silva sonat pressa, ruat in Pelium velud Ossa.
28. Ursus adest operi. Diacon recubando sopori
Clam contemplatur, merito fera pane cibatur.
29. Retia laxantur prædosaque vix revocantur
Asmodei [6]) stabant ‚ah ve' sibi vociferabant.
30. Temptantur nudis mulierum scaemate larvis
Hic dolus invicti certaminis est Benedicti.
31. Asperior cultu, cinerosus, flebile vultu
Ieiunusque tribus cellam sacrat illo diebus.
32. In prece sunt ambo lacrimisque fluunt uti nimbo
Arcent serpentes, species quascumque nocentes.
33. Piscis et hic capitur, ut ad hospita tecta feratur.
Ista loci prima benedictio transit opima.
34. Imperii sponsam [7]) vexat Satan aëre tensam:
Hunc abigat nullus rebachatur hians nisi Gallus.
35. Rege sacer iussus [8]) duce patre dolenteque missus
Vuillimar ire virum rogat exturbareque dirum.
36. Fit fuga Quadravades, [9]) dat tecta levita Johannes
Pneumatis et rore patris ipse rigatur ab ore
37. Rapta sacerdotes exorcizare parantes
Ense petens tecta nudat pallentibus acta.

---

[1]) galliciniis. — [2]) columbina vox (cf.) gemitus. — [3]) Magno Theodoro cum ceteris — [4]) Vuillimar. — [5]) de Virgilio diaconus Hiltibalt. — [6]) dæmones. — [7]) Fridiburgam. — [8]) a Cunzone — [9]) locus iuxta silvam Sennic.

38. Presbiter Arbonæ[1]) sanctum iussus revocare
Arte virum flexit vimque intentando retraxit.
39. Itur Hiburningum, Fridiburch ubi passa malignum
Eiulat ille prior: ‚Gallus prope, ve mihi pellor'
40. Increpat adductus scelus illud humillime sanctus
‚Tu ne theoplasta potiare diutius ista?'
41. Imperat invictus: ‚Fugias violenter abactus',
Mox volat ex ore Satanas avis atra colore.
42. Astat mente bona Galloque dat aurea dona
Virgo deo totis iam vivere dedita votis.
43. Vir domini gazas sibi semper habere perosas
Concite millenis cunctas dispersit egenis.
44. Virgo deo prona spreta fert vela corona
Et domini florum[2]) fit mater honora sororum.
45. Pontificis forte[3]) dolet hic Constantia morte
Eius et ad funus solvit lacrimabile munus.
46. Devovit populus, sanxit super omnia clerus
Gallum pastorem nec eo verbo potiorem.
47. Abnuit oblatum Gallus sibi pontificatum
Dote carens missæ, Johannem mandat adesse.
48. Moribus hîc iuvenem sanctis dat et ore potentem.
Is cathedra functus præsul pro se sedet unctus.
49. Emonet hîc vatem, superinduat ut pietatem:
Cunctos virtutes doceat faciatque salutes.
50. Sollicitus cellæ Gallus redit inde tenellæ
Scottigenæ[4]) pro se qua nidificant velut ipse.
51. Tamquam germani vivunt ibi compatriani[5])
Actibus ecclesiam datur illic cernere primam.
52. Ecce super mortem[6]) prope rivum[7]) rupe cadentem
Cælicolis dextrum videt astra volare magistrum.[8])
53. Magnaldum vocat, ampla viro theoremata narrat
Proque patris requie cito dixit velle litare.[9])
54. Grata sacrarum libat post tempora tanta
Isque calix cellam cum pane deo dicat illam.

---

[1]) Vuillimar. — [2]) virginum Mettensium. — [3]) Gaudentii. — [4]) Magnus Theodorus et alii non pauci. — [5]) Hibernienses. — [6]) Notkeri frontem. — [7]) Steinaha. — [8]) Columbani animam. [9]) missas agere.

55. Hîc Bobium missus Magnaldus fert ita iussus,
Gallo cambotam [1]) relevans a pondere notam.
56. Luxovio veniunt, sibi sit pater intime poscunt
Præque apibus cellæ fore nullas reddidit [2]) ille.
57. Talibus hospitibus cum non sit piscis abundans
Stagnello palmos [3]) esox [4]) capitur duodenos.
58. Pariete constructo templi surgenteque tecto
Affuit [5]) atque trabem precibus prolongat breviorem.
59. Vitæ decretas senio videt affore mætas
Fit Michahel festum celebreque petit pede castrum[6].)
60. Gallus agit missas sermone potens sibi iussas [7])
Omnes dixere per eum sibi pneuma tonare.
61. Bis septem soles febris imminet hinc sibi moles
Fit panis domino morbi caro cocta camino.
62. Vir Domino gratus languore gravi superatus
Oppetit Arbonæ certus sine fine coronæ.
63. Advolat antistes rate prosiliendo Johannes [8])
Plurima, flens illum se [9]) vociferansque pupillum
64. Funus ut ornatur, species horrenda videtur:
Vulnera furtiva sibi fecerat hostia viva.
65. Panditur hic capsa, gestamen martyris ipsa
Horret in hac vestis spinosa [10]) catenaque testis.
66. Astat contractus solida suffragine rectus
Induit ut sanctis caligas cum calciamentis.
67. Ecce viri ut scissa tumulentur comminus ossa
Martyrio clari nequeunt ulla arte levari.
68. Infrenes Galli duo gestant ossa caballi
Indociles sellæ petiere pares loca cellæ.
69. Præsul obit busta faciensque patri pie iusta
Exequias caro luctu persolvit amaro.
70. Mox testata viro nova sunt magnalia [11]) miro,
Multum dilexit quoniam, dum corpore vixit.
71. Debilitas multa reparatur ad ossa sepulta,
Plures larvarum cinis hic fugat Asmodearum.

---

[1]) baculum ferulam. — [2]) respondit. — [3]) in petrosæ Iouffin. — [4]) lahs. — [5]) Gallus artificibus. — [6]) Arbonam. — [7]) a Vuillemaro. — [8]) audiens in mari voces flentium — [9]) heu heu pater amate. — [10]) cylicium. — [11]) miracula.

72. Lumen adest orbis, sua sunt medicamina morbis,
Quo mage læteris, lacrimis abstersio veris.
73. Plaudite iam cuncti tanto solamine functi
Perpes et invictum nomen Domini benedictum.

XXVII.

EKKEHARD IV. TITULI FÜR DEN DOM ZU MAINZ.

Gedichtet auf Wunsch Erzb. Aribos von Mainz († 1031). — ed. Kieffer, Progr. des grossherzogl. Gymnasiums zu Mainz 1880—1881.

Literatur: Schneider, Der h. Bardo. Mainz, 1871 (schlechter Text); Kieffer a. a. O. (dort sind auch die hier weggelassenen Scholien Ekkehards mitgetheilt); Bresslau in den Jahrbüchern des deutschen Reichs unter Heinrich II. Bd. III., 231 (vgl. Neues Archiv VII., 419); Kraus, Christl. Inschr. der Rheinlande. II., n. 235.

Uersus ad Picturas Domus domini Mogontine.

Ueteris testamenti et noui.

Aribone archiepiscopo iubente modulati. Eligantur qui picturis conueniant.

Welt-schöpfung.

Principio rerum lux primo (et) facta dierum,
Arida cum celis magnum genus et Michahelis.
Luciferum uerbis temerantem sceptra superbis
In primo flore plasmator nudat honore.
Questio quis norit, primus dies unde micarit.
Prima diem lux albauit . . . .[1]) nigrauit.
Septemplex mundo solidatur forma secundo
Atque polum flexis complexibus alligat axis.
Tertia telluris dies et maris aucta figuris,
Ad domini uerba surrexit et arbor et erba.
Quarta sol reduce lustrauerat omnia luce,
Quam sibi non una facie rapit omnia luna.
Quinta reptantum surgunt speciesque natantum
Piscibus atque pares, sed dispare sorte uolucres.

---

[1]) subacta? Dümmler.

Sexta dies pecudum genus edidit atque ferarum,
Astat homo primus, uiuit spiramine limus.
Sabbata stant sancta, requiescunt et sibi cuncta,
Tanquam lassatus factor sedet ipse quietus.
Uiuit homo primus anima de complice limus,
Quem pater et natus creat et ui compare flatus.
Personis trinus, deitate perenniter unus
Arbitrio simile sibi plasmat Adam et ratione.
Dormit Adam et leuam costa spoliatur in Aeuam,
In cruce transfixe reparandus uulnere coste.
Euigilauit Adam dixitque uidens sociatam:
»Hoc ex ossibus os carnisque mee caro compos.«
Omnia subiecit deus Ade, que bona fecit,
Nomen ut aptaret mandans quodcunque liberet.
Uni parcat homo iussus fuit unice pomo,
Aut si gustasset dubio sine mortuus esset.
Uni iussus homo fuit abstineat modo pomo,
Aut si gustasset dubio sine mortuus esset.
Mordet Luciferum, hominem sibi postume factum,
Inuidia torpens meditatus et est fore serpens.
Hîc Satanas colubrum simulat mouet arteque labrum,
Et fictor ueri prior appropiat muliêri:
»Mandite, scituri bona vel mala dîque futuri!«
»Inuidus est ille, sibi uos similes fore uelle.«
Gustat Eua speciem morsu mortis sibi dulcem,
Porrigit inde uiro, libitu uorat is quoque miro.
Scandala membrorum pretexta tegit foliorum,
His male senserunt, his primitus erubuerunt.
»Adam, dic, ubi sis! Quorsum fugis? Aspice, quid sis!«
»»Te, deus, audiui nudus latebrasque petiui.««
»Quis tibi quam dudum mage dixit nunc fore nudum,«
»Ni quia mandatis reus es obstando beatis?«
Hîc homo, quod sexus sibi uerba daret male nexus,
Dixit peccasse, cui competerat mage flesse.
Nondum sanandus, post secula sed medicandus
Uergit in auctorem homo de muliere ruborem.
Pellicee uestes, mortis per secula testes,
Dantur damnatis primaque stola spoliatis.

Geschichte der ersten Eltern.

Proh dolor! in mundum gustate mortis habundum
E sibimet parto pelluntur protenus horto.
Semper erit multus tibi sudor, transfuga, uultus,
Nec dabit optatum tibi fructum rus operatum.
Insudans operi homo promeritoque labori,
Qua ualet hinc arte, terre serit equora parte.
Questio, cur relique frumentum non sit ut erbe,
Sponteque non crescat, quod nos magis omnibus escat.
Frumentum uite uictus iam tunc benedictus
Morte datis non sponte datur, sudore paratur.
Munera dat domino discordia prima litando,
Respicit ad uiua, flocci putat ille satiua.
Melchisedech uiua sed post facit esse satiua.
Presagans panem cum uino litis inanem.
Liuor amare, foras quam dudum cedere noras
Nec tibi formidas, germanum prime trucidas!
Inuidia plena fratrem sic post duodena
Uendit in Egyptum conuentio perfide captum.
Quam citus ostendit serpens, quo fraus sua tendit,
Cum nil tardabat primo genitumque necabat.
Creditur Abelis mors prima fuisse fidelis
Ligni tormentis commissa paterna luentis.
Jam tunc pandebat Christus, quod mente gerebat,
Quod scelus inuidie cruce sit tersurus auite.
»Ter miser atque quater, edic ubi sit tibi frater!«
»»Nescio. Men' rogo uis custodem dicere fratris?««
»Uox rosei roris uterini, dire, cruoris«
»Eiulat e terra; uindictam crede nec erra.«
»»Profugus en pergo, mors imminet ac mihi tergo.««
»Haud ita! Septitias prius ergo lues mihi penas.«
Tela Cain stupido Lamech iacit ac fugitiuo.
Esse putans leporem sub condensis latitantem.
»Audite, uxores, quatuor luerat Cain et tres,«
»Quinquagintenas mea dat punitio penas.«
Quinquagintenis natus de uirgine penis
Imposuit letas rediuiuus de cruce metas.
Raptus Enoch uiuit, paradysum forte subiuit
Spemque dat, heredem quandoque resumere sedem.

Geschichte Noæ.

Jussa Noe sancta studet arte facescere cuncta,
Ecclesiam mundis lignum conseruat in undis.
Archa genus hominum sepelit uite reparandum,
Conceptuque datis sacra pregnat gratia natis.
En reuolant ambe coruo remanente columbe,
Altera sed rostro ramum gerit ex oleastro.
Reddidit egressos annoso carcere fessos
Archa tegens multos utero pregnante sepultos.
Auctori rerum post tot curricla dierum
Septima munda litat Noe, terram quando recalcat.
Pacta Noe dantur, noua federa consolidantur,
Ne sit aque pestis, micat arcus ab ethere testis.
Ebrius est factus pater atque uerenda retectus,
Filius amisit liberam sortem, quia risit.
Mente parat binas memori gens prisca columnas
Artibus inscriptas, nec aquis nec ab igne ruendas.
Turrim tollentes, ut eant super astra, gigantes
Linguis sunt fusi, uirtute licenter abusi.
Ur Chaldeorum fugiens in Chananeorum
Transit Abram partes, proprias sibi postea sortes.

Geschichte Abrahams.

Milite uernaculo, nullo uiolante piaclo,
Hostes strauit Abram, rapit amplam Loth quoque predam.
Spes regis iusti flagrans in tempora Christi
Pane deum donat, prognostica uina coronat.
Melchisedech stanti, panes et uina litanti
Soluit Abram decimas Moyse maior duce primas.
Grande dei munus, tres aspiciuntur ut unus,
Abraham Christum recipit facie tenus ipsum.
»Noli prandere mecum, tres une, negare!«
»Tu sata terna para, uitulum quoque mi coque, Sara!«
Fortunate senex, cuius uolet omnipotens rex
Semine felici cunctas gentes benedici.
»Solis erit reditus anni reuolamine suetus,«
»Et tibi Sara satum suspendet ad ubera natum.«
»Risum, Sara, tene! Quod spondeo, non fit inane.«
»»Non risi, domine, nimio perculsa timore.««
Credidit his uerbis Abraham, populi pater orbis,
Et sibi iustitia fuit a domino reputata.

Federis et pacti Christo nascente peracti
Abraham pignus secat in uirga patre dignus,
Gentibus ecce pater dominum flectendo frequenter
Pretitulat natis uim supplicis improbitatis.
Quod rogat ignotis ueniam tamquam sibi natis,
Exemplum magnum fidei patre maxime dignum.
Plebs Sodomita fores aperire parans in amores
Loth patris intactis priuatur lumine tectis.
Sulphuris in Sodomam pluit estum factor opimam,
Loth stupet horrorem, fugit et cum prole Segorem.
Restat gemma salis Loth connuba perpetualis,
Lumina quod flexit, anathemata spreta respexit.

Geschichte Isaaks.

Sara tumet pregnans, ueteranc nascitur infans,
Quem circumcidit pater, ut par tempore uidit.
»Isaac exhaustum mihi mando cremes holochaustum,«
»Par mihi fit merces, si tam caro neque parces.«
Ecce pater comites monet, ut substent, properantes,
Cum puero montis frontem petit ipse uidentis.
»Sat, pater, exhausti, nisi uictima abest holochausti.«
»»Prouidet hanc, fili, dominus; nil deforet illi.««
Immolet ut puerum decies ibi mille dierum,
Alligat ecce pater; homo consentit patienter.
»Contrahe cede manus, aliorsum perfice munus,«
»Nil puero ledas, sed pignus in ariete cedas.«
»Quod timeas domini nomen, tibi spondeo semen,«
»Sidera quam celi non posse magis numerari.«
Uis diuina tuis, Abraham, latet insita lumbis,
Quod fidei custos famulus tibi iurat ad ipsos.
Dat sponse post armillas missalis inaures,
Non dat adhuc anulum fidei post tempore signum.
Aduenit hîc pacta, nato patris intima facta,
Descendens ueterem peplo tegit illa ruborem.
Isaac aduectam gratatur adesse Rebeccam.
Quis queat affari, quid abibat agro meditari?
Forte geometricas agri reparare figuras,
Egypto quas attulerat pater eius, abibat.
Consulit afflicta dominum de prole Rebecca:
»Bella gerent gemini, famulabitur ille minori.«

En pro pulmentis primatu cedere lentis
Esau nil pendit, quem fratri sub fame uendit.
Geschichte Jakobs.
Mysticus hîc ante quam fratrem, matre monente,
Furto felici Jacob egit, se benedici.
Ecce etiam gratum membranam hispida natum
In celi rorem beat et pinguedine terre.
Ad lapidem recubat Jacob lassusque soporat,
Cernit et ecce palam tangentem sydera scalam.
Quam uetus Ethiopis dolus est astusque draconis!
Qui gradibus scale faciunt, labantur ut ale.
Hic lapis et titulus litus est de chrismate primus:
»Terribilis locus est iste, domus hîc tibi, Christe.«
Ecclesie muro lapis hîc quandoque futuro
Angulus aptatur oleique liquore sacratur.
Pandit item puteum Jacob ad sacra federa clausum,
Absque anuloque ratas dat et ipse Rachel procus arras.
Miscetur nupte Jacob ignarus minus apte,
Igneque maiori cupit accubitare minori.
Gratia Rachelis prestat quandoque fidelis,
Liuor enim fellis germanam mordet ocellis.
Hîc uirgas uariat Jacob inque canalibus aptat,
In quibus aspectu pecudes fetentur et actu.
Fortior inuictam Jacob cum numine luctam
Nocte gerit, stupido claudus redit indeque neruo.
In septem turmis Jacob redit exul inermis,
Horruit et fratris contos stomachando ruentis.
Opprimitur Dina; fratres duo cede, rapina
Pacificum uerbis populum grassantur in urbis.
Sol, soror, undene Josepho sunt somnia stelle,
Geschichte Josephs.
Acclinique sibi signant sua sceptra manipli.
Mergitur in puteum Joseph sine crimine siccum,
Ut sibi quid possint uideat, quid somnia prosint.
Hîc e cisterna patris intimus et sibi uerna
Extrahitur, baratro rediuiuus surgit ut atro.
Portentum magnum! fratrem mutum uelut agnum
Uendit in Egyptum germana manus nece raptum.
Ut libitus diri furor incaluit mulieri:
»Haud, ait, exibis, mihi mox sed, amande, coibis.«

Non tulit indignos Joseph fidei memor ignes.
»Hoc scelus est,« inquit; retrahenti pallia linquit.
Truditur in tenebras homo carceres atque latebras,
Ut luat incestum, quem scit sibi conscia castum.
Somnia distinxit, quem carcer compede strinxit,
Spiritus a manicis liber est, mens laxa catenis.
Immemor hîc fidei pincernat item Pharahoni,
Nescit enim serui grates natura superbi.
En Pharaho pistor, simile fraus atque comestor,
In cruce pascit acres discerpta fronte uolucres.
Regis ad edictum Josephum uidet aula relictum,
Crinibus attonsis, homo temperat ora responsis:
»Rex, tibi septene specie sub dispare uacce«
»Portendunt, fore fecundos sterilesque tot annos.«
»Somnia sunt eadem, Pharaho, spice tibi septem«
»Eque notant iste, similes quod erunt tot ariste.«
Pharaho Memphiticas Josepho post se dat habenas,
Nilicolis totis iubet eius cedere uotis.
Mille polos ducta cito surgunt horrea structa,
Intulit his iuges septennis messio fruges.
Nilus abhinc cecidit, erbescere terra nequiuit,
Egypti delta fruges negat optime culta.
Horrea pandantur, proceres cum plebe precantur,
Terra Joseph donis possessio fit Pharahonis.
Astant germani Josepho per nomina deni,
Fregit et ignaros pro fratreque misit amaros.
Hîc astant iterum sistuntque Joseph uterinum,
Quis foret edixit stupidis patremque reduxit.
Archiuo rerum uetus assidet ille dierum,
Mactus et in donis, nouus accola fit Pharahonis.
Prescius in dextram Jacob uersando sinistram
Portendit magnum quandoque crucis fore signum.
»Ter fortunata, gratare, quaterque beata,«
»Quod semen Christi tanta, Thamar, arte subisti!«
»Furto preclare baculum da, Juda, Thamare!«
Hunc tenet atque anulum, spes agni respuit edum.
Geschichte Hiobs. Post perlustratas uolucri reuolamine terras
Astiterat domino Satanas admissus ab ipso.

»Numquid,« ait dominus, »similem Job tamque fidelem«
»Inuenis in terris, toties quas transfuga uerris?«
Et Satan: »An frustra bonus est, benedictio uestra«
»Quem sic uallauit et opes sibi multiplicauit?«
»»En bona do frangas, carnem uolo ne sibi tangas,««
»»In qua maiorem meus ille mereret honorem.««
Job damnis quatitur, substantia nullificatur,
Nec labat afflictus. »Dominus sit, ait, benedictus!«
Perdidit ut gratos cum suppellectile natos.
Astat item domino Satanas permissus ab ipso:
»»Num Jobis equiparem non, quero, scias potiorem,««
»»Dic mihi per terras, quas circuis atque pererras.««
»Pellem pro pelle . . . . quam dare uelle.«
»In carnem permitte manum dabo Job cito uanum.«
»»Carnem do frangas, animam uolo non mihi tangas,««
»»Huic iam maiorem patientia sanxit honorem.««
Job, Satan ut dixit, uelud in sartagine frixit,
Ille dolore cadit, testa ulcera stercore radit.
Ore dabant festo reges solamina mesto,
Hos fractus fregit, uictos ratione subegit.
»Jam uolo uos mutos,« deus inquit, »magna locutos,«
»Job uerbis potior petat et uobis miserebor.«
Job sospes uiuit, substantia dupla rediuit
Proleque septena datus est etateque plena.
Filia pro donis specialibus hîc Pharahonis — Geschichte Mosis.
Colligit infantem scirpo sub aquis latitantem.
Uir puer effectus, Moyses agnomine dictus,
Urbem post scissam nuptum rapit Ethiopissam.
Deprensus Moyses nece clam punisse nocentes
Uix in desertum Madian aufugit opertum.
Pastor oues uatis homo pascit Madianitis,
Cuius item natam thalamo locat associatam.
Sumptus aqua pactis bis nupsit gentibus ortis,
Qui prope candidulam duxit procul ante nigellam.
Flamma rubum mordet lambitque frutecta nec ardet.
»Solue pedum tegimen, Moyses, uenerareque numen!«
»Perge liber, homo mi, mea scitaque fer Pharahoni!«
»Dic: ‚Ego sum, qui sum', populum mihi soluat amicum.«

»Solue dei gentem, Pharaho, tot damna gementem!«
»Imperat inuictus deus, ‚Est' de nomine dictus.«
»»Nescio, quis sit hic ‚Est'; Israel neque soluere mens est.««
»»Otia blanda terunt, uideo plus pondera querunt.««
Tincta notis terga sinuansque uolumine uirga
Rictu non salubri grassatur in ore colubri.
Egyptus denas uario discrimine penas
Gente deo lecta patitur sine clade relicta.
Hic agnum cesum domus omnis sumit in esum,
Et cruor in postes litus ensem pellit et hostes.
Pascha uocant istam noctem per secula festam,
Transit in hac dominus, his blandus et his metuendus.
Nam post bissenas quartam decimamque kalendas,
Qua solis dies inciderit, nunc Pascha recurrit.
Commodat Egyptus tot amicis ad sacra sumptus
Auri ceu montes secumque ferunt abeuntes.
Ob sacra desertum petit Israel omnis opertum,
Pharaho penituit, tot milia sistere pergit.
Nemo uirûm parmis sumptis neque paret in armis,
Nullaque deserta petra, ligna per arua reperta.
Stat Moyses predux, uirga mare sanctificat crux,
Preluit et mundis populum baptismatis undis.
Tollitur a dextris fluctus maris atque sinistris,
Israel egreditur, manus hostis aquis sepelitur.
Sicca maris mirum geminum quod habentia murum
Uno sub sole peragrant tot milia mole.
Judeus at plures maris asserit illuuiones,
Quas Dauid in psalmo cecinit psaltes sacer almo.
Arma gazasque uiri bellando robore miri
Litore disiectis rapiunt nudosque relinquunt.
Vociferat Moyses per simphona neumata laudes,
Nusquam maiorem legimus sonuisse canorem,
Quam sexcentorum uox una dabat populorum.
Milia tot hominum superant modulamine celum,
Tympanat egregia Moysi soror acra Maria,
Primitus hic audis domino data tympana laudis.
Nube die stante pro castris preque uolante,
Plebs manet aut sequitur, noctis lux castra tuetur.

Post Maraim fontes duodenos inuenientes
Septuaginta almis subsistunt mystice palmis.
In tabulis binis lex est descripta petrinis,
Mandatis paribus, quia pendet tota duobus.
Murmurium pernix sedat consumpta coturnix.
Gens mala, uas ire, surgit cantare, salire.
Ecce cadit strata plebs carne nimis saturata,
Tamque scelus multum dominus non liquit inultum.
Jethro consultis releuantur pondera multis,
Hîc statuit leges, partiri munia reges.
»De domino, Moyses, ne sis presumere deses!«
»Laudeque non cessa, dat aquas cruce petra rescissa.«
Prestruit ecclesie penetral sinagoga future,
Chrismatis in donis genus omne sacrans Aaronis.
Uirtutum testes redolent de chrismate uestes,
Scitus habet fari, quibus he ualeant similari.
Fulgida septenis stat lychni machina donis,
Ipse per hoc munus signatur trinus et unus.
Cerne cyphum quemque, tres aspicit unus utrimque,
Crede deum trinum doni septemplicis unum.
Arguit inuidia fratrem stomachando Maria,
Mystice premissam quia duxerat Ethiopissam.
Antea formosa fit ab inde Maria leprosa,
Felleque tam plena fore non poterat sine pena.
Os reclusit humus, temerauerat ut sacra fumus,
Sacrilegosque uiros absorbent tartara uiuos.
Aspice uerbosam linguaque loquaciter usam
Acciti Balaham, Jacob ut maledicat, asellam.
Primitus ecclesiam Balaham benedixit agyam,
Precinit et stellam Jacob de stirpe nouellam.
Mirum, gentilem phantasmata prisca colentem
Precinuisse deum Judeis in carne futurum.
Juda, nec horrores pateris, nec fronte rubores,
Quod tibi preuisum depinxit et ethnicus Isum?
Ac plures ille concordent ore Sibille,
Esse deum purum sub humana carne futurum.
Expansis manibus crucis hîc signacula primus
Extulit in precibus Moyses palmam pariturus.

Emoritur Moyses; Hiesus, cui par, subit heres,
Alter aque dotem, notat alter uoce salutem.

Geschichte der Richter.

Genti pollicita lac manans mellaque terra
Pre cunctis donis dedit in cruce spem botrionis.
Robore prestantes et in uno mille fugantes
Prelia miscebant, gentes terrore replebant.
Jordanem Josue uirga diuisit et ipse,
Transit item populus pede sicco, nec perit unus.
Littore cerne petras, altaria tot, duodenas,
Facta patrum memores renouant ibi laude minores.
Israhel hîc omnis dominum regratiat ymnis,
Septem, quîs pangunt, celos discrimina tangunt.
Que uirtus laudis! Que robora carminis audis!
Vociferans laudes, uictoris nomine gaudes.
Obuia mox illis Hiericho preclusa rebellis
Ui cecidit parce circumdata septies arche.
Missales domini sub fasce tengens cita lini
Per rubeam uittam pepigit Rahab hospita uitam.
Sol stetit hîc primo, sub Esaia uate secundo,
Queritur, his damnis cyclorum quid cadat annis.
En scelus Acharis (*sic*) lucrum portendit auaris,
Captus per sortem luit auri fenora mortem.
Hîc crucis ad signum transuersum cernite lignum,
Quo Jedeon mire memorant frumenta ferire.
Ros domini cadit in uellus, uacat arida tellus,
Arescit uellus, rorescit pneumate tellus.
Prelia languenis miscentur numine plenis,
Uincit ubique locis inuicta potentia uocis.
Que tibi, decepte, fuerat uecordia, Jepte,
Quamquam uotasti, sacra quod tam dira litasti?
Jeptes inceptum Judei sic fantur ineptum,
Si canis aut asinus foret, esset et ille litandus.
Saul quoque, ni populus mala dira uetasset amarus,
In speciem tandem sceleris cecidisset eandem.
Clauum cerne crucis duo tempora perterebrantis
Morte soporiuo hosti domini fugitiuo.
Hac periit specie mulier crudelis Helie,
Hac Jezabel sorte luitur lupa sordida morte.

Geschichte Samsons.

Sic Samson segetes facibus facit urere uulpes,
Jure faces caudis gestant animantia fraudis.
Robore Samsonis franguntur menta leonis,
Equipares nulli fuerant uirtute capilli.
Mella nouo more nectarque leonis ab ore
Samson gustabat et in his emblema parabat.
Samson mandibulo ag . . . . . .[1] seuit in uno,
Ipsius ex dente potatur postea fonte.
Sublatis portis Gaze uir robore fortis
Sistit in exstantis leue pondus uertice montis.
Samson Nazareus Dalila fallente ligatus
Exilit, ut stuppa soluuntur neruora rupta.
En Samson rasus, mulieris et iste suasus,
Uincitur captus, oculis priuatur ineptus.
Nemine sollicito de se iam crine renato
Oppetiit tecto Samson populoque reiecto,

Geschichte Samuels.

Samuhel infantem se partu letificantem
Commodat Anna deo, sacra soluens iure Judeo.
Nil patre zelante, sub delitiis sed habente,
Proles Heli sacra fedauit scortisque coiuit.
Archa dei capitur sacra fedatique necantur,
Nec maior populum dolor unquam pressit amarum.
De cathedra prolapsus Heli grauitate senili
Soluit, patrinam quia spreuit discipulinam.
Ecce due raptam reuehebant Bethsamis archam
Mugitus dantes fete uitulosque uocantes.
Saul deus in regem iubet ungui per Samuhelem,
Is quoque pollebat, humilis dum corde manebat.
Saul lectis turmis raptis seuiuit in armis
In populum multum nullumque reliquit inultum.
Saul Samuhel tenuit, humero quoque pallia scidit.
»Hoc, ait, in signum dominus scindet tibi regnum.«
Pinguis Agach moritur, Samuhele iubente necatur,
Ne reparet uictus bellum cum pace relictus.
Flore pari mactis germanis sorte reiectis,
Extimus eligitur, is rex pro Saule linitur.

Geschichte Sauls.

[1] agonista? Glosse: ualidus certator.

Crebros predones gregis ursos atque leones
Robore confregit Dauid et prerepta redegit.
Sumens limpidulos Dauid e torrente lapillos
Sternit per fundam traiecta fronte Goliam.
Nil nocuit Dauidi furor et uesania Sauli
Missile iactantis in pernitiem medicantis.
Saul Dauid insequitur sepissime, nec reperitur,
Ora tamen clamidis desciditur arte latentis.
Mille ualere locis septem discrimina uocis,
Testis adest psalmus totidem de uocibus almus.
»Infidos uigiles uoce regis et excubitores,«
»Asta, cyphus domini cui sit, uideant,« Dauid inquit.
Occubuere uiri Jonathas, Saul robore miri,
Nil capiant roris tanti montana doloris!

Geschichte Davids.

Hîc Dauid in regnum populus leuat unice dignum,
Qui totiens hosti benefecerat in uice Christi.
Betsabee lauit, uidet illam rex et amauit,
Ei, domini christum species decepit et ipsum.
Nathan ut orator, Socraticus insinuator,
Exactor ueri regem facit acta fateri.
Pronus humi plorat rex arte subactus et orat,
Robore diuino renouari flamine trino.
Ecce fugit natum Dauid exilio reuocatum,
Hoste petras patitur, sed et hunc pietate tuetur.
Absalon furiis atrox agitatus iniquis
Siluas pertendit fugitando comisque pependit.
Uertice pendentem, patris imperium temerantem
Dux petit et telo cito cor transfixit anhelo.
Unguitur in magnum Salamon patre compote regnum,

Geschichte Salomons.

Nathan atque Sadoch, populo patrante, parant hoc.
Rex rhetorum more struit argumenta mucrone,
Natum mater amat, gladio pietate reclamat.
Templum fundauit Salomon dominoque dicauit,
Omne quod exstabat opus hoc manuum superabat.
Que fore nil norat Salomon sophus altus adorat
Atque deum uerum libitu spreuit mulierum.
Grossior en digito dorso patris ille minuto
Regni uix artam tandem retinet sibi partem.

Hieroboam uitulo deitatem subdidit aureo — Geschichte der Propheten.
Numina transmutans pecus atque precando salutans.
Res nimis egregie, toga quas operatur Helie,
Dân Jôr bis findit, duo testamenta refundit.
Colligit en uidua crucis ad machinam duo ligna,
Quîs Helie coxit, de relliquiis sibi uixit. — Geschichte des Elias.
Ad latebras torui uexere cibaria corui
Clamque fami uatis opus impendunt pietatis.
Metas etherias raptus transmisit Helias
Demisitque peplum Heliseo numine duplum.
Mole giganteus duplici graditur Heliseus,
Scindit item flumen geminum de numine numen.
En cute deformis Neaman, uir fortis in armis,
Jôr lauat in fontis quater et ter Dânque fluentis.
Simplo dote sacer Helias de morte potenter
Uiua uoce hominem reuocans facit ire ualentem.
Duplo dote sacer Helseus de morte potenter — Elisaeus.
Mortuus ipse hominem reuocans facit ire ualentem.
Septeno fotum curuamine morte receptum
Dat matri uates puerum, dat cernua grates,
Precinit egregias Achazzi res Esaias: — Jesaias.
»Parturiens alma prolem generabit Ahalma,«
»Emmanuhel puerum generabit uirgo supernum.«
»Quamlibet indigno dabitur tibi res noua signo,«
»Concipiet uirgo, pregnabit Bethula uerbo,«
»Emmanuhel puerum dabit alma iuuencula summum.«
Incutit ecce metum, canit Ezechie fore letum — Ezechias.
Aesaias; languens plorat, uiuescat et orat.
Ingreditur rursus uates pro flente reuersus,
Annos quindenos sibi spondet, post fore plenos.
Sole in horoscopio radiamina dena reuerso,
Uixit quindenos rex ceu sibi postumus annos.
Assyrius fractus, prius amplo milite mactus
Urbe sacra fugit, celum clamore remugit.
Hoc trophei munus solus patrat angelus unus,
Subsannat uictis Gabrihel mortique relictis.
Flebilis Esaie mors est inflicta prophete
Serris sulcato crucis inque modum resecato.

Jeremias.

Insons ecce luto Hieremias oreque muto
Mergitur et ueri nequit a statione moueri.
Milies afflictus neque falsa probare coactus
Hieremias septam uidet urbem hosteque captam.
Hieremias septam uidet urbem ui quoque captam.

Zedekias.

Urbs sacra uastatur, Sedcchias anticipatur,
Credere nolle deo stimulatus corde Judeo.
Sedcchias tristi rex captus sistitur hosti,
Res noua, cecatur, populus Babylone migratur.

Susanna.

Casta senes lacrimis Susanna reuicit amaris,

Daniel.

Datque pares morti Danihel discrimine forti.
Tres pueros, rapidus quos hausit fauce caminus,
Consortat quartus, pro flammis ros rigat artus.
Emonet in cinere Danihel figmenta probare,
Que fecere senes, pueri Bahal et mulieres.
Obstruitur Danihel, quia soluerat in nihilum Bel,
Abbacuch epulum cui fert super antra leonum.
Mirum, quod tantas superabat tam cito terras
Uir domini nullis spoliatus fronte capillis.
Hîc Belial homines rapiunt lacerantque lëones
Audaces Beli, qui ieiunant Daniheli.
Somni pictura tibi, rex, notat arma futura,
Parietis hos apices bellorum disce minaces.
Rex pseudodoxis inflatus pectore noxis
In beluam uersus per siluas pascitur ursus.
Ecce quadragenis templum sex conditur annis,
Maius honore trium reparat mora parua dierum.
Asmodeus Saram quater et ter fecit amaram
Pro totidem gratis dira sibi morte necatis.
Stercore non mundo, cita quod digessit hirundo,

Gesch. des Tobias.

Temptat item Satanas, si Job uelit esse Tobias.
Raphahel ecce uiam docuit duxitque Tobiam,
Quos canis assequitur, medicabile cete feritur.
Per speciem medicam Raphahel dotalia Saram
Cum Tobia mire fecit nuptumque subire.
Hîc pater ille senex longo temptamine supplex
Raphahel arte ducis recipit spectacula lucis.

Gesch. der Judith.

Ense uiri extracto Judith, dux femina facto,

Muta deum laudat, Holophernem uertice fraudat.
Assyrios multos Holopherne preduce fultos
Disturbat populus predamque reportat onustus.
In faciem regis Hester, temeraria legis, Gesch. der Esther.
Audens ingressa cras gaudet cede repressa.
Pendet Aman ligno cum prole pater sibi digno,
Dispereunt cuncti tom seuo consule functi.
Fortune ludus, sumptus ceu stercore nudus,
Mardocheus testis sedet ecce uicarius hostis.
Distrahit abrasa manus Antiochi sacra uasa, Gesch. der Makkabäer.
Templum calcatur, statue Iouis ara dicatur.
Matthathias stantem socium necat atque litantem,
Lambit in horrorem Iouis Atticus igne cruorem.
Antiochus flebat neque fructum fletus habebat,
Sic Judas, Sataneque sodes sic flebat Herodes.
Cor quatit ecce stupor mentemque reuerberat horror,
In cassum mala quod flentur, commissa dolentur.
Regibus hinc fractis bello ducibusque subactis
Machabei morem populum docuere priorem.
Septem passa neces, septena sub cruce fratres
Equipares dextris pia mater preparat astris.
Aurea per montes micuerunt scuta minantes,
Per paucos multi morti traduntur inulti.
Militis o quantum uires pollent, elephantem
Qui sic prosternit, quod eum precellere cernit.
Bella giganteus post mille cadens Machabeus
Fortibus exempla uirtutis in arte dat ampla.
Urbem Pompeius prefregit et impetus eius,
Templum lustrauit regemque catena ligauit.
Unctio cessauit, Herodes eam temerauit,
Sanctorum sanctus uenit ecce perenniter unctus.

De nouo testamento.

»Ne timeas, uates! Ego sum Gabrihel, age grates!« Geschichte Johannes des Täufers.
»Que petis, audita, ueniet tibi spes et auita.«
»Antea quam natum generabis tu quoque notum!«
»Elisabeth sterilis pariet tibi gaudia prolis.«
»»Unde queat sciri ueteranos prole potiri?««

»»Uxor prona quidem nescit muliebria pridem.««
»Quod mihi non credis, te quam dominum mage ledis,«
»Ad cuius nutum cito noris te fore mutum.«
»Concipit oblatum sterilis ueteranaque natum«
»Partubus et prolem mulierum dat potiorem.«
Elisabeth puero spe pollicitaminis orto
Prescia dat nomen fore dixit et ipsa Johannem.
Zacharias mutus apicum uirtute locutus
Ut calamum fixit, Johannem nomine dixit.
Dat fidei uates potioris cantica grates:
»Israel inuictus deus,« inquit, »sit benedictus!«

Geschichte Mariæ.

»Mittor,« ait, »celis Gabrihel, mihi uirgo fidelis,«
»Mater eris leta, uerbo pro semine feta.«
»Mater eris Christo, benedicta, timor procul esto!«
L. »Uirgo perennis, aue tibi porto per ethra suaue.«
»»Credo tuo uerbo, neque corde resisto superbo.««
Taliter affatam fore nec discredo beatam.
»»Credula quero modum, rogo soluas hunc mihi nodum.««
»Pneumatis impregnat te uirtus et intus obumbrat.«
Stella maris saluo petit Elisabeth grauis aluo,
Oscula pregnantis libat super ardua montis.
Exultat domino matris Johannes in aluo,
Concutit umblicum dominumque salutat amicum.
»Fer curam grauide supero de rore Marie!«
»Mittor ab arce poli, Joseph, diuortia noli!«
Pax pueri portas hic Martis damnat apertas,
Contracta parma sedet ille fremens super arma.
Pro Joseph est census pregnanteque uirgine pensus,
Numine diuino dragmas numerante Cyrino.

Jugendgeschichte Christi.

Nascitur, ut cernis, uerbum sub pondere carnis,
Uoluitur et pannis deus infans rexque perennis.
Presepis feno reclinans ubero pleno
Lactitat infantem super omnia uirgo potentem.
Antea quod nescit, asinus modo cum boue discit,
Bos possessorem, presepi asinus dominantem.
Angelus ampla docet uigiles gregis et chorus infert:
»Doxa sit in celis, sit yrinis gratia terris!«
Scandunt castellum uigiles cernuntque tenellum

In presepe situm, celis terrisque potitum.
Jus subit hîc legis complende gratia regis,
Et circumcisus nomen puer accipit Jsus.
Stella micat prius effata Jacobque dicata,
Fit Balaham fidus, qui predixerat fore sydus.
Chaldea mittit ouans, sileas uagitibus, infans,
Aurum, thus, myrram; tene, macte, polum, mare, terram!
Bethlehem proceres Zoroastros mittit Herodes,
Fraude iubens redeant, ubi sit puer et sibi pandant.
Oblatis donis patrie fines regionis,
Qua sibi suadebant responsa, magi repetebant.
Christum mille modis fraus perdere temptat Herodis,
Sed non tam magnum mordere ualet lupus agnum.
Uirginis infantem Joseph pater omnipotentem
Ducit in Egyptum, seua de tygride raptum.
Uictimat infantes puero nece testificantes,
Ut quîs forte modis ipsum uoret astus Herodis.
En puer in templo comitatu sistitur amplo,
Quem senior tremulis Simeon susceperat ulnis.
Sistit agens legem uotiua theotoca regem,
Emeritusque senis Simeon hunc suscipit ulnis.
Ecce docet legis scitos iurisque peritos,
Cortice uim nullam dulcemque sapore medullam.
Uirtus diuina latices facit hîc fore uina,
Prima Chana digna fuit eius cernere signa.
Christi Erdenwandel.
Sanctificat cuncta Christus Jordane fluenta,
Quîs animas mundat septenaque dona redundat.
Rectorem celi uerbo Baptista fideli
Ut uidet ad stagnum, digito monstrans uocat agnum.
Uox patris ad natum sub humana carne togatum,
Et crucis ad formam superaddit Pneuma columbam.
Se benedicentem baptizat ut omnipotentem,
Personis trinum Baptista deum uidet unum.
Inde quater denas, uti mortis rumpat habenas,
Duxit ieiunas cum sole deus homo lunas.
Ecce Satan dominum stimulans, cadat altus in imum,
Per suasum libitum consensum querit auitum.
Ingerit ingluuiem Satan, auri suadet amorem

Perque uetus uerbum dominum monet esse superbum.
»Discipuli digni, mea dicite gesta Johanni!«
»Preco sit infernis mihi certus ut ante supernis!«
Andreas fratri dux ibat in ora magistri,
Nathanahel prius est gratus quoque participatus.
Improba saltatrix caput expetit et temeratrix
Baptiste Christi; dedit hoc rex murmure tristi.
Aduocat ecce Petrum, Jacobum sother atque Johannem,
Cuius ad edicta citi parent naue relicta.
Diues ad impensas luxu sedet ubere mensas
Atque canes Lazaro lingunt loca pane negato.
Wunder. Quondam byssatus Lazaroque tenax epulatus
Uel guttam digiti in linguam sibi poscit egeni.
Bine pisce rates onerantur, gloria, grates!
Palmaque piscandi Petro data, corda lucrandi.
Effertur portis uidue spes unica apertis,
Redditur hec orbe, horrent magnalia turbe.
Amplius extantis curans super ardua montis
Moribus ornati docet ut sint quique beati.
Quinquies hîc mille recubare uiris iubet ille,
Pane cibans quino saturansque natatile bino.
Accipiendo manus Hiesus septem sibi panes
In quatuor plenam largitur milia cenam.
Israhel quamquam custos non dormiat unquam,
Hîc tamen ut uigilet petitur uentisque repugnet.
»Legis onus, princeps synagoge, pone nec anceps«
»Crede, Ihesum natam uitæ dare posse migratam!«
Sub benedicentis complexibus omnipotentis
Parui parebunt et celica regna tenebunt.
Mundans clamosos dena sibi uoce leprosos
Destinat ad uates, redit unus soluere grates.
Hîc adamanteos ceruice notate Judeos,
Nemo lepra sanus rediit nisi Samaritanus.
Imperio fortis super omnia uincula mortis
Jsus ut edixit, manus ilico mortua uixit.
Sic sibi per tectum demissum tollere lectum
Jusserat et mire solidatum fecit abire.
Membra precum sother docet hec septena scienter,

Qui per septena consurgere dat duodena.
Alta pedes graditur, stupidis phantasma putatur,
Petrus mersatur modice fideique notatur.
Stricta reste flagri sua dona uetans preciari
Auferri templo mercatum mandat ab amplo.
Preterit ecce deus, subit arboris ardũã Zacheus,
Paruus erat dignus, crucis altum scandere pignus.
Mente uidens humilem deus arbiter et sibi uilem,
Hunc dat in eterno dubio sine uiuere regno.
Spe petit immani sother ipse domum publicani;
Penitet, in quadruplum redit et cum fenore simplum.
Porticibus quinque non sanat lex tota quemque,
Gratia dando manum iubet egrum surgere sanum.
Sanguine que manat, medicantis fimbria sanat,
Sensit uirtutem medicus migrasse salutem.
Piscis ab ore Petrus staterem rapit, hunc ita iussus
Pro domino pensum soluit, pro se quoque censum.
Hîc fugat umbrosos ex obsessis numerosos,
Febribus et morbis medicans oculos creat orbis.
Luminis ecce decus certus dominum dare cecus:
»Stirpe Dauid nate, patris, inquit, ades pietate!«
Dixit et hic: »Si uis, lepram mundare ualebis.«
Christus ait uelle, mox mundus abibat et ille.
Indigus astat opis, morbo possessus ydropis,
Quem cito dando manum dominus mandat fore sanum.
Multo frendentes Satana tumulisque ruentes
Mundat et in porcos sinit insanire tot Orcos.
Demone possessum mutum, surdamine fessum
Imponendo manum dedit Jsus ter fore sanum.
»Quid tibi uis faciam? Propior uolo dixeris, inquam!«
»»Nil mihi, rabboni, nisi lumen postulo doni.««
Aridus iste manum, cito credens se fore sanum,
Christo porrexit, que uoce potente uirescit.
Simonis ecce socrum, mulieris uix simulacrum,
Archiater Jesus surgat iubet ac febre purgat.
Uociferans mulier Chananea, nimis pia mater,
Propitium nate dominum facit improbitate.
Nemine soluenda stat adultera, sed lapidanda,

Scriptura digiti quam soluit uoceque miti.
Splendidus ante Petrum, Jacobum micat atque Johannem,
Pascha crucisque uias memorant Moyses et Helias.
Nox erat, et uisum clam Nichodemus petit Jsum,
Quem uerbo pasci docet ille et fonte renasci.
Conditus est Lazarus, iubet hunc lacrimator amarus
Jam quarto sole sublata surgere mole.
»Scande, Dauid fili, Capitolia more fideli!«
»Hostem quam perimas prius — o res mira — triumphas.«
Passion.
Pondere par nulli dorso gestatur aselli,
Occurrunt turbe, pueri glomerantur ab urbe.
Montis oliuarum munus micat unice clarum,
Unguinis et lucis sumptum parit et bona pacis.
Pacis erat tellus, qua Christum gestat asellus,
Chrismatis et lucis presens medicina caducis.
Sordida peccatrix, scelerum lacrimosa piatrix,
Flendo pedes domini aspersit de crineque tersit.
Ipsa caput rigat unguendo, soleas lacrimando,
Dilexit multum, scelus omneque transit inultum.
Mystica cottidie nardus sit odora Marie,
Et saluatoris capiti litet unguen amoris.
Hîc sedet ad cenam dominus dulcedine plenam,
Semper in hunc morem carnem sacrat atque cruorem.
En post buccellam — felix qui precauet illam! —
Ue sibi quod natus! Judas crepit illaqueatus.
Surgitur a cena; lauat omnes peluis æna,
At Petrus expauit, dominus sibi quod pede lauit.
»Tune lauando pedes, domine, indigno mihi cedes?«
»Mundus dum stabit, mihi non manus ista lauabit.«
»»Si non lauero te mihi non sino participare.««
»Fronte, manu, totus prius ergo uelim fore lotus.«
Cernuus hîc orat homo, quod deitas bene norat,
Casso conari, calicem neque posse uetari.
»Non me — sit carcer, mors ipsaque sit, quibus arceâr —«
»Secula dum stabunt, tecum perstare uetabunt.«
»»Non gallus canet, o Petre, bis, me terque negabis,««
»»Umquam uel nosse; ne iactes talia posse!««
Ecce rogat, quare secum nequeant uigilare:

»Somnos uitate, temptamina abesse rogate!«
Ante uelud carus dominum mercator auarus
Clam precio pendit, ter dena per eraque uendit.
Fustes, tela, faces, gladii tubeque minaces
Jhesu uoce cadunt, ut eum ducis oscula tradunt.
»Sunt nobis, domine, gladii, sit spes bona, bini.«
»His equidem fulti, nunquam moriemur inulti.«
Ut rogitat, quem namque petant, in dorsa ruebant.
»Hos, si me petitis, uolo, dixit, abire sinatis.«
Astrictis manibus male passus ducitur Jsus,
Aure Petrus gladio Malchum priuauit adacto.
Ecce Petrum stantem gladioque nimis stomachantem
Parcat Jsus mandat gladiumque rotando recondat.
Astat ut ingrato uelud horrentique Pilato,
Lauerat iste manus uti mundas sanguine uanus.
Haud ita pollicitus dominum negat improbe Petrus,
Gallus cantauit, lacrimisque notam cito lauit.
Quam premit incubitor per somnia, presidis uxor
Monstra uiro mandat qui pergat et horrida pandat.
Sceptra manu, trabeas, colaphos, uelamina, spinas,
Rex et aue, sputa perfert uti uictima muta.
Flagra pati carnem prius ecce libet deitatem,
Ceu crucis ad ligna scandenda sit hoc mage digna.
Ante reluctatus consensit ad acta Pilatus,
Et color ille pii iubet innocuum crucifigi.
Hosti sternendo cruce congressus moriendo
Juste damnandi luit omnipotens mala mundi.
In cruce congressus Christo Satan atque repressus
Se stupet inuito portas patuisse Cocito.
Si tibi serpentis noceant ictus ferientis,
Aspice serpentem, cito te facit ille ualentem.
Hac specie postes titulat cruor et fugat hostes,
Hac puer ille datus trahit ad se cuncta rogatus.
Proximior leto sitiens potatur aceto,
Matrem discipulo legat castamque pudico.
Ecce deo plenus patitur Jhesus Nazarenus,
Rex resipiscentum, peccata fatendo dolentum.
Ossa dei Christi recipit noua machina busti,

Ereignisse nach der Auferstehung.

Ipse leuans animam patri sibi porrigit unam.
Morsum dans baratrum uictor cruce Christus in atrum
Solus inambustus spoliis remeauit onustus.
Ecce soporatus Samson nouus atque ligatus
Exilit, ut stuppa soluunter neruora rupta.
Robora Samsonis superans stragemque leonis
Ante Gazae portis dominus surrexit apertis.
Hinc nimis infestus ait angelus, inde modestus:
»Ut iam predixit, dominus, gaudete, reuixit.«
Hîc gemini testes, quibus ut nix candida uestes,
Asseruere deum de morte tulisse tropheum.
De qua demonia septem fugat ante, Maria
Ablatum plorat; uiuum conspexit, adorat.
Attrectare pia uult uisum ut sueta Maria,
»Non tibi celsa poli conscendi, tangere noli!«
Surgens — gloria, laus! — geminis comes ibat in Emaus,
Panem confregit uideantque, quod ipse sit, egit.
Aggreditur caras, pro seque salutat amaras,
Ille accesserunt proneque pedes tenuerunt.
»Ne sitis mesti, Petre tu dulcedoque Christi,«
»Currite, iam uiuit. Precurre, Johannes!« Abiuit.
Cordibus ardebant, tumulum bis terque petebant,
Anxie querebant, quapropter et inueniebant.
Discipulis uere dat se de naue uidere,
Stant fauus et piscis, rediuiuo par cibus escis.
»Uiuere me passum iam nemo negauerit! Assum.«
»Affero ueracis — timor absit! — federa pacis.«
»Tange cicatrices neque postea fallere dices«
»Me non cernentes, Thoma, uiuumque fatentes.«
Dextris iactetur puero, sic rete repletur.
Enatat et uisum Petrus hoc extraxit ad Jsum.
Discipulûm montem grex scandit ad omnipotentem,
Quîs iubet, ut pergant, fidei sibi semina spargant.
Ad mensas uentum; dominus, conuiua clyentum,
Commaneant iussit, sacer his dum Spiritus assit.
Bethanie totis petiit campestria uotis
Hîcque uale caris benedicens fecit amaris.
Celos celorum superat deus ecce deorum.

Ambulat in pennis uentorum uita perennis.
Ascensus domini non uos moueat, Galilei,
Scansio mira dei non uos moueat, Galilei,
Transitus iste dei non uos moueat, Galilei,
Talis enim mundo ueniet dare iura secundo.
In Pentecoste:
Spiritus ut uentus uehemens ita fluctuat intus,
Linguarum signis caput omne cremat suus ignis.
In aduentu iudicis:
Ecce die summa precedent crux, tuba, flamma
Cuncta triumphantem sponsamque thoro sociantem.
In resurrectione ultima:

Jüngstes Gericht.

Surgunt defuncti, sed sorte sub impare, cuncti,
Agnos pax dextris, edos locat ira sinistris.
In iudicio summo super Apostolos:
Bisseni proceres regi resident propiores,
Regna poli dextris qui dant herebumque sinistris.
Angelus dexter:
Ad regnum uite, benedicti quique, uenite!
Angelus sinister:
Ignibus addicti discedite uos, maledicti!
Super tribunal iudicii:
Gaudia sint dignis, perpes procul absit et ignis,
Anxietas mortis reprobis sit in igne retortis!
In circulo:
Solus sum, qui sum; super omnia robore plus sum,
Uix sunt me digna mare, terra, polus mihi regna.
Super infernum:
Soluens millenas edino cum grege penas
Ardet et ardebit Satanas semperque dolebit.

Finitur de picturis domus domini Mogontine.

XXVIII.

KUNSTTHÄTIGKEIT IM KLOSTER FLEURY[1]) UNTER ABT GAUZLIN.

(† 1030.)

Andreae Floriacensis Vita Gauzlini abbatis (geschrieben um 1041). — Neues Archiv der Gesellschaft für ältere deutsche Geschichtskunde. III, 351.

Literatur: Wattenbach I, 418.

cap. 35. Porro Gauzlinus abbas, nobilitatem generis probitatis exornans titulis, turrim ex quadris lapidibus construere statuit ad occidentalem plagam ipsius monasterii, quos navigio devehi fecerat a Nevernensi territorio. Hunc etiam benignissimum cum princeps interrogasset artificum, quodnam opus iuberet adgrediendum: ,Tale', inquit, ,quod omni Galliæ sit in exemplo'.

Chorum psallentium quoque pulcherrimo marmorum compsit emblemate, quæ asportari iusserat a partibus Romaniæ.

Fecit et analogium hispanico metallo compactum, diebus utendum feriarum, cuius basem, fusoria industria solidatam, quattuor vallaverat leunculorum pulchritudine; desuper columnam, trium cubitorum habentem altitudinem, fusili arte fabricatam, atque undique vario opere politam, in cuius centro volantis aquilæ radiabat similitudo.

36. Fecit et turibulum, aureæ materiei massa formatum, mirifici quidem operis et copiosæ quantitatis.

Reliquum etiam gazofilatii, a suo antecessore inchoati, ad perfectum usque deduxit.

Rursus albam, auro undique rigentem, decem librarum mercatus est donatione ad sui loci honorem.

Poema Rabani, exaratum in laude sanctæ crucis, auro argentoque eleganter adornavit.[2])

Oratorium in honore beati Jacobi consecratum, alterum etiam in commemoratione sancti evangelistæ Johannis, lapideo velamine contexuit.

---

[1]) Im Orléannais an der Loire, bei Sully. — [2]) Das berühmte Bildergedicht des Hrabanus Maurus: De cruce. Vgl. Schlosser, Eine Fulder Miniatur-Handschrift, Jahrbuch der Kunstsammlungen des a. h. Kaiserhauses, Bd. XIII, S. 1.

Fecit et oratorium in honore omnium Salvatoris, in quo peculiarium semper exigebat vota orationum.

37. Huiusmodi boni pastoris exemplis propago illustrium provocata filiorum ad similia preparat animum. Primus Arnaldus, qui post eum monastici regiminis officio functus, Ausoniae regna petiit, unde incomparabilia munera detulit, videlicet situlam argenteam auro intrinsecus suberatam, XX librarum dono adeptam. Bina candelabra argenteæ speciei ingentia, scultorio opere mirabiliter polita DC solidorum numero comparata.

Ampullam quoque ex onichino lapide, tabulas etiam ex indico ebore, inscultam tenentes ascensionem Dei genitricis Mariæ, solidis emit mille.

Fecit et calicem aureum his versibus in subteriori labro coronatum:

Hoc opus Arnardus Gauzlini iussa secutus,
Construxit domino sanctoque patri Benedicto.
Quem quisquis tulerit, pereat de culmine cæli.

Cappam nihilhominus olosericam, albam pariter auro radiantem.

Composuit duo magnifici operis signa, mille D[tas] metalli libras distribuens per singula.

Fecit et æcclesiam in honore sancti martiris Clementis consecratam.

Novum Vicum etiam lapideo tabulatu fabricavit æcclesiam.

Casam quoque Villæ abbatis, cum oratorio sancti Gregorii, et æcclesiam de Belgiaco, quam pariete reformavit ligneo.

38. Post hunc Helgaudus valvas, a castro Selduno delatas, ante altare genitricis Mariæ ferreo solidatas erexit pondere.

Fecit et precentorialem virgam argenteo scemate nitentem, cuius verticis summitas fert christallum et lucida gemmarum contubernia, hæc subnotans modulamina:

Octonos distingue modos per pneumata, cantor,
Laudibus in cunctis placeas ut iure tonanti.
Regibus et sceptrum, cantoribus est et id ipsum.
Hoc metuunt multi, dum stat censura superbi;
Hoc et amant monachi, stantes in laude parati.
Aurea virga notat, quid rex pro iure sequatur.

Innixus longo cantor dat signa bacillo.
Grex sequitur totus, clare tonat ipsa iuventus.
Hoc Helgaudus tuus cantor non segnis alumnus
Sollempni de more facit, legemque priorum,
Palmatus baculo, gemmis crustatus et auro.
Pars perlonga nitet, niveo splendens arigento;
Vertice christallus, pulchro nitet ordine fixus.
Qui numerat gemmas ungues observet amicos.
Inveniet pulchros proprio fulgore ametistos;
Jam si vera loquor, preclaraque vernat iaspis.
Hunc pro more gerit festis solemnibus anni,
Quinque quater ducti numerant hæc talia nobis;
Si binos addas, tunc compotus optime stabit.
Heya! senes nivei, iuvenes pueri, Benedicti
Talibus in festis concordet vox pia menti.
Helgaudus cantor, Christo sanctisque fidelis
Hoc opus instruxit, Guntardus verba notavit.
Cantantes Christus semper benedicat Jesus.

Deinde librum lectionum in precipuis sollempnitatibus sanctorum auro argentoque vestivit hosque versus adnexuit:

Hoc dedit Helgaudus Benedicto numus alumno.
Huic miserere Deus, dicdic quicumque fidelis.

39. Inter cetera etiam quibus Floriacensem exornavit basilicam, sanctæ virginis Scolasticæ æcclesiam, pene ad heremi redactam speciem, a fundamento eruit et in meliorem statum reformavit.

Alteram pariter in honorem sancti Dionisii primo ligno, deinde tabulatu construxit lapideo.

56. Interea beati Petri apostoli æcclesia incendio, ut diximus, concremata, senioque annorum defessa, icta ventorum flabris, a fundamento corruit. Quæ in melius constructa, aliptico scemate est eleganter deflorata a quodam sancti martiris Juliani Turonicæ sedis monacho, nomine Odolrico, bonæ indolis viro.

57. Ceterum ipsius æcclesiæ faciem quibusdam miraculorum apocalipsis Johannis theologi variari fecit, hisque versibus exornari:

Summus ab æterna delapsus nuntius aula,
Tempora testatur divino examine claudi.

Olim pro meritis intacti funere carnis,
Occumbunt membris pro celsi nomine regis
Lucida perpetui vocitati lumina regni,
Quos ita dextra patris revocat super atria cæli.
Signum iudicii pandens, hæc taliter inquit:
Væ væ terrigenis, et toto væ simul orbi!
Panditur atque tetri puteus pregrandis averni;
In terris ex quo diffunditur ista propago,
Quæ rabiem cordis cupiens implere maligni,
Non datur ex toto sed partim ledere iustos.
Ex hinc etherei laudes reboando ministri
  Conlaudant dominum nocte dieque pium,
Victor quisque, sacros referens de morte triumphos
  Nos dedit excelsos mente subire polos.
Hic tua, summe pater, veneratur lucida sedes,
  Qui cælis terras, inclite consocias.
Suscipis inde libens famulorum vota tuorum,
  Quæ tibi cælestes dant super astra duces.
Huic siquidem vere semper genu flectitur omne,
  Atque creaturæ agmina stelligeræ.
Dictus stellifer Johannes gratia regis
Mirans conspicit hos Christi pro nomine cesos.
Corpore virgo sacer carus dominoque Johannes
Mentis in extasi metitur limina templi.
Hi sunt vero duæ regni cælestis olivæ.
Huius cælicolam subductus partus ad aulam,
Sic tremebunda fugit tanti terrore draconis,
Tercia lucendi quo cæli portio desit.
Cum quo cælestes pugnantes quippe cohortes,
Ipsum tartareis tradunt sine margine pænis.
Eufrates flumen, quos furvo vortice cingit,
Nutu divino mittit pro sæcla solutos,
Armis insignes, vultu pariterque feroces.
Disperdunt populos flammis ac denique ferro,
Istud, summe pater, te permittente potenter,
Qui nos pro nostris sic censes tondier actis.
Cætibus aligeris divina voce vocatis,
Odibiles Christi, cælesti cuspide fusi,

Spe privata quidem vivendi corpora prebent.
Intonat in tectis vox ut septena supernis,
Archa Dei patuit cælebri inspicienda Johanni.
Partibus a dextris rectores hi residentes
Digne discutiunt summo cum iudice mundum,
Maiestate potens qui sic diiudicat orbem.
Agmina millenis semper vexata gehennis
Inferus ore vomit, repetendaque corpora mittit.
Equor et exesas per tempora longa catervas,
Rursus subductas tradit pacienter ad auras.
Parturit absconsos hominum quoque terra maniplos,
Occursu domini, quos offert læta trementi.
Fulgida sanctorum consortia cerne virorum
Necne heremitarum meritum scandantia regnum.
Hic et virgineas gaudentes inspice turmas,
Et confessorum preclaras necne phalanges,
Atque triumphantes in Christi laude tyrones.
Insonat hæcque piis oppressis mole sepulchri;
Sanctam Hierusalem gemmis averte choruscam,
Virginitate sacer, quam vidit mente Johannes.
Taliter iniusti, quos punit leva tonantis,
Exclusi vita, voces dant cum prece frustra.
Tartarus ignivomo constrictus carceris antro,
Cum mortis rabie dampnatur sic sine fine.

58. In sinistro autem pariete miraculorum insignia, cuius est in honore, hoc subnotari fecit epigrammate:

Turbas astripotens verbi dulcedine pascens
Trans freta discipulos mandat decedere cunctos;
Post orare patrem conscendit denique montem,
Qui dum ceruleos calcat sicco pede campos,
Territa tantorum stupuerunt corda virorum.
Petrus item domini fervens in amore benigni,
Fluctibus in mediis ipso opitulante cucurrit.
Genesar in bibulis populus diffusus arenis,
Venerat æternæ cognoscere semina vitæ.
Tunc sator ille potens, flammantia pectora mirans,
Ripæ contiguum Petri conscendit in alnum,
Et residens turbas verbi dulcore saginat.

Stans P e t r u s in propria cuntato (*sic*) rege carina
Retia quamigeræ tendit maculosa cohorti;
His quoque demissis tacito sub murmure ponti,
Maxima captatur divino copia nutu.
Verum tanta stupens, et C h r i s t o pronus inherens,
Turmas terrigenas verbi venare sagina
Ex tunc dona capit, J e s u prebente potenti.
P e t r u s sydereæ sortitus claviger aulæ,
Amissos huius reparat fusa prece gressus,
Mendacique reum, sensus virtute retectum,
Coniuge cum propria læto carnaliter aptat.
Bariona necne piam retrahit de morte T a b i t a m,
Cælitus ac illi monstratur visio talis.
Æ n e a s etiam fessus languore frequenti
Illius meritis percepit dona salutis.
C o r n e l i i famulos audit gaudens sibi missos,
Illum necne sacra tinguit baptismatis unda,
Eius et apicibus S i m o n ita precipitatur.

59. Prefatus autem A r n a l d u s, post eum F l o r i a c e n s i s loci rector constitutus, nobiliter eundem locum biennio rexit, emulatusque monimenta piissimi patris, fratrum refectorium aliptico opere venustatum ex E s o p i Greci fabulis, hos reciprocos subtitulari fecit:

Vera placent odiis, mulcens blandicio donis,
 Sic hodie pravis, vera placent odiis.
Talia rite luit, qui se prefert meliori,
 Qui male se extollit, talia rite luit.
Impedit omnimodis prebere levamen iniquis,
 Parcere et ingratis impedit omnimodis.
Desine sponte viros in te stimulare nocivos,
 Conviciare malos, desine sponte viros.
Cerne malis faveas, cassa mercede potita,
 Ut post peniteas, cerne malis faveas.
Corripit inlicitos presens quoque fana cachinos,
 Gestus et ludos corripit inlicitos.
Ammonet hæc humiles pravos vitare sodales,
 Ut fugiant fortes, ammonet hæc humiles.

60. Elegiaco vero metro hos subnecti fecit versiculos:

Qui plus corde petit, quam prestat dextra tonantis,
Hic merito perdit quæque parata sibi.
Hæc et mendaces depromit fabula testes,
Urgent qui iustos calliditate viros.
Fraudis amicitias, qui sub piætate ministrat,
Juste constructum sic cadit in laqueum,
Justus ab iniusto necnon et parvus ab alto
Sterni suppliciis adsolet inmeritis.
Internos æstus restringere rite monemur,
Moribus a sanctis, quos hæc pictura repellit.
Indicat atque sequens fatuorum corda virorum.
Gemmas qui celsæ despiciunt sophiæ.

Porro maiestatem ipsius omnium creatoris tali modo vallari metrico carmine iussit:

Virtutum celebres iubilantes cerne cohortes,
Distinctas quinis precipue soliis.
Tunc procerum cuneis vallatum bis duodenis
Factorem rerum hic venerare Deum.
Splendent inde throni, numero variante quaterni.
Quos reddit denos consociatus homo.

Sed tempus est ut sequentia teneamus.

61. Deinde prefatus pater Gauzlinus, quodam pictorum peritissimo a Langobardorum regione ascito, nomine Nivardo, insignis operis crucifixum componi precepit.

62. Rursus Rodulfus, in omni arte fusoria peritissimus, velut alter Beseleel, tabulis hispanici cupri vario opere insculptis chorum psallentium circumdedit, sumptus subministrante hoc venerabili pastore. Has et columpnarum seiunxerat intercalationibus, quas supradictus Nivardus scalpro celeberrimi compserat ædificii. Fecit autem X et VIII eiusdem methalli tholos, superficici podiorum sparsim infixos, qui ad instar speculi effigiem mentiebantur intuentis. Primorum vero reclinatoria fagineæ materiæ compegit tabulis porferetico marmore a foris indutis, delato ab ipsa basilica sanctæ Romanæ sedis, quod et lamminis purissimi auricalci ambiri fecit, claviculisque diligenter affigi. Ipsam etiam stationem sue sedis eodem emblemate decorari voluit. Fecit et binos leunculos opere fusorio, e regione illorum super quos totius tribunalis eminebat fastigium. Supereminens vero eodem crustatum metallo spherulas eiusdem generis preferebat. Scabellum pedum, marmor porfireticum. Altaria etiam repperiens lapidea, effecit marmorea. Ipsum quoque æcclesiæ meridianum introitum condolens latericium, post ignis incendium reliquit marmoreum, reverendi abbatis Adælelmi monasterii sancti Karileffi industria compactum. Unde hæc singula perlustrans horis in competentibus, serio solitum dixisse fertur: ‚Urbem latericiam repperi, relinquam marmoream.' Quod utique fateor fecisset, si in hac luce aliquanto eum manere licuisset.

63. Profecto fama huius nobilissimi Salomonis diffusa pæne per totius ambitum orbis, videlicet ex insperata restauratione immo melioratione Floriacensis loci, ad aures Francorum principis Rotberti pervenit, qui instante patris Benedicti sollempnitate ad cœnobium veniens, singulaque perlustrans inenarrabilique læticia congratulans usque ad lacrimarum est gavisus inundationem collatoque uno haud contemptibilis precii pallio, piumque vale impetratus ad propria regreditur.

64. Igitur anno dominicæ incarnationis millesimo vigesimo 1027.
septimo, indictione decima, infra biennium conflagrationis templi, universa in meliorem statum sunt reformata cum beati Petri, ut prelibatum est, basilica.

Sane ipsum propiciatorium gloriosæ virginis Mariæ, quam specialius semper devoto prosequebatur corde, lapideo postmodum venustavit fornice, cuius superficiem musivi ornasset scemate, si Deus omnipotens ei contulisset spatia prolixioris vitæ; namque pro huiusmodi re ad partes direxerat Romaniæ, opificemque huius operis proximo prestolabatur tempore.

XXIX.

BAUORDNUNG VON FARFA.[1])

(1039—1048.)

Disciplina Farfensis Lib. II., cap. 1. — Mon. Germ. SS. vol. XI, 544.

Literatur: Wattenbach II., 219 ff.; Schlosser, Die abendländ. Klosteranlage, S. 41—66 (mit Reconstr. T. II.).

[1]) Kloster im Patrimonium zwischen Rom und Rieti.

Ecclesiæ longitudinis 140 pedes, altitudinis 43, fenestræ vitreæ 160. Capitulum vero 45 p. longitudinis, latitudinis 34, ad orientem fenestræ 3, contra septentrionem 3, contra occidentem 12 balcones, et per unumquemque afixe in eis 2 columpnæ. Auditorium 30 p. longitudinis. Camera vero 90 p. longitudinis. Dormitorium longitudinis 160 p, latitudinis 34 p., omnes vero fenestre vitreæ quæ in eo sunt 97, et omnes habent in altitudine staturam hominis, quantum se potest extendere ad summitatem digiti, latitudinis vero p. 2 et semissem unum; altitudinis murorum 23 p. Latrina 70 p. longitudinis, latitudinis 23. Selle 45 in ipsa domo ordinatæ sunt et per unamquamque sellam aptata est fenestrula in muro altitudinis p. 2, latitudinis semissem unum et super ipsas sellulas compositas strues lignorum et super ipsas constructionem lignorum factæ sunt fenestræ 17., altitudinis 3 p., latitudinis pedem et semissem. Calefactorium 25 p. latitudinis, longitudinis eademque mensuram. A ianua ecclesiæ usque ad hostium calefatorii 75 p. Refectorium longitudinis p. 90, latitudinis 25, altitudinem murorum 23, fenestræ vitreæ quæ in eo sunt ex utraque parte 8 et omnes habent altitudinis p. 5, latitudinis 3. Coquina regularis 30 p. longitudine et latitudine 25. Coquina laicorum eademque mensura. Cellarii vero longitudo 70, latitudo 60 p. Ælemosynarum quippe cella p. latitudinis 10, longitudinis 60 ad similitudinem latitudinem cellarii. Galilea longitudinis 65 p., et 2 turræ sunt ipsius galileæ in fronte constitutæ, et subter ipsas atrium est, ubi laici stant, ut non impediant processionem. Ad porta meridiana usque ad portam aquilonarem p. 280. Sacristiæ longitudinis p. 58, cum turre quæ in capite eius constituta est. Oratorium s. Mariæ longitudinis 45 p., latitudinis 20, murorum altitudinis 23 p. Prima cellula infirmorum latitudinem 27 p., longitudinem 23, cum lectis 8 et sellulis totidem in porticum iuxta murum ipsius cellulæ deforis, et claustra predicte cellulæ habet latitudinis p. 12. Secunda cellula similiter per omnia est coaptata. Tertia eodem modo. Similiter et quarta. Quinta sit minori, ubi conveniant infirmi ad lavandum pedes die sabbatorum, vel illi fratres qui exusti (*Var.* exuti) sunt, ad mutandum. Sexta cellula preparata sit, ubi famuli servientes illis lavent scutellulas et omnia utensilia. Iuxta galileam constructum debet esse palatium longitudinis 135 p., latitudinis 30., ad recipiendum omnes supervenientes homines, qui cum equitibus adventaverint monasterio. Ex una parte ipsius domus sint preparata 40 lecta et totidem pulvilli ex pallio, ubi requiescant viri tantum, cum latrinis 40. Ex alia namque parte ordinati sint lectuli 30, ubi comitissæ vel aliæ honestæ mulieres pausent, cum latrinis 30, ubi sole ipse suas indigerias procurent. In medio autem ipsius palatiis affixe sint mense, sicut refectorii tabulæ, ubi ædant tam viri quam mulieres. In festivitatibus magnis sit ipsa domus adornata cum cortinis et palliis et bamcalibus in sedilibus ipsorum. In fronte ipsius sit alia domus longitudinis p. 45, latitudinis 30; nam ipsius longitudo pertingant usque ad sacristiam; et ibi sedeant omnes sartores atque sutores, ad suendum quod camerarius eis precipit; et ut preparata habeant ibi tabulam longitudinis 30 p., et alia tabula affixa sit cum ea; quarum latitudo ambarum tabularum habeat 7 p. Nam inter istam mansionem et sacristiam et ecclesiam necnon et galileam sit cimiterium, ubi laici sepeliantur. Ad porta meridiana usque ad portam septentrionalem contra occidentem sit constructa domus longitudinis 280 p., latitudinis 25, et ibi constituantur stabulæ equorum per mansiunculas partitas, et desuper sit solarium, ubi famuli ædant atque dormiant, et mensas habeant ibi ordinatas longitudinis 80 p., latitudinis vero 4; et quotquot ex aventantibus non possunt reficere ad illam mansionem, quam superius diximus, reficiant ad istam; et in capite ipsius mansionis sit locus aptitatus, ubi conveniant omnes illi homines qui absque equitibus deveniunt, et caritatem ex cibo atque potum, in quantum convenientia fuerit, ibi recipiant ab elemosynario fratre. Extra refectorium namque fratrum 60 p. in capite latrinæ sint criptæ 12 et totidem dolii preparati, ubi temporibus constitutis balnea fratribus preparentur; et post istam positionem construatur cella novitiorum et sit angulata in quadrimodis, videlicet prima ubi meditent, in secunda reficiant, in tertia dormiant, in quarta latrina ex latere. Iusta istam sit depositam alia cella, ubi aurifices vel inclusores seu vitrei magistri conveniant ad faciendam ipsam artem. Inter criptas et cellas novitiorum atque aurificum habeant domum longitudinis 125 p., latitudinis vero 25, et eius longitudo perveniat usque ad pistrinum. Ipsum namque in longitudinem cum turre, quæ in capite eius constructa est, 70 p., latitudinis 20.

XXX.

DIE KUNST IN MONTE CASSINO.

Leo von Ostia († gegen 1117) und sein Fortsetzer Petrus Diaconus (um 1140), Chronicon monasterii Casinensis. — ed. Wattenbach, Mon. Germ. SS. vol. VII., 551—844.

Literatur: Piper S. 474 ff. 485; Wattenbach II., 234 ff.

Gattola, Historia abb. Casin. Venedig, 1733; Accessiones dazu: Venedig, 1735; Tosti, Storia della badia di M. Neapel, 1842; Caravita, I codici e le arti a M. Montecassino, 1869; Schultz, Denkm. der Kunst in Unteritalien; Guillaume, Descr. hist. et artist. de M. Montecassino, 1874; Reichenbach, M. von seiner Gründung bis zu seiner höchsten Blüte unter Abt Desiderius. Jahresber. der Stiftsschule von Maria Einsiedeln, 1883/84; Schlosser, Abendländ. Klosteranlage S. 67 ff. (Reconstr. T. III.) D. Piscicelli, Le miniature nei codici Cassinesi. Docum. per la storia della miniat. in Italia. Montecassino 1887 ff.; F. X. Kraus, Die Wandgemälde von S. Angelo in Formis, Jahrbuch der k. preuß. Kunstsammlungen, 1893 (XIV.), 98; dagegen: E. Dobbert, Zur byzantinischen Frage Die Wandgem. in S. Angelo in Formis. Ebenda 1894 (XV.), 60 ff.

Erstes Buch.

718. *Cap. 4.* Quem[1]) videlicet tres quidam nobiles viri Beneventani, Paldo et Taso atque Tato germani fratres, qui ante XV circiter annos monasterium s. martyris Christi Vincentii iuxta ortum Vulturni fluminis de propriis sumptibus construere ceperant, cum essent potentes ac divites, in ipso opere tam per semet ipsos, quam per suos usque ad restaurationem loci huius plurimum adiuverunt. Hic in ecclesia b. Martini, quam parvulam repperit, sedecim ferme cubitos auxit ibidemque absidam efficiens, in honore b. Mariæ semper virginis et ss. martyrum Faustini et Jovitæ in ea altarium statuit, in quo etiam et brachium unius illorum, quod secum de Brexia asportaverat, decenter recondidit. Insequenti tempore ss. papa Zacharias, qui Gregorio (III.) successerat, plurima huic adiutoria contulit, libros scilicet aliquot s. scripturæ, necnon et codicem s. regulæ, quam s. Benedictus manu propria scripserat.

Erweiterung von St. Martin.

Umwandlung eines heidnischen Tempels in eine christliche Kirche S. Peter.

Cap. 5. Uxor etiam eiusdem ducis (Gisulfi), Scauniperga nomine, templum idolorum, quod antiquitus in Casino castro

[1]) d. i. Petronax, der von Gregor III. zur Wiederherstellung des Klosters entsendet worden war.

constructum fuerat, in b. Petri apostoli honorem convertens, yconas ibi et cætera ecclesiæ officiis congrua ministeria in posterorum memoriam devotissima contulit.

Cap. 6. Huius ducis temporibus quidam sculdais Beneventanus, Saracenus nomine, in loco, qui Cingla vocatur territorio Aliphano, ecclesiam in honore s. Cassiani a fundamentis construxit. 743. Kirche St. Cassianus erbaut.

Iste Gisulfus cœpit ædificare ecclesiam s. Sophiæ in Benevento, quam cum morte præventus explere nequivisset Arichis, qui ei successit, mirifice illam perfecit. S. Sophia in Benevent vollendet von Arichis.

Cap. 9. Hic (Arichis) intra mœnia Beneventi templum Domino opulentissimum ac decentissimum condidit, quod Greco vocabulo ΑΓΙΑΝ ΣΩΦΙΑΝ, id est s. sapientiam nominavit.... In quo videlicet templo ss. martyrum XII fratrum corpora, diversis in locis per Apuliam, in quibus et decollati fuerant, quiescentia,..... in singulis capsis pariter sub uno altari recondidit.

Cap. 10. Poto abbas..... fecit etiam alteram ecclesiam in honore s. Michahelis archangeli ad radices alterius montis, in loco satis amœno, ubi nunc est olivetum monasterii huius, eamque et picturis insignibus et carminibus in circuitu decoravit honestis. Ex quibus hic aliquanta, quæ vix præ vetustate valuimus legere, describemus. Principia igitur illorum, post aliquot, quæ legi minime poterant, hæc continebant, de situ et habitudine loci eiusdem: 770—778. Erbauung und Ausmalung von St. Michael.

Ore truces ululare lupi sub nocte silenti
Alopicesque olidæ dudum gannire solebant,
Implexisque ursi diro cum murmure villis
Setigerique apri. Tituli.

Et post pauca:

Damma fugax pavidique simul discurrere cervi.
Optimus at postquam Poto sacra septa regenda
Suscepit vigili studio pater.

Itemque post pauca:

Quin regi altithrono vastum qui continet orbem
Cui cite cælicolæ comportant nuntia iussi,
Addidit hoc magni Michahelis nomine templum
Sanguine rubrantem cœlo qui depulit hydrum.
Isdem sed celeri præventus morte sacerdos
Indedicatam aram pariterque reliquit asylum. Et cætera.

778—797. S. Madonna delle cinque torri bei San Germano.[1])

Cap. 11. (Theodemar abbas) iuxta prædictam ecclesiam s. Benedicti, quam prædecessor suus fecerat, construxit pulchro opere templum in honorem s. Dei genetricis et virginis Mariæ, super ipsum videlicet fontem unde fluvius Lyris procedit. Cuius templi quadrifida fabrica in XII est columnis erecta, ita ut per unam quamque faciem quatuor columnæ consistant; super quas turris altior a subiectis porticibus est levata; aliis quatuor turribus per singulos angulos eiusdem porticus circa eandem turrim erectis. Quod videlicet templum plumbeis laterculis coopertum, et figuris pulcherrimis et versibus optimis adornavit..... De ipsis autem versibus IV tantum, qui aforis in circuitu medianæ turris descripti sunt, hic ponere placuit:

Sublatis tenebris, quia per te mundus habere
Lumen promeruit, virgo et sanctissima mater,
Celsa tibi idcirco consurgunt templa per orbem,
Et merito totis coleris celeberrima terris.

Vollendung von St. Michael.

Ecclesiam quoque s. Michahelis archangeli quam indedicatam a prædecessore suo relictam prædiximus, cum omni honorificentia dedicari fecit, ibique iuxta illam claustrum et habitacula nonnulla construxit.

787. Restauration Salernos.

Cap. 12. (Arichis).... Salernum quoque inter Lucaniam[2]) et Nucceriam[3]) antiquitus conditam mirifice restauravit.

Erbauung von St. Vincentius am Volturnus.

Cap. 16. Hoc tempore pulchro satis opere constructa est ecclesia s. Vincentii quæ appellatur maior, in loco supradicto, iuxta Vulturnum, a Josue abbate eiusdem loci.

Abt Gisulf 797—818. Erweiterung der alten St. Benedictkirche und Umweihung in St. Salvator.

Cap. 17. Gisulfus ..... ex nobili Beneventanorum ducum prosapia ducens originem, mox ut abbas effectus est, cœpit satagere, qualiter posset .... tam ecclesiæ quam reliquarum cuidam fratri Garioald .... mandat, ut super hoc negotio omni studio studeat et eum locum, ubi dudum Poto abbas ecclesiam s. Benedicti construxerat, ad edificandas novi monasterii officinas aptare protinus debeat. Quod ille imperium promptus arripiens, quoniam instar paludis totus ille locus carectis, aquisque stagnabat, multis terræ ruderibus saxorumque aggeribus universa replevit, atque amplam basilicam in loco prioris parvulæ in honore domini Salvatoris opere satis pulchro construxit. Quæ videlicet

[1]) Grund- und Aufriss der Ostseite bei Gattula, Access. II., T. 1, und bei Schultz. — [2]) Pæstum. — [3]) Nocera de' Pagani.

basilica, marmoreis basibus et columnis XXIV, hinc inde suffulta et amplis porticibus circumsepta habet in longitudine cubitos LXXXII, in latitudine XLIII, in altitudine XXVIII. Desuper autem satis mirifice trabibus tabulisque cipressinis est laqueata ac tegulis cooperta, parietibus in giro figuris pulcherrimis insignitis. Iam vero pavimenti opus, quam speciosum, quam solidum, quam variorum lapidum sit diversitate conspicuum, circuitus etiam chori, quam sit pulchris ac magnis marmorum tabulis septus, in promptu cernentibus est. In absida porro eiusdem basilicæ mediana, ad quam per gradus VII ascenditur, statuit altarium in honore ut diximus domini Salvatoris. In dextera autem, altarium s. Benedicti. In sinistra vero altarium fecit ad honorem s. Martini. Fecit etiam atrium ante eandem ecclesiam longitudine cubitorum XL, latitudine simili, et in marmoreis illud columnis numero XVI undique versus erexit; atque in circuitu ipsius lapideos canales iuxta pavimentum, unde semper aqua decurreret, posuit. Porro a parte orientali eiusdem atrii in conspectu ecclesiæ absidam fecit et altarium ibi s. Michahelis constituit. In medio vero ipsius campanarium valde pulcherrimum super VIII magnas columnas erexit. Ex utraque autem parte eiusdem ecclesiæ, diversorum officiorum multas et maximas et pulchras, tam ad suas quam ad fratrum utilitates officinas efficiens, totum etiam monasterii spatium propter aquarum exundantiam magnis saxorum tabulis stravit. S. Salvatore in San Germano.[1])

Cap. 18. ..... ecclesiam quoque, in qua b. Benedicti corpus erat reconditum, quoniam parva erat, ex toto ampliorem efficiens, ac tectum illius universum cipressinis contignatum lignis plumbo operiens, diversis illam ornamentis tam aureis quam argenteis decoravit. Super altare siquidem b. Benedicti argenteum ciburrium statuit illudque auro simul ac smaltis partim exornans, cætera eiusdem ecclesiæ altaria tabulis argenteis induit. Erweiterung von St. Benedict; Altarbau.

Cap. 33. Bertharius ... codicem namque evangeliorum auro et gemmis optimis adornavit et aureum calicem non parvæ quantitatis effecit aliaque perplura ornamenta ecclesiastica tam sursum quam et deorsum patravit.[2]) 882. Kirchengeräth.

[1]) Grundriss bei Gattula, Access. II., T. 6, und Schultz. — [2]) 883 erfolgte ein Einfall der Sarazenen, wobei Abt Bertharius umkam und das Kloster, dessen steinerne Theile jedoch den Brand überdauerten, in Flammen aufgieng. Abt Johannes ließ dann 914 Kirche und Kloster wieder aufbauen.

914. Restauration des Klosters. *Cap. 53.* (Johannes) .... cœpit ..... monasterium in honore b. patris Benedicti a fundamentis construere atque intra non multum tempus magnam pulchramque ecclesiam, nec non et officinas diversis monasterii officiis congruas decenter effecit ..... Fecit ... codicem missalem cum tabulis argenteis deauratis. Evangelium quoque opere simili. Altarium vero in circuitu totum argento sculpto vestivit. Crucem etiam pulcherrimum cum genmis ac smaltis ad procedendum fecit. Ceroferaria argentea II. Urceolum quoque cum aquamanili suo similiter argenteum. Vascula ærea ad diversos usus, appendentia libras DC. Codices ecclesiasticos totius anni diversos et multos. Planetas, pluviales et albas nec non dalmaticas.

Restauration des St. Benedictus-Altars. *Cap. 54.* Apud Casinum vero post renovationem totius maioris ecclesiæ cum aliquot ibi ornamenta idem abbas fecisset, altarium quoque maius, in quo s. Benedicti corpus erat humatum, marmoreis tabulis circumdedit.

Geraubtes Kirchengeräth. *Cap. 55.* [1]) Coronam de argento magnam cum catenis argenteis. Turibulum argenteum deauratum. Pocula argentea IV. Coclearia de argento III pondo libre unius. Tarenos XX. Planetam diarodinam de bizanteis XV, aliam cum listis argenteis de bizanteis XVI et aliam cum leonibus. Urnas de pallio IV, longitudinem passuum IV, latitudinem palmorum III. Pannum de altari diarodinum de officinarum augustias spatiare ... Itaque bizanteis XVI. Tapeta optima XVI pro bycanteis LXXVII. Pannum admasurum pro bizanteis VIII. Hostiales III pro bizanteis XIII. Castaneas II pro bizanteis VIII. Pulvinaria serica pro bizanteis X.

Zweites Buch.

a. 949. Ausschmückung der Hauptkirche, Kirchengeräth. *Cap. 3.* (Aligernus) ..... ecclesiam itaque totam, quam prædictus Johannes construxerat, novis trabibus cipressinis contignans, tegulis cooperuit; parietes coloribus variis decoravit, pavimentum etiam diversorum lapidum varietate constravit. Ipsum quoque s. Benedicti altarium argenteis tabulis undique cinxit, nec non et anteriorem faciem altaris s. Johannis argenteam fecit. Fecit etiam crucem de argento non modicam, et textum

[1]) 937 streiften die Ungarn bis hieher, wobei das oben erwähnte Geräth geraubt wurde.

evangelii undique contextum argento inaurato et smaltis ac gemmis, coronas argenteas III, calices quoque et turibula et varia ecclesiastica ornamenta, necnon et codices plurimos...... Apud Capuanum vero monasterium cum ornamenta ecclesiæ nonnulla et campanas atque codices effecisset, in ecclesia etiam titulum cum confessione sua a parte occidentali satis decorum adiunxit atque depinxit.

Cap. 25. (Johannes II) . . . . Fecit capsam magnam ar- 997-1010.
genteam inauratam, cum smaltis et gemmis. Fecit et ceroferaria II magna; necnon et II turibula argentea, librarum VI; codices quoque ecclesiasticos nonnullos fecit magnos et pulchros; totius etiam monasterii ambitum in circuitu muris turribusque munivit. Construxit preterea et ecclesiam in honore s. Nycolai in S. Crocefisso in San Germano.
monticulo, qui secus pratum dominicum est, prope civitatem s. Germani. Quem videlicet emulatus Theobaldus præpositus ipsius, et ipse nichilominus eidem b. confessori basilicam aptavit apud castrum s. Petri, quod est positum ad radicem huius montis, in cripta antiqua, quæ ingentibus saxis pulchro gentilium opere in dæmonum suorum honore constructa iuxta ecclesiam eiusdem b. Petri sita videtur.

Cap. 32. Atenulfus fecit in ecclesia s. Benedicti coro- 1010 bis 1022.
nam argenteam XXIV librarum; fecit etiam in fronte eiusdem ecclesiæ campanarium altum et optimum, in cuius medio altarium in honore s. Crucis constituit. Præterea iuxta ostium maioris ecclesiæ dextra levaque supra marmoreas columnas, cameras II erexit, in quarum una, altarium in honore s. Trinitatis, in altera vero altarium statuit in vocabulo s. Bartholomei apostoli. Absidam vero maiorem auro diversisque coloribus depingi pulcherrime fecit. Ecclesiam porro s. Stephani, quæ iuxta portam monasterii deforis sita fuerat, iam fere ruentem renovavit et ampliavit, atque altarium in ea s. Adelperti,[1] quem superius factum martyrem diximus, ab occidentali parte adiunxit . . . . Ecclesiam s. Angeli, quam olim Gisulfus abbas in Valle luci construxerat, iam vetustam restaurans, et titulo addito amplians atque depingens, possessionibus non parvis adauxit, et diversas ibi ad monachorum utilitates officinas instituens, nostra-

[1]) Des bekannten Preußenapostels, † 997.

tium monasterium esse constituit, quod eatenus Grecorum[1]) extiterat.

um 1012. *Cap. 33.*[2]) Cumque excogitarent nostri, qualiter vel quanam in parte pignora tanta locarent, contigit dispositione divina, ut eodem ipso die a quodam nobili Anglo transmissus sit in hunc locum loculus ille mirificus, ubi nunc recondita est ipsa lintei sancti particula, argento et auro ac gemmis Anglico[3]) opere subtiliter ac pulcherrime decoratus; ibi ergo christallo superposito et visibiliter celata et venerabiliter satis est collocata.

1022. *Cap. 43.* (Geschenke K. Heinrichs II.): Textum evangelii, deforis quidem ex uno latere adopertum auro purissimo ac gemmis valde pretiosis, abintus vero uncialibus ut aiunt literis atque figuris aureis mirifice decoratum. Calicem aureum cum patena sua, gemmis et margaritis ac smaltis optimis laboratum. Planetam diapistin listis aureis adornatam; stolam quoque et manipulum, atque cingulum; singula intexta auro. Pluvialem etiam diasprum cum listis auro textis, necnon et tunicam eiusdem subtegminis aureis operibus exornatam. Sed et mappulam diapistin auro nichilominus decoratam. Situlam quoque et coppam argenteam quantitatis non modicæ, cum qua videlicet fratres in præcipuis festivitatibus biberent. Recollegit præterea a Judæis vestem unam de altaris s. Benedicti, quæ fuerat Caroli regis; quam idem Judæi retinebant in pignore pro D aureis; necnon et calicem argenteum Saxonicum maiorem cum patena sua, quem Theodericus Saxonum rex[4]) b. Benedicto olim transmiserat. . . . . . Idem . . . . . obtulit et ipse b. Benedicto eadem die planetam optimam veneti coloris, listis nichilominus aureis decenter ornatam, et stolam unam optimam auro brustam, cum manipulo suo. Sed et Belgrimus archiepiscopus . . . . obtulit b. Benedicto planetam purpuream optimam, aureis listis mensium XII signa habentibus in circuitu adornatam.

1007. *Cap. 46.* (Heinrich II.) construxit ecclesiam ad honorem s. Georgii in Babemberg.

---

[1]) Von Grottaferata. — [2]) Mönche hatten aus Jerusalem ein Stück des Linnens mitgebracht, mit dem Christus die Füße seiner Apostel abgetrocknet hatte. — [3]) 1063 erschlug bei einem heftigen Ungewitter der Blitz Anglum quendam aurificem im Kloster. Leo III., 20. (s. u.) — [4]) Ein christlicher König der Angelsachsen dieses Namens ist unbekannt.

Cap. 52. Theobaldus .... (a Johanne abbate) in monasterio s. Liberatoris quod in comitatu Teatino iuxta Lænţum flumen situm est, præpositus est ordinatus .... In ecclesia cum ab introitu ipsius XII ferme cubitos adiunxisset, titulum quoque ab orientali parte non parvi ambitus cum sua confessione construxit, universamque ecclesiam picturis et specularibus decoravit. Ante maius vero altarium tabulam de argento a propinquis suscepto confecit, quam et ex parte non modica deauravit. Fecit etiam in eadem ecclesia duo magna turibula ex argento librarum X: opere pulchro et ex parte inaurato ... Inter quæ etiam et codices diversos scribi iussit, numero LX, e quibus IV pallio investitos, argenteis quoque operibus decoravit. 1022-1035.

Cap. 53. (Theobaldus) crucem namque argenteam ad procedendum diebus dominicis et duas campanas magnas valde ac pulchras iussit fieri. Altare s. Gregorii argentea tabula decoravit. Fecit et capsulam argenteam, ubi portionem ligni dominicæ crucis, quam superius a Leone monacho huc allatam ostendimus, reverenter locavit. Virgam quoque pastoralem cum titulo, argento vestivit. Ecclesiam parvulam in honore s. Nycolai iuxta abbatis cameram ecclesiæ b. Benedicti a septemtrionali parte adiunxit, necnon et aliam nichilominus parvulam ecclesiolam in honore s. Severi Casinatis episcopi, in loco qui vulgo Ad voltam s. Severi antiquitus vocabatur ædificavit. Muros etiam altos ac turres duas hinc inde ante atrium ecclesiæ in modum claustri construxit.

Cap. 54. (Odilo von Cluny). Os integrum brachii beatissimi Mauri capsella decenter inclusum argentea, opere pulchro turrium instar aptata, per sex sui monasterii fratres huc mandare curavit.

Cap. 89. (Richerius) .... ecclesiam s. Benedicti plumbeis tabulis cooperuit, palatium ab orientali parte monasterii LXVIII cubitorum incepit, et usque ad solarium perduxit. Ante ecclesiam vero in circuitu atrii deambulatorios arcus cum columnellis lapideis fecit. 1038-1055.

Cap. 100. Hæc præterea sunt quæ de Friderici muneribus hoc monasterium tempore diverso recepit. Crucem auream super altare, gemmis ac margaritis speciosissime comptam librarum paulominus II., cum tripode suo argenteo deaurato, et astili onichino, Abt Fridericus 1057.

argento et auro decenter ornato, V. librarum inter utrumque. Yconas argenteas deauratas IV. Auream unam cum gemmis ac smaltis valde pulcherrimam .... Ceraptata cristallina parium unum; argenteum parium alterum. Codicellum evangelii auro gemmisque decoratum. Pluvialia VI. ... Laternam argenteam magnam librarum V cum nigello. Urceolum argenteum ad ministerium altaris. Situlam argenteam deauratam cum smaltis. Pallia quoque et hostiaria aliquot. Tapetia VII, et unum maius quolibet pallio pretiosius. Antiphonarium unum.

Drittes Buch.

DIE KUNST IN MONTECASSINO UNTER DESIDERIUS.

(1058—1087.)

Klosterbauten. *Cap. 10.* Cernens itaque (Desiderius) totius monasterii officinas et angustas ambitu et forma deformes, et cum vetustate tum inertia ruinosas, adeo ut et contiguo viderentur omnes domate coopertæ, et egressus unius ingressui connexus esset alterius: incitabatur quidem animo illas aggredi ad renovandum, sed angebatur iterum quia ut tam arduum inciperet opus, nichil fere pensi habebat. Primo tamen quasi experiri cupiens, si quid valeret, palatium quod dudum Richerius abbas ab orientali parte monasterii inchoatum ad solarium usque perduxerat opere satis, decenti perfecit; iuxtaque ipsum versus ecclesiam, parvulum quidem, sed competentem plane in qua libri reconderentur ædeculam fabricavit. Quod cum sibi prospero eventu cerneret obvenisse, domum etiam, in qua abbates manere consueverant, a fundamentis renovare instituit: quæ videlicet a septemtrionali parte adhærens ecclesiæ et vilissimis lignorum furculis ab inferioribus sustentata et viminibus ex parte maxima videbatur intexta; adiuncto illi palatio cum absida, quod veteres todericum appellare solebant. Dehinc inspirante ac prosperante Deo mansionem etiam illam, quæ quiescentes fratres diversis præ sui exiguitate solariis continebat, nichilo segnius renovare aggressus est; in latere scilicet prioris a meridiano, quam funditus evertere ob claustri spatium disposuerat. Namque propter ipsius montis verticem, cui nulla fere planities inerat, vix in hoc loco parvissimi claustri speciem iuxta absidam ecclesiæ priores effecerant. Perfecta est igitur eadem domus in longitudine cubitorum 160, in latitudine vero cubitorum 24, in altitudine autem, propter ipsius montis inæqualitatem quantitatis diversæ, maximæ tamen. Quam cum abietinis trabibus pulcherrime contignasset, lateribus cooperuit, diversisque coloribus decoravit. Super hæc nichil moratus, pari tenore vetus capitulum funditus diruens, novum construxit; illudque gipsea urna in giro, vitreisque fenestris, ac pulchro satis variorum marmorum pavimento decorans, tegulis nichilominus cooperuit, et nimis venusta diversorum colorum varietate depinxit.

Cap. 12. (Frattenses[1]) oppidani). Terminum siquidem qui inter nos et illos antiquitus dividebat, idest duo leones lapidei, cum non procul ab eorum castro consisteret, olim malitiose clam confringentes in proximum demerserunt puteum; qua nimirum fraude fidentes, si quando nos terminum nostrum inter duos leones, sicut præcepta imperatorum continent, computabamus, illi de leonibus, qui secus portas s. Georgii positi sunt illud dici, derisorie immo pertinaciter affirmabant.

Cap. 18. Æstuabat interea ingenti desiderio Desiderius, ecclesiastica etiam ornamenta de quibus usque ad id temporis pauperes admodum videbamur, undecumque conquirere . . . . . Partim itaque de propriis deferens, partim vero a Romanis amicissimis mutuans, centum et octoginta librarum pretio congesto omnia fere ornamenta papæ Victoris, quæ hac illacque per Urbem fuerant pignorata, redemit; quae videlicet ista sunt: Pluviale diarodanum, totum undique auro contextum, cum fimbriis nichilominus aureis. Plancta diacetrina, aureis listis undique decenter ornata; alia vero exameta, friso nichilominus in giro circumdata. Dalmatica similiter exameta, auro et albis a capite, manibus, ac pedibus insignita. Tunica diapistin cum urna amplissima a pedibus et manibus ac scapulis aurea. Stolæ auro textæ cum manipulis et semicinthis suis, numero IX. Pannum diarodanum pro faldistorio, cum aureis in circuitu listis . . . . . . Librum quoque epistolarum ad missam describi faciens, tabulis aurea una, altera vero argentea decoravit. Codicem etiam regulæ s. Benedicti pulchro nimis opere deintus comptam, deforis argento vestivit . . . . Fecit et libellum ad cantandum in gradu sive ante altare, cumque tabulis eburneis mirifice sculptis et argento ornatis annexuit . . . . . .

Kirchengeräth.

[1]) Le Fratte.

Fecit et portellas argenteas ad ingressum chori, librarum circiter XXX. Fecit et sedilia lignea in circuitu chori cum dossalibus eorum, scalptura simul et pictura decora. Sed et gradum nichilominus ligneum eiusdem operis extra chorum in ambonis modum satis pulchrum constituit, in quo videlicet tam lectiones in nocte, quam etiam epistolæ et evangelia ad missas præcipuarum festivitatum legi deberent. Per eos etiam dies cum rumor increbruisset, ad Italiam regem venturum, nequaquam segnis perrexit Amalfim ibique XX pannos sericos, quos triblattos appellant, emit, ut si forte necessarium esset, haberet quod regi donaret .... Hydriam quoque argenteam librarum VII ibidem tunc acquisivit..... Videns autem tunc portas æreas episcopii Amalfitani, cum valde placuissent oculis eius, mox mensuram portarum veteris ecclesiæ Constantinopolim misit, ibique illas, ut sunt, fieri fecit. Nam nondum disposuerat ecclesiam renovare, et ob hanc causam portæ ipsæ sic breveseffectæ sunt, sicut hactenus permanent.

Erzthüren.

1063. Portrait des Abtes Richer.

Cap. 20. Vultum imaginis abbatis Richerii in eodem capitulo in tabella depictum (fulmen) scidit ac porro deiecit.[1])

1066. Bau der Hauptkirche.

Cap. 26. Anno igitur ordinationis suæ IX, divinæ autem incarnationis millesimo sexagesimo sexto mense Martio ind. IV, constructa prius iuxta infirmantium domum non satis magna b. Petri basilica in qua videlicet fratres ad divina interim officia convenirent, supradictam beati Benedicti ecclesiam tam parvitate quam deformitate thesauro tanto tantæque fratrum congregationi prorsus incongruam, evertere a fundamentis aggressus est. Et quoniam in ipso montis vertice constructa, et ventorum vehementium flabris quaquaversum patuerat, et igneis frequenter fuerat attacta fulminibus, statuit eiusdem montis saxeam cristam igne ferroque excindere, et quantum spatium fundandæ basilicæ posset sufficere, locum in imo defossum quo fundamenta iaceret, complanare. Ordinatis igitur qui hæc toto nisu et instantia summa perficerent, ipse interea Romam profectus est, et quosque amicissimos alloquens, simulque larga manu pecunias oportune dispensans, columnas, bases, ac lilia, nec non et diversorum

---

[1]) Weiter wird auch erzählt, dass bei einem Gewitter der Blitz eine alte Frau, die »propter paradisi turrim« vorbeigieng, tödtete; ein anderes Mal wurden bei der ‚porta maior‘ zwei Leute »cum Anglo quodam artifice« erschlagen. S. o. S. 198, cap. 33.

colorum marmora abundanter coemit; illaque omnia ab Urbe ad portum, a portu autem Romano per mare usque ad turrem de Gariliano, indeque ad Suium navigiis conductis ingenti fiducia detulit. Abinde vero usque in hunc locum plaustrorum vehiculis non sine labore maximo comportavit. Et ut magis fervorem fidelium obsequentium admireris, primam hic columnam ab ipso montis exordio sola civium numerositas colli brachiique proprii virtute imposuit; namque ad augmentum fatigii montis huius ascensus nimis tunc erat clivosus, artus et horridus: nec dum enim in cor eius ascenderat, eandem viam complanare ac spatiare, quemadmodum postea fecit. Tandem igitur totius basilicæ præter adytum cum difficultate non parva spatio complanato et necessariis omnibus abundantissime apparatis, conductis protinus peritissimis artificibus, et iactis in Christi nomine fundamentis, cœpit eiusdem basilicæ fabricam in longitudine cubitorum CV, in latitudine XLIII, in altitudine autem cubitorum XXVIII; basibusque subpositis columnas desuper X a latere uno totidemque ex altero, in cubitis IX erexit. Fenestras quoque in superioribus satis amplas, in navi quidem XXI, in titulo vero VI longas, ac rotundas IV, duasque in absida mediana instituit. Porticus etiam utriusque parietes in altitudine cubitorum XV subrigens, fenestris hinc X, totidemque inde distinxit. Aditum interea cum planitiei basilicæ quæ cubitorum ferme VI putabatur, consequenter disponeret coæquare, tres non integras ulnas fodiens subito b. Benedicti tumulum repperit. Inde . . . eundem tumulum eodem quo situs fuerat loco pretiosis lapidibus reoperuit ac super ipsum arcam de Pario marmore per transversum basilicæ, id est a septemtrione inmeridiem, V. per longum cubitis opere nimis pulchro construxit. Hoc itaque modo aditus ipse in eminentia priori permansit, ita ut a pavimento ipsius usbue ad pavimentum basilicæ VIII gradibus descendatur, sub fornice scilicet maximo, qui eidem adito imminet. Porro in absida maiori ad orientalem plagam statuit altarium b. Johannis B., in eo videlicet loco, ubi eiusdem olim oratorium Benedictus pater extruxerat; a parte vero meridionali altarium b. Dei genitricis Mariæ; a septemtrionali autem altarium b. papæ Gregorii. Iuxta cuius absidam, bicameratam domum ad thesaurum ecclesiastici ministerii recondendum extruxit, quæ videlicet domus secretarium consuetudinaliter appellatur; eique eiusdem nichilominus operis alteram, in qua ministri altaris preparari debeant, copulavit. Sane quoniam spatiandæ ecclesiæ gratia partem non modicam cameræ suæ subtraxerat, consequenter etiam prædicto secretario coniunctam eandem cameram ampliorem priori potius et pulchriorem effecit. Secus ipsam vero, iuxta porticum scilicet principalis ecclesiæ, b. Nycolai curvato pariete brevem quidem, sed pulchrum admodum fundavit ædeculam; ab ipsa autem usque ad extimam ecclesiæ frontem, venerabile satis b. Bartholomei apostoli oratorium opere pari porrexit. In eius etiam fronte prope balvas[1]) maioris ecclesiæ, de quadratis et maximis saxis mirificam arcem quæ vulgo campanarium nuncupatur erexit. Fecit et atrium ante ecclesiam, quod nos Romana consuetudine paradysum vocitamus, longitudine cubitorum LXXVII ac semis, latitudine LVII et semis, altitudine vero XV et semis, IV et totidem in geminis frontibus; VIII autem et VIII per latera singula super quadrifidas bases habens columnas. In cuius etiam meridionali latere cisternam maximam, tantundem longitudinis habens, arcuato opere sub eiusdem pavimento atrii fabricavit. Ante ingressum vero basilicæ, nec non et ante introitum atrii, V desuper fornices, quos spiculos dicimus, volvit. In occidentali porro atrii parte in singulis cornibus singulas basilicas, modo turrium valde pulchras erexit; in dextro quidem s. archangeli Michahelis, in lævo autem b. apostolorum principis Petri, ad quos videlicet interius ab atrio V. gradibus est ascensus. Iam vero extra atrii vestibulum easdemque basilicas, quoniam clivosus valde ad ecclesiam et nimis arduus erat ascensus, montem ipsum LXVI per longum, totidemque per latum, VII vero in altum cubitis excavavit, adeo ut ab imo usque ad ipsum vestibulum atrii XXIV marmoreis gradibus quos ibi constituit ascendatur, habentibus in spatio latitudinis cubitos XXXVI.

Cap. 27. Legatos interea Constantinopolim ad locandos artifices destinat, peritos utique in arte musiaria et quadrataria, ex quibus videlicet alii absidam et arcum atque vestibulum maioris basilicæ musivo comerent, alii vero totius ecclesiæ pavimentum diversorum lapidum varietate consternerent. Quarum artium tunc ei destinati magistri cuius perfectionis extiterint, in eorum est

[1]) i. e. valvas.

operibus estimari, cum et in musivo animatas fere autumet se quisque figuras et quæque virentia cernere, et in marmoribus omnigenum colorum flores pulchra putet diversitate vernare. Et quoniam artium istarum ingenium a quingentis et ultra iam annis magistra Latinitas intermiserat, et studio huius inspirante et cooperante Deo, nostro hoc tempore recuperare promeruit, ne sane id ultra Italiæ deperiret, studuit vir totius prudentiæ plerosque de monasterii pueris diligenter eisdem artibus erudiri. Non tamen de his tantum, sed et de omnibus artificiis quæcumque ex auro vel argento, ære, ferro, vitro, ebore, ligno, gipso vel lapide patrari possunt, studiosissimos prorsus artifices de suis sibi paravit. Sed hæc alias. Nunc vero constructam basilicam, qualiter decoraverit, demumque sacraverit, designemus.

Cap. 28. Plumbeis igitur domatibus illam totam cum titulo et utraque portica, simulque vestibulo decenter operiens, absidam et arcum maiorem musivo vestivit. In cuius videlicet circuitus amplitudine, aureis litteris magnis hos versus describi præcepit:

»Ut duce te patria iustis potiatur adepta
Hinc Desiderius pater hanc tibi condidit aulam.«

In absida vero hinc inde sub pedibus sanctorum baptistæ et evangelistæ Johannis versus istos:

»Hæc domus est similis Synai sacra iura ferentis,
Ut lex demonstrat hic quæ fuit edita quondam,
Lex hinc exivit mentes quæ ducit ab imis,
Et vulgata dedit lumen per climata secli.«

Fenestras omnes tam navis quam tituli, plumbo simul ac vitro compactis tabulis ferroque connexis inclusit; eas vero quæ in lateribus utriusque porticus sitæ sunt, gipseas quidem sed similis ferre decoris extruxit. Dehinc supposito trabibus laqueai coloribus figurisque diversis mirabiliter insignito, parietes quoque omnes pulchra satis colorum omnium varietate depinxit. Pavimentum etiam universum totius ecclesiæ cum adhærentibus oratoriis b. Bartholomei et Nycolai, simul etiam et cameræ suæ, mira prorsus et hactenus partibus istis incognita cæsorum lapidum multiplicitate constravit; gradibus illis quibus ad altare ascenditur, crustis pretiosorum marmorum decenti diversitate distinctis. Frontem quoque chori, quem in medio basilicæ statuit, IV magnis marmoreis tabulis sepsit; de quibus porfiretica una, viridis altera, reliquæ II ac ceteræ omnes in chori circuitu candidæ. Vestibulum autem ecclesiæ desuper quidem fecit musivo pulcherrimo cum superlimineis arcubus decorari; abinde vero usque ad imum pavimenti, totam basilicæ faciem gipso vestiri. Arcus etiam eiusdem vestibuli deforis musivo nichilominus vestiens, versus inibi Marci pœtæ aureis litteris scripsit. Reliquos vero tres atrii partes, diversis tam veteris quam novi testamenti historiis ab intus ac deforis depingi præcipiens, marmoreo totum in giro pavimento constravit, desuper autem laquearibus ac tegulis adoperuit; vestibulo quoque eiusdem atrii cum geminis turribus pari modo depicto, operto, ac marmorato.

Weihe 1. Oct. 1071. *Cap 29.* Fama itaque huius rei longe lateque vulgata, tanta totius fere Italiæ episcoporum, abbatum, monachorum, clericorum, magnatum, nobilium, mediocrium, diversæque condicionis virorum pariter ac mulierum ad diem condictam multitudo confluxit, ut stellarum fere cœli quam illorum omnium numerositatem cuilibet fuerit æstimare facilius. Ita universæ monasterii officinæ, et ipsa quoque officinarum omnium tecta, ita totius ab imo usque ad summum montis itinera, et quid dicam domus civitatis omnes, omnesque plateæ, omnia etiam longe lateque camporum adiacentium spatia congregatorum ad tanta sollemnia cuneis stipata erant atque conferta. Apparatus interea per III illos continuos dies præcedentes ac subsequentes eandem sollemnitatem, in pane videlicet et vino, carniumque diversarum ac piscium multiplicitate adeo est copiosus expositus, ut nullus fere in tam innumera multitudine, qui non se sufficienter hæc accepisse dixerit, potuerit reperiri. Ipsa igitur die kal. Octobris, cum annus ab incarnatione dominica millesimus et primus ac septuagesimus volveretur, dedicata est a domno Alexandro . . . papa b. Benedicti basilica cum V. altaribus suis die sabbati, indictione IX. . . . . Et altaria quidem præcipua, b. videlicet Benedicti ac b. Johannis vocabulis insignita, manu propria prædictus apostolicus (Alexander p.) consecravit, altare vero quod in australi parte ad honorem s. Dei genitricis Mariæ situm est, Johannes episcopus Tusculanensis. Quod autem in parte aquilonari ad nomen b. Gregorii, Hubaldus episcopus Savinensis; s. vero Nycolai, Herasmus episcopus Segninus sollemniter dedicaverunt.

. . . . in singularum columnarum eiusdem basilicæ capitellis, tempore constructionis in æreis pixidulis reliquiæ martyrum SS. Johannis et Pauli, Nicandri et Marciani et aliorum quorundam reverenter satis locatæ sunt.

Cap. 31. (Geschenke der Kaiserin Agnes) . . . . pallium magnum cum elefantis, quod dorsale cognominant. Evangelium cum tabula fusili de argento, opere anaglifo pulcherrime deaurato. Duo quoque candelabris argentea æque fusilia pondo librarum XII.

Cap. 32. . . Ad supradictam igitur regiam urbem (Constantinopolim) quendam de fratribus cum litteris ad imperatorem, et auro XXXVI librarum pondo transmittens, auream ibi in altaris facie tabulum cum gemmis ac smaltis valde speciosis patrari mandavit; quibus videlicet smaltis nonnullis quidem ex evangelio, fere autem omnes b. Benedicti miraculorum insigniri fecit historias. Quem profecto nostrum confratrem imperator Romano[rum] nimis honorifice suscepit, et quandiu ibi mansit, honeste cum suis omnibus reverenterque tractavit et quicquid operum inibi vellet efficere, imperialem ei licentiam facultatemque concessit. Fecit itaque et cancellos IV. fusiles ex ære, ante altare scilicet hinc inde inter chorum et aditum statuendos, trabem quoque nichilomium fusilem ex ære, cum candelabris numero L, in quibus utique totidem cerei per festivitates præcipuis ponerentur, lampadibusque in æreis uncis ex eadem trabe XXXVI dependentibus. Quæ videlicet ærea trabes æreis æque brachiis ac manibus sustentata, trabi ligneæ quam pulcherrime sculpi, et auro colorumque fucis interim fecerat Desiderius exornari, commissa est, et supra VI columnas argenteas, IV et semis in altitudine cubitos habentes et VIII libras per singulas, in ipsa chori fronte constituit. Sub qua nimirum trabe V numero teretes iconas suspendit, XIII vero quadratas paris mensuræ ac ponderis desuper statuit. E quibus videlicet X ex quadratis prædictus frater apud Constantinopolim crosso argenteo sculpsit, ac deauravit, habentes per singulas aliæ XIV libras aliæ XII. Rotundas autem omnes argentea solum urna circumdans, cætera coloribus ac figuris depingi greca peritia fecit. Tres vero alias de quadratis eiusdem metalli atque mensuræ patrari suorum artificum opere nequaquam dissimili Desiderius iussit. Alteram quoque iconam rotundam, ex utraque parte cælato argento et deaurato vestitam, argenteis etiam bullis extrinsecus in giro circumdatum quidam nobilis tunc b. Benedicto a regia urbe transmisit; cui postmodum similis fieri iussa ætera, utraque est in ciburio huius altaris hinc inde suspensa. Fecit præterea Desiderius et aliam trabem de argento librarum circiter LX, sculptam nichilominus et deauratam, quam in fornice maiori ante altare super IV argenteas columnas ex parte inauratas locavit: quarum unaquæque et argenti libras X, et V cubitos altitudinis habet. Fecit et II cruces magnas argenteas librarum XXX per singulas, quarum imagines cælatura mirifica prominerent; easque sub prædicta trabe inter easdem columnas hinc inde super marmoreos stipites statuit. Tres porro residuas maioris altaris facies argento librarum LXXXVI, sculpto et deaurato vestivit. Nam reliquorum VII altarium facies veteribus tabulis a tribus partibus adornatæ sunt. Fecit etiam IV trabes propter ciburium altaris, quas simili modo cælato et deaurato argento extrinsecus induens, abintus petalis et coloribus decoravit, quarum duæ habent in longitudine cubitos VI, librarum XX et totidem, duæ vero aliæ cubitos IV ac semis, librarum XII et totidem, suppositæ interim columnis veteribus. Fecit et candelabra magna VI, III cubitos altitudinis habentia de productis et sculptis argento lamminis, ana [1]) VI vel V librarum; quæ videlicet in festis præcipuis ante altare in directa linea posita accendi cum maximis faculis debeant. Fecit quoque et pulpitum ligneum ad legendum sive cantandum, longe priori præstantius et eminentius, in ascensu scilicet graduum VI, idque diversis colorum fucis et auri petalis de pulchro pulcherrimum reddidit. Ante quod columnam argenteam ponderis XXV librarum partim deauratam, ad modum magni candelabri VI cubitorum in altitudine habentem supra basem porphireticam statuit; super quam videlicet cereus magnus qui sabbato paschali benedicendus est, sollemniter debeat exaltari. Fecit et pharum, id est coronam maximam de argento librarum circiter C, habens in giro cubitos XX cum XII turribus extrinsecus prominentibus, XXXVI ex ea lampadibus dependentibus eamque extra chorum ante crucem maiorem satis firma ferrea catena VII deauratis malis distincta suspendit.

---

[1]) i. e. singula quæque, ἀνά.

Cap. 33. (Desiderius) totius cœnobii ambitum decrevit ingenti animo spatiare, et ut iam de aliquibus fecerat, reliquas officinas cum his etiam quæ ipsemet ante ecclesiæ constructionem construxerat, renovare. Et primo quidem claustrum quod tantæ congregationi permodicum adhuc esse constabat, ampliare desiderans, everso mox vetere refectorio, quod satis enormiter a latere templo, a fronte vero capitulo inhærebat, quodque ipse etiam dudum bis tempore diverso adauxerat, in ulteriori illud parte futuri claustri, iuxta meridionale scilicet atrii ecclesiæ latus decorum valde satisque magnum extruxit, diversisque totum coloribus pictorum artificio compsit, et laqueari adposito trabibus tegulis desuper cooperuit. Legivum quoque perpulchrum et eminens in eo constituit, quod valde decenter gipso vestitum cunctis spectabile reddidit. Cuius videlicet domus longitudo in cubitis XCV extenditur, latitudo in XXIII porrigitur, in XV vero altitudo sustollitur; ab orientali parte habens ingressum, ab occidentali vero absidam, ante quam profecto ampla satis abbatis mensa ex transverso cernitur constituta. Habet autem a latere meridiano fenestras XIV, a septemtrionali vero II tantum, I quoque rotundas in frontibus singulis, et circa pulpitum III, omnes vitro, gipso ac plumbo insigniter laboratas. Iuxta eandem quoque domum ab australi parte, coquinam fratrum in II invicem connexis fornicibus, quos una tantum columna sustentat, erexit; interque ipsam et refectorium, gradus et ianuam unde quæque necessaria in idem refectorium sive conferantur sive referantur constituit. Ex altera vero ipsius coquinæ parte cellarium statuit, ex quo videlicet tam refectorio quam coquinæ quælibet debeant necessaria tribui. Post hæc cum necdum sufficiens sibi ad tantam fratrum multitudinem claustri spatium videretur, vir certe magnanimis et multæ fiduciæ dormitorium et capitulum, quæ dudum ipsemet magno valde sumptu ac studio fabricaverat, nec non et veterem infirmantium domum ex integro est aggressus evertere, et claustri ampliandi occasione easdem quoque domus ampliores efficere. Quoniam igitur exteriorem dormitorii murum porro longe ab altero in magno montis præcipitio statuebat erigere, V crossam cubitis maceriam in fundamento maximæ firmitatis gratia iaciens, eam in CC spatio cubitorum per longum extendit; in altitudine autem cubitorum XXX erexit, XXIV cubitis

Klosterbau.

in latitudine a muro interiori distantem. Quæ videlicet domus longe priore amplior, firmior ac pulchrior studiose nimis est et fabrorum peritia lateribus tecta, et artificio pictorum coloribus decorata; habens a meridiano tantum fenestras amplas XX, e quibus III maximæ tribus columnellis marmoreis fulciuntur. Iuxta quam etiam in ulteriori capite ipsius vestiarium fratrum, parvum quidem sed satis competens pulchrumque construxit. His omnibus triennio circiter consummatis, montem evestigio qui interiacebat suffodere aggressus est, per longum scilicet cubitis CV, per latum autem XLIX, per altum vero circiter X. Sicque capituli ædem ab orientali parte per transversum constituit, ut interior eius frontispicii angulus angulo exteriori basilicæ sit connexus, absida vero ipsius appropiare dormitorio videatur. Cuius videlicet longitudo ædis cub. LIII, latitudine XX, altitudine autem XVIII habetur; habet autem a latere uno fenestras vitreas speciosissimas IX, ab altero totidem, a frontispicio aquilonali III rotundas, ab australi II æque rotundas, laqueari, et pavimento, seu picturis pulcherrimis sufficientissime decorata. Tantam quidem tunc cum ista suffoderentur, terræ motuum sumus experti frequentiam, ut uno quidem die vicibus XVII, per alios vero dies nunc IV, nunc duobus, modo etiam VI vel V vicibus, id per dies singulos sentiremus. Quod certe propter plurimas eiusdem loci sepulturas tunc necessario violatas, quæ sanctorum forte hominum fuerant, non ab re contigisse multi putavimus. Alias sane satis raro in hoc loco solet fieri terræmotus. Verum quoniam ingens præcipitium ab interiori dormitorii parte remanserat, erectis secus domum eandem cameris et terra saxisque cætera replens iniectis, itemque ante refectorium in fronte videlicet claustri curva nichilominus camera cisternam maximam fabricans, ita demum totius claustri superficiem coæquavit. Mox itaque arcus per girum deambulatorios super CX marmoreas columnellas instituens, claustrum omne in longitudine cub. LXXXV, in latitudine vero LXV porrexit. Cuius quia ea pars quæ basilicæ erat contigua, si ceteris coæquaretur, non aptus in eandem basilicam esset ingressus, subtus item et super deambulatorios fornices fecit, et in eius utrisque angulis marmoreos gradus, quibus in cetera descenderetur, instituit: a capitulo quidem XV, a refectorio vero XIII, totumque in circuitu et lapideis pavimentis bizantei artificii stravit et picturis pulcherrimis compsit. Nichil hoc moratus expleto, solarium palatii illius quod a Richerio cœptum ipse perfecerat, ab eminentia priori ad planitiem claustri deposuit, atque inibi cum balneo et ceteris oportunitatibus infirmorum fratrum quietem constituit. Porro ab occidentali parte claustri, iuxta refectorium videlicet, fratrum cellam noviciorum satis competenter aptavit; in qua profecto iuxta regulare institutum et meditari et quiescere et comedere novicii ipsi deberent. His . . . consummatis ad exteriora nichilominus ædificia monasterii reficienda impiger se ac fortis accingit. Ab occidentali igitur parte primum maceriam firmissimam erigens, portam XXX circiter cubitis extra veterem de quadratis ac sectis lapidibus statuit; supra quam turrim fortissimam in IV magnis columnis erectam ingenti camera confirmavit. Verum cum deforis præcipitium pateret immensum, tumulus vero abintus magnus existeret, eo defosso præcipitium illud saxis eius et terra, clivoso licet tramite pervium fecit sicque demum hinc inde muro contiguo ac propugnaculis civitatum more munito universum monasterium circumsepsit. Dehinc extra prædictam portam iuxta clivum scilicet quo ad eandem portam ascenditur, xenodochium maximum ad susceptionem peregrinorum cum universis suis oportunitatibus fabricavit. Domum vero illam quæ non competenti loco prope basilicam a parte aquilonali ad xenodochium olim constructa fuerat, ampliorem et pulchriorem reficiens, ad hospitum nichilominus receptionem aptavit, ac in utriusque ipsis receptionum domibus et lectos et quæque necessaria abundantissime apparavit. Pistrinum quoque ex eadem parte haud longe a gradibus atrii, adeo amplum pulchrumque construxit ut plerique advenientium ignorantes, quasi ad ecclesiam aliquam oraturi sæpissime sint profecti.

Hinc ad ecclesiam b. Martini quæ sola fere iam intra monasterii ambitum de veteribus ædificiis remanserat renovandam, totum cor Desiderius vertit. Diruta namque priori eiusdem b. Martini basilica, cœpit eiusdem ecclesiæ fabricam, in longitudine cub. (XLIII)[1]) latitudo (XXVIII) altitudo (XXIV). Fenestras S. Martin.

[1]) Lücken; die hier gegebenen Zahlen finden sich nur in einer Handschrift (nach der Wiederholung bei Petrus Diaconus, Lib. III. cap. 34. Dessen Ergänzungen s. unten.)

vero ab uno latere (IX), ab altero totidem; columnas vero numero XVI. Cancellos vero lapideos ante altarium mirificos patrari fecit. Fenestras vero plumbo simul et vitro compactis, ferro ligatis inclusit. Illas autem quæ in porticibus sitæ sunt, gypseas quidem, sed similis fere decoris extruxit. Absidam vero musivo decenter vestivit; in qua etiam aureis litteris hos versus describi præcipit:

Cultibus extiterat quondam locus iste dicatus
Demonicis, inque hoc templo veneratus Apollo.[1])
Quod pater huc properans Benedictus in omnipotentis
Vertit honore Dei Martini et nomine sancti.
Hoc Desiderius post centum lustra venustum
Parvumque evertit, renovavit, compsit et hausit.[2])

Jam vero pavimentum, quam speciosum[3]) sit, in promptu cernentibus est. Fecit et portas æreas in ingressu eiusdem ecclesiæ; fecit tabulam altaris argenteam, librarum circiter . . . .[4]) Iuxta eandem vero ecclesiam mansiunculas, in quibus ipse quando vellet, maneret, decenter construi fecit. Circa eandem vero ecclesiam bicameratam domum ad ornamenta eiusdem ecclesiæ recondenda construxit.

S. Bartholomæus. 1075. Transactis vero a dedicationi maioris ecclesiæ tribus annis totidemque mensibus anno videlicet a Salvatoris nativitate MLXXV incipiente, III. Non. Ian. ecclesia b. Bartholomæi apostoli, quæ ad occidentalem partem maioris ecclesiæ satis decenter sita est, cum grandi iterum lætitia et exultatione cunctorum fratrum, honorifice dedicata est, a Johanne Sorano episcopo . . . . .

Eodem etiam anno post octo circiter menses reliquæ duæ

---

[1]) Gregorii M. Dial. II., 8. Castrum namque Casinum dicitur, ubi vestustissimum fanum fuit in quo et antiquorum more gentilium a stulto rusticorum populo Apollo colebatur. Circumquaquam etiam in cultu dæmonum luci succreverunt, in quibus adhuc eodem tempore infidelium insana multitudo sacrificiis sacrilegis insudabat. Ibi itaque vir Dei perveniens contrivit idolum, subvertit aram, succidit lucos et in ipso templo Apollinis oraculum S. Martini, ubi vero ara eiusdem Apollinis fuit, oraculum S. Johannis construxit et commorantem circumquaque multitudinem prædicatione continua ad fidem vocabat. Vgl. auch Leo Ost. I. 1. Eine alte Tradition bezeichnete übrigens das Postament eines Crucifixes als die Basis des alten Idols. E. Gattula, Descr. S. Mon. Cassin. — [2]) i. e. auxit. — [3]) ac diversorum marmorum multiplicatate constratum, Petrus Diac. l. c. — [4]) Lücke.

basilicæ, pulcherrime in extremis exterioris atrii turrium modo hinc inde locatæ, pari studio et honore sacratæ sunt, IV. Id. Sept. Quarum alteram quæ a dextra parte ad honorem b. archangeli Michahelis constructa est, prædictus Johannes Soranus episcopus consecravit .... Alteram vero quæ a leva, ad honorem b. apostolorum principis Petri fundata est, Leo episcopus Aquinensis .....

Porro cum ab hac dedicatione annus iam quartus decimus et ab incarnatione dominica MXC[us] volveretur, tribus iam annis et LXIII diebus a transitu .... Desiderii abbatis elapsis, præsidente et iubente domno Oderisio reverentissimo et dignissimo successore eius, dedicata est ecclesia s. confessoris Christi Martini, quam ..... Desiderius in loco ipso, ubi olim a beatissimo abbate Benedicto constructa fuerat, circa portam scilicet monasterii mirifice ac pulcherrime in XVI marmoreis columnis erexerat quamque tam musivo quam etiam diversis picturarum coloribus optime decoraverat. Dedicata est autem XIV. Kal. Dec. .... cum tribus altariis suis ..... quorum primum et præcipuum in honorem ipsius b. Martini dedicavit vir venerabilis domnus Johannes episcopus Tusculanensis; illud autem quod ad dexteram ipsius basilicæ situm est, in honorem s. Erasmi martyris consecravit domnus Raynaldus episcopus Caietanus .... tertium vero quod a parte sinistra statutum est, in honorem gloriosi Christi confessoris Ambrosii benedixit domnus Honestus reverentissimus episcopus Verulanus .... Quod autem tamdiu post patris Desiderii transitum consecratio basilicæ huius dilata est, hoc fuit in causa, quia et picturæ partem aliquam et pavimenti non modicam ad complendum morte præventus idem abbas relinquerat. Quæ omnia successor illius studiosissime percomplere et addere quæ necessaria curavit .... 1090.

Annis item post ista III et III insuper ac LXX diebus exactis, anno scilicet incarnationis domini MXCIV ind. II, mense Januario die XXX, II. feria, dedicata est ecclesia b. Andreæ apostoli ... iubente ... abbate domno Oderisio, qui eandem basilicam a fundamentis extruxerat ab orientali parte maioris ecclesiæ, inter absidam videlicet ipsius et domum infirmorum, habens cemiterium fratrum a latere dextro, a sinistro vero claustrum licet parvulum tamen pulcherrimum ... Est autem prædicta 1094.

basilica instituta ad utilitatem infirmorum fratrum, lignis quidem ac tegulis firmissime contignata, fenestris vitreis optime decorata, diversis sanctorum historiis pulchra colorum varietate depicta, pavimento quoque multimoda incisione marmorum artificiose constructa.

St. Martin. *Cap. 34.*[1] Porticus etiam utriusque parietes in XVI cubitorum altitudine erigens, fenestris IV et IV totidemque ab altero distinxit, et illas quidem quæ in navi sunt, plumbo simul et vitro compactis tabulis ferro ligatis inclusit. In frontispicio porro eiusdem ecclesiæ fenestras III, ac unam in absida distinguens, similis decoris patrari mandavit. Columnas vero IX ab uno latere, totidemque ab altero erexit. Secus ipsam quoque ecclesiam, curvato pariete brevem quidem sed perpulchram domum, ad eiusdem ecclesiæ ministerium construxit. Cancellos vero lapideos ante b. Martini altarium mirificos patrari fecit. . . . . . Legivum quoque pulcerrimum auro atque coloribus pictorum ingenio decoratum, ibidem extrui iussit. Ante ipsius namque b. Martini altarium tabulam argenteam ac deauratam, et pulcerrime scultam, XLIV libras habentem . . . Desiderius patrari mandavit in qua omnes fere b. evangelistæ Matthæi, et s. confessoris Christi Martini desculpsit historias.

Kreuzpartikel. *Cap. 55.* His porro temporibus quidam Amalfitanæ civitatis nobilis, mundo mundanisque omnibus abnuntians, ad hunc locum pervenit, et a Desiderio gratanter susceptus, et monachus factus, partem non exiguam ligni salutiferæ et vivificæ crucis, auro et lapidibus pretiosis ornatam, et in aurea ycona locatam, quam ipse de palatio Constantinopolitano abstulerat, in coniuratione quæ contra Michaelem imperatorem facta est, b. Benedicto devotissimus optulit.

Kloster in Capua. Desiderius autem post ista Capuam pergens et officinas monasterii Capuani in ruinis iam positas cernens, ad renovationem illius animum dedit. Dirupta namque priori ecclesia, iussit conduci artifices alios ad capitella columnarum miro opere facienda. Evocansque ad se Benedictum

[1]) Von diesem Capitel ab beginnt die Fortsetzung des Petrus Diaconus. Die obigen Angaben ergänzen den Bericht des Desiderius (oben Cap. 33) über den Bau von St. Martin.

eiusdem loci præpositum, præcepit, ut in eiusdem ecclesiæ renovatione, omnibus rebus postpositis, specialiter invigilare studeret. Cuius ille imperio parens, patris Benedicti basilicam, sicut nunc cernitur pulcherrimam satis construxit. Quæ quidem ecclesia habet in longitudine cub. XCVIII, in latitudine LII, in altitudine XL columnas vero ab uno latere IX, ab altero totidem.

Cap. 57. C michalatos pro pictura capituli . . . . altarium aureum, cum gemmis, margaritis et smaltis ornatum. Coopertorium altaris sericum cum urna purpurea, ornatum margaritis et smaltis. . . Planetam purpuream cum friso et cum aquila de margaritis. Scrinium argenteum super altare cum nigello, librarum VIII. Scrinium eburneum magnum. Coppas duas argenteas cum nigello, librarum XV, cum quibus fratres in praecipuis festivitatibus biberent. II cortinas Arabicas, quæ pendent supra chorum. Geschenke Herzog Roberts v. Apulien.

Cap. 73. . . . sepulchrum sibi construi in absida ipsius capituli iussit . . : Ista præterea ornamenta idem papa Victor ad mortem suam in hoc monasterio dereliquid; quae omnia fere post dedicationem ecclesiæ, partim ipse cum fratribus huius cœnobii acquisivit, partim ab aliis in pignore posita recollegit: . . . . Planeta Johannis medici . . . . Panni de altare s. Mariæ: facies una purpurea cum auro; coopertorium cum smaltis; circitoria IV; opertoria IV . . . . Calices argentei Saxonici II, et alii argentei VII . . . . Candelabra de cristallo parium unam, et aliud parium argenteum cum onichino, et aliud parium argenteum cum malis christallinis . . . . Evangelium ipsius. Evangelium imperatoris. Evangelium papæ Stephani. Evangelium imperatricis. Duo evangelia fratris Firmi.[1]) Evangelium abbatis Aligerni. Duo sacramentoria cum argento. Epistolaria II, unum cum tabula aurea, aliud cum tabulis argenteis. Regulam s. Benedicti cum tabulis argenteis . . . . . fumigatorium Grecum, aliud cum nigello . . . . fanonem imperialem totum aureum. Scaramangæ imperatorum XII. Coronam de argento super altare s. Johannis cum crucibus V. et aliam crucem Grecam. Tod des Desiderius (Papst Victor III.) 16. Sept. und Legate für Monte Cassino.

Viertes Buch.

Cap. 3. (Oderisius) ad officinas quæ ex veteribus 1088.
supererant renovandas non segnis accingitur; domum namque

[1]) cf. Giesebrecht, De litt. studiis apud Italos p. 49.

infirmorum, quam dudum prædecessor suus Desiderius magno sumptu ac studio una cum balneo ædificaverat, a fundamentis est orsus evertere; et monasterii ampliandi occasione, ipsam infirmorum domum ampliorem et meliorem efficere. In declivo igitur montis latere domum illum construens, in spatio cub. —[1]) extendit, in latitudine, — in altitudine — erexit. Quæ videlicet longe priore speciosior et firmior, mirifice satis est lateribus tecta, et pictorum studio decorata, habens ab oriente fenestras —. In cuius capite perpulchram abbatis cameram constituit, iuxta quam etiam ecclesiam s. Andreæ apostoli in longitudine cub. — lat. — alt. — construxit. Desuper autem trabibus tabulisque est mirifice laqueata, ac lateribus cooperta, parietibus in giro figuris pulcherrimis decoratis; pavimenti vero opus quam speciosum, quam solidum, quam multigena marmorum sit diversitate constratum, obtutibus omnium patet. Circuitus etiam chori magnis duorum marmorum tabulis sepsit. Fenestras præterea in absida II, in frontispicio ab uno latere — ab altero totidem constituit. Quæ videlicet ecclesia ab uno capite absidæ sanctissimi patris Benedicti, ab altero hæret domui infirmorum. Iuxta eiusdem vero ecclesiæ frontem, cisternam arcuato opere fabricavit; a septemtrionali porro eiusdem ecclesiæ parte cimiterium in longitudine cub. — lat. — alt. — construens, lateribus cooperuit; iuxta infirmorum vero domum ab interiori parte coquinam ac balneum, atque cisternam opere perpulchro extruxit. Claustrum quoque infirmorum inibi super —[1]) marmoreas columnellas erigens, et picturis decoravit, et tegulis texit .... circa atrium maioris ecclesiæ palatium, in quo nobiles viri quique hospitarentur, in longitudine cub. — lat. — alt. — fabricavit, et idem trabibus contignans, tegulis cooperuit; iuxta quod etiam cisternam arcuato opere patrari mandavit.

1090. *Cap. 8.* Quo tempore Sikelgaita ducissa, coniux bonæ memoriæ ducis Robberti, vita decedens . . . ad hoc se monasterium duci fecit, et in paradiso huius ecclesiæ ante basilicam b. Petri apostoli tumulari rogavit.

1098. *Cap. 17.* Alexius imperator Constantinopolitanus per Johannem choropalasium suum transmisit b. Benedicto vestem de dorso suo oxideauratam (ὀξυχρύσεον). . . . . Alia vice

---

[1]) Lücke.

libras VIII solidorum michalatorum misit idem imperator, causa memoriæ, et pallium triacontasimum (τριακοντάσημον) pro altari nostræ ecclesiæ.

Cap. 27. Hoc autem anno (1106) Alexius Constan- Abt Otto.
tinopolitanus imperator per apocrisarios imperii sui transmisit 1105—
b. Benedicto pallium purpureum optimum, de quo prædictus 1107.
abbas pluviale aureis listis ornavit, et tunicam eiusdem subtegminis fieri iussit.

Cap. 28. Sequenti tempore idem abbas Capuam pergens, capellam s. Angeli ad formas, quæ in honore s. Nycolai noviter constructa erat, fecit a Brunone Signensi episcopo et huius cœnobii monacho dedicari.

Cap. 30. Tempore siquidem ipso (1107) dum Johannes cognomento Affidatus in mansiuncula, quæ turri patris Benedicti[1]) conlateralis est, nocturno tempore sopori membra dedisset, audivit dulcisonum officium ante nocturnalem synaxim in b. patris ædecula ab angelis celebrari . . . . Otto . . . . . . iam dictam turrim cum largo habitaculo in oraculum domini Salvatoris et eius genetricis virginis Mariæ dedicari constituit; convocatisque artificibus, cellarium inter dormitorium et titulum s. protomartyris Stefani construxit; sed morte præventus explere nequivit.

Cap. 56. Eandem Janulæ arcem,[2]) quæ a temporibus Ali- Abt Girar-
gerni abbatis destituta et desolata fuerat, restruere vir strenuissi- dus. 1111
mus cœpit. Primo itaque in montis summitate turrem speciossissi- —1123.
mam et valde maximam extruxit, iusta quam II veteres turres dirutas reparavit. Iam vero abbatis cameram cum cappella et reliquis officinis pulcherrime satis construens, ipsius arcis ambitum muro firmissimo sepsit et sic demum rebelles et infidos quietos manere coegit.

Cap. 80. Eo etiam tempore (1123) iam dictus abbas Oderisius (II.) portas hæreas pulcerrimas in ingressu huius nostræ ecclesiæ fieri iussit.

---

[1]) cf. Schlosser, Klosteranlage, S. 9. — [2]) Über S. Germano.

XXXI.

DAS SCHLAFGEMACH DER GRÄFIN ADELE VON BLOIS.

Baudri, Abt von Bourgeuil, Gedicht an Gräfin Adele (vor 1107). — ed. Léop. Delisle, Poème adressé à Adèle, fille de Guillaume le Conquérant, par B. abbé de B. Caën, 1871.

Literatur: Müntz, La tapisserie. (Bibl. de l'enseignement des beaux-arts), p. 89; Ders. im Journal des Savants, 1888, 168; Jahrbuch Bd. XVI., 159. — Über die Tapete von Bayeux: Fowke, The Bayeux tapestry, mit Photographien. London, Arundel Society, 1875; Laffetay, La tapisserie de B. Bayeux, 1878; Comte, La tapisserie de B. 79 pl. photographiques. Paris, Rothschild, 1879; Chuppin de Germigny, Mlle. de, Les broderies de la reine Mathilde. Caën, 1883.

Teppiche. Schmalwand: Genesis.

v. 96. Nam thalamos operis aulaea recentis obibant
  Quæ cum materies tunc preciaret opus:
Serica materies, opus est quod vivere credas,
  Quod nobis iteret historias veteres.
Hinc videas elementa novo moderamine iuncta
  Et librata suis singula ponderibus.
Antiquumque cahos videas in parte sequestra;
  Aer, terra manent insimul, ignis, aqua.
Astiterat dictans operantibus ipsa puellis
  Signaratque suo quid facerent radio.
Erumpit cœlum, tellus manet, ignis et aer
  Iam velut evadunt mobilitate sua.
Corpora iuncta simul faciunt et corpora vivunt;
  Desuper ut decuit, est opifex operi.
Pigras dilabens terras interluit annis;
  Undæ concretæ conficiunt maria.
Vivunt impariter iumenta, volatile, repens:
  Omnibus his superest, ut dominetur, homo.
Hinc ad deluvium protendit linea patrum
  Nomina scripta legas, gesta recensa notes.
Arbore sub quadam stetit antiquissimus Adam,
  Fructus carpebat Eva, viroque dabat.
Quidam crudelis frater, crudelior hoste
  Atque homicida Chain percutiebat Abel.

Ecce locum videas, quem turba vocat Paradisum:
  Hic quasi perpetuat inveteratus Enoch.
Diluvium campis superest et montibus altis
  Dumque natare licet, vivida quæque natant:
Et cervus et lupus et bos et tigris et agnus
  Pace nova mittes ecce natant pariter.
Mirantur montes in summo vertice pisces,
  Æquora mirantur quod leo piscis erat.
Hæc quoque deficiunt, vita sibi deficiente:
  Quæ modo vivebant putida tabe fluunt.
His inhiare fuit horrorque et grata voluptas:
  Omnia sic videas ut quasi vera putes
Arca ferebatur, quod etulit impetus undæ,
  Imbres deficiunt, et minuuntur aquæ.
Apparent montes, occulta renascitur arbor,
  Hinc procera magis quo tenuatur aqua.
Ecce refert oleam rediens lutulenta columba,
  Putribus incumbis, corve, cadaveribus.
Limosi montes limosaque paruit arbor,
  Lurida visa fuit quæque superficies.
Hoc opus, hoc velum thalami primordia vestit
  Illa parte domus qua, domus est brevior.

At domus in longum, velis obtenta duobus,
  Temporis eiusdem dissona signa dabat.
Sensus imaginibus erat alter et altera gens est:
  Hac genus Hebræum, hac fabula Græca fuit
Tunc videas Noë plenum cratera tenentem
  Et veteris reliquos historiæ titulos.
Pectine sublimi discernit sidera canus
  Defectusque senex gignere discit Abram.
Excidium Sodomæ signatur, sulphura, flammæ
  Obnubunt frontem conscia corda manu.
Antiquus Jacob virgas decorticat estque
  Astans propter oves, pastor et ipse gregis.
Venditus est Joseph, Pharaonis et horrea complet;
  Fratribus indulget, redditus ipse patri.
Ecce videbatur famosi gloria Moysi

1. Langwand: Geschichte der Israeliten.

Israhelitam qui doceat populum.
Nec minus et Josue succedit in ordine Moysi,
Succeduntque duces, regnaque iudicibus.
Quæ memoranda putes et claro digna relatu,
In velie serie singula conspiceres.
Consummatur opus veli sub imagine regum,
In reges tempus ducitur a patribus.
En David magnus fulgebat, gloria regum,
Cuius in æternum fama superstes erit.
Hic puer inter oves caput amputat ipso Goliæ;
Hic latet, hic tandem regia sceptra tenet.
Hinc Salomonis opes et cetera facta sequuntur,
Et reges alios illud opus memorat.

2. Langwand: Heidnische Sagen.

Alterius veli spaciosa volumnia Græcas
Ostendunt umbras et sua sacra tenent.
In serie prima Saturnia regna leguntur
Iam furit in patrem Juppiter ille deus.
Aurea prima micant, argentea secla secunda,
Ærea tercia sunt, ferrea quarta rigent.
Fictilis extremæ fit imago posteritatis;
Singula tempus habent gesta locumque suum.
Interponuntur multarum tempora rerum,
Ambages veterum, græcaque fictitia.
Tempora Deucalion humana elapsa reformat,
Et sua Pirra viro suggerit auxilium.
En auriga novus, huius quoque nescius artis
Terras exurit Pheton, et ipse ruit.
In volucrem versus rapit Omnipater Ganimedem
Exemplumque manet criminis ipse Deus.
Juppiter in taurum super æquora subvehit Io;
Cathmus Agenorides vertitur in colubrum.
Argi vertuntur decepti lumina centum,
In volucrem pictam nunc quoque vivit avis.
Humidus indicit terris sua festa Lieus:
Qui renuunt, mutat in varias species.
Piramus et Thisbe gladio moriuntur eodem:
Ex ipsis autem fabula picta manet.

Conspiciuntur ibi speculantes Ermafroditum,
Et querunt talis quid sibi forma velit.
Orpheus Euridicem Stigiis a sedibus effert:
Lex datur, at legem præproperus violat.
Narcissus, propriæ pellectus amore figuræ,
Totus amat semet, semet amando furit.
Tot portenta quidem portenta et mille sequuntur,
Et totidem rursus quæ sequerentur erant.
Nec vacat a Paride sinuosi pagina veli,
Nec Troiæ antiquum defuit excidium.
Conditur Alba vetus, Romani semina regni
Famose retinet quæ monimenta suis;
Et res Romanas et centum nomina regum
Illud habebat opus, iam quoque finis erat.

Ambit enim lectum dominæ mirabile velum,
Quod tria materia iungat et arte nova.
Nam manus artificis sic attenuaverat artem,
Ut vix esse putas, quod tamen esse scias.
Aurea præcedunt, argentea fila sequuntur,
Tercia fila quidem serica semper erant.

2 Schmalwand: Eroberung Englands.

— — — — — — — — — — —

Porro recenseres titulorum scripta legendo
In velo veras historiasque novas.

Ecce videbatur Normannia fœta virorum
Nomine Guillelmum progenuisse ducem.
Finibus a patriis in primis hunc abigebant
Et profligabant iura paterna sui.
Protinus hos princeps nimia virtute subactos
Legibus edomuit supposuitque suis.

— — — — — — — — — — —

Ecce micat cœlum, micat ecce rubeus cometes,
Crinibus effulsis fulgurat in populos.

— — — — — — — — — — —

Antiquata patrum miratur et obstupet ætas,
Quodque vident dicunt grandia signa fore.
Pectoribus matres admoto pignore dulci

Pectus et os feriunt et nova signa timent.
A patribus responsa petit sibi iunior ætas
Atque rogando senis pendet ab ore puer.
Quid res portendat, tamen et portendere dicunt,
Ignorant, multis fingere multa licet.
Ecce palatinos virtus Normanna vocarat
Concilium faciunt, consilium capiunt.
Ipse loco residens Guillelmus in ediciori,
Quo decuit proceres more sedere iubet.[1])

— — — — — — — — — — —

— — — — — — — legati testificantur idem.
Direxere oculos in eos, dum fantur, et aures
Consulis attente denique verba notant.

— — — — — — — — — — —[2])

Sentinas, remos, antemnas, transtra, cherucos,
Et reliquos usus omnis adaptat homo.
Cæduntur sylvæ, cadit ornus, quercus et ilex,
Deque suo pinus stipite diripitur.
Advehiturque senex abies a montibus altis
Cunctis arboribus fecit opus precium.
Mox in littoribus videas consurgere silvam
Et loca plana vides, quo modo silva fuit.

— — — — — — — — — — —

Utque magis stupeas, subito ter mille carinas
Iungit et armato milite cuncta replet.
Has præter, turbæ fuerat sua cimba pedestri,
Altera fert dominos, altera navis equos.
Navis et aurato surgebat regio rostro,
Quæ poterat tumidum non timuisse fretum.
A domina puppi clamatur: Solvite funes,
Funes solvuntur; navita quisque ruit.
Nauticus exoritur clamor mixtusque tumultus,
Uxores, matres turbaque plorat iners.

— — — — — — — — — — —

Naves et proceres procerumque vocabula velum

[1]) Es folgt eine lange Rede Wilhelms, worin er sich über die Besitzergreifung von England erklärt. — [2]) Folgt eine zweite Rede, in der zum Aufbruch nach England gemahnt wird.

Illum habet, velum si tamen illud erat.
— — — — — — — — — — —[1])
Regis divitiæ, sua gloria, bella, triumphi,
In velo poterant singula visa legi.
Veras crediderim vivasque fuisse figuras,
Ni caro, ni sensus deesset imaginibus.
Littera signabat sic res et quasque figuras,
Ut quisquis videat, si sapit, ipsa legat.
— — — — — — — — — — —
Denique quis cameram, quis digne tigna domorum,
Quisque pavimentum, quisve tot expediet?
— — — — — — — — — — —
Hæc cortina deæ lectum vicinior ambit,
Quæ ducis et patris fert monumenta sui.
In thalami cœlo cœli quoque nosse meatus
Ipsius posses assiduamque rotam.
Et quamvis staret, tanquam ipsa rotabat
Machina, sic studium fecerat artificis.
Aptaratque polos, Helicem simul et Cinosuram
Quæque colore suo pinxerat et studio.
Lactea zona, suo distincta colore decenter
Et rubicunda simul et glatialis erat.
Zodiacus sua signa gerit, sua lactea zona;
Circulus omnis adest et duo solstitia.
Extremus vertex Arcturus et ipse vocatus,
Visibilis nobis hæc sua signa gerit.
Est polus Arcturnus qui subvehat inque rotetur
Hunc circa colli machina tota simul.
Est polus, est regio cæcis immersa cavernis,
Quam quia conticuit pictor, ego taceo.

Decke des Gemaches: Sternbilder.

[1]) Es folgt eine lang ausgedehnte, die bildliche Darstellung nur als Substrat benützende Beschreibung der Landung und der Schlacht bei Hastings in ihren einzelnen Momenten: die anfängliche Furcht der Normannen vor den abgesessenen und in ein dichtes Carré formierten Sachsen, der Angriff der diesen ungewohnten Bogenschützen und Ballisten, die Kriegslist Wilhelms durch die verstellte Flucht, die aber beinahe zum Unheil ausgeschlagen hätte, die Anrede des Herzogs an die Seinen (wie in der Tapete von Bayeux), endlich der Sieg der Normannen, der Fall Haralds, und der festliche Einzug und die Krönung Wilhelms.

Circulus ipse duas habet et collimitat Ursas,
Nostris visibilis appropiansque oculis.
Inter utramque iacet Serpens circumfluus Ursam,
In cuius flexu sistitur Ursa minor.
Maiorem cauda complectitur osque caputque
Erigit, inque pedem circinat Herculeum.
Ipsum nempe caput urget pes Herculis alter:
Alter enim pes est curvus ab usque genu.
Herculis est vultus tanquam conversus ad austrum,
Intuitu recto respicit Ophiacum;
Obsitus a lumbis est idem pelle leonis;
Cuius crus dextrum mox Lira contiguat.
Albidus expansis Cignus velut evolat alis,
Cepheus est subtus Cassiephia secus.
Andromedam videas quæ palmas tendit utrasque
Hæc cervice sua femina tangit Equum.
Deltoton a dextris est forma triangula iuxta
Confinesque plagas Aries obtinuit.
Quodque tenet Perseus caput est de Gorgone truncum:
Hic agitatoris calce caput reprimit,
A pede pes procul est, quia Taurum pes premit alter,
Dextra caput gestat, læva manus gladium.
Arcturi caput piger ille senexque Bootes
Respicit Arcturos Herculeumque pedem.
Herculis a dorso præclara Corona videtur,
Serpentis medii quæ caput appropiat.
Anguifer a dorso, super apparente Sagitta,
Vicinat volucri quæ Jovis armiger est;
Ipsa caput Cigni semper quasi mandere temptat
Delphinus semper obvius instat Equo.
Qua quoque Zodiaci magis ardua linea surgit,
Cancri designant sidera solsticium.
Comportatque suos in semet Cancer asellos,
Nec præsepe suis bestiolis deerat.
Et qua Zodiacus declinat solque gradatim
Orbe rotante, ferus mox Leo subsequitur.
Proximat hunc Virgo quae librat in ordine pensas
Sed Libram Scorpii (?) brachia progenerant.

Scorpio subsequitur quem Serpentarius anguens
  Et velut infestans calcat utroque pede.
Imminet Architenens pedibus caudaque ferinus,
  Penna coaptat avem, sed facies hominem.
Hæc velut extenta minitatur forma sagitta,
  Tu, Capricorne, tenes altera solsticia.
Qua committuntur plaga lactea Zodiacusque
  Albicolores sunt et nivei Gemini.
Separata Tauro Geminos agitator et edi,
  Nam Taurum curvo percutit ipse pede.
At pede producto Taurus petit Oriona;
  Orionis pes impetit Eridanum.
Eridanus siquidem, longo sinuante recursu
  Appropians Cœto, tela vocatur ob id.
Inde sequens Aries noctemque diemque coæquat;
  Tempus adæquat idem tempore Libra suo.
Succedunt Pisces. Tua stella refulget, aquari,
  Tangere quæ caudam vult, Capricorne, tuam.
In piscem magnum diffundit Aquarius urnam,
  Bestia cui pistrix proxima semper erit.
Ensifer Orion spectat confinia Tauri,
  Sub cuius pedibus est Lepus, inde Canis.
Infima navis erat, navis quæ dicitur Argo,
  A puppi navis ista propinqua Cani.
A prora vero Centaurus, et ipse supinam
  In dextra portat bestia bestiolam.
Hanc quoque Centaurus portare putatur ad aram
  Quæ quasi sacra micat, igne sacro rutilans.
Centauro Navique simul super astat Ylidris,
  Qui super est Corvus Urceolusque simul.
Proximus Anticanis Geminis est, et præit Ydram;
  Vendicat hunc totum lactea zona sibi.
His inerant signis super edita nomina semper,
  Stellarum numerus, tempora, circuitus;
Littera signabat super addita nomina signis,
  Signabat cursus, tempus et officium.
Horologos etiam possem numerare meatus,
  Copia sed fecit me cumulata inopem.

Hoc fuerant cameræ laquearia picta labore,
Singula signabat forma colorque suus.

Præterea septem, spatio sed non in eodem,
Stellas conspiceres inferiore loco.
In curru proprio quasi stabat Solis imago
Isque videbatur irradiare domum.
Lucebant radii, lucebat fervidus axis;
Efflabant ignem naribus eius equi.
Luna sibi suberat, speciemque globumque retentans
Ipse suum lumen sol tribuebat ei.
Nam quando obliquis sibi vultibus adversantur
Conspicitur proprio luna vigere globo.
Mox geminum cornu semesa videtur habere,
Paulatimque velut deficit in nichilum;
Cum vero fratri succedit tramite recto
Exhilarata micans pleniter orbe suo

— — — — — — — — — — —

Algens Saturnus inopacus decrepitusque

— — — — — — — — — — —

Stella benigna Jovis, et patre citatior ipsa

— — — — — — — — — — —

Horridus et siccus Mars, belliger immoderatus

— — — — — — — — — — —

Fulgebat Veneris formosa, binomia stella

— — — — — — — — — — —

Mercuri facunde, tibi facundia linguæ
Creditur atque simul mercibus ipse faves.

— — — — — — — — — — —

Fuß-boden: Mappa mundi.

Ecce pavimenti structura [canenda] fuisset
Sed refugit sensus mensque veretur hebes.
Quæ siquidem mundum comprehendere carmine posset?
Namque in eo mundi forma recensa fuit.
Quippe pavimentum mundi fuit altera mappa:
Hic videas terræ monstra marisque simul.
Res designabant super addita nomina rebus
Sic ea cura sagax pinxerat artificis.
Ne vero pulvis picturam læderet ullus,

Tota fuit vitrea tecta superficie.
Ipsa superficies vitreum mare nomen habebat,
Lucida materies lucidiorque vitro.
Hanc ne protereret pes invidus ingredientum
Sustentabatur marmore supposito
Cingebatur opus fluido viridique colore,
Ut maris esset opus quod fluitare putes.
Hoc opus Oceani nomen formamque gerebat,
Quod penitus limbo cinxerat arva suo.
Insula non deerat et secla marina videres:
Ballenas, cete, cetera monstra maris.
Gurgitibus propriis pisces innare putares
Sicque forent pisces, prendere posse manu.
Oceano totus terræ sic obsitus orbis
Humectabatur fluminibus mediis.
Forma rotunda sibi, speciem quæ præferat ovi
Constans mensuris ponderibusque suis.
Porro venustabat operum variatio terras,
Humanusque labor auxerat effigiem.
Divinus siquidem quædam construxerat ordo,
Quædam vero manus fecerat artificum.
— — — — — — — — — — —[1]
Inde color viridis, laterum quasi concolor undis
Europæ fluvios posse notare dabat.
Danubium magnum maior signabat imago.
— — — — — — — — — — —
Auctor picturæ, fluvii non immemor huius,
Hunc Ligeri titulum desuper apposuit.
— — — — — — — — — — —
Hæc erat Europæ depictæ compositura
Nec deerat pictis nomen imaginibus.
— — — — — — — — — — —
In Libiæ campis sunt plurima monstra ferarum
Quæ si conspicias, cartula, mox paveas.
Ursus, rinocerus, pantera, camelus, onager,

[1]) Es folgt die Beschreibung der drei Welttheile mit ihren Flüssen, Bergen und seltsamen Thieren.

Inflexusque elefas, pardus, hiena, leo.
Cerastus, jaculum, dypsam simul amfisibænam
Hæc fovet ac regulos monstraque multa nimis.
Aspidis est mater, satyri, fauni, basilisci;
Silvestres homines Affrica progenerat.

— — — — — — — — — — —

Das Bett: Die freien Künste.

At dominæ lectus pedibus surgebat eburnis
Ingeniosa manus auxerat his pretium.
Qua regina suum caput inclinando cubabat
Grandis staturæ grande nitebat opus.
Nam velut in solio quædam residebat imago,
Quæ, bene si novi, philosophia fuit.
Huic sua manabant fluido velut ubera lacte:
Virgo quidem facie, fronte severa tamen.
Stillantes oculos ut lumina vera putares
Membraque personæ congrua conspiceres.
Ætatis iustæ, licet esset plena dierum,
Cui neque marcuerat aut vigor aut species.
Sed neque nuda fuit, sed operta sedebat imago,
Excepto vultu, qui quasi nudus erat.
Hæc digitum dextræ tendebat more magistræ;
Effigies septem discipulæ suberant.
Qua comitissa pedes in lecti parte locabat
Harum tres oculos ante docentis erant.
At gradus inferior poterat tamen esse coæquus
Dictantis pedibus, hæc et eburna strues.
Quattuor intentæ verbis signisve magistræ
Gressibus hærebant indiciisque suis.
Quod puer audieram, de quo persæpe putaram,
Haurio quadruvium visibus et trivium.
Attamen ipsa duas aliis quasi præficiebat,
Eius et inspiceres has tenuisse pedes.
Quæ sibi dextra sedet, quasi cimbala percutiebat.
Tangebat citharas, organa, sistra, liras;
Concordi calamos spiramine sæpe replebat,
Sic ad concinnos invigilans modulos.

— — — — — — — — — — —

Hanc secus assistens virgo speciosa sedebat
  At pedibus dominæ contiguata suæ.
Hæc etiam digitos manum sic articulabat,
  Ut tanquam numeros efficeres digitis.
Et numeris numeros collatos sæpe videres,
  Et qui multiplicent, ut generent alios.
— — — — — — — — — — —
A dominæ vero residentis parte sinistra
  Astabant propter discipulæ geminæ.
Prima videbatur calamo contingere cœlum,
  Atque coaptabat nomina sideribus.
Et calamus cubitalis erat, nam aptior hæc est
  Ad discernendos summula sola polos.
— — — — — — — — — — —
Inque manu læva speram gestamen habebat
  Quæ depicta modo multicolore fuit.
Serpentes, Ursas illic pigrumque Bootem
  Conspiceres et adhuc nescio quas species.
Res ea non fuerant magis exemplaria rerum,
  Instar stellati spera poli fuerit.
Qua plerumque cavum lustrabat arundine cœlum,
  Lustrabat speram singula discutiens.
In cœlo tales fuerint ne aliquando figuræ,
  Mecum pensabam pensaque grandis erat.
Pensanti ipsa refert: »Ne penses falsave speres,
  In cœlo talis nulla figura fuit.
Sed finxi formas et formis nomina finxi,
  Ne cito labantur cognita sita meis.«
— — — — — — — — — — —
Hanc secus assistens Geometrica virgo vocatur,
  Orbis terrarum quæ peragrat spacium.
Hæc terrenorum summas norat stadiorum,
  Gestabatque abacum pulverulenta suum.
— — — — — — — — — — —
Namque tabellam abaci, quasi glauco pulvere plenam
  Ingenium solers fecit ad hoc habilem.
Ut cita sulcari subtili vomere possit
  Aut cito deleri sulcus item valeat.

Plura quidem fuerant quæ squalida virgo docebat,
  Quæ sunt ipsius iuris et officii.
Quattuor hae dominam residentem collaterabant,
  Et series harum quadruvialis erat.
— — — — — — — — — — —
Hac in parte caput comitissa accline locabat,
  Et capitale sibi fabula talis erat.
A pedibus vero sculptura fuit trivialis:
  Hoc est tres formas illud habebat opus.
Rethoricae mediata sedet sublimis imago,
  Cuius flammigeros esse putes oculos.
Etsi forma recens, tamen huic maturior ætas
  Et maturius os plusque sagax fuerat.[1])
— — — — — — — — — — —
Quæ secus hanc aderas pallenti femina vultu,
  Sed visus acris mobilitate micans.
Crines intortos simul et gestamen habebat
  Serpentem in læva crebrius implicitum.
Alludens dextram spectanti monstrat apertam;
  Prudens vipereos læva iacit laqueos.
Huic quoque nomen erat Dialectica more pelasgo,
  Dicit et hanc Latium nomine non alio.
— — — — — — — — — — —
Huic Socrates et Aristoteles coniunctius ibat
  Depingens Graio pectine verba decem.
— — — — — — — — — — —
Grammaticæ vero iuxta renitebat imago,
  Et lateralis erat rethoricæ in trivio.
Limam dentatam gerit hæc in partibus octo,
  Qua dentes scabros ipsa medens poliat.
Forpicibus medicis viciosa putando labella
  Complet et hiulca, cito quod superest resecans.
Et refovens vulnus linit ilico pulvere quodam,
  Sepia quem vel quem tetra favilla facit.
Namque sui iuris est infantum ora docere,
  Et male stridentes æquiperare sonos.

[1]) Als Vertreter der (griechischen und lateinischen) Rhetorik sind Demosthenes und Cicero genannt.

Præterea ferulæ subdebat discipulorum
  Dextras et flagro dorsa ferit rubeo.
— — — — — — — — — — —
— — — — — Sic sculpta manebat imago
  Ipsius ut breviter officium legeres.
Quaque suos humeros plerumque supina locabat,
  Qua lecti ulterior turgere sponda solet,
Gypsea forma sive (?) grandævæ virginis instar,
  A reliquis cuius differat officium.
— — — — — — — — — — —
Nam de corporibus fuerat sibi cura medendis
  Atque repellendis invalitudinibus.
Idcirco lutulenta fuit residentis imago,
  Nam de corporibus sermo sibi luteis.
— — — — — — — — — — —
Miratus thalamum, pariter miratus odorem,
  Miratus dominam quæ thalamo præerat,
Effigiemque videns opobalsama multa parantem,
  Mente rectractabam quod puer audieram:
Audieram siquidem Medeam Jasonis herbas
  Nosse, quibus senium subtraheret senibus,
Ægros curaret, morientes vivificaret,
  Et trivisse simul hisque dedisse dies.
Hanc igitur cernens ipsam prius esse putavi,
  Donec ab hoc titulus me vocat appositus.
Cura sagæ et cuius comitissæ præcipientis
  Hanc [vocem] super effigiem composuit:
»Hæc est de physica quæ disputat ars medicinæ,
  Qua præeunte magis corpora nostra valent.«
Tales præterea comites adiunxerat illi,
  E quibus ediscas cuius erat statua:
Alter erat comitum Galienus et alter Ypocras,
  Ambos vesceribus foverat ipsa suis.
— — — — — — — — — — —

XXXII.

KUNSTLEBEN IM KLOSTER PETERSHAUSEN BEI KONSTANZ.

(X.—XII. Jahrh.)

Casus Petrihusensis monasterii (um 1156). — Mone's Quellensammlung der badischen Landesgeschichte. I, 112 ff.

Literatur: Wattenbach II., 391; Zell, Die Kirche der Benedictinerabtei P. bei Konstanz. Mit einem Anhang: Bock, Die bildl. Darst. der Himmelfahrt Christi vom VII. bis XII. Jhdt. Archiv f. d. Gesch. der Erzdiöc. Freiburg II, (auch separat Freiburg i./B. 1867); Staiger, Die ehem. Benedictiner- und Reichsabtei P. bei Konstanz, ebenda Band VII.; Krieg von Hochfelden, Das Kirchenportal der Abtei P., nunmehr in dem Garten des Schlosses Neu-Eberstein. Anzeiger f. K. d. Vorzeit. N. F. VII. (1860); Neuwirth, Die Bauthätigkeit der alleman. Klöster S. Gallen, Reichenau und Petershausen. Sitzungsber. der Wiener Akad., Bd. CVI.; Kraus, Kunstdenkmäler des Großh. Baden, I, 230—244; Derselbe, Christl. Inschr. der Rheinlande. II, n. 63—66.

S. Gebhard I. v. Konstanz. 983. *Lib. I, c. 16. Quo tempore fundavit ecclesiam.* Anno igitur dominicæ incarnationis nongentesimo octogesimo tertio iecit fundamenta basilicæ; fecit autem vallos ubique per locum ad exsiccandum humorem, et obtulit quatuor aureos, quos posuit sub singulos ecclesiæ angulos.

17. De crypta. Fecit cryptam ab occidentali parte, in qua aquæ puteum fodit, et altare in honorem s. Martini in ea collocavit, quod postea Gebehardus III. propter humorem destruxit.

18. De ciborio. Super cryptam sanctuarium fecit, ubi principale altare in honorem s. Gregorii papæ constituit, super quod ciborium nimis speciosum fabricavit.

19. De quatuor columnis. Cum igitur columnas quatuor de ligno ilicis fecisset et figuras vitis in eis formari fecisset, urbanos Constantienses in unum congregavit eosque sic affatus ait: »habeo, inquit, quatuor filias, quas me oportet nuptui tradere, sed non possum eas sine adiutorio vestro ornare; ea de causa vos modo convenio et ut mihi aliquod solatium pro acquirendis ornamentis pro posse et velle vestro adhibeatis peto.« Cumque omnes respondissent, se libentissime facturos, quæcumque ille præcepisset, iussit columnas proferri et dixit, se has columnas argento velle vestiri et ut sibi ad hoc auxilium ferrent, cœpit precari; quod omnes animo promptissimo fecerunt. Nam eorum solatio columnas argento optimo vestivit easque super bases lapideas decentissime sculptas constituit, ...[1]) super columnas arcus quatuor posuit, quos ex una parte ex aurato argento, ex altera vero de aurato cupro vestivit ...[2]) super arcus quoque et super columnas posuit tabulam tantæ magnitudinis, ut totum operiret ciborium, habens in medio fenestram rotundam, et ipsam in circuitu intrinsecus aurato cupro opertam, inferius autem habebat marginem prominentem, quem argento vestivit, quod etiam quidam abbas abstulit et ipse plumbum affixit. Ipsa autem tabula erat per totum ex inferiori parte aurato cupro decenter operta, habens imagines quatuor evangelistarum elato opere, aliasque perplures species. In transversu quoque eius per quatuor partes erant laminæ affixæ argenteæ, et in unoquoque latere conscriptus unus erat versus aureis literis de subscriptis:

Hoc opus exiguum diversis artibus actum
Fert tibi Gregori supplex devotio servi,
Præsulis indigni, quem tu cum plebe fideli
Coniungas turmis precibus pater alme supernis.

Super tabulæ fenestram erat cassis ligneis columnis tornatis superpositus, angulosus et deauratus, et super hunc imago agni candidi ad populum prospicientis.

20. *De principali altari; de tabulis altari appositis.* Ipsum etiam altare erat cavum, habens ab oriente tabulam auro optimo et lapidibus pretiosis decoratam, ab occidente vero alia erat tabula argento cooperta, habens in medio imaginem s. Mariæ elato opere de auro optimo, appendens auri talentum, quam Bertholdus abbas tempore famis deposuit et comminuit, ac pro frumento distraxit. Super altare dependent diversa sanctorum receptacula reliquiarum.

21. *De choro.* Ad ipsum altare per gradus plures ascendebatur de choro, quos abbas Theodericus abstulit, quando chorum ampliavit. In supremo eorundem graduum in medietate erat spatium submissum, quantum altare fuerat latum, quadris lapidibus circumpositum, pertingens usque ad altare, ubi orantes

[1]) Lücke. — [2]) Lücke.

genua flecterent; et iuxta altare tabula marmorea viridi coloris pavimento imposita, in qua genua flectentes deoscularentur. Chorus vero erat valde parvus, quoniam ascensu graduum erat diminutus.

22. *De pictura.* Muri quoque basilicæ erant ex omni parte pulcherrime depicti, ex sinistra parte habentes materiam de veteri, a dextro autem de novo testamento, et ubicumque imago domini fuerat, aureum circa caput circulum habebat. Venetiorum namque episcopus modium plenum sibi de Graico colore, qui vocatur lazur, gratis pro caritate dederat; qui etiam optimus color abundantissime, sicut ipsi vidimus, muris undique illitus erat: quam picturam Konradus abbas ex toto deleverat, quoniam antiquitas ei iam decorem abstulerat. Fecit valvas incomparabilis decoris et ante ecclesiam porticum admodum parvulum, quem Theodericus abbas ampliavit et melioravit.

23. *De fonte.* Cum igitur ecclesia summo studio variis coloribus depingeretur, accidit, ut quadam die loco eodem secederet et aliquamdiu redire moras faceret. Interim ergo perfidi pictores optimos quosque colores fraudulenter auferentes in vicinum nemus abierunt, ibique terram clanculo fodientes absconderunt. Cum vero sanctus præsul reversus esset, cœperunt pictores importunis vocibus colores exigere dicentes, opus præ penuria colorum negligenter tardare. Quod vir beatus audiens parumper siluit et post hæc ait: »et si nobis modo deest, ut acquiratur necesse est. Ergo venite, sequimini me, forsitan nobis dominus sua benignitate dabit, quod quæritis, ut opus maturare valeatis.« Et duxit eos sine indice ad locum, ubi ipsi colores absconderant, ibique baculum suum in terram defixit dicens: »hic in Dei nomine fodite, et si aliquid inveniatis, videte.« At illi mala conscientia perterriti fodientes terram aperuerunt et colores, quos absconderant, quamquam inviti, tamen protulerunt. Quibus vir dei læto vultu dixit: »iam nunc pergite, dilecti filii, et de hoc ipso, quod dominus ostendit, enixius operamini.«

Illi autem perterriti abierunt, secum mirantes, quod factum fuerat. Ex ipso autem loco fons statim limpidissimæ aquæ erupit, qui usque in præsens fluere non desinit. Crastina vero die, cum vir Dei ad mensam sederet et pictores iam dicti confusi operi instarent, subito conciderunt et quasi exanimes iacuerunt. Quod m beato Gebehardo adhuc prandio assidenti cum magno repitu nuntiatum fuisset, tranquillo animo dixit: »sinite, inquit, iquantulum luere debuerunt, quod in sanctorum rebus deliquent.« Hæc dicens absque perturbatione mansit, donec mensa m alacritate discessit. Deinde ascendit super instrumentum, ubi i iacebant velut mortui et baculo, quem manu tenebat, tangens s ait: »non, inquam, vobis pro hoc mercedem daturus sum, ut mno torpentes hic decubatis: surgite ergo et operemini.« At illi nfestim levantes capita surrexerunt sani et quasi nihil passi œperunt operari.

24. *Quo tempore ecclesiam dedicavit.* Anno incarnationis 992. omini nongentesimo nonagesimo secundo, indict. quinta, decimo nno postquam cœpit ædificare, ipse beatus Gebehardus piscopus dedicavit ecclesiam, quam ædificavit, die V. Kal. Nov. honore beati Gregorii papæ in magna gloria.

46. *De ornamentis ecclesiae.* Multa sane beatus Gebeardus satis præclara et honorifica mobilia ornamenta dilecto bi loco acquisivit, quæ magna ex parte quorumdam hominum equitia dissipavit. Nam quidam professione quidem monachi, ed actu sacrilegi, dorsalia serico facta furto diripuerunt sibique ıxuriosas vestes ex eisdem fecerunt, et eo atque alio modo res ıonasterii vivendo luxuriose dissipaverunt.

47. *De duabus coronis.* Verum antistes Gebehardus uas coronas argenteas fecerat, quarum unam in choro, alteram ıspendi fecerat ante crucem in vestibulo. Sed quidam ex moachis aliquando ambitione deceptus unam ex his confregit et piscopo pro compensa abbatis ipsius argentum dedit, quarum rius quam adeptus est, eum episcopus in abbatem fratribus percere denegavit. Sed ille infelix augens peccatum alteram coronam omminuit et gratiam episcopi hac pecunia sibi reconciliavit.

48. *De laquearibus.* Laquearia siquidem basilicæ undique er intervalla bullis deauratis ornavit, super chorum vero in tabula ingulari imaginem s. dei genitricis Mariæ auro et optimis coloibus depingi fecit, et per circuitum eius imagines XII apostolorum n modum crucis: quæ omnia istis iam temporibus antiquitas oëgit desistere esse, quod fuerant.

51. *Quo tempore beatus Gebehardus vitam finivit.* Dehinc 996. nno quarto, hoc est, dominicæ incarnationis DCCCCXCVI, ordi-

nationis ipsius XVI beatus et venerabilis episcopus Gebehardu temporalem vitam finivit et ad æternam transivit, anno XII imper Ottonis tertii, indict. IX, sepultusque est in ecclesia, quai ipse construxerat, in meridiana absida feliciter atque glorios

52. *De sepulchro eius.* Denique sepulchrum eius venustissim decoratum præclaris ornamentis conspeximus. Nam a capite habu altare in honore s. Benedicti dedicatum, ubi cottidie prior miss canebatur; eidem altario opposita erat tabula, in inferiori part habens imaginem Domini, ad cuius dextram imago s. Gregori in sinistra vero s. Gebehardi, in superiori autem parte eiusder tabulæ erant laminæ de cupro factæ affixæ, in quibus hoc ep taphium aureis litteris est conscriptum.

55. *De ornatu sepulchri.* In circuitu sepulchri in mur quinque columnæ erant de gypso factæ, quarum capitella et arcu eleganti sculptura ornati, sed et desuper erant vites et volatilia e quadrupedia decenter formata; ad caput autem eius imago crucifix et a dextro latere iacentis imago ipsius in medio tamquam a officium altaris parati pontificalibus indumentis, cui assisteban a dextra lævaque ministrorum eius figuræ, una habens librun altera vero linteum, et hoc totum optime de gypso formatum Ipsum autem sepulchrum erat iuxta cryptæ introitum ex tabuli quadrinis a terra sublevatum, atque tapeti iugiter coopertum.

Lib. II, 24. De nobilibus in eodem monasterio sepultis Eppo quoque de Sanctomonte eiusque coniunx Tuota ad s Petrum tumulati iacent in eadem ecclesia, quorum imagine super altare in muro depictæ sunt, et virili imagini adscripti sun hi versus:

Hic iacet Eppo bonus de Sanctomonte patronus
Maii quindenis est mortuus ipse kalendis.

Super muliebrem autem imaginem descripti sunt hi versus

Istic tuta[1]) malis iacet eius conlateralis
Illa kalendis senis est tumulata Decembris.

Abt Theoderich. 1086-1116. *Lib. III, 7. De choro.* Et quia chorus erat brevis, quoniar gradus, per quos in sanctuarium ascendebatur, locum occupaban gradus diminuit lapidum et numerum ampliavit canentium, e lapides abstulit atque homines pro eis in locum eorum constituit

---

[1]) Wortspiel mit Tu(o)ta.

ıorum quippe sanctuario pæne coæquavit, uno tantum gradu .nctuario supereminente, atque ita in choro stantibus locum latavit, impleto in hoc loco, quod scriptura in persona Israel ecclesiæ domino dicit: quoniam locus mihi angustus est et ›minus benedixit me, da mihi spaciosa ad manendum loca.

8. De aedificiis, quae construxit. De ipsis autem gradibus, ıos de choro sustulerat, alia deinceps ædificia decoravit. Lavatorium ıippe fecit, ubi partem eorumdem graduum posuit, et capitulum totum in circuitu renovavit claustrum. Ambitum quoque cellæ uro circumdedit, sed et porticum super sepulturas antecessorum ıorum abbatum fecit.

Lib. IV, 21. De tabula argentea. Anno ab incarnat. dom. Abt
CXXVI⁰ facta est fames valida, ita ut multi penuria oppressi Bertolf.
:perirent. Et erat in basilica s. Gregorii tabula principali 1116-1127.
tario in occidentali parte apposita, quæ auro et argento venuste
erat operta, quæ nonnisi in maximis festivitatibus aperiebatur. 1126.
anc Bertolfus abbas ingruente inopia confringi fecit, et auri ıidem inventum est habere unum talentum et quartam partem ɾtonis, argenti vero .... et hoc totum tam aurum quam argentum at purissimum et optimum. De auro quippe in medietate tabulæ at elata imago speciosa s. dei genitricis et in eius pectore ›ecies columbæ; de argento vero in latitudine tabulæ imagines ›ostolorum et aliorum sanctorum pulcherrime formatæ.

Lib. V, 1. Cum iam ipsa basilica tam ex antiquitate Abt
ıam ex fundamenti fragilitate undique per rimarum scissuras Konrad
m iamque casum minaretur, venerabilis abbas Cuonradus 1127-1164.
lhortatione Hugonis Constantiensis ecclesiæ canonici eam novare aggressus est. Ex culmine quippe, quod ex occidentali ırte in pinnam subrectum est, vis tempestatum cæmentum omne ·orsus eluerat et saxa nudata sua nigredine deforme et horrenım omne ædificium ostendebant. Hoc itaque primum renovare ;gressus novam et maiorem fenestram fecit, in qua Wernherus trarius, eiusdem monasterii famulus, vitream fenestram de suo ›llocavit. Superius autem in eodem pariete alias duas fenestras : utroque latere constituit, ubi prius duæ parvissimæ et rotundæ ıbebantur. Scissuras quoque et cavernas novo cæmento perlinivit picturas, quibus antiquitas decorem abstulerat, delevit et per ›tum dealbavit. Vetus etiam altare destruxit, quod erat parvulum

et cavum, nihil in se habens sacrarum reliquiarum secundum morem ecclesiasticum, sed tantum ex quinque quadris lapidibus compaginatum, et ipse ædificavit novum, maius et sublimius.

2. Fecit quoque abbas Cuonradus sepulchrum de quadris lapidibus nimis speciosum et super illud altare novum, et ostium et gradus, per quos ascenditur ad altare et in chorum.

1134. 3. Anno igitur a partu virginis MCXXXIV a condito autem monasterio CLII indict. XII abbas Cuonradus convocavit Uodalricum Constantiensis ecclesiæ venerabilem episcopum, eiusdem nominis secundum, et aperuit tumulum b. Gebehardi episcopi et invenit corporis eius thesaurum pretiosum omni margarita cariorem. Ipse autem tumulus valde diligenter erat obfirmatus. In meridiana quippe parte iuxta introitum cryptæ erat, et ad caput quidem eius, imago crucifici de gypso et altare sancti Benedicti; a latere vero dextro in pariete imago ipsius sancti pontificis, et ex utroque latere ipsius imagines ministrorum eius quasi altario assistentes, et columnæ et arcus et vites et similitudo volucrum et pecudum, omnia de gypso venustissime formata. In sinistro autem latere erat tabula in obliquum posita de quadro lapide, supereminens pavimento quasi duobus palmis et item alia ad pedes altior ceteris et super hanc lignum, habens candelabra septem. Super tumulum vero lapis qui positus erat inferius iacebat his supereminentibus, de quibus iam dixi. Quibus sublatis invenimus pavimentum lapide et cæmento factum, quo etiam ablato invenimus iterum tabulam de firmissimo lapide, in quo erant duo circuli ferrei plumbo obfirmati. Sub hoc ergo sanctum corpus invenitur adhuc sacris vestibus circumvolutum.

41. Ea de re factum est, ut tabula, quæ in principali altari s. Gregorii ex orientali latere contra chorum apposita erat, et erat auro et gemmis decentissime cooperta, auro nudaretur. In huius tabulæ medietate erat circulus gemmis pretiosis densissime per circuitum adornatus, cuius in medio imago domini nostri Jesu Christi, quasi in maiestate sedentis, pulcherrimo opere habebatur, et in circuitu per planum cherubim, in uno collo habentes quatuor facies et senas alas, et rotæ habentes alas et oculos, et novem ordines angelorum habentes in manibus phialas et viginti quatuor seniores, quasi mittentes coronas suas ante thronum domini. Imagines quoque quatuor evangelistarum in

singulis electris pulcherimo opere habebantur, et per circuitum circuli gemmis pleni, et in ceteris electris aliæ imagines, in umbone vero vites, et hæc omnia ita pulchro opere erant optimo auro formata, ut delectaret te videre. Hæc itaque hoc pretioso tegumento ex toto nudata est anno incarnationis domini MCLVIIII 1159.
die V. kalend. Maii, indictione VIII. Hoc consummatum est totum decus, quod in auro et argento fuerat in basilica s. Gregorii. Fuerant enim, ut nos ipsi conspeximus, duæ tabulæ, una auro altera argento et auro, columnæ quatuor ciborii argento opertæ, thuribulum argenteum valde pretiosum, calices plusquam novem. Hæc omnia nostris diebus consumpta sunt.

42. *De incendio.* Igitur cum iam inusitato modo ab omni 1159.
debito, quamvis cum grandi dampno absoluti essent et tam locus quam monasterium optime excultum esset, accidit sicut scriptum est: ante ruinam exaltabitur cor. Erat quippe ædicula infirmariæ adhærens, in qua caminus et iuxta caminum ex utraque parte stramenta, in quibus fratres recubabant, et commessationibus atque potationibus et confabulationibus illicitis sæpissime vacabant. Ibi itaque pueri monasterii ignem incaute accendentes, ignis stramenta iuxta posita invasit et in momento totum pervasit monasterium, basilicam quoque s. Gregorii et omnia simul ædificia monasterii flamma consumpsit. Fratres igitur ad cœnam post vesperos considentes, et hoc tam periculoso nuntio immaniter perculsi et omnia, quæ inter manus habebant, obliti, quæ etiam omnia igne consumpta sunt, discurrunt et quicquid subripere potuerunt de suppellectili abstulerunt. Non credentes autem, quod Deus permitteret basilicam s. Gregorii igne consumi, neglegentius extulerunt, quousque multa, quæ eferri potuissent, igne consumpta sunt tam ex codicibus quam ex suppellectilibus. Tunc consumptum est principale altare cum omnibus ornamentis suis, et in hoc sanctimonium argento operta, in cuius supremo marmor rubrum valde pulchrum, in quo olim brachium sancti Philippi apostoli inventum est, et adhuc multæ sanctorum reliquiæ in eo continebantur, et præcipue s. Apollinaris et Auberti et aliorum multorum sanctorum, quæ omnes pariter consumptæ sunt. Ciborium cum omnibus ornamentis suis, in quo pyxis auro et argento operta cum corpore domini dependebat, et aliis multis pulcherrimis reliquiarum receptaculis, crucifixus pul-

cherrimus et in hoc multæ reliquiæ, cancelli, qui per totum imaginibus pulcherrimis delectabili opere erant perornati, et altare ante crucem, chorus præclaro opere factus et analogia multa satis pulchra, codices multi satis boni, dorsalia et vela multa pretiosa, capellæ septem, capitulum, cuius omnes sedes utpote in sollemnitate pentecoste erant ornatæ variis velaminibus, et regula satis bona continens duo martyrologia, unum sanctorum alterum defunctorum, et evangelia, et Isidorus sententiarum; refectorium cum omnibus utensilibus suis, coquina et cellarium cum his, quæ ibi erant, armarium valde bonum cum multis, quæ in eo recondita erant, habitacula domni abbatis cum multa satis bona suppellectili, codices optimi tam altaris quam divini officii cum optima paratura flamma consumpsit, campanæ multæ incomparabiles, cymbala et organa deperierunt, sacristia tamen et librorum repositorium vix reservata sunt cum his quæ intus erant. Erat enim videre miseriam. Dormitoria tam monachorum quam exteriorum fratrum consumpta sunt et multi miserabiliter denudati. Habitaculum namque sororum, quod flamma non tetigit, statim tamen prorsus dissipatum est et ipsæ usquequaque dispersæ.

XXXIII.

KUNSTTHÄTIGKEIT IM KLOSTER ST. TROND.[1]

(XI. und XII. Jahrh.)

Gesta abbatum Trudonensium. — Mon. Germ. SS. X, 213 ff.

Literatur: Wattenbach II., 149 f.; Schayes, Histoire de l'architecture en Belgique II.; Lotz, Kunsttopographie Deutschlands I., 535.

Adelhard II. 1055-1082. *Rodulfi Gesta Lib. I. c. 11.* (Wiederherstellung von St. Trond unter Abt Adelhard II.) Videre erat mirabile et relatu erit incredibile, de quam longe quanta hominum multitudo quantoque studio et læticia lapides, calcem, sabulam, ligna ac quæcumque operi erant necessaria, nocte ac die, plaustris et curribus gratis

---

[1]) Zwischen Löwen und Maastricht.

propriisque expensis non cessarent advehere. Ipsi quoque lapides maceriales atque in fundamento grandes atque gravissimi positi fideliter hoc possunt attestari, qui in tota Hasbania cum non possunt reperiri, de alienis partibus comprobantur apportati. Columnas autem de Guormatia per Renum Coloniam usque navigio deductas, atque aliunde alias plaustrisque invectas, tanquam a Colonia usque ad nos per terram vehendas populus vicatim, funibus plaustris iniectis, ardentissimo studio rapiebat, et sine omni boum iumentorumque amminiculo, per ipsum quoque fundum Mosæ sine ponte traiectas catervatim ad nos ymnisonis vocibus perducebant. Quid plura? Muro vidit consummatum et tecto totum pene obumbratum, excepta parte aliqua, quæ inter maiorem turrim et arcum grandem antepositum continetur.

Continuatoris tertii auctarium, p. 384.[1]) (Adelardus II. 1057.) Primo enim in loco atrii, quod fuit post tunc veterem criptam, novum cancellum qui et sanctuarium dicitur, cum duabus absidis firmissime fundatum, in altum produxit, testudinibusque lapideis formose volutatum consummavit. Infra quod opus novam criptam et spatiosam, undique lapidea celatura testudinatam, ad perfectum complevit, intra quam structuram septem erexit altaria, quorum primum et maius, in medio sanctuarii, in honore b. Marie et ss. Quirini et Remigii construxit. Post quod alius est in honore ss. Martini et Cristofori, tertium vero sub absida sanctuario coherenti ad dextram, in honore ss. Johannis Baptiste et Johannis Evangeliste, quartum, quod est sub absida ad levam sanctuarii, in honore ss. apostolorum Petri et Pauli et aliorum omnium. Altaria vero que in cripta sunt sic constituit: principale, quod stat in medio, fundavit in honore s. Trinitatis et b. Virginis ac s. Stephani, secundum ad dextram ibidem in honore s. Benedicti, et tertium ad levam situm in honorem s. Gregorii. Hiis omnibus rite peractis corpus domne Berthe comitisse Flandrie quod in veteri cripta tempore Thietfridi abbatis humatum fuit, elevavit, et ad levam maioris altaris in sanctuario transtulit et in tumba eminenti, Pariis lapidibus polita, infra voltam honeste conclusit. Et quia post vetus sanctuarium . . . . predicta vetus cripta erat, replevit

Adelhard II. 1057

[1]) Die Arbeit des dritten Fortsetzers reicht bis zum Jahre 1366.

illam humo et ibidem chorum psallentium construxit. Inter quem et illud novum sanctuarium gratum ascensum erexit, quem septem gradibus protraxit. Prosequenti vero tempore, cum quedam monasterii edificia per suos antecessores erecta sed minus completa cerneret, ad perficiendum ea animum accinxit. Inter que maiorem turrim nostram, quam devotus abbas Guntramnus suo tempore usque ad medium cum duabus testudinibus lapideis produxit, iste superaddito tercio ascendendi statu, eam paulo humilius, duabus collateralibus erectam, magnis impensis consummavit. Preterea navim monasterii, quamvis nequaquam ruinosam, eversis fortissimis pilariis erectisque pro illis spectabilibus columpnis, muro ad summum cœquato reparatam consummavit. Erat ergo suo tempore in tantum de novo augmentata huius veteris ecclesie fabrica, ut de ipsa sicut de bene consummatis ecclesiis congrue secundum doctores diceretur, quod ad staturam humani corporis esset formata. Nam habebat et adhuc habere cernitur, cancellum, qui et sanctuarium, pro capite et collo, chorum stallatum pro pectoralibus, crucem, ad utraque latera ipsius chori duabus manicis seu alis protensam, pro brachiis et manibus, navim vero monasterii pro utero, et crucem inferiorem, eque duabus alis versus meridiem et septemtrionem expansam, pro coxis et cruribus. Fuerunt insuper ab antiquo ante tempora huius Adelardi due spetiose cum firmissimis parietibus in altum producte abside, nave ipsius ecclesie ad dexteram et levam coherentes, que, ubi manicis anterioris crucis iungebantur, habebant duas turres eminentes, unam versus meridiem et aliam versus septemtrionem respitientes, altitudine muro monasterii pares; ubi vero dicte abside posterioris crucis alis seu manicis continuabantur, habebant duas capellas, unam ad dexteram in honore ss. Eucherii, Leonardi et Gertrudis, reliqua versus ambitum in honores Lamberti. Et quia de cancello seu sanctuario et absida tractatur, sciendum, quod cancellus est caput et humilior pars ecclesie versus orientem respitiens, et dicitur alio nomine sanctuarium, eo quod ibi sancta conduntur vel tractantur, et porrigitur usque ad chorum, unde tempore quadragesimali velum solet inter chorum et cancellum seu sanctuarium in ecclesia suspendi. Abside vero sunt exedre seu appenditie, que aularum seu ecclesiarum lateribus adherent pro deambulatione amplianda.

Rodulfi gesta. L. VI. c. 2. (Abt Theoderich 1099.) Nostri autem post combustionem templi, cum sanctuarium, stante adhuc firmissime muro fortissimo, facili sumptu possent cooperuisse, totum potius funditus diruerant et maius stulta teneritate orditum, voluta iam cripta, usque ad fenestras cancelli illud produxerant. Ad quod opus ferventissime accinctus domnus abbas Theodericus, brevi tempore quicquid est superius a fenestris cancelli pulcherrimo opere consummavit, duobusque pilariis cum superstantibus illis parietibus iuxta chorum edificatis, totam illam partem monasterii, quæ est ab arcu supra sepulchrum s. Trudonis ad partem orientis, cæmento plasmavit, calce dealbavit, fenestris vitreis decoravit, cælatura continuavit, tectamque superius pavimento linivit inferius; similiter et criptam, quam volutam tantum invenit, cæteris omnibus quæ deerant, consummavit, atque in honore b. prothomartyris Stephani principale in ea altare dedicari fecit. Theoderich 1099.

L. IX, 33. (Abt Rudolf 1108—1138.) Media occidentalium turris nostra ab utroque latere habet unam, eodem muro sibi compactam perque singularum cocleas ad primum et secundum et tertium statum ascenditur usque ad campanas; deinde media relicta humilius altionibus se proripiunt cacuminibus, habetque proprium unaquæque suum tectum. Istæ propter supradictas varias ecclesiæ nostræ desolationes longo tempore discoopertæ prope erant putridæque tecturæ et trabium corruptarum periculo dampnosissimam ruinam maxime campanarum minabantur. Pars enim plumbearum tabularum ab his qui turrim custodierant aliquando et eam habuerant pro presidio, furtim sublata erat, pars ventorum flante turbine in perpetuam perditionem avulsa fuerat. Totas igitur ex integro et ex novo feci, recooperiri, et sub trabibus quæ campanas sustinent, transversam aliam trabem poni capitibus paribus muro utrimque infixis; et sub eadem trabe posui columnam fortissimam ligneam, sustinentem eam et appodiantem se super subiacentem illi aliam trabem, transverse iacentem super inferiores trabes a parte una turris usque ad aliam. Sicque factum est, ut pondus campanarum et lignorum sustinentium eas prius VI tantum trabes sustinerent, modo quindecim illud æque sustineant. Turris vero quæ iuxta meridianam manicham æqualis muro monasterii diu ante me facta fuerat, meis diebus perfecta plumboque cooperta, insignita desuper cruce deaurata splendide emicat. Rudolf 1108-1138.

16*

1114. *Contin. I^a L. X. c. 13.* . . et quoniam de reparando monasterio propter vastitatem eius desperabat et manus apponere propter paupertatem non audebat, convertit se ad edificandam quartam partem claustri versus aquilonem ex lignorum materia, sicut erat pars illa quæ ad orientem respiciebat, cum prius ambæ vix clauderentur sepe humili et vetustate discissa. Illam versus orientem habebat pro fratrum dormitorio, versus aquilonem pro infirmorum domo, subque uno ipsius tecto domus erat lavatoria, domus elemosinaria et curticula ante cum posticio. Exitus de claustro et introitus pulcher et amplus, in quo mandatum pauperum agebatur, et curticula ante porta claudebatur; superius granarium, inferius duæ cameræ, una in qua vestimenta fratrum camerarius reponeret, alia in qua consuerentur. Deinde domus infirmorum habens fumariam sive focariam, capellulam, lobiam, cameram dispensatoriam, cameram privatam aliamque privatiorem, ortum ante eam postibus, tabulis, spinis munitum, ut esset ex aëre et viriditate infirmorum aspectibus refrigerium. De domo illa quæ prius erat quasi carcer infirmorum fecit cervisæ et vini cellarium, atque a dextera introeuntium aptum hospitibus prepositi habitaculum. Quæ prius cellarium fuerat, fecit pulchram et amplam sibi et maioribus hospitibus caminatam, habentem ab utroque latere duas alias usibus hospitantium necessarias, ex quibus aptus et secretus in monasterium est introitus, interclusa manica a monasterio, factoque in ea ad titulum s. Lamberti martyris oratorio, hospitibus volentibus missam audire vel dicere congruo. In pariete huius manichæ versus monasterium est fenestra ab utraque parte vitrea quæ lumen fundit et in monasterio et in hoc hospitum oratorio.... De hoc quoque oratorio est introitus in aliam caminatam, quam ipse abbas latam et altam similiter hospitibus edificavit cum necessariis eius appendiciis, ut non haberent fratres inquietudinem de hospitibus in claustro neque necessitatem exire propter eos, sicut ante solebant, de suo refectorio. Sunt et atria et porticus ante has utrasque caminatas et viridarium spaciosum et delectabile hospitibus, cum pluribus lignis diversos fructus ferentibus. De quibus pæne omnibus nichil invenit, nisi situm horribilem et dirutas macerias, quando abbatiam est ingressus. Et cum de reedificatione monasterii propter horribilem vastitatem eius, ut dixi, desperaret, et propter tenuem æcclesiæ substantiam accingere se ad tantum opus formidaret, inspiravit Deus cuidam matronæ de oppido nostro nomine R u z e l a e, quæ suis sumptibus unum pylarium prima cœpit edificare. Cœpit, erexit, consummavit; Deus retribuat ei s. T r u d o n i s meritis. Hanc imitatus quidam L i b e r t u s, de hac maiori curte nostra villicus, aliud iuxta eam incepit et consummavit. Post istos oppidani nostri de suis fraternitatibus quatuor inceperunt pylaria et duo reliqua sunt imperfecta. Perpendens ergo abbas R o d u l f u s, quia voluntas Dei erat et sanctorum, spiritu recepto, aliis intermissis, ad illud tantum opus non segniter se accinxit. Itaque pylariis tanto labore et constitura erectis, qualem nemo novit qui non interfuerit, in brevi tempore de choro usque ad turrim utrosque parietes navis ecclesiæ pæne usque ad consummationem perduxit.

L. X. c. 16. (Rodulfus.) Portam quoque quæ respiciebat ad 1114.
aquilonem, transtulit iuxta molendina ad occidentem, in qua
commoda planitie, videlicet inter portam orientalem et occidentalem, pulchro modo ordine sunt positæ necessariæ curti officinæ: orrea duo, domus dominicalis, vasta habens per circuitum sui stabula equis supervenientium hospitum necessaria, duæ domus pauperum, altera æstivalis ad habitandum, altera hyemale calefactorium ad reficiendum; per circuitum ortus amenus, pomorum herbarumque commodus usibus, deinde pistrinum, post bracena, post eam divitibus hospitibus coquina, quæ cum expedit fratribus est domus lavatoria; in medio et ante istas officinas puteus,
utilis curti ad omnes aquæ usus. . . . . Deinde sequenti anno 1115.
tam ardenti animo ad reparandum monasterium abbas R o d u l f u s se cœpit accingere, quod, ut ita dicam, vix meditullio noctis poterat requiescere, quin ipse semper adesset presens operariis mane ante solis ortum, vespere usque post occasum, ad instantiam operis urgens eos, hinc lapidi hinc ligno occupatos. Totos igitur parietes monasterii anno illo usque ad turrim peræquavit, et trabibus supra compositis fere percooperuit, modico superexstante, quamvis illud idem non cessaret cotidie strenue consummare. Tunc tandem fracta est ab ipso capellula quæ supra sepulchra ss. T r u d o n i s et E u c h e r i i fere triginta annis computruerat, et circumdata sunt sepulchra eorum inferius muro, superius quadratis tabulis quadraginta preter aditum versus altare insitis, ligno operoso, duplici ordine. Circuibat hoc opus

sanctorum corporibus reverendum minor chorus valde decorus, et invalidis fratribus ad sedendum aptus, et ad venerandam et orandam presentiam sanctorum corporum. Per duo utriusque ostiola introitus erat per minorem chorum ad altare, et sepulchra sanctorum, valvis duabus ferreis ante altare intercludentibus populum et fratres, si quando cantatum aut oratum procedere vellent manifeste aut occulte ad altare et corpora sanctorum. Muro itaque monasterii et tecto gravissimis sumptibus consummatis, fecit illud solempniter dedicari ab Obberto Leodiensium episcopo in gaudio et gloria magna anno ordinationis suæ abbatis videlicet
1117, 29. Sept. IX, ab incarnatione Domini 1117, III. Kal. Oct. ab eo quo crematum fuit XXXII.

1133. *L. XII. c. 10.* (Rodulfus.) Et sequenti anno aperiens turrim ante conventum, de parvo prius fecit arcum, ut nunc apparet, magnum, mutans templi introitum ad dexteram manum et in obturato priori introitu faciens depingi s. Dei genetricis imaginem, ut haberet ab introeuntibus et exeuntibus dignam venerationem. Perduxit etiam murum dormitorii usque ad trabes ex utraque parte, et murum refectorii ex una cum coquinæ muro et signato exitu de claustro. Capitulum quoque ordinavit tribus parietibus iuxta quartum templi habens arcum ad introeundum et duas fenestras ad illuminandum cum arcuatis columpnis. Murum claustri, super quem stare debent columpnæ ab uno capite conventus usque ad aliud in circuitu, ab alto multum fundamento usque ad ponendas columpnas erexit, pilariisque per circuitum erectis locum distantium columpnarum signavit atque simul locum quem ad lavandas manus debet habere conventus fratrum.[1])

Wiricus 1156. *Cont. II.da. L. III. c. 3.* (Abt Wiricus 1156.) . . ilico ad reparationem claustri animum intendit et conductis operariis lapides et columpnas et cetera ad id operis necessaria precio non modico comparavit. Consideransque, quia prepositi operis edificium non sine magnis sumptibus expleri posset, allatam sibi lapidum partem seorsum interim reponens, exspectavit donec congruentiori temporis aura alios commodius afferri faceret, et

[1]) Der Bau wird jedoch durch eine Fehde mit dem Grafen Gislebert von Löwen unterbrochen, die sich aus einem culturgeschichtlich höchst interessanten Carnevalsumzug (mit einem Schiff auf Rädern, erzählt in Cap. 11—14) entwickelt hatte.

aspirante sibi Dei et sanctorum adiutorio, claustrum in meliorem quam tunc erat pulchritudinis speciem mutaret. Coopertum enim ligneis tegulis, et eisdem vetustate pene consumptis, per diversa loca rimis patentibus pluebat; unde grave incommodum tempore ymbrium seu nivium, ad murum plerumque defluentium, conventus omnis habebat. Ligneis etiam stipitibus totus claustri ambitus fulciebatur propter conventum, qui muro vetere cum columpnis et basibus atque capitellis, opere rustico, usque ad murum capellæ s. Lamberti claudebatur.

L. III., c. 4. (Brand von St. Trond, 22. Sept. 1156.) .... Ignis 1156.
vero reliqua quæ proxima erant libere pervagatus, tectum monasterii, partim ligneis tegulis partim plumbo coopertum, ab orientali eius parte invasit totumque . . . feroci flamma absumpsit. Turris vero occidentalis ad aquilonarem plagam cum alia sibi coherente turre in qua campanæ pendebant, licet iam tercia incensa arderet, industria et labore fidelium laicorum ignem a campanis propellentium illesa remansit. Quarta nichilominus orientalis turris ad meridianam plagam cum flamma vorax proxima quæque depasceret, incensa arsit; super hanc crux deaurata cum pomo grandi eque deaurato stabat, quæ nitoris sui splendore oculos longe intuentium reverberabat. Armarium etiam, ubi calices reponi solebant, et formæ[1]) in choro operis sui pulchritudine decentes, sedes etiam ad standum seu sedendum fratribus satis commodæ arserunt, aliaque quamplura utilitate sui satis preciosa seviente incendio ad nichilum redacta disperierunt.

Item. Monasterio itaque cum utrisque absidibus et duabus ut prædictum est, turribus quatuorque manicis exusto, cancellum cum duabus adherentibus absidibus, sibi vola (volta) protegente lapidea, inustum remansit. Totus preterea claustri ambitus, dormitorium, caminata abbatis, refectorium quoque partim tegulis partim stramine cooperta, miro modo ab igne remanserunt intacta.

c. 6. Per quos etiam eodem anno manicam cancello et 1157.
turri aquilonaris plagæ contiguam grandi et forti materia reparavit atque in meliorem quam ante combustionem fuerat statum opere citato reformavit, novoque cooperiendi genere et usque ad id tempus in nostris partibus inusitato multumque contra ignem

---

[1]) canentium sedes plicatiles. Koepke.

valente, de lapidibus videlicet tenuiter sectis, eam cooperuit. Processum deinde temporis monasterium ipsum a cancello usque ad sepulchrum s. Trudonis et Eucherii forti et mirifico opere consummavit, eaque qua manicam cooperuerat, tectura decorabile reddidit. Intra XVI ergo annos abbatis et fratrum, qui cooperatores eiusdem operis erant, industria melior et decentior priore a cancello usque ad turres occidentales cum absidibus et manicis totius monasterii egregie consummata et fabricatura.

1169. Bauten des Wiricus. *L. IV. c.* 5. Igitur cum abbas Wiricus opus ceptum festinato consummari vellet, et ad id peragendum operarios iugiter urgeret, tandem expleto triennio et amplius Deo auspice totum pro voto consummavit. Quod licet magno labore magnisque sumptibus perfectum fuisse comprobetur, attestatione tamen incolarum et ab exteris etiam terris venientium de pari lapidum structura nullum usquam simile reperitur. Tantum ei decoris contulit studium industrii artificis, ut omnibus in terra nostra, licet operosa varietate splendissimis, emineat palatiis. Distinctis enim lapidum decenter ordinibus, nunc albos nunc nigros vicissim operi convenienter inseruit, totamque capellæ fabricam tabulato opere distinctam columpnis nigris et vivariis cum basibus benepolitis et capitellis mira varietate sculptis intus et foris egregie venustavit, perpetuamque apud mortales memoriam auctori fabricæ operis pulchritudine dedit. Volam preterea quæ altare tegeret quatuor sustentatam columpnis arcuato opere extruxit, in qua quantum licuit abbas Wiricus vitam s. patroni sui depingi fecit. Fronti vero ipsius volæ maiestatis effigiem ex albo lapide sculptam indidit, cum geminis angelorum singulorum imaginibus, mutuis vultibus se invicem intuentibus. Verum anteriorem capellæ partem a cetero opere eminentiorem faciens, interius eam in directum ex politis tabulis et columpnis, vivariis atque capitellis mirifice sculptis ornavit, exterius vero undecim magnis imaginibus ex albo lapide mirabili ordinatione dispositis eam decoravit. In medio autem operis maiestatis effigiem collocans ad dexteram eius s. Trudonis, ad levam vero b. Eucherii ymaginem statuit, quasi genua ipsi curvantes, eamque capitibus eorum singulas coronas inponentem, manibus eorum suppliciter protensis adorantes. Supra quos, id est citra ipsam maiestatis ymaginem gemellos angelos oblique iacentes collocavit, singula thuribula in manibus tenentes et intenta oculorum acie ipsam ymaginem inspicientes. A dextris autem b. prothomartiris Stephani, specialis huius domus post Deum provisoris, et b. Quintini martyris ymagines statuit, a sinistris vero b. Remigii Remorum archiepiscopi et ipsius abbatis, breviculum in manu tenentes: »Domine, dilexi decorem domus tuæ.«[1]) Quatuor nichilominus alias ymagines longiori de lapide sculptas operi ipsi inseruit, a dexteris videlicet David et Moysem, a sinistris Salomonem et Ysayam, singula brevia sanctorum meritis testimonium perhibentia in manibus habentes, et extenso ad eos indice intente in eos respicientes.

c. 6. Consummato itaque hoc opere, frontem scrinii auro argentoque splendidi, in quo sancti, ut dictum est, erant reconditi, insigni opere reparavit, sculpta in ea maiestatis ymagine cum geminis sanctorum ymaginibus mirifice deauratis. Hanc autem ab abbate Guntranno auro nobiliter insignitam abbas Adelardus secundus eius successor iam dudum distraxerat in redemptionem prediorum, quæ ecclesiæ plurima acquisierat. Indicto itaque tam fratribus quam populo celebri ieiunio, eos circa civitatem sollempni processione ferri fecit, et post missarum sollempnia de eis rite celebrata, post altare capellæ vola inclusos ad perpetuum nostri munimen eos recondidit.

c. 7. Ante aliquot dies quam hoc opus capellæ inchoaretur, cancello quod ardente monasterio igni superfuerat, vetustate et incendii conflagratione corrupto, per mediam hac illacque volam pluebat, fissurisque crescentibus, ne eadem vola repentino casu subtus stantes interimeret, non parvus apud omnes metus erat. Sed industria Arnulfi custodis, cui id officii ab abbate iniunctum erat, eoque viriliter in id ipsum se accingente, volæ ruinam minanti accelerato opere, sed non sine magnis sumptibus, facile subvenit. Nam comparata grandi et firma materia, tectum partim lapidibus partim plumbo tegens volam deposuit, et cancellum non lapideo, ut ante, sed ligneo opere decenter celavit.

c. 8. Procedente dehinc tempore idem custos sedibus et formis congruentibus chorum nobiliter ornavit; monasterium cemento plasmavit, totamque ipsius navim a cancello usque ad

---

[1]) Ps. 25, 8.

arcum inferiorem celavit, pavimentum preterea ante capellam ss. Trudonis et Eucherii pene usque ad sepulchrum abbatis Folcardi polito lapide, opere decenti, stravit. Verum ne abbas Wiricus tunc quidem a labore cessabat, sed vetera quæ reparari poterant, ut sic dictum sit, aut resarciebat aut nova pro veteribus firmiori et nobiliori opere construebat.

c. 9. De trabibus igitur quæ in cancello iacuerant, quæque pre vetustate et parvitate sui in idem opus reponi non potuerant, domum in qua fratres lavarentur, balnearentur, secus pomerium nostrum edificavit, solario etiam et necessariis cameris ornavit, lapidea insuper tectura cooperuit. Hiisdem temporibus, tam eius studio quam industria custodis Arnolfi, sollicite et fideliter pro decore ornatus ecclesiæ desudantis, in vario ornatu ampliata est ecclesia nostra, tapetibus videlicet et palliis, cappis sericis et philacteriis, crucibus et alio ornatus varii genere, ut merito illud psalmographi utrisque possit captari: »Domine, dilexi decorem domus tuæ.«

c. 10. Interim dormitorium fratrum, camminata abbatis et media intra utramque domus, quæ nunc refectorium dicitur, stramine omnia cooperta, animum eius vehementer angebant..... Trabes igitur predictæ domus, grandes quidem sed breves, et vix medium utriusque muri spacium attingentes, ligneis columpnis in medio dormitorii positis sustentabantur, laquearia vero, utpote de fragili ligno, valde erant debilia et vetustate iam putrida, ed ad tam ingentis edificii pondus prorsus inutilia. Quæ omnia, quia nichil ex hiis novo operi pre vilitate sui poterant inseri, deposuit, et novæ fabricæ materiam celeri industrii artificis studio erectam, propter fratres, qui hac illacque per angulos claustri quasi dispersi dormiebant, festinato cooperiri fecit. Exteriorem vero dormitorii murum novo lapidum opere exaltatum interiori adequans, tres in eo fenestras decenter statuit. Totum ergo dormitorii edificium Deo annuente mira spectabilis operis celeritate perfecit, quod etiam propter lapidum nativam intemperantiam, quia in hyeme pre frigore, in estate pre calore fratribus incommodo erat, anno postero industria eius celatum est, ut leni temperamento frigus in hyeme et calorem in estate muniret quiescentibus in eadem domo.

c. 11. Hoc modo ergo dormitorio perfecto, domum quoque proxime stantem reparare intendit. Hæc enim, tecto suo in preceps pendente, nisi sibi citius subveniretur, ruinam dampnosam minabatur. Cuius parietes muro dormitorii altitudine adequans, trabesque alias deiciens, alias autem, quia curtæ nimis erant, operi concinenter adaptans, novam supra materiam erexit totamque domum sicut et dormitorium insigni et eminenti ex lapidibus tectura nobiliter cooperuit. Pavimentum preterea recenti ex argilla decenter stravit, et parietibus cemento bene plasmatis, pulcherrimas vitreas fenestras et sedes comedentibus habiles in eo locavit. Venusti quoque operis celatura domum egregie consummatam adornavit, et refectorium, sicut cum fundaretur, dispositum erat, ut esset, ammodo instituit. Coquinam vero, quia ab eadem domo nimis aberat, ubi ostium claustri tunc erat, ut ibi coquina esset, ordinavit et competenti alternatione ubi coquina steterat, ibi claustri introitum fieri designavit.

c. 12. Duabus igitur domibus, dormitorio scilicet et refectorio, mirifico opere et magno sumptu perfectis, restabat nichilominus tercia domus, tanto ad edificandum difficilior quanto insignis decoris sui prerogativa ceteris futura erat nobilior. Eo quippe in loco, ubi refectorium pridem fuerat, et ubi hospites refici consueverant, cameram pulchram exstruxit, in qua prepositus ecclesiæ cum suis placitaret et quæ in usus fratrum expendenda erant, reconderet. Superius autem eminentioris domus, in qua ipse moraretur et quiesceret, fundamenta iecit, et in id operis tota animum defigens intentione, domum ipsam mirifici operis insignivit decore. Exstructis enim in ea fenestris magnis et auræ capacibus, quæ stantis in domo prospectum longe dirigerent, et totam mediæ fere civitatis planiciem oculis intuentium offerrent, totamque ingeniosa industrii operarii arte mirifice consummatam, fumaria atque aqueductu per mediam cameram fluente egregie nobilitavit. Ante cuius introitum, dimisso quasi deambulatorii vice modico loci spatio, aliam nichilhominus cameram ei contiguam construxit, in quam mensæ suæ supellectilem reconderent atque in ea post prandium suum ad vescendum sederent. Secus quam edificavit aliam domum vacantem, et dehinc penes murum manicæ aliam cameram privatiorem, abbatibus et religiosis hospitibus ad commanendum satis habilem. Subtus autem exaltatis primum in muro trabibus, excellentiori quam ante fuerat opere caminatam suam reparavit et mirifice celatam, cemento quoque dealbatam, fenestris vitreis et sedibus tantae domni congruis, necessariis insuper cameris decenter adornavit. Murum quoque domus eiusdem, utroque ex latere novo opere exaltatum, parietibus predictarum domorum adequavit. Mirabili autem ordine paris bene sibi convenientis equalitatis tres domus, ac si una esset, unius pari et non dissimilis tecturae genere cooperuit.

1340. *Cont. III a. P. II. (De gestis Amelii abbatis) cap. 3.* Anno Domini 1340 Amelius abbas veterem aulam et ruinosam cum suis appendiciis apud novam curiam destruxit, et novam cum suis appendiciis eminentiorem per quadrum super lapideum murum a fundo vivarii productum restruxit. Cui capellam lapideam, lapideo opere volutatam, altare quoque consecratum in honore . . . . . .[1]) continentem et in superiori fastidio caminatam habentem astruxit. Qui postea valde doluit, quod pretermissa necessariori structura intra claustrum, prefatam mansionem tam sumptuose foris edificavit. Anno eodem idem abbas cepit maiorem ed mediam turrim monasterii, quam suus predecessor abbas Adam olim lapsam a fundamentis usque ultra medium altitudinis produxerat, elevatis quadratis muris usque ad supremum perficere. Quam desuper erecta in altum cappa lignea, exsectis lapidibus contecta, spectabilem de longe reddidit; quam quasi infra biennium complevit.

XXXIV.

TRACTAT DES GERVASIUS ÜBER DIE KATHEDRALE VON CANTERBURY.

Gervasii Cantuariensis tractatus de combustione et reparatione Cantuariensis ecclesiae. (Anfang des XIII. Jahrh.) — Twysden, Hist. Anglicae SS. X, 1289 ff. London, 1652.

Literatur: Piper S. 489; Willis, The architectural history of Canterbury cathedral. London, 1845; Dehio u. Bezold I., 280 u. 283 f.; der Plan Eadwin's von Canterbury in den Vetusta mon ed. Soc. antiquar. Londini. Lond. 1745. vol. II. pl. 15 und bei Lenoir, Architecture monast. Par. 1852. vol. 1, 28.

Brand. 1174. Anno gratiae verbi Dei MCLXXIIII iusto sed occulto Dei iudicio combusta est ecclesia Christi Cantuariae, chorus scilicet

[1]) Lücke.

ille gloriosus industria et sollicitudine Conradi prioris magnifice consummatus, anno dedicationis suæ XLIV. . . . . Quærunt interim fratres consilium quomodo vel qua ratione ecclesia combusta posset reparari, sed non inveniunt. Columpnæ enim ecclesiæ quæ vulgo pilarii dicuntur, nimio ignis fervore debilitate frustratim decidentes et vix consistere valentes, omnibus etiam sapientioribus consilium verum et utile subtraxerunt. Convocati sunt igitur artifices Franci et Angli, sed et ipsi in dando consilio dissenserunt. Alii namque prædictas columnas sine dampno operis superioris reparare promiserunt. Sed horum rationibus alii contradicentes, totam ecclesiam diruere oportere dixerunt, si quidem monachi securi vellent existere. Quod verbum etsi verum fuerit, eos tamen dolore cruciavit. Nec mirum. Non enim sperare potuerunt monachi opus tam magnum temporibus suis aliquo humano ingenio posse consummari. Advenerat autem inter alios artifices quidam Senonensis Willielmus nomine, vir admodum strenuus, in ligno et lapide artifex subtilissimus. Hunc cæteris omissis propter vivacitatem ingenii et bonam famam in opus susceperunt. Huic et providentiæ Dei opus perficiendum commissum est. Hic cum monachis per plurimos degens dies, muri adusti superiora et inferiora, interiora et exteriora sollicite conspiciens, quid esset facturus aliquandiu conticuit, ne eos pusillanimes effectus acrius trucidaret. Nec tamen ea quæ operi erant necessaria seu per se seu per alios præparare cessavit. Cum autem monachos aliquantulum consolatos videret, confessus est pilarios igne læsos et omnia superposita oportere dirui, si opus tutum et incomparabile monachi vellent habere. Consenserunt tandem ratione convicti, opus quod promiserat et maxime securitatem habere cupientes. Chorum itaque combustum diruere consenserunt patienter etsi non libenter. In adquirendis igitur lapidibus transmarinis opera data est. Ad naves onerandas et exonerandas, ad cementum et ad lapides trahendos tornamenta fecit valde ingeniose. Formas quoque ad lapides formandos his qui convenerant sculptoribus tradidit et alia in hunc modum sollicite præpavarit. Chorus igitur destructioni adiudicatus diruitur, et præter hæc toto anno illo nichil factum est. Quoniam vero novum opus in alium statum mutatum est, non inutile duxi statum describere vetustatis, et deinde novitatis. Edmerus venerabilis cantor in opusculis suis

Meister Wilhelm von Sens.

veterem ecclesiam ex more Romanorum factam describit, quam Lamfrancus archiepiscopus cum archiepiscopatum susciperet combustam inveniens, funditus evertit. Ecclesiam Christi tercio combustam esse legimus. Primo quando beatus martyr Elfegus à Danis captus est et martyrio coronatus. Secundo cum Lamfrancus Cadomensis abbas archiepiscopatum Cantuariensis ecclesiæ suscepit regendum. Tercio vero tempore Ricardi archiepiscopi et Odonis Prioris. Hanc ultimam quidem non legimus, set quod miserabilius est, oculis perspeximus. Nunc ergo veteris ecclesiæ descriptionem sicut eam describit Edmerus subiciam.

Die alte Kirche. *Edmerus.* Venerabilis Odo corpus beati Wilfridi pontificis Eboracensium de Rhipun sublatum Cantuariam transtulerat, et illud in editiore entheca ut ipsemet scribit, hoc est in maiori altari quod in orientali presbiterii parte parieti contiguum de impolitis lapidibus et cemento extructum erat, digniter collocaverat. Erat enim ipsa ecclesia quod per excessum dici pacienter quæso accipiatur, sicut in historiis Beda testatur, Romanorum opere facta, et ex quadam parte ad imitationem ecclesiæ beati apostolorum principis Petri, in qua sacratissimæ reliquiæ totius orbis veneratione celebrantur, decenter composita. Porro aliud altare congruo spatio antepositum prædicto altari erat, dedicatum in honorem Domini nostri Jesu Christi, ubi cotidie divina mysteria celebrantur. In quo altari beatus Elfegus caput sancti Swithuni quod ipse a pontificatu Wintoniensi in archiepiscopatum Cantuariensem translatus secum tulerat, cum multis aliorum sanctorum reliquiis solemniter reposuerat. Ad hæc altaria nonnullis gradibus ascendebatur a chore cantorum quam criptam vel confessionem Romani vocant. Subtus erat ad instar confessionis sancti Petri fabricata, cuius fornix eo in altum tendebatur, ut superiora eius non nisi per plures gradus possent adiri. Hæc intus ad orientem altare habebat, quo caput beati Fursei ut antiquitus fatebatur in se habebat. Sane via una quam curvatura criptæ ipsius ad occidentem vergentem concipiebat, usque ad locum quietis beati Dunstani tendebatur, qui maceria forti ab ipsa cripta dirimebatur. Ipse namque sanctissimus pater ante ipsos gradus in magna profunditate terræ iacebat humatus, tumba super eum in modum piramidis grandi sublimique structura, habente ad caput Sancti altare matutinale. Inde ad occidentem chorus psallentium in aulam ecclesiæ porrigebatur, decenti fabrica à frequentia turbæ seclusus. Deinde sub medio longitudinis aulæ ipsius duæ turres erant, prominentes ultra ecclesiæ alas. Quarum una quæ in austro erat sub honore beati Gregorii papæ altare et nunc usque Suthdure dicitur. Quod hostium in antiquorum legibus regum suo nomine sæpe exprimitur. In quibus eciam omnes querelas totius regni quæ in hundredis vel comitatibus, uno vel pluribus, vel certe in curia regis non possent legaliter diffiniri, finem inibi sicut in curia regis summi sortiri debere discernitur. Alia vero turris in plaga aquilonali e regione illius condita fuit, in honorem beati Martini, claustra in quibus monachi conversabantur hinc inde habens. Et sicut in alia forenses lites et secularia placita exercebantur, ita in ista adolescentiores fratres in discendo ecclesiastica officia die ac nocte pro temporum vicibus instituebantur. Finis ecclesiæ ornabatur oratorio beatæ matris Dei Mariæ. Ad quod quia structura eius talis erat, non nisi per gradus cuiusvis patebat accessus. In cuius parte orientali erat altare in veneratione ipsius Dominæ consecratum, et in eo caput beatæ virginis Austrobertæ habebatur inclusum. Ad hoc altare cum sacerdos ageret divina misteria, faciem ad populum qui deorsum stabat ad orientem versam habebat. Post se vero ad occidentem cathedram pontificalem decenti opere ex magnis lapidibus et cemento constructam, et hanc longe a Dominica mensa remotam, utpote parieti ecclesiæ qui totius templi complexio erat omnino contiguam. Hic situs fuerat ecclesiæ Cantuariensis. Quem ea re hic ita paucis descripsimus, ut cum præsentis ætatis homines et futuræ antiquorum de hoc scripta audierint, nec iuxta relationem illorum ita invenerint, sciant illa vetera transisse et omnia illa nova esse. Siquidem post innumeras persecutiones quas sæpissime passa est intus et foris, occulto nostris diebus sed iusto iudicio Dei, incendio consumpta est, et cum omnibus ornamentis et utensilibus suis in nichilum pene redacta. Sed his dispensante Deo patratis, paucis interpositis annis Lamfrancus Cadomensis cœnobii abbas vir magnus et prudens ecclesiæ ipsius archiepiscopatu functus est, et incendii reliquias nova omnia constructurus evertit funditus. Levatis igitur corporibus præcipuorum patrum Dunstani atque Elfegi necnon et aliorum Sanctorum, quorum patrociniis locus ipse gloriatur atque munitur, cum altaria quæ nominavimus subverterentur, sanctuaria omnia (quæ in eis ut diximus antiquorum auctoritas patrum esse astruxerat) sine diminutione reperta sunt. Quæ ita se habuisse sine ulla ambiguitate fateri veraciter possum, quippe qui propriis oculis omnia cum fierent intuitus sum, et diligentiori studio tenaci memoriæ commendavi. Huc usque Edmerus. Sequentia vero sicut et præcedentia quocunque stilo prosequetur Gervasius.

Bau des Lanfrancus. Primo igitur opus Lamfranci a maiore turre incipiens summatim describam, non quia tota ipsius ecclesia destructa sit, set quia aliqua pars ipsius in alium statum mutata. Turris ergo in medio ecclesiæ maximis subnixa pilariis posita est, sicut in medio circumferentiæ centrum. Hæc habebat in pinna sua cherubin deauratum. Ab hac versus occidentem navis vel aula est ecclesiæ, subnixa utrinque pilariis octo; hanc navem vel aulam finiunt duæ turres sublimes cum pinnaculis deauratis. In medio huius ecclesiæ corona dependet deaurata. Pulpitum vero turrem prædictam a navi quodammodo separabat, et ex parte navis in medio sui altare sanctæ crucis habebat. Supra pulpitum trabes erat, per transversum ecclesiæ posita, quæ crucem grandem et duo cherubin et imagines sanctæ Mariæ et sancti Johannis apostoli sustentabat. In ala septentrionali oratorium et altare erat sanctæ Mariæ. In hac prædicta navi ut in superioribus dictum est, post incendium per quinquennium exulavimus. Prædicta magna turris crucem habebat ex utroque latere, australem scilicet et aquilonalem. Quarum utraque in medio sui pilarium fortem habebat, qui fornicem a parietibus suscipiebat. Utrarumque istarum una fere est descriptio. Crux australis supra fornicem organa gestare solebat, supra fornicem et subter porticus erat ad orientem porrecta. In parte inferiori altare erat sancti Michaelis. In parte superiori altare omnium sanctorum. Ante altare sancti Michaelis ad austrum sepultus est Feologildus archiepiscopus. Ad aquilonem vero, sancta virgo Siburgis, quam sanctus Dunstanus propter eius sanctitatem in ecclesia fecit sepeliri. Inter hanc porticum et chorum spatium est in duo divisum, scilicet in gradus paucos per quos itur in criptam, et in gradus multos per quos ad superiora ecclesiæ pervenitur. Crux aquilonalis similiter duas habet porticus. In superiori altare est sancti Blasii, in inferiori vero sancti Benedicti. In hac inferiori ad dexteram introeuntis sepultus est Willielmus archiepiscopus, qui in gloria magna dedicavit ecclesiam Christi quam utcumque describo. Hic eciam fundavit ecclesiam sancti Martini monachorum de Doura. Ad sinistram iacet prædecessor eiusdem Willielmi Radulfus archiepiscopus, qui licet sapientia prudens, eloquentia clarus fuerit, in ipsius tamen contemptum Calixtus papa exaltavit et privilegiavit Turstanum Eboracensem archiepiscopum et Hugonem sancti Augustini abbatem. In eadem porticu ante altare ad dexteram iacet Egelnothus archiepiscopus, ad sinistram Vulfelmus. Post altare ad dexteram Adelmus, ad sinistram Chelnothus. His partibus prædicta porticus ornata est. Inter porticum et chorum spatium est in duo divisum, scilicet in gradus qui in criptam descendunt, et in gradus qui ad partes ecclesiæ orientales ascendentes transmittunt. Inter hoc spacium et prædictam porticum murus solidus est, ante quem gloriosus ille martyrum consors et apostolorum conviva sanctus videlicet Thomas gladiis furentium corpore quidem occubuit, spiritum vero invictum regni æterni gloria et honore mox coronandum cœlo transmisit. Hic locus martyrii ex opposito habuit hostium claustri, quo ingressi sunt quatuor illi diaboli cancellarii ut autentici martyrum privilegii bullam inter incudem et malleum positam fabricarent, id est, ut caput sancti Thomæ inter pavimentum et gladios prostratum moneta summi regis palma scilicet martyrii decorarent. Pilarius autem ille qui in medio crucis huius steterat et fornix ei innitens processu temporis ob reverentiam martyris demolita sunt, ut altare in loco martyrii elevatum, ampliori spatio cerneretur. In circuitu vero ad altitudinem fornicis prædictæ via quædam facta est qua pallia et cortinæ possint suspendi. De hac cruce in turrem, de turre in chorum per gradus plurimos ascenditur. Descenditur vero de turre per ostium novum in crucem australem. Item de turre descenditur in navem per duas valvas. Hactenus de ecclesia Lamfranci.

Nunc autem ad chorum utcunque describendum ne eius memoria deleatur veniendum est. Ecclesiam quæ a Lamfranco archiepiscopo constructa est videlicet navem, cruces, turres et earum continentiam quam brevius potui perstrinxi, et tanto brevius quod ea efficacius docebit visio quam dictio. Scias autem lector bone quod chorum Lamfranci non vidi nec ab aliquo

Chorbau des Anselm.

descriptum reperi. Edmerus quidem veterem ecclesiam quæ ut dixit ante Lamfrancum opere Romanorum constructa est descripsit. De opere vero Lamfranci quod vetustati illi successit, et de choro Conradi sancti Anselmi tempore facto qui Lamfranco successit mentionem quidem fecit set non descriptionem. Quoniam igitur prædictus chorus Conradi gloriose consummatus temporibus nostris miserabiliter igne consumptus est, ne tanti viri vel tam præclari operis memoria deleatur, ad eius descriptionem quamvis simplex et insipidus stilus vertendus est. Nec tamen nostri fuit propositi lapidum compositionem scribere, set quia non plene potui loca sanctorum et requiem qui in diversis ecclesiæ partibus positi sunt edicere, nisi prius loca ipsa in quibus vidente et cooperante et scribente Edmero positi sunt quoquo modo describerem: de præfata igitur magna turre quæ ut prædictum est in medio totius ecclesiæ posita est, versus orientem procedendum est. Pilarii turris orientales muro solido prominebant, et in rotundum semipilarium formati sunt. Deinde per ordinem et lineam novem erant ex utraque parte chori æquis fere spatiis ab invicem distantes. Post quos sex in circuitu erant ad circinum positi, de nono scilicet australi usque ad nonum in parte septentrionali, quorum duo extremi in arcum quendam conveniebant. Super hos pilarios tam in directum quam in circuitu positos de pilario in pilarium arcus volvebantur. Super quos murus solidus parvulis et obscuris distinctus erat fenestris. Hic murus chorum circuiens in circinatione illa pilariorum in capite ecclesiæ in unum conveniebat. Supra quem murum via erat quæ triforium appellatur, et fenestræ superiores. Hæc fuit muri interioris consummatio. Super hunc tectum erat, et cœlum egregia pictura decoratum. Ad bases pilariorum murus erat tabulis marmoreis compositus, qui chorum cingens et presbiterium, corpus ecclesiæ a suis lateribus quæ alæ vocantur dividebat. Continebat hic murus monachorum chorum, presbiterium, altare magnum in nomine Jesu Christi dedicatum, altare sancti Dunstani, et altare sancti Elfegi, cum sanctis eorum corporibus. Supra prædictum murum in circinatione illa retro altare et ex opposito eius cathedra erat patriarchatus ex uno lapide facta, in qua sedere solebant archiepiscopi de more ecclesiæ in festis præcipuis inter missarum solemnia usque ad sacramenti consecrationem, tunc enim ad altare

Christi per gradus octo descendebant. De choro ad presbiterium tres erant gradus. De pavimento presbiterii usque ad altare gradus tres. Ad sedem vero patriarchatus gradus octo. Ad cornua altaris orientalia erant duæ columpnæ ligneæ auro et argento decenter ornatæ, quæ trabem magnam sustentabant, cuius trabis capita duorum pilariorum capitellis insidebant. Quæ per transversum ecclesiæ desuper altare traiecta auro decorata maiestatem Domini, imaginem sancti Dunstani, et sancti Elfegi, septem quoque scrinia auro et argento cooperta et multorum Sanctorum reliquiis referta sustentabat. Inter columpnas crux stabat deaurata, in cuius patibulo per circuitum sexaginta cristalli erant perlucidi: sub hoc altari Christi altare erat in cripta sanctæ virginis Mariæ, in cuius honorem tota fuit cripta dedicata. Quæ cripta eisdem fere spatiis et anfractibus per longum et latum dilatata erat inferius sicut chorus superius. In medio chori dependebat corona deaurata, viginti quatuor sustinens cereos. Hic erat chori status et presbiterii. Murus autem exterior alarum scilicet sic erat. A martyrio S. Thomæ, i. e. a cruce Lamfranci sumens initium versus orientem usque ad crucem superiorem directus tres tantum in se fenestras continebat. Pilario vero quinto chori oppositus et ab eo arcum suscipiens et ad septentrionem opus dirigens, crucem formavit septentrionalem. Pilarius quintus et septimus latitudinem crucis obtinebant, a septimo enim pilario sicut et a quinto murus procedens ad septentrionem duas porticus faciens crucem formavit in parte orientali. In cuius porticu australi altare fuit S. Stephani, sub quo in cripta altare erat S. Nicholai. In porticu aquilonali altare erat sancti Martini, sub quo in cripta altare sanctæ Mariæ Magdalenæ. Ad altare sancti Martini iacebant duo archiepiscopi, ad dexteram Vulfredus, ad sinistram Livingus. Ad altare sancti Stephani similiter duo, ad sinistram Athelardus, ad dexteram venerabilis Cuthbertus. Hic magna præditus sapientia liberam ecclesiæ Christi adquisivit sepulturam. Solebant enim corpora non solummodo archiepiscoporum set et omnium in civitate morientium a tempore sancti Augustini ad ecclesiam apostolorum Petri et Pauli extra civitatem sitam antiquitus efferri et sepeliri. Dicebatur enim in illo tempore civitatem non esse mortuorum set vivorum. Beatus vero Cuthbertus dolens se post obitum ab ecclesia sua et a filiorum societate debere separari quos in vita summo karitatis studio dilexit, Romam petiit et a summo pontifice liberam ecclesiæ Christi sepulturam impetravit. Iste primus voluntate Dei ut credimus summi pontificis auctoritate et regis Angliæ permissione in ecclesia Christi sepultus est, et omnes archiepiscopi successores eius præter unum solum nomine Jambertum. Ex hac porticu sancti Stephani prædictus procedens murus ad orientem fenestram habebat magno altari ex latere oppositam. Deinde turris erat excelsa quasi extra murum iam dictum posita, quæ ab altari sancti Andreæ quod in ea erat, turris sancti Andreæ est appellata, sub qua in cripta altare erat Innocentium. De turre præfata murus paululum circinando procedens et in fenestram se aperiens, ad capellam sibi proximam pervenit, quæ in fronte ecclesiæ ad orientem porrecta, summæ cathedræ archiepiscopi erat opposita. Set quoniam de capellæ eius continentia aliqua dicenda sunt, ante ipsius introitum paululum subsistendum est quousque murus australis cum partibus suis ad ipsius capellæ producatur ingressum. Murus igitur australis ad porticum sancti Michaelis a cruce Lamfranci sumens initium, in tribus fenestris ad crucem pervenit superiorem. Crux ista superior in orientali parte sui sicut et alia duas porticus habebat. In porticu australi altare erat s. Gregorii, ubi iacebant duo sancti archiepiscopi; ad austrum s. Bregewinus, ad aquilonem s. Plegemundus; sub hoc in cripta erat altare s. Audoëni Rothomagensis archiepiscopi. In alia porticu altare erat s. Johannis Evangelistæ, ubi iacebant archiepiscopi duo: ad dexteram Ethelgarus, ad sinistram Eluricus; sub quo in cripta altare s. Paulini, ubi sepultus est Siricus archiepiscopus. Ante altare s. Audoëni in media fere planitie erat altare s. Katerinæ. Murus autem a supradicta cruce procedens fenestram contra maius altare habebat, deinde turrim excelsam, in qua erat altare apostolorum Petri et Pauli. Sanctus vero Anselmus illuc translatus et retro altare positus altari nomen dedit et turri. De hac turri murus paululum procedens, et in circinatione sua fenestram aperiens, ad prædictam capellam s. Trinitatis in fronte ecclesiæ positum pervenit. Arcus vero ex utroque muro australi scilicet et aquilonali procedens, utriusque circinationem continuavit. Capella vero extra murum posita eidem tamen coniuncta et ad orientem porrecta altare habebat s. Trinitatis . . . . . . In huius capellæ medio stabat columpna quæ arcus et fornicem undecunque venientes sustentabat. . . . .

Quoniam igitur descriptio ecclesiæ iam iamque diruendæ pro posse meo abbreviata usque ad tumbam martyris quæ in fine ipsius ecclesiæ posita est, pervenit, cum ipso fine ecclesiæ descripto eciam finem sorciatur. Quæ etsi paulo amplius quam proposuerim, extensa est, multa tamen ut breviter diceretur ex industria dimissa sunt. Quis enim tantæ et tam magnæ ecclesiæ tot diverticula tot discursus et tot anfractus scribere vel saltem dicere valeat? Nunc igitur omissis his quæ nobis necessaria non sunt, ad vetera destruenda et nova omnia mirabiliter ædificanda fidenter accingamur, et quid interim magister noster Willielmus fecerit, videamus. Cœpit, ut longe ante prædixi, novo operi necessaria præparare et vetera destruere. In istis primus annus completus est. Sequenti anno, id est, post festum sancti Bertini, ante hiemem quatuor pilarios erexit, id est utrinque duos; peracta hieme duos apposuit, ut hinc et inde tres essent in ordine: super quos et murum exteriorem alarum, arcus et fornicem decenter composuit, id est, tres claves utrimque. Clavem pro toto pono ciborio, eo quod clavis in medio posita partes undecunque venientes claudere et confirmare videtur. In istis annus secundus completus est. Anno tercio duos utrimque pilarios apposuit, quorum duos extremos in circuitu columpnis marmoreis decoravit, et quia in eis chorus et cruces convenire debuerunt, principales esse constituit. In quibus appositis clavibus et fornice facta, a turre maiore usque ad pilarios prædictos, id est, usque ad crucem, triforium inferius multis intexuit columpnis marmoreis. Super quod triforium aliud quoque ex alia materia et fenestras superiores aptavit. Deinde fornicis magnæ tres claves, a turre scilicet usque ad cruces. Quæ omnia nobis et omnibus ea videntibus incomparabilia et laude dignissima videbantur. De hoc ergo tam glorioso principio hilares effecti et futuræ consummationis bonam spem concipientes, consummationem operis ardentis animi desiderio accelerare curavimus. In istis igitur annus tercius completus est, et quartus sumpsit initium. In cuius æstate a cruce incipiens, decem pilarios erexit, scilicet utrinque quinque. Quorum duos primos marmoreis ornans columpnis contra alios duos principales

Der Neubau.

fecit. Super hos decem, arcus et fornices posuit. Peractis autem utrisque triforiis et superioribus fenestris, cum machinas ad fornicem magnam volvendam in anni quinti initio præparasset, repente ruptis trabibus sub pedibus eius et inter lapides et ligna simul cum ipso ruentibus in terram corruit, a capitellis fornicis superioris altitudine, videlicet pedum quinquaginta. Qui ex ictibus lignorum et lapidum acriter diverberatus sibi et operi inutilis effectus est, nullusque alius præter ipsum solum in aliquo læsus est. In solum magistrum vel Dei vindicta vel diaboli desævit invidia. Magister itaque sic læsus, et sub cura medicorum ob spem salutis recuperandæ aliquandiu lecto decumbens, spe fraudatus convalescere non potuit; veruntamen quia hiems instabat, et fornicem superiorem consummari oportebat, cuidam monacho industrio et ingenioso qui cementariis præfuit opus consummandum commendavit, unde multa invidia et exercitatio malitiæ habita est, eo quod ipse cum esset iuvenis potentioribus et ditioribus prudentior videretur. Magister tamen in lecto recubans, quid prius, quid posterius fieri debuit ordinavit. Factum est itaque ciborium inter quatuor pilarios principales; in cuius ciborii clavem videntur quodammodo chorus et cruces convenire. Duo quoque ciboria hinc et inde ante hiemem facta sunt. Pluviæ autem fortiter insistentes plura fieri non permiserunt. In istis annus quartus completus est et quintus sumpsit initium. Eodem anno scilicet quarto facta est eclipsis solis octavo idus Septembris hora quasi sexta ante casum magistri. Sentiens itaque præfatus magister nulla se medicorum arte vel industria posse convalescere, operi renunciavit, et mari transito in Franciam ad sua remeavit. Successit autem huic in curam operis alius quidam Willielmus nomine, Anglus natione, parvus quidem corpore set in diversis operibus subtilis valde et probus. Hic in anni quinti æstate crucem utramque australem scilicet et aquilonalem consummavit, et ciborium quod desuper magnum altare est volvit, quod ne fieret præterito anno, cum omnia parata essent, pluviæ impedierunt. Præterea ex parte orientali ad incrementum ecclesiæ fundamentum fecit, eo quod capella sancti Thomæ ibidem ex novo fieri debuit. Hic ergo locus ei provisus est, capella scilicet s. Trinitatis ubi primam missam celebravit, ubi lacrimis et orationibus incumbere consuevit, sub cuius cripta per tot annos sepultus fuit. . . . . Cœpit igitur magister Williel-

Unfall des Meisters Wilhelm.

Meister Wilhelm von England.

mus causa fundamenti monachorum cimiterium fodere .... Facto itaque muri exterioris fundamento firmissimo ex lapide et cemento, murum eciam criptæ usque ad bases fenestrarum erexit. In istis annus quintus completus est, et sextus sumpsit initium, vere autem eiusdem, id est sexti anni post incendium intrante et tempore operandi instante desiderio cordis accensi chorum præparare curaverunt monachi, ut ad proximum pascha introire possent. Videns autem magister monachorum desiderium viriliter instituit, ut voluntati conventus satisfaceret. Murum igitur qui chorum circuit et presbiterium cum summa festinatione construxit. Altaria quoque tria presbiterii erexit. Locum requietionis s. Dunstani et s. Elfegi sollicite præparavit. Paries quoque ligneus ad secludendas tempestates ex parte orientis per transversum inter pilarios penultimos positus est, tres vitreas continens fenestras. Chorum itaque cum summo labore et festinatione nimia utcunque vix tamen præparatum, vigilia Paschæ cum novo igne intrare voluerunt.....

Erexerat autem artifex noster extra chorum quatuor altaria, 1180.
ubi corpora ss. archiepiscoporum reposita sunt, sicut antiquitus fuerant, sicut superius dictum est. Ad altare s. Martini Livingus et Wilfridus, ad altare s. Stephani Athelardus et Cuthbertus. In cruce australi ad altare s. Johannis Elfricus et Ethelgarus. Ad altare s. Gregorii Bregewinus et Plegemundus. Ediva quoque regina quæ ante incendium fere in medio crucis australis sub feretro iacuerat deaurato, ad altare s. Martini sub feretro Livingi reposita est. Præterea in eadem æstate, anni videlicet sexti, murus exterior circa capellam s. Thomæ ante hiemem præteritam inceptus, usque ad fornicem volvendam elevatus est. Inceperat autem magister turrim ex parte orientali, quasi extra muri ambitum, cuius fornix inferior ante hiemem perfecta est. Capella quoque s. Trinitatis de qua superius mentio facta est solo tenus diruta est, quæ hucusque ob reverentiam s. Thomæ, qui sub cripta iacuit, integra permansit. . . .

Parata est interim super tumbam eius (s. Thomæ) et in circuitu capellam lignea pro loco et tempore satis honesta. Extra cuius parietes ex lapide et cemento fundamento facto, octo pilarii novæ criptæ cum capitellis suis consummati sunt. Introitum eciam de veteri in novam criptam magister prudenter aperuit. In istis annus sextus completus est et septimus sumpsit initium; sed priusquam huius septimi anni opera prosequar, non inutile duxi aliqua de superioribus recapitulare, quæ sive per oblivionem negligenter, sive propter brevitatem scienter dimissa sunt. Dictum est in superioribus, quod post combustionem illam vetera fere omnia chori diruta sunt, et in quandam augustioris formæ transierunt novitatem. Nunc autem quæ sit operis utriusque differentia dicendum est. Pilariorum igitur tam veterum quam novorum una forma est, una et grossitudo, sed longitudo dissimilis. Elongati sunt enim pilarii novi longitudine pedum fere duodecim. In capitellis veteribus opus erat planum, in novis sculptura subtilis. Ibi in chori ambitu pilarii viginti duo, hic autem viginti octo. Ibi arcus et cætera omnia plana utpote sculpta secure et non scisello, hic in omnibus fere sculptura idonea. Ibi columpna nulla marmorea, hic innumeræ. Ibi in circuitu extra chorum fornices planæ, hic arcuatæ sunt et clavatæ. Ibi murus super pilarios directus cruces a choro sequestrabat, hic vero nullo intersticio cruces a choro divisæ in unam clavem quæ in medio fornicis magnæ consistit, quæ quatuor pilariis principalibus innititur, convenire videntur. Ibi cœlum ligneum egregia pictura decoratum, hic fornix ex lapide et tofo levi decenter composita est. Ibi triforium unum, hic duo in choro, et in ala ecclesiæ tercium. Quæ omnia visu melius quam auditu intelligere volenti patebunt. Hoc tamen sciendum est quod novum altius est veteri quantum superiores fenestræ tam corporis chori quam laterum eius a tabulatu marmoreo in altum porriguntur. Ne autem futuris temporibus cuiquam veniat in dubium, qua de causa tanta chori latitudo quæ est iuxta turrim tantum in capite ecclesiæ coarctetur, causas dicere non inutile duxi. Quarum una est, quod duæ turres, sancti Anselmi videlicet et sancti Andreæ in utroque latere ecclesiæ antiquitus ad circinum positæ latitudinem chori in directum ad lineam non permiserunt procedere. Alia causa est quod capellam sancti Thomæ in capite ecclesiæ constituere consiliosum fuit et utile, ubi fuerat capella sanctæ Trinitatis quæ multo strictior fuit quam chorus. Magister igitur turres prædictas dissipare non volens, integras autem transferre non valens, latitudinem illam chori usque ad confinium turrium in directum composuit. Deinde paulatim turres utrimque devitans et tamen latitudinem viæ illius quæ extra chorum est quantum potuit propter processiones ibidem frequenter

Vergleichung der alten und der neuen Kirche.

faciendas conservans, pedetemtim obliquans opus constrinxit, ita ut ex opposito altaris opus decenter contraheret, et exinde ad tercium pilarium ad formam latitudinis capellæ quæ sanctæ Trinitatis dicebatur opus coartaret. Deinde quatuor pilarii eiusdem latitudinis set alterius formæ utrimque positi sunt. Post quos alii quatuor ad circinum sunt statuti, in quibus opus suppositum conveniebat in unum. Hic est modus stationis pilariorum. Exterior autem muri ambitus a turribus prædictis progrediens primo in directum ad lineam procedit, deinde flectitur in girum, et sic in turre rotunda convenit uterque murus in unum, ibidemque consummatur. Hæc omnia clarius et delectabilius oculis possunt videri quam dictis vel scriptis edoceri. Hæc autem dicta sunt ut utriusque operis novi scilicet et veteris differentia possit agnosci. Nunc autem videamus attentius quid vel quantum operis cementarii nostri in hoc septimo combustionis anno perfecerint. Quod ut breviter dicatur, anno septimo, facta est nova cripta satis formosa, et super criptam parietes exteriores alarum usque ad capitella marmorea: fenestras autem non potuit, nec voluit magister volvere propter ingruentes pluvias, nec pilarios statuere interiores. In istis annus septimus completus est, et octavus sumpsit initium. In hoc octavo scilicet anno statuit magister octo interiores pilarios, arcus et fornicem cum fenestris in circuitu volvit. Turrim vero exaltavit usque ad bases summarum fenestrarum sub fornice. Nonus annus vacavit ab opere ob defectum expensarum. Decimo anno perfectæ sunt fenestræ superiores turris cum fornice. Super pilarios vero inferius triforium et superius, cum fenestris et fornice maiori. Tectum quoque superius ubi crux est in eminenti et tectum alarum usque ad positionem plumbi. Turris quoque cooperta est, et alia plurima hoc anno facta sunt.

XXXV.

S. BERNHARD ÜBER DEN KIRCHLICHEN LUXUS SEINER ZEIT.

(1091—1153.)

S. Bernhardi Apologia ad Guillelmum abbatem s. Theoderici. — Opp. s. Bernhardi ed. Mabillon, Paris 1690. vol. I, p. 538 ff.

Literatur: Piper S. 523; Augusti, Denkw. XI., 365, 375.

C. XII. Sed hæc parva sunt[1]): veniam ad maiora; sed ideo visa minora, quia usitatiora. Omitto oratoriorum immensas altitudines, immoderatas longitudines, supervacuas latitudines, sumptuosas depolitiones, curiosas depictiones: quæ dum orantium in se retorquent aspectum, impediunt et affectum, et mihi quodammodo repræsentant antiquum ritum Judæorum. Sed esto, fiant hæc ad honorem Dei. Illud autem interrogo monachus monachos, quod in gentilibus gentilis arguebat:

»Dicite«, ait ille, »Pontifices; in sancto quid facit aurum?« [2])

Ego autem dico: Dicite pauperes (non enim attendo versum, sed sensum) dicite, inquam, pauperes, si tamen pauperes, in sancto quid facit aurum? Et quidem alia causa est episcoporum, alia monachorum. Scimus namque, quod illi sapientibus et insipientibus debitores cum sint, carnalis populi devotionem, quia spiritualibus non possunt, corporalibus excitant ornamentis. Nos vero qui iam de populo exivimus; qui mundi quæque pretiosa ac speciosa pro Christo reliquimus; qui omnia pulcre lucentia, canore mulcentia, suave olentia, dulce sapientia, tactu placentia, cuncta denique oblectamenta corporea arbitrati sumus ut stercora, ut Christum lucrifaciamus: quorum, quæso, in his devotionem excitare intendimus? Quem inquam, ex his fructum requirimus? stultorum admirationem, an simplicium oblationem? An quoniam commixti sumus inter gentes, forte didicimus opera eorum et servimus adhuc sculptilibus eorum?

Et ut aperte loquar, an hoc totum facit avaritia, quæ est idolorum servitus, et non requirimus fructum, sed datum? Si

---

[1]) Der Aufwand der Prälaten. — [2]) Persius, Sat. II.

quaeris, quomodo? miro inquam modo. Tali quadam arte spargitur æs, ut multiplicetur. Expenditur ut augeatur, et effusio copiam parit. Ipso quippe visu sumptuosarum, sed mirandarum vanitatum accenduntur homines magis ad offerendum, quam ad orandum. Sic opes opibus hauriuntur, sic pecunia pecuniam trahit: quia nescio quo pacto, ubi amplius divitiarum cernitur, ibi offertur libentius. Auro tectis reliquiis saginantur oculi et loculi aperiuntur. Ostenditur pulcherrima forma Sancti vel Sanctæ alicuius et eo creditur sanctior, quo coloratior. Currunt homines ad osculandum, invitantur ad donandum; et magis mirantur pulcra quam venerantur sacra. Ponuntur dehinc in ecclesia gemmatæ, non coronæ, sed rotæ, circumsæptæ lampadibus, sed non minus fulgentes insertis lapidibus. Cernimus et pro candelabris arbores quasdam erectas, multo æris pondere miro artificis opere fabricatas, nec magis coruscantes superpositis lucernis quam suis gemmis. Quid putas, in his omnibus quæritur? pœnitentium compunctio an intuentium admiratio? O vanitas vanitatum, sed non vanior quam insanior! Fulget ecclesia in parietibus, et in pauperibus eget. Suos lapides induit auro, et suos filios nudos deserit. De sumptibus egenorum servitur oculis divitum. Inveniunt curiosi quo delectentur et non inveniunt miseri quo sustententur. Utquid saltem sanctorum imagines non reveremur, quibus utique ipsum, quod pedibus conculcatur, scatet pavimentum? Sæpe spuitur in ore angeli, sæpe alicuius sanctorum facies calcibus tunditur transeuntium. Et si non sacris his imaginibus, cur vel non parcitur pulcris coloribus? Cur decoras quod mox fredandum est? Cur depingis quod necesse est conculcari? Quid ibi valent venustæ formæ, ubi pulvere maculantur assiduo? Denique quid hæc ad pauperes, ad monachos, ad spirituales viros? Nisi forte et hic adversus memoratum iam poetæ versiculum propheticus ille respondeatur: »Domine dilexi decorem domus tuæ et locum habitationis gloriæ tuæ.« [1]) Assentio, patiamur et hæc fieri in ecclesia; quia etsi noxia sunt vanis et avaris, non tamen simplicibus et devotis.

Ceterum in claustris coram legentibus fratribus quid facit illa ridicula monstruositas, mira quædam deformis formositas, ac

---

[1]) Psalm. 25, 8.

formosa deformitas? Quid ibi immundæ simiæ? quid feri leones? quid monstruosi centauri? quid semihomines? quid maculosæ tigrides? quid milites pugnantes? quid venatores tubicinantes? Videat sub uno capite multa corpora, et rursus in uno corpore capita multa. Cernitur hinc in quadrupede cauda serpentis, illinc in pisce caput quadrupedis. Ibi bestia præfert equum, capram trahens retro dimidiam; hic cornutum animal equum gestat posterius. Tam multa denique tamque mira diversarum formarum ubique varietas apparet, ut magis legere libeat in marmoribus, quam in codicibus, totumque diem occupare singula ista mirando, quam in lege Dei meditando. Proh Deo! si non pudet ineptiarum, cur vel non piget expensarum?

XXXVI.

SUGER'S BERICHT ÜBER SEINE BAUTEN IN ST. DENIS.

(Mitte des XII. Jahrhunderts.)

Sugerii abbatis s. Dionysii Liber de rebus in administratione sua gestis. — ed. Duchesne. Hist. Francorum SS. vol. IV, 331 ff.

Literatur: Piper S. 460 ff.; Félibien, Hist. de l'abbaye royale de St. Denis. Paris, 1706; Schnaase V., 33 ff.; Dehio u. Bezold I., 425 f.; Graf, Opus francigenum 1878; Ders. in Lützows Zeitschr. f. b. K. XXIII.; Reimers, Scema novum, ibid. 1887; Bezold, Entstehung und Ausbreitung der gothischen Bauk. in Frankreich. Zeitschr. f. Bauwesen, 1891; Lecoy de la Marche, Oeuvres complètes de Suger. Paris 1876, ist mir nicht zugänglich gewesen.

Cap. 1. Anno administrationis nostræ vicesimo tertio, cum in capitulo generali quadam die conferendo cum fratribus nostris tam de hominibus quam de privatis negotiis consederemus, iidem carissimi fratres et filii obnixe in caritate supplicare cœperunt, ne fructum tanti laboris nostri præteriri silentio sustinerem: quia potius ea, quæ larga Dei omnipotentis munificentia contulerat huic ecclesiæ prælationis nostræ tempore incrementa, tam in novarum acquisitione, quam in amissarum recuperatione, emendatarum etiam possessionum multiplicatione, ædificiorum constitutione, auri, argenti, et preciosissimarum gemmarum, necnon et optimorum palliorum repositione, calamo et atramento posteritati memoriæ reservare. . . . . Nos igitur tam devote, quam devotis et rationabilibus eorum petitionibus assensum exhibentes, nullo inanis gloriæ appetitu, nullam laudis humanæ aut retributionis transitoriæ exigendo retributionem . . . . de ædificiorum institutione, et thesaurorum augmentatione, loco suo incipere dignum duximus.

Cap. 24. De ecclesiæ ornatu.

His igitur reddituum incrementis taliter assignatis, ad ædificiorum institutionem memorandam manum reduximus, ut et ex hoc ipso Deo omnipotenti tam a nobis quam a successoribus nostris grates referantur, et eorum affectus ad hoc ipsum prosequendum, et si necesse sit peragendum, bono exemplo animetur. Non enim aut penuria aliqua aut quodcumque impedimentum cuiuscumque potestatis timendum erit, si ob amorem sanctorum martyrum de suo sibi secure serviatur. Primum igitur quod Deo inspirante huius ecclesiæ incœpimus opus, propter antiquarum materiarum vetustatem et aliquibus in locis minacem diruptionem, ascitis melioribus quos invenire potui de diversis partibus pictoribus, eos aptari et honeste depingi tam auro quam preciosis coloribus devote fecimus. Quod quia etiam in scholis addiscens, hoc facere si unquam possem appetebam, libentius complevi.

Cap. 25. De ecclesiæ primo augmento.

Verum cum iam hoc ipsum multo sumptu compleretur, inspirante divino nutu propter eam, quam sæpe diebus festis, videlicet in festo beati Dionysii et in Indicto et in aliis quamplurimis, et videbamus, et sentiebamus importunitatem. Exigebat enim loci angustia, ut mulieres super capita virorum, tamquam super pavimentum, ad altare dolore multo et clamoso tumultu currerent, ad augmentandum et amplificandum nobile, manuque divina consecratum monasterium, virorum sapientum consilio, religiosorum multorum precibus, ne Deo sanctisque martyribus displiceret, adiutus, hoc ipsum incipere aggrediebar: tam in capitulo nostro quam in ecclesia divinæ supplicans pietati, ut qui initium est et finis, id est A et Ω, bono initio bonum finem salvo medio concopularet, ne virum sanguinum ab ædificio templi refutaret, qui hoc ipsum toto animo magis quam Constantinopolitanas gazas obtinere præoptaret. Accessimus igitur ad priorem valvarum introitum et deponentes augmentum quoddam, quod a Karolo Magno factum perhibebatur, honesta satis occasione, quia pater suus Pippinus imperator extra in introitu valvarum pro peccatis patris sui Karoli Martelli prostratum se sepeliri non supinum fecerat; ibidem manus apposuimus et quemadmodum apparet et in amplificatione corporis ecclesiæ, et introitus et valvarum triplicatione, turrium altarum et honestarum erectione, instanter desudavimus.

Cap. 26. De dedicatione.

Oratorium s. Romani ad famulandum Deo sanctisque eius angelis, dedicari a venerabili viro Rothomagensi archiepiscopo Hugone et aliis quamplurimis episcopis obtinuimus. Qui locus quam secretalis, quam devotus, quam habilis divina celebrantibus, qui ibidem Deo deserviunt, ac si iam in parte dum sacrificant eorum in cœlis sit habitatio, cognorunt. Eadem etiam dedicationis celebritate, in inferiori testudine ecclesiæ dedicata sunt hinc et inde duo oratoria, ex una parte s. Hippolyti sociorumqe eius, et ex altera s. Nicolai, a venerabilibus viris Manasse Meldensi episcopo et Petro Silvanectensi. Quorum trium una et gloriosa processio cum per ostium s. Eustachii egrederetur, ante principales portas transiliens cum ingenti cleri decantantis et populi tripudiantis turba, episcopis præeuntibus et sanctæ insistentibus consecrationi, per singularem atrii portam de antiquo in novum opus transpositam tertio ingrediebantur. Et ad honorem omnipotentis Dei festivo opere completo, cum in superiore parte elaborare accingeremur, aliquantulum fatigatos recreabant: et ne laboris aut penuriæ alicuius timore deprimeremur, gratantissime sollicitabant.

Cap. 27. De portis fusilibus et deauratis.

Valvas siquidem principales, accitis fusoribus et electis sculptoribus, in quibus passio Salvatoris et resurrectio, vel ascensio continetur, multis expensis, multo sumptu in earum deauratione, ut nobili porticui conveniebat, ereximus. Necnon et alias in dextera parte novas, in sinistra vero antiquas sub musivo, quod et novum contra usum hic fieri et in arcu portæ imprimi elaboravimus. Turrim etiam et superiora frontis propugnacula tam ad ecclesiæ decorem, quam et utilitatem, si oportunitas exigeret, variari condiximus, litteris etiam cupro deauratis, consecrationis annum intitulari, ne oblivioni traderetur, præcipimus hoc modo:

Ad decus ecclesiæ, quæ fovit et extulit illum
Sugerius studuit ad decus ecclesiæ.
Deque tuo tibi participans martyr Dionysi, 1140.
Orat ut exores fore participem paradisi.
Annus millenus et centenus quadragenus
Annus erat verbi quando sacrata fuit.

Versus etiam portarum hi sunt:

Portarum quisquis attollere quæris honorem
Aurum nec sumptus, operis mirare laborem.
Nobile claret opus, sed opus quod nobile claret,
Clarificet mentes ut eant per lumina vera
Ad verum lumen, ubi Christus ianua vera.
Quale sit intus in his determinat aurea porta.
Mens hebes ad verum per materialia surgit,
Et demersa prius hac visa luce resurgit.

Et in superliminari:

Suscipe vota tui, iudex districte, Sugeri,
Inter oves proprias fac me clementer haberi.

Cap. 28. De augmento superioris partis.

Eodem vero anno tam sancto et tam fausto opere exhilarati, ad inchoandam in superiori parte divinæ propitiationis cameram, in qua iugis et frequens redemptionis nostræ hostia absque turbarum molestia secreto immolari debeat, acceleravimus et quemadmodum in scripto consecrationis eiusdem superioris operis invenitur, Deo cooperante et nos et nostra prosperante, cum fratribus et conservis nostris tam sanctum, tam gloriosum, tam famosum opus ad bonum perduci finem misericorditer obtinere meruimus: tanto Deo sanctisque martyribus obnoxii, quanto nostris temporibus et laboribus tam diu differendo agenda reservavit. Quis enim ego sum, aut quæ domus patris mei, qui tam nobile, tam gratum ædificium vel inchoasse præsumpserim, vel perfecisse speraverim, nisi divinæ misericordiæ et sanctorum auxilii martyrum fretus, totam me eidem operi et mente et corpore applicuissem? Verum qui dedit velle, dedit et posse: et quia bonum opus fuit in voluntate, ex Dei adiutorio stetit in perfectione. Quod quidem gloriosum opus quantum divina manus in talibus operosa protexerit, certum est etiam argumentum, quod in tribus annis et tribus mensibus totum illud magnificum opus, et in inferiore cripta et in superiore voltarum sublimitate, tot arcuum et columnarum distinctione variatum, etiam operturæ integrum supplementum admiserit. Unde etiam epitaphium prioris consecrationis, una sola sublata dictione, huius etiam annalem terminum concludit, hoc modo:

1144. Annus millenus et centenus quadragenus
Quartus erat Verbi, quando sacrata fuit.

Quibus etiam epitaphii versibus hos adiungi delegimus:

Pars nova posterior dum iungitur anteriori,
Aula micat medio clarificata suo.
Claret enim claris quod clare concopulatur,
Et quod perfundit lux nova, claret opus
Nobile, quod constat auctum sub tempore nostro,
Qui Sugerus eram, me duce dum fieret.

Promptus igitur urgere successus meos, cum nihil mallem sub cœlo quam prosequi matris ecclesiæ honorem, quæ puerum materno affectu lactaverat, iuvenem offendentem sustinuerat, ætate integrum potenter roboraverat, inter ecclesiæ et regni principes solemniter locaverat, ad executionem operis nos ipsos contulimus et cruces collaterales ecclesiæ ad formam prioris et posterioris operis coniungendi, attolli et accumulari decertavimus.

Cap. 29. De continuatione utriusque operis.

Quo facto, cum quorumdam persuasione ad turrium anterioris partis prosecutionem studium nostrum contulissemus iam in altera parte peracta divina, sicut credimus, voluntas ad hoc ipsum nos retraxit, ut mediam ecclesiæ testudinem, quam dicunt navim, innovare et utrique innovato opere conformare et coæquare aggrederemur: reservata tamen quantacumque portione de parietibus antiquis, quibus summus pontifex Dominus Jesus Christus testimonio antiquorum scriptorum manum apposuerat, ut et antiquæ consecrationis reverentia et moderno operi iuxta tenorem cœptum congrua cohærentia servaretur. Cuius immutationis summa hæc fuit: quod si interpolate in navi ecclesiæ occasione turrium ageretur, aut temporibus nostris aut successorum nostrorum, tardius, aut numquam quocumque infortunio sicut dispositum est perficeretur. Nulla enim rerum importunitas rerum auctores urgeret, quin novi et antiqui operis copula longam sustineret expectationem. Sed quia iam inceptum est in alarum extensione, aut per nos aut per quos dominus elegerit ipso auxiliante perficietur. Præteritorum enim recordatio futurorum est exhibitio. Qui enim inter alia maiora etiam admirandarum vitrearum operarios, materiem saphirorum locupletem, promptissimos sumptus fere septingentarum librarum, aut eo amplius administraverit, peragendorum supplementis liberalissimus Dominus deficere non sustinebit. Est etenim initium et finis.

Cap. 30. De ornamentis ecclesiæ.

Ornamentorum etiam ecclesiæ descriptionem, quibus manus divina administrationis nostræ tempore ecclesiam suam sponsam vocatam exornavit, ne veritatis æmula subrepat oblivio, et exemplum auferat agendi, intitulare dignum duximus. Dominum nostrum ter beatum Dionysium tam largum tam benignum et confitemur et prædicamus, ut tot et tanta credamus apud Deum effecisse, tot et tanta impetrasse, ut centupliciter quam fecerimus, ecclesiæ illius profecisse potuissemus si fragilitas humana, si varietas temporum, si mobilitas morum non restitisset. Quæ tamen ei Deo donante reservavimus hæc sunt.

Cap. 31. De tabula aurea superiori.

In tabula illa quæ ante sacratissimum corpus eius assistit, circiter XLII marcas auri posuisse nos æstimamus. Gemmarum preciosarum multiplicem copiam, iacinctorum, rubetorum, saphirorum, smaragdinum, topaziorum necnon et opus discriminantium unionum, quantam nos reperire numquam præsumpsimus. Videres reges et principes, multosque viros præcelsos, imitatione nostra digitos manuum suarum exanulare, et anulorum aurum et gemmas, margaritasque preciosas ob amorem sanctorum martyrum eidem tabulæ infigi præcipere. Nec minus etiam archiepiscopi et episcopi ipsos suæ desponsationis anulos ibidem sub tuto reponentes, Deo et sanctis eius devotissime offerebant. Venditorum etiam gemmariorum tanta de diversis regnis et nationibus ad nos turba confluebat, ut non plus cernere quæreremus, quam illi vendere sub amministratione omnium festinarent. Versus etiam eiusdem tabulæ hi sunt:

Magne Dionysi portas aperi paradisi
Suggeriumque piis protege præsidiis.

Quique novam cameram per nos tibi constituisti,
In camera cœli nos facias recipi,
Et pro præsenti cœli mensa satiari,
Significata magis significante placent.

Quia igitur sacratissima dominorum nostrorum corpora in volta superiore quam nobilius potuimus locari oportuit, quædam de collateralibus tabulis sanctissimi eorum sarcofagi nescimus qua occasione crepta, quindecim marcas auri reponendo, ulteriorem frontem eiusdem, et operturam superiorem undique inferius et superius deaurari quadraginta ferme unciis elaboravimus. Tabulis etiam cupreis fusilibus et deauratis, atque politis lapidibus impactis propter interiores lapideas voltas, necnon et ianuis continuis ad arcendos populorum tumultus; ita tamen ut venerabiles personæ, sicut decuerit ipsa sanctorum corporum continentia vasa cum magna devotione et lacrymarum profusione videre valeant, circumcingi fecimus. Eorumdem vero sanctorum tumulorum hi sunt versus:

Sanctorum cineres, ubi cælicus excubat ordo
Plebs rogat et plorat, clerus canit in decachordo,
Spiritibus quorum referuntur vota piorum,
Cumque placent illis mala condonantur eorum.
Corpora sanctorum sunt hic in pace sepulta,
Qui post se rapiant nos orantes prece multa.
Hic locus egregium venientibus extat asylum
Hic fuga tuta reis, subiacet ultor eis.

Cap. 32. De crucifixo aureo.

Hinc est quod preciosarum margaritarum, gemmarumque copiam circumquaque per nos et nuncios nostros quæritantes, quam preciosorem in auro et gemmis tanto ornatui materiam invenire potuimus, præparando, artifices peritiores de diversis partibus convocavimus, quo et diligenter et morose fabricando crucem venerabilem ipsarum ammiratione gemmarum retro attollerent et ante videlicet in conspectu sacrificantis sacerdotis, ad ornandam domini Salvatoris imaginem in recordatione passionis eius tamquam et adhuc patientem in cruce ostentarent. Eodem sane loco b. Dionysius quingentis annis et eo amplius, videlicet a tempore Dagoberti usque ad nostra tempora iacuerat. Unum iocosum, sed nobile miraculum, quod super his ostendit nobis dominus, sub silentio præterire noluimus.

Cum enim hærerem penuria gemmarum, nec super hoc sufficienter mihi providere valerem (raritas enim eas cariores facit) ecce duorum ordinum, trium abbatiarum, videlicet Cistellensis, et alterius abbatiæ eiusdem ordinis, et fontis Ebraldi, camerulam nostram ecclesiæ inhærentem intrantes, gemmarum copiam, videlicet iacinthorum, saphirorum, rubetorum, smaragdinum, topaziorum, quantam per decennium invenire minime sperabamus, emendam nobis obtulerunt. Qui autem eas habebant, a comite Theobaldo sub eleemosyna obtinuerant, qui a thesauris avunculi sui regis Henrici defuncti, quas in mirabilibus cuppis toto tempore vitæ suæ congesserat, per manum Stephani fratris sui regis Anglici receperat. Nos autem onere quærendarum gemmarum exonerati, gratias Deo referentes, quater centum libras, cum plus satis valerent, pro eis dedimus. Nec eas solum, verum etiam multam et sumptuosam aliarum gemmarum et unionum copiam ad perfectionem tam sancti ornamenti apposuimus. De auro vero obrizo, circiter quater viginti marcas nos posuisse, si bene recordor, meminimus. Pedem vero quatuor evangelistis comptum, et columnam, sui sancta insidet imago, subtilissimo opere smaltitam, et Salvatoris historiam cum antiquæ legis allegoriarum testimoniis designatis, et capitello superiore mortem domini cum suis imaginibus ammirante, per plures aurifabros Lotharingos quandoque quinque, quandoque septem, vix duobus annis perfectam habere potuimus. Tanti igitur et tam sancti instrumenti ornatum altius honorare et exaltare misericordia Salvatoris nostri accelerans, domnum papam Eugenium ad celebrandum sanctum Pascha, sicut mos est Romanis pontificibus in Galliis demorantibus, ob honorem sancti apostolatus b. Dionysii, quod etiam de Calixto et Innocentio illius prædecessoribus vidimus, ad nos adduxit: qui eundem crucifixum ea die solenniter consecravit. De titulo veræ crucis domini, qui omnem et universalem excedit margaritam, de capella sua portionem in ea assignavit; publice coram omnibus, quicumque inde aliquid raperent, quicumque ausu temerario in eum manum inferrent, mucrone b. Petri et gladio spiritus sancti anathematizavit. Nos autem idem anathema inferius in cruce intitulari fecimus.

Principale igitur b. Dionysii altare, cui tantum anterior tabula a Karolo Calvo imperatore tertio speciosa et preciosa Altar de h. Denis.

18*

habebatur, quia eidem ad monasticum propositum oblati fuimus, ornatum iri acceleravimus et utrique lateri aureas apponendo tabulas, quartam etiam preciosorem, ut totum circumquaque altare appareret aureum, attollendo circumcingi fecimus: collateralibus quidem candelabra viginti marcarum auri, regis Ludovici Philippi, ne quacumque occasione raperentur, ibidem deponentes iacinthos, smaragdines, quascumque gemmas preciosas apposuimus et apponendas diligenter quæritate decrevimus. Quorum quidem versus hi sunt. In dextro latere:

Has aræ tabulas posuit Sugerius abbas
Præter eam quam rex Karolus ante dedit.
Indignos venia fac dignos virgo Maria.
Regis et abbatis mala mundet fons pietatis.

In sinistro latere:

Si quis præclaram spoliaverit impius aram,
Æque damnatus pereat Judæ sociatus.

Ulteriorem vero tabulam miro opere sumptuque profuso, quoniam barbari et profusiores nostratibus erant artifices, tam forma quam materia mirabili, anaglifo opere, ut a quibusdam dici possit, materiam superabat opus, extulimus; multa de acquisitis, plura de quibus ecclesiæ ornamentis, quæ perdere timebamus, videlicet pede decurtatum calicem aureum, et quædam alia ibidem configi fecimus. Et quoniam tacita visus cognitione materiei diversitas, auri, gemmarum, unionum, absque descriptione facile non cognoscitur, opus quod solis patet litteratis, quod allegoriarum iocundarum iubare resplendet, apicibus litterarum mandari fecimus. Versus etiam idipsum loquentes, ut enucleatius intelligantur, apposuimus:

Voce sonans magna Christo plebs clamat osanna,
Quæ datur in cœna tulit omnes hostia vera.
Ferre crucem properat qui cunctos in cruce salvat.
Hoc quod Abram pro prole litat, Christi caro signat.
Melchisedech libat quod Abram super hoste triumphat.
Botrum vecte ferunt qui Christum cum cruce quærunt.

Hæc igitur tam nova quam antiqua ornamentorum discrimina ex ipsa matris ecclesiæ affectione crebro considerantes, dum illam ammirabilem s. Eligii cum minoribus crucem, dum incomparabile ornamentum, quod vulgo Crista vocatur, aureæ aræ superponi contueremur, corde tenus suspirando: Omnis, inquam, lapis preciosus operimentum tuum, sardius, topazius, iaspis, crisolitus, onix, et berillus, saphirus, carbunculus, et smaragdus. De quorum numero, præter solum carbunculum, nullum deesse, imo copiosissime abundare, gemmarum proprietatem cognoscentibus, cum summa ammiratione claret. Unde cum ex dilectione decoris domus Dei aliquando multicolor gemmarum speciositas ab exintrinsecis me curis devocaret, sanctarum etiam diversitatem virtutum de materialibus ad immaterialia transferendo, honesta meditatio insistere persuaderet: videor videre me quasi sub aliqua extranea orbis terrarum plaga, quæ nec tota sit in terrarum fæce, nec tota in cœli puritate demorari, ab hac etiam inferiori ad illam superiorem anagogico more Deo donante posse transferri. Conferre consuevi cum Hierosolymitanis et gratantissime addiscere, quibus Constantinopolitanæ patuerant gazæ et sanctæ Sophiæ ornamenta, utrum ad comparationem illorum hæc aliquid valere deberent. Qui cum hæc maiora faterentur, visum est nobis, quod timore Francorum ammiranda quæ antea audieramus, caute reposita essent, ne stultorum aliquorum impetuosa rapacitate Græcorum et Latinorum ascita familiaritas in seditionem et bellorum scandala subito moveretur. Astucia enim præcipue Græcorum est. Unde fieri potuit ut maiora sint quæ hic sub tuto reposita apparent, quam ea quæ non tuto propter scandala ibidem relicta apparuerunt. Ammiranda siquidem et fere incredibilia a viris veridicis quam pluribus, et ab episcopo Laudunensi Hugone, in celebratione missæ, de s. Sophiæ ornamentorum prærogativa, necnon et aliarum ecclesiarum audieramus. Quæ si ita sunt, imo quia eorum testimonio ita esse credimus, tam inæstimabilia quam incomparabilia multorum iudicio exponerentur. Abundet unusquisque in suo sensu. Mihi fateor hoc potissimum placuisse, ut quæcumque cariora, quæcumque carissima, sacrosanctæ eucharistiæ amministrationi super omnia deservire debeant. Si libatoria aurea, si fialæ aureæ, et si mortariola aurea ad collectam sanguinis hircorum aut vitulorum aut vaccæ ruffæ, ore Dei, aut prophetæ iussu deserviebant, quanto magis ad susceptionem sanguinis Jesu Christi vasa aurea, lapides preciosi, quæque inter omnes creaturas carissima continuo famulatu, plena devotione exponi debent. Certe nec nos nec nostra his deservire sufficimus.

Si de sanctorum Cherubim et Seraphim substantia nova creatione nostra mutaretur, insufficientem tamen et indignum tantæ et tam ineffabili hostiæ exhiberet famulatum. Tantam tamen propiciationem pro peccatis nostris habemus. Opponunt etiam qui derogant, defere sufficere huic amministrationi mentem sanctam, animum purum, intentionem fidelem. Et nos quidem hæc interesse præcipue, proprie, specialiter approbamus. In exterioribus etiam sacrorum vasorum ornamentis, nulli omnino æque ut sancti sacrificii servicio, in omni puritate interiori, in omni nobilitate exteriori, debere famulari, profitemur. In omnibus enim universaliter decentissime nos oportet deservire redemptori nostro. . . .

Das «Sanctum Altare.» Altare etiam quod testimonio antiquorum sanctum nominatur altare (sic enim consuevit dicere gloriosus rex Ludovicus Philippi ab infantia sua dum hic nutriretur, se a senioribus loci didicisse, quia cum vetustate, tum defectu fidelis custodiæ, tum etiam propter frequentem motionem, quæ fit nobilissimi apparatus occasione, qui diversi diversis, excellentes excellentioribus festis apponuntur, minus honeste comptum apparebat) ob reverentiam ss. reliquiarum renovare excepimus. Sacratus siquidem lapis porphireticus, qui superest aræ, non minus qualitativo colore, quam quantitativa magnitudine, satis aptus, concavo ligno auro operto, ipsa vetustate interpolata admodum disrupto cingebatur. Cuius concavi faceta compositione in anteriori parte locatum brachium s. Jacobi apostoli, idipsum litteris interius attestantibus, pervia candidissimi cristalli apertione credebatur. Nec minus in dextera parte uniformiter litterarum apparitione, brachium prothomartyris Stephani recondi, in sinistra vero æque s. Vincentii levitæ et martyris brachium titulus interius perorabat. . . . . Assumens igitur ex devotione audaciam et antiquitati honorem veritatis conservans, modum et diem detegendi ipsas sanctas reliquias elegimus, sacratissima videlicet die martyrii b. martyrum dominorum nostrorum, VIII. scilicet. Id. Oct. . . . . Deferentes igitur in medium præfatam aram, ascitis aurifabris qui locellos istos, quibus sanctissima brachia continebantur, ubi supersedebant cristallini lapides, titulos eorum afferentes, diligenter aperirent, sicut sperabamus, omnia plenarie Deo annuente videntibus cunctis invenimus. Causam etiam repositionis reliquiarum in eisdem locellis invenimus, videlicet quod Karolus imperator tertius, qui eidem altari subiacet gloriose sepultus, ad tuitionem animæ et corporis, de theca imperiali eas sibi assumi et penes se reponi, imperiali edicto assignaverit. Argumentum etiam anuli sui depressione signatum, quod valde omnibus placuit, ibidem reperimus. Nec enim sine causa ante sanctum illud altare septem lampades in vasis argenteis, quæ nos quidem dissoluta referimus, incessanter tam die quam nocte in sempiternum ardere constituisset, nisi maximam spem et corporis et animæ in ss. reliquiarum repositione credidisset. Sumptibus enim illarum et anniversarii sui, et suorum refectioni, possessionem suam quæ dicitur Ruoilum cum appendiciis sigillis aureis confirmavit. Hinc est etiam, quod in solennitatibus diversis fere sexaginta, magni et honesti cerei sex, quales alibi in ecclesia aut raro aut numquam apponuntur, circa idem altare accenduntur. Hinc est etiam, quod quotiens altare b. Dionysii totiens et idem altare nobili apparatu adornatur.

Crucem etiam mirabilem quantitatis suæ, quæ superposita est inter altare et tumulum eiusdem Karoli, in cuius medio fama retinuit, confixum nobilissimum monile Nantildis reginæ uxoris Dagoberti regis ecclesiæ fundatoris, aliud vero in frontem s. Dionysii (tamen huic minori nullum æquipollere peritissimi artifices testantur) erigi fecimus, maxime ob reverentiam sanctissimæ boiæ ferreæ, quæ in carcere Glaucini sacratissimo collo b. Dionysii innexa, cultum et venerationem tam a nobis quam ab omnibus promeruit. Kirchengeräth

Ea etiam parte abbas venerabilis Corbeiæ bonæ memoriæ Robertus, huius s. ecclesiæ professus et ab infantia nutritus.... tabulam argenteam optime deauratam pro recognitione professionis suæ et multorum ecclesiæ beneficiorum gratiarum actione, fieri fecit.

Chorum etiam fratrum, quo valde gravabantur qui assidue ecclesiæ insistebant servitio, frigiditate marmoris et cupri aliquantisper infirmum, in hanc quæ nunc apparet formam, laboribus eorum compatientes, mutavimus; et propter conventus augmentationem Deo auxiliante augmentare elaboravimus. Pulpitum etiam antiquum, quod ammirabile tabularum eburnearum subtilissima, nostrisque temporibus inreparabili sculptura et antiquarum historiarum descriptione humanam æstimationem excedebat, recollectis tabulis quæ in arcarum et sub arcarum repositione diutius fœdabantur, refici, dextraque parte restitutis animalibus cupreis, ne tanta tamque mirabilis deperiret materia, ad proferendam superius s. evangelii lectionem, erigi fecimus. In novitate siquidem sessionis nostræ impedimentum quoddam, quo medium ecclesiæ muro tenebroso secabatur, ne speciositas ecclesiæ magnitudinis talibus fuscaretur repagulis, de medio sustolli feceramus.

Nec minus nobilem gloriosi regis Dagoberti cathedram, in qua, ut perhibere solet antiquitas, reges Francorum suscepti regis imperio ad suscipienda optimatum suorum hominia primum sedere consueverant tum pro tanti excellentia officii, tum etiam pro operis ipsius pretio, antiquatam et disruptam refici fecimus.

Aquilam vero in medio chori ammirantium tactu frequenti dedeauratam reaurari fecimus.

Glas-gemälde. Vitrearum etiam novarum præclaram varietatem ab ea prima, quæ incipit a »Stirps Jesse« in capite ecclesiæ, usque ad eam, quæ superest principali portæ in introitu ecclesiæ tam superius quam inferius, magistrorum multorum de diversis nationibus manu exquisita depingi fecimus. Una quarum de materialibus ad immaterialia excitans, Paulum apostolum molam vertere, prophetas saccos ad molam apportare repræsentat. Sunt itaque eius materiæ versus isti:

Tollis agendo molam de furfure Paule farinam,
Mosaicæ legis intima nota facis.
Fit de tot granis verus sine furfure panis,
Perpetuusque cibus noster et angelicus.

Item in eadem vitrea, ubi aufertur velamen de facie Moysi:

Quod Moyses velat Christi doctrina revelat,
Denudant legem qui spoliant Moysen.

In eadem vitrea super archam fœderis:

Fœderis ex archa Christi cruce sistitur ara,
Fœdere maiori vult ibi vita mori.

Item in eadem, ubi solvunt librum leo et agnus:

Qui Deus est magnus, librum leo solvit et agnus,
Agnus sive leo fit caro iuncta Deo.

In alia vitrea, ubi filia Pharaonis invenit Moysen in fiscella:

Est in fiscella Moyses puer ille, puella
Regia, mente pia quem fovet Ecclesia.

In eadem vitrea, ubi Moysi Dominus apparuit in igne rubi:

Sicut conspicitur rubus hic ardere, nec ardet:
Sic divo plenus hoc audet ab igne, nec ardet.

Item in eadem vitrea, ubi Pharao cum equitatu suo in mare demergitur:

Quod baptisma bonis, hoc militiæ Pharaonis
Forma facit similis causaque dissimilis.

Item in eadem, ubi Moyses exaltat serpentem æneum:

Sicut serpentes serpens necat æneus omnes,
Sic exaltatus hostes necat in cruce Christus.

In eadem vitrea, ubi Moyses accipit legem in monte:

Lege data Moysi, iuvat illam gratia Christi,
Gratia vivificat, litera mortificat.

Unde quia magni constant mirifico opere, sumptuque profuso, vitri vestiti, et saphirorum materia, tuitioni et refectioni earum ministerialem magistrum, sicut etiam ornamentis aureis et argenteis, peritum aurifabrum constituimus, qui et præbendas suas et quod eis super hoc visum est, videlicet ab altari nummos et a communi fratrum horreo annonam suscipiant et ab eorum providentia numquam se absentent.

Septem quoque candelabra, quoniam ea quæ Karolus imperator b. Dionysio contulerat, sua vetustate dissipata apparebant opere smaltito et optime deaurato componi fecimus.

Vasa etiam tam de auro quam preciosis lapidibus, ad dominicæ mensæ servicium, præter illa quæ reges Francorum et devoti ecclesiæ eiusdem officio deputaverunt, b. Dionysio debita devotione adquisivimus. Magnum videlicet calicem aureum septies viginti unciarum auri, gemmis preciosis, scilicet iacinthis et topaziis ornatum, pro alio qui tempore antecessoris nostri vadimonio perierat, restitui elaboravimus.

Aliud etiam vas preciosissimum de lapide prasio ad formam navis exsculptum, quod rex Ludovicus Philippi per decennium fere vadimonio amiserat, cum nobis ad videndum oblatum fuisset, eiusdem regis concessione sexaginta marcis argenti comparatum, cum quibusdam floribus coronæ imperatricis b. Dionysio obtulimus. Quod videlicet vas, tam pro preciosi lapidis qualitate, quam integra sui quantitate mirificum, incluso s. Eligii opere constat ornatum, quod omnium iudicio preciosissimum æstimatur.

Vas quoque aliud, quod instar iustæ berilli aut cristalli videtur, cum in primo itinere Aquitaniæ regina noviter des-
1137. ponsata[1]) domino regi Ludovico dedisset, pro magno amoris munere nobis eam, nos vero sanctis martyribus dominis nostris ad libandum divinæ mensæ affectuosissime contulimus. Cuius donationis seriem in eodem vase gemmis auroque ornato, versiculis quibusdam intitulavimus:

Hoc vas sponsa dedit Aanor regi Ludovico
Mitadolus[2]) (*sic*) avo, mihi rex, sanctisque Sugerus.

Comparavimus etiam præfati altaris officiis calicem preciosum, de uno et continuo sardonice, quod est de sardio et onice, quo uno usque adeo sardii rubror a nigredine onichini proprietatem variando discriminat, ut altera in alteram proprietatem usurpare, inniti æstimetur.

Vas quoque aliud huic ipsi materia, non forma persimile, ad instar amphoræ adiunximus, cuius versiculi sunt isti:

Dum libare Deo gemmis debemus et auro,
Hoc ego Sugerius offero vas Domino.

Lagenam quoque præclaram, quam nobis comes Blesensis Theobaldus in eodem vase destinavit, in quo ei rex Siciliæ illud transmiserat, et aliis, in eodem officio gratanter apposuimus.

Vascula etiam cristallina, quæ in capella nostra cotidiano servicio altaris assignaveramus, ibidem reposuimus.

Nec minus porphyriticum vas sculptoris et politoris manu ammirabile factum, cum per multos annos in scrinio vacasset, de amphora in aquilæ formam transferendo, auri argentique materia, altaris servicio adaptavimus et versus huiusmodi eidem vasi inscribi fecimus:

Includi gemmis lapis iste meretur, et auro,
Marmor erat, sed in his marmore carior est.

Pro quibus omnibus Deo omnipotenti et ss. martyribus grates referimus, quod sanctissimo altari, cui sub præceptione s. regulæ nos a puero offerri voluit, unde ei honorifice serviremus, copiose largiri non renuit.

---

[1]) Eleonore von Aquitanien, Gemahlin Ludwigs VII. — [2]) forte nomen proprium. Ducange.

Quia ergo divina beneficia non occultare, sed prædicare, utile et honestum cognovimus, palliorum quod divina manus tempore amministrationis nostræ huic s. ecclesiæ contulit augmentum designavimus, implorantes ut in anniversario ad propiciandam divinæ maiestatis excellentiam, et fratrum devotionem ampliandam et successorum abbatum exemplum, exponantur. Nec enim pro tot et tantis commissis, vel enormitate scelerum meorum, tam sera quam rara satisfacere pœnitentia sufficit, nisi universalis ecclesiæ suffragiis innitamur.

AUS SUGERS SCHRIFT ÜBER DIE EINWEIHUNG VON ST. DENIS.

(Liber de consecratione ecclesiæ s. Dionysii. Duchesne SS. IV., 350 ff.)

Gloriosus et famosus rex Francorum Dagobertus,.... cum ad declinandam patris sui Clotharii magni intolerabilem iram Catulliacum vicum aufugisset, et ss. martyrum ibidem quiescentium effigies venerandas tanquam pulcherrimos viros niveis vestibus comptos servitium suum requirere et auxilium promittere incunctanter voce et opere comperisset: basilicam sanctorum regia munificentia fabricatum iri affectu mirabili imperavit. Quam cum mirifica marmorearum columnarum varietate componens copiosis purissimi auri et argenti thesauris inæstimabiliter locupletasset, ipsiusque parietibus et columnis et arcubus auro tectas vestes margaritarum varietatibus multipliciter exornatas suspendi fecisset, quatinus aliarum ecclesiarum ornamentis præcellere videretur, et omnimodis incomparabili nitore vernans, et omni terrena pulchritudine compta inæstimabili decore splendesceret, hoc solum ei defuit quod quam oporteret magnitudinem non admisit. Non quod aliquid eius devotioni aut voluntati deesset, sed quod forsitan tunc temporis in primitiva ecclesia nulla adhuc aut maior aut æqualis existeret, aut quod brevior fulgorantis auri et splendorem gemmarum propinquitati arridentium oculorum acutius delectabiliusque refundendo, ultra satis quam si maior fabricaretur irradiaret. Huius brevitatis egregiæ grata occasione, numerositate fidelium crescente, ed ad suffragia sanctorum crebro confluente, tantas præfata basilica sustinere consuevit molestias, ut sæpius in solemnibus videlicet diebus admodum plena per omnes valvas turbarum sibi occurentium superfluitatem

Die alte Kirche.

refunderet et non solum intrantes non intrare, verum etiam qui iam intraverant, præcedentium expulsus exire compelleret. Videres aliquando, mirabile visu! quod innitentibus ingredi ad venerationem et deosculationem ss. reliquiarum clavi et coronæ Domini, tanta congestæ multitudinis opponebatur repugnantia, ut inter innumera populorum millia ex ipsa sui compressione nullus pedem movere valeret, nullus ex ipsa sui constrictione, quam sicut statua marmorea stare, stupere, quod unum supererat, vociferare. Mulierum autem tanta et tam intolerabilis erat angustia, ut in commixtione virorum fortium sicut prelo depressæ, quasi imaginata morte exanguem faciem exprimere, more parturientium terribiliter conclamare, plures earum miserabiliter decalcatas, pio virorum suffragio super capita hominum exaltatas, tanquam pavimento adhærentes incedere, multas etiam extremo singultantes spiritu in prato fratrum cunctis desperantibus anhelare. Fratres etiam insignia dominicæ passionis adventantibus exponentes, eorum angariis et contentionibus succumbentes, nullo divertere habentes, per fenestras cum reliquiis multoties effugerunt. Quod cum scholaris puer inter fratres erudirer audiebam, extra iuvenis dolebam, maturus corrigi affectuose appetebam. . . . . .

Quia igitur in anteriori parte ab aquilone principali ingressu principalium valvarum porticus artus hinc et inde gemellis, nec altis, nec aptis multum, sed minantibus ruinam turribus angebatur, ea in parte inito directæ testudinis et geminarum turrium robusto valde fundamento materiali, robustissimo autem spirituali . . . . . laborare strenue Deo cooperante incœpimus. . . . . Materiæ autem validissimæ nova quadraria qualis et quanta nunquam in partibus istis inventa fuerat, Deo donante occurrit. Cementariorum, lathomorum, sculptorum et aliorum operariorum solers succedebat frequentia, ut ex hoc et aliis divinitas ab hoc quod timebamus absolveret. . . .

Baumaterial. In agendis siquidem huiusmodi apprime de convenientia et cohærentia antiqui et novi operis sollicitus, unde marmoreas aut marmoreis æquipollentes haberemus columnas, cogitando, speculando, investigando per diversas remotarum partium regiones, cum nullam offenderemus, hoc solum mente laborantibus et animo supererat, ut ab Urbe (Romæ enim in palatio Diocletiani, et aliis termis sæpe mirabiles conspexeramus) ut per mare mediterraneum tuta classe, exinde per anglicum et per tortuosam fluvii Sequanæ reflexionem, eas magno sumptu amicorum, inimicorum etiam Sarracenorum proximorum conductu haberemus; multis annis, multis temporibus cogitando, quæritando angebamur: cum subito larga omnipotentis munificentia laboribus nostris condescendens, quod nec cogitare nec opinari liceret, decentes et peroptimas in admirationem omnium ss. martyrum merito revelavit........ Locus quippe quadrariæ admirabilis prope Pontisaram castrum terrarum nostrarum confinio collimitans vallem profundam non natura, sed industria concavam, molarum cæsoribus sui quæstum ab antiquo offerebat, nihil egregium hactenus proferens, exordium tantæ utilitatis tanto et tam divino ædificio quasi primitias Deo sanctisque martyribus, ut arbitramur, reservabat. Quotiens autem columnæ ab imo declivo funibus innodatis extrahebantur, tam nostrates, quam loci affines bene devoti, nobiles et innobiles, brachiis, pectoribus, et lacertis, funibus adstricti vice trahentium animalium educebant, et per medium castri declivium diversi officiales relictis officiorum suorum instrumentis, vires proprias itineris difficultati offerentes, obviabant, quanta poterant ope Deo sanctisque martyribus obsequentes. . . . . .

Peracto siquidem magna ex parte opere, et compactis novi et antiqui ædificii tabulatis magnoque deposito, quem diu habueramus, timore, propter illas patulas antiquarum maceriarum rimas, magnorum capitellorum et basium columnas deportantium disruptionem exhilarati, deaptare sollicitabamur. Cumque pro trabium inventione tam nostros quam Parisienses lignorum artifices consuluissemus, responsum nobis est pro eorum existimatione verum, in finibus istis propter silvarum inopiam minime inveniri posse, vel ab Autissiodorensi pago necessario devehi oportere. Cumque omnes in hoc ipso consonarent, nosque super hoc tam pro laboris magnitudine, quam pro operis longa dilatione gravaremur, nocte quadam a matutinarum obsequio regressus lecto cogitare cœpi me ipsum per omnes partium istarum silvas debere procedere, circumquaque perlustrare, moras istas et labores si hic inveniri possent, alleviare. Moxque victis curis aliis, summo mane arripiens, cum carpentariis et trabium mensuris, ad silvam quæ dicitur Ivilina, acceleravimus. Cumque per terram nostram Caprcolensis vallis transiremus, accitis servientibus nostris nostrarum custodibus, et aliarum silvarum peritis, adiurando fide et sacramento eos consuluimus, si eius mensuræ ibidem trabes invenire quocumque labore valeremus. Qui subridentes, si auderent potius deriderent admirantes, si nos plane nesciremus in tota terra nihil tale inveniri posse, maxime cum Milo Capreolensis castellanus homo noster qui medietatem silvæ a nobis cum alio feodo habet, cum sustinuisset tam a domino rege, quam ab Amalrico de Monteforti longo tempore guerras, ad tristegas et propugnacula facienda, nihil tale illibatum vel intactum præteriisset. Nos autem quicquid dicebant respuentes, quadam fidei nostræ audacia silvam perlustrare cœpimus, et versus quidem primam horam trabem unam mensuræ sufficientem invenimus. Quid ultra? usque ad nonam aut citius per frutecta, per opacitatem silvarum, per densitatem spinarum, duodecim trabes (tot enim necessariæ erant) in admirationem omnium præsertim circumstantium assignavimus, et ad basilicam sanctam deportatas cum exultatione novi operis operturæ superponi fecimus. . . . . .

Der Neubau. Tantis itaque et tam manifestis tantorum operum intersigniis constanter animati, ad præfati perfectionem ædificii instanter properantes, quomodo, et quibus personis, et quod valde solemniter Deo omnipotenti consecraretur deliberantes, accito egregio viro Hugone Rothomagensi archiepiscopo, et aliis venerabilibus episcopis, Odone Beluacensi, Petro Silvanectensi, ad id peragendum multimodam laudem, magnoque diversarum personarum ecclesiasticarum cleri et populi maximo conventu decantabamus. Qui in medio novi incrementi priorem in consistentis dolio benedicentes aquam, per oratorium s. Eustachii dum processione exeuntes per plateam quæ Panteria, eo quod inibi omnia emptioni et venditioni teruntur, antiquitus vocitatur, per aliam, quæ in sacro cimiterio aperitur, æream portam revertentes . . . . . quicquid tanto et tam sancto convenit ædificio devotissime compleverunt. Pulcherrimum et angelica mansione dignum superius oratorium, in honore s. Dei genitricis semper virginis Mariæ, et s. Michaelis archangeli, omniumque angelorum, s. Romani ibidem quiescentis aliorumque multorum sanctorum, quorum ibi nomina subtitulata habentur, dedicantes. Inferius vero in dextro latere oratorium in honore s. Bartholomæi multorumque aliorum sanctorum, in sinistro autem, ubi sanctus requiescere perhibetur Hippolytus, oratorium in honore eiusdem, et ss. Laurentii, Sixti, Felicissimi, Agapiti aliorumque multorum, ad laudem et gloriam Dei omnipotentis ..... De termino vero hæc est veritatis consistentia, sicut legitur; si tamen non obscuretur, in aureo super portas, quas ad honorem Dei et sanctorum deauratas fieri fecimus, epitaphio:

Annus millesimus centenus et quadragenus 1140.
Annus erat Verbi, quando sacrata fuit.

Igitur post illam, quæ maiestatis summæ opitulatione in anteriore parte de oratorio s. Romani et aliorum celebrata est, consecrationem, nostra .... devotio .... votum nostrum illo convertit, ut præfato vacantes operi, turriumque differendo prosecutionem in superiori parte, augmentationis matris ecclesiæ operam et impensam pro toto posse, ... quam decentius, quam gloriosius rationabiliter effici posset, fieri inniteremur. Communicato siquidem cum fratribus nostris bene devotis consilio .... hoc Deo inspirante deliberando elegimus, ut propter eam, quam divina operatio, sicut veneranda scripta testantur, propria et manuali extensione, ecclesiæ consecrationi antiquæ imposuit benedictionem, ipsis sacratis lapidibus tanquam reliquiis deferremus, illam quæ tanta exigente necessitate novitas inchoaretur, longitudinis et latitudinis pulchritudine inniteremur nobilitare. Consulte siquidem decretum est illam altiori inæqualem, quæ super absidem ss. dominorum nostrorum corpora retinentem operiebat, removeri voltam usque ad superficiem criptæ cui adhærebat, ut eadem cripta superioritatem sui accedentibus per utrosque gradus pro pavimento offerret, et in eminentiori loco sanctorum lecticas auro et pretiosis gemmis adornatas adventantium obtutibus designaret. Provisum est etiam sagaciter, ut superioribus columnis et arcubus mediis, qui inferioribus in cripta fundatis superponerentur, geometricis et aritmeticis instrumentis medium antiquæ testudinis ecclesiæ augmenti novi medio æquaretur, nec minus antiquarum quantitas alarum novarum quantitati adapteretur: excepto illo urbano et approbato in circuitu oratoriorum incremento, quo tota sacratissimarum vitrearum luce mirabili et continua interiorem perlustrante pulchritudinem eniteret.

(*Weihe der Fundamente in Gegenwart König Ludwig VII.*)
... ad defossa faciendis fundamentis præparata loca humiliter et

devote descendimus. Dein paraclyti spiritus sancti consolatione invocata, ut bonum domus Dei principium bono fine concluderet, cum primum ipsi episcopi ex aqua benedicta dedicationis factæ proximo V. Idus Junii propriis confecissent manibus cementum, primos lapides imposuerunt, hymnum Deo dicentes et »Fundamenta eius«[1]) usque ad finem psalmi solemniter decantantes. Ipse enim serenissimus rex intus descendens propriis manibus suum imposuit, nos quoque et multi alii tam abbates quam religiosi viri lapides suos imposuerunt. Quidam etiam gemmas ab amorem et reverentiam Jesu Christi, decantantes: »Lapides pretiosi omnes muri tui.« . . .

Insistentes igitur per triennium multo sumptu, populoso operariorum conventu, æstate et hyeme, operis perfectioni . . . . Medium quippe duodecim apostolorum exponentes numerum, secundario vero totidem alarum columnæ prophetarum numerum significantes, altum repente subrigebant ædificium iuxta apostolum spiritualiter ædificantem. »Jam non estis« inquit »hospites et advenæ, sed estis cives sanctorum et domestici Dei, superædificati super fundamentum apostolorum et prophetarum, ipso summo angulari lapide Christo Jesu, qui utrumque coniungit parietem, in quo omnis ædificatio sive spiritualis, sive materialis crescit in templum sanctum in Domino.«[2]) . . . .

Interea siquidem potissimum de dominorum nostrorum sanctissimorum martyrum et aliorum sanctorum, qui per ecclesiam sparsi diversis colebantur oratoriis, translatione solliciti, sacratissimas eorum lecticas, præcipue dominorum, ornatum iri votive animabamur et ubi gloriosius adventantium obtutibus et conspicabilius transferrentur, eligentes, aurifabrorum eleganti sive artis industria, sive auri gemmarumque pretiosarum copia illustrem valde fieri Deo cooperante elaboravimus. Et deforis quidem his et huiusmodi pro ornatu nobilem, pro tuto vero intus fortissimorum lapidum muro non ignobilem circumquaque muniri: extra vero e contra ne lapidum materia apparentium locus vilesceret, cupreis tabulis fusilibus et deauratis decorari, non tamen sicut deceret, præparavimus. Exigit enim tantorum patrum experta nobis et omnibus magnificentia, ut . . . . sacratissimos cineres eorum preciosori qua possumus materia, videlicet auro obrizo, iacinthorum et smaragdinum et aliarum gemmarum copia operæ pretium liquet operiri. Hoc autem unum egregie fieri elegimus,

[1]) Ps. 85, 1. — [2]) 2. Ephes. 20.

ut ante corpora sanctorum celeberrimam ad libandum Deo, quæ nunquam ibidem fuerat, erigeremus aram .... Cui etiam cum tabulam auream, mediocrem tamen, defectus pusillanimitate præponere proposuissem, tantam auri, tantam gemmarum pretiosissimarum inopinatam et vix ipsis regibus existentem copiam ipsi s. martyres nobis propinaverunt .... Neque enim ipsi pontifices, qui his egregie pro officii sui dignitate potiuntur, annulos etiam pontificales mirabili pretiosorum lapidum varietate gemmatos eidem imponere tabulæ præsentes abnegabant, verum absentes a transmarinis etiam partibus ss. martyrum amore invitati, ultro delegabant. Ipse etiam rex inclytus perlucidas et maculis distinctas smaragdines, comes Theobaldus iacinctos rubetos, optimates et principes diversorum colorum et valitudinum pretiosas margaritas ultro offerentes, nos ipsos ad peragendum gloriose invitabant. Præterea tot venales ab omnibus pene terrarum partibus nobis afferebantur, et unde eas emeremus Deo donante offerebantur, ut eas sine pudore magno et sanctorum offensa dimittere nequiremus .... Nec illuc etiam silere dignum duximus, quod dum præfatum novi augmenti opus capitellis et arcubus superioribus, et ad altitudinis cacumen produceretur, cum necdum principales arcus singulariter veluti voltarum cumulo cohærerent, terribilis et pene tolerabilis obnubilatione nubium, inundatione imbrium, impetu validissimo ventorum subito tempestatis exorta est procella; quæ usque adeo invaluit, ut non solum validas domos, sed etiam lapideas turres et ligneas tristegas concusserit. Ea tempestate quadam die anniversario gloriosi Dagoberti regis, cum venerabilis Carnotensis episcopus Gaufredus missas gratiarum pro anima eiusdem in conventu ad altare principale festive celebraret, tantus oppositorum ventorum impetus præfatos arcus nullo suffultos podio, nullis renitentes suffragiis impingebant, ut miserabiliter tremuli et quasi hinc et inde fluctuantes subito pestiferam minarentur ruinam. Quorum quidem operturarumque impulsionem cum episcopus expavesceret, sæpe manum benedictionis in ea parte extendebat et brachium s. senis Simeonis signando instanter opponebat, ut manifeste nulla sui constantia, sed sola Dei pietate et sanctorum merito ruinam evadere appareret. Sicque cum multis in locis firmissimis ut putabatur ædificiis multa ruinarum incommoda intulisset, virtute repulsa divina, titubantibus in alto solis et recentibus arcubus, nihil proferre prævaluit incommodi. [1])

XXXVII.

DER SATTEL DER ENÎTE.

Aus Hartmanns von Aue (um 1200.) Erec. — ed. H. Haupt, Leipzig, 1871, S. 236 ff.

Literatur: Schlosser, Elfenbeinsättel des ausgehenden Mittelalters, Jahrbuch XV, 280.

v. 7462. Als uns der meister seite
ein frouwen gereite
wart ûf das phärt geleit,
dâ meisterlîcher arbeit
vil werkes ane lac.
es het geworht vil manegen tac
der wercwîseste man
der satelwerkes ie began.
ein meister hiez Umbrîz, [2])
der doch allen sînen vlîz
dar leite für wâr
wol vierdehalp jâr
unz er in volbrâhte
dar nâch als er gedâhte.

— — — — — — — — —

v. 7526. Seht wie grôz ein grûz sî:
sô vil was dâ niht holzes bî.

---

[1]) Im Folgenden ist die Einweihung der neuen Kirche, sowie die Übertragung der Gebeine der Schutzpatrone geschildert, welche unter großartigem Pompe, in Anwesenheit König Ludwigs VII., seiner Gemahlin und fast der gesammten geistlichen und weltlichen Würdenträger Frankreichs am Tage des Apostels Barnabas (11. Juni) stattfand.

[2]) Haupt denkt an ein Missverständnis aus Hartmanns Vorlage, Chrestien de Troyes, v. 5303:

uns Grez (Grec) tailleurs qui la fist (?).

er was von helfenbeine
und von edelem gesteine
joch von dem besten golde
daz ie werden solde
geliutert in dem fiure:
valsch was im tiure.
von disen mâterjen drin
sô hete des meisters sin
geprüevet ditz gereite
mit grôzer wîsheite.
er gap dem helfenbeine
und dâ bî dem gesteine
sîn gevellige stat,
als in diu gefuoge bat.
er mischte dar under
danne golt besunder,
daz muoste dez werc zesamen haben.
an diesem gereite was ergraben
das lange liet von Troyâ.
ze aller vorderst stuont dâ
wie des wart begunnen
daz sî was gewunnen
unz daz sî wart zerstoeret:
dâ mite was dâ gehoeret.
dâ engegen ergraben was
wie der herre Ênêas,
der vil listige man,
über sê fuor von dan,
und wier ze Kartâgô kam,
und wie in in ir gnâde nam
diu rîche frouwe Dîdô
unde wie er sî dô
vil ungesellecîchen liez
und leiste ir niht dez er gehiez:
sus wart diu frouwe betrogen.
an dem hindern satelbogen
sô was einhalp ergraben
ir vil starkez missehaben

und wie si im boten sande
swie lützel si ins erwande.
bescheidenlîche stuont hie
swaz er dinges begie
daz sagebaere wesen mac
von der zît unz an den tac
daz er Laurente betwanc.
Daz waer ze sagenne ze lanc
wie ers in in sînen gwalt gewan.
jenhalp stuont dar an
wie er die frouwen Lavîniam
ze êlîchem wîbe nam
und wie er dâ ze lande was
gewaltic herre Ênêas
ân alle missewende
unz an sîns lîbes ende.

Dâ mite der satel war bedaht,
daz was ein phelle wol geslaht
so er beste wesen solde
von sîden und von golde.
Der phelle was ze rehte tief:
vîl nâ er zuo der erde swief.
dâ stuonden an besunder
al der werlde wunder
und swaz der himel besliuzet.
ob iuch es niht verdriuzet,
sô wil ich iu ir ein teil sagen
und doch michels mê verdagen.
diu vier elementâ
stuonden schînlîchen dâ
in ir sundervarwe
und in ieglîchem garwe
swaz dem undertaenec ist:
ditz meistert ouch starker list.
die erde von den vieren
stuont mit ir tieren,
swaz der dehein man

in sînem muote erkennen kan,
an walde od an gevilde
zam oder wilde:
dâ stuont diu menschlîche schaft,
geworht von solher meisterschaft
sam ez wolde sprechen
und bildes reht brechen.
da bî daz mer swebte:
dar inne sam ez lebte
der visch, bî den besunder
elliu merwunder
und swaz dâ bûwet's meresgrunt
— — — — — — — — — —

v. 7642. da stuont ouch daz dritte bî.
frâget ir, waz daz sî?
der luft in sîner ahte.
die vogele maneger slahte
swebten dar inne
geweben mit solhem sinne
rehte sam sî lebten
und ûf zen lüften strebten.
daz fiur mit sînen trachen
und mit andern sachen
die des fiures müezen leben,
die sach man ouch dar inne sweben.
— — — — — — — — —

v. 7669. Beide guot unde gemeit
wârn die stegereife
breite goltreife
gebildet nâch zwein trachen.
sî kunde wol gemachen
des goltsmides hant
der sich's ze vlîze underwant.
diu zagele sî ze munde bugen
ir vedern stuonden sam sî flugen.
ir ougen wâren steine

vier jâchande kleine
— — — — — — — —
vil guot was daz panel[1])
— — — — — — — —
ze guotem anblicke
was dar an entworfen sus
wie Tispê und Pîramus,
betwungen von der minne,
behert rehter sinne
ein riuwic ende nâmen
dô sî zem brunnen kâmen . . .

XXXVIII.

DER KIRCHENSCHATZ VON MAINZ IM ZWÖLFTEN JAHRHUNDERT.

Christian, Erzbischof von Mainz (1249—1251). Chronicon Moguntinum. — Böhmer, Fontes Rerum Germ. II, 258.

Literatur: Piper S. 583; Wattenbach II., 408, 409.

Scripturus itaque vobis iacturam et oppressionem, qua annis iam centum cepit ruere ecclesia Maguntinensis, ipsius invoco gratiam, cuius ea que sustinuit et adhuc sustinere non desiit mala, iudicio est oppressa. Igitur ut eius miserabilior calamitas quam patitur, et flebilior elucescat, prius quibus honoribus claruit, quibus divitiis et ornatibus referta fuerit, succincte et breviter disseremus.

Erant ibi purpurarum preciosarum tantæ copie, ut diebus festivis totum monasterium, cum sit tamen longum et latum, intrinsecus tegeretur, et tamen adhuc superfuerunt. Erant tapetia et dorsalia mira picture varietate distincta, que operis subtilitate et pulchritudine animos intuentium admiratione delectabant. Preter ista erant et alia, que super pavimentum templi, et scamna, et coram altaribus sternebantur.

Erant palle altarium auro intexte preciose. Inter quas tres

[1]) paneau, Sattelkissen.

erant precipue, quarum una estimabatur posse valere marcas centum, alia sexaginta, atque alie non minoris vel parum minoris poterant estimari.

Erat in casulis dalmaticis subtilibus et cappis sericeis et purpureis auro et gemmis intextis preciosus et copiosus thesaurus. Inter que sex cappe precipue erant, quarum una estimata est ad sexaginta marcas, sic enim et obligari poterat, alie quinque minoris erant estimationis. Ex iis duas ego vidi, quarum una vetustate fuit sic consumpta et attrita, quod alicui usui non valebat; data ergo est igni, et reddebat tres marcas auri cum dimidia. Alia que adhuc recentior videbatur, vendita est cum una palla altaris; quid pro his acceptum fuerit, vel quo devenerit venditum acceptum, penitus ignoratur.

Inter casulas autem sic de quolibet colore duo paria; due nigre aurifrigiate, et eiusdem operis due dalmatice, et duo subtilia, latis aurifrigiis ornata; et hec omnia valde bona. Item due casule de samito albo, et eiusdem fili dalmatice due; subtilia duo cum auro ornata; omnia valde bona. Item due casule de rubeo samito, et tot dalmatice, et subtilia aurifrigiata valde bona. Item due casule de viridi samito, et tot dalmatice et subtilia aurifrigata valde bona. Item due casule de croceo samito, tot dalmatice, et subtilia valde bona. Una inter ceteras erat casulas ante paucos dies violacea, latis et magnis aurifrigiis, longa et larga, aureis lunulis et sideribus insertis; que tanti erat ponderis propter aurum, ut plicari non posset, et in ipsa vix aliquis poterat, nisi valde robustus, divina mysteria celebrare. Vestiebantur tamen illa pontifices et prelati festis precipuis cantaturi. Sed post evangelium cantato offertorio, factis oblationibus, illam deponentes, flexibiliorem sumentes, in illa divina perfecerunt.

Item multe tunice diversorum colorum, videlicet rubei viridis et violacei coloris, virgulate, crocei, albi, quibus utebantur ministri altarium et acolyti et chrismatis portatores. In albis cingulis humeralibus stolis et ceteris ornamentis, paucis credenda copiosa diversitas. Erant infule vel thiare octodecim auriphrigiate, chirotece valde bone, sedecim annuli pontificales boni et magni, de robino unus et impositis aliis gemmis minutis, de smaragdo unus, de saphiro unus, de topazio unus. Baculi pastorales duo vestiti argento. Calige octo et tot sandalia. Hec de vestimentis.

Nunc de ornatu et thesauro ecclesie, et primo de pertica auditis. Erat pertica argentea concava deaurata, que tantum precipuis festis, ut in passione, penteconste, in dedicatione ecclesie, in festo patroni gloriosi confessoris beati Martini, in nativitate Salvatoris, ante altare dependebat; in qua vascula suspendebantur quedam eburnea, quedam argentea formarum diversarum, omnia reliquiis plena. In horum omnium medio fulgebat smaragdus suspensus catenis aureis duabus, habens quantitatem et spissitudinem dimidii peponis magni, et per omnia similitudinem habens peponis, et ipse concavus. Huic solebat aqua infundi cum duobus vel tribus pisciculis parvis, et deposito desuper operculo, cum movebantur pisciculi, simplices et vetule lapidem vivere affirmabant.

Erant thuribula decem argentea deaurata, et unum aureum habens auri marcas tres, et acerre undecim. Inter quas una erat de lapide integro onychino concavo, habens similitudinem vermis horribilis, id est ut bufonis; concavitas eius patebat in dorso, ubi et circulus argenteus cum literis Grecis ambiebat. In fronte huius acerre, quia caput habebat, simile vermi monstroso, erat lapis topazius valde preciosus, magnitudinem habens dimidii vitelli ovi; in oculis eiusdem acerre duo robini, quos carbunculos vocant. Adhuc eadem acerra habetur hic, sed gemme non.

Item erant due grues argentee concave, que solebant poni iuxta altare hinc et hinc, et dorso patebant, impositis carbonibus et thure vel thymiamate boni odoris fumum per guttura et rostra emittebant. Erant autem grues tante magnitudinis cuius vive.

Erant libri, qui pro ornatu super altare ponebantur, ut evangeliorum epistolarum plenariorum etc., aliqui vestiti ebore sculpto, alii argento, alii auro et gemmis.

Erant pelves quatuor argentee, et urcei diversarum formarum, quos manilia vocant, eo quod aqua acedotum manibus funderetur ex eis, argenteum quedam habentes formam leonum, quedam draconum avium vel gryphorum vel aliorum animalium quorumcunque.

Erant candelabra magna duo que iuxta altare ponebantur argentee, et alia minora que super altare ponebantur, quibus rote supponebantur late propter stillicidia candelarum, nescio quot.

Erat corona magna pendens in choro ad similitudinem eius que adhuc pendet ad sanctum Albanum, et una in medio templi, atque alie tres minores ante altare sancti Martini, omnes ex argento diligentius fabricate.

Erant cruces argentee portatiles, mire pulchritudinis, quarum due in palmis, due in paschate, due in hebdomada pasche, due in rogationibus, due in die ascensionis domini ferebantur; decem per totum. Erat et una crux tante longitudinis, ut totum brachium magni viri, in qua erant sanctorum reliquie multe et magne. In medio vero continebat de ligno dominice crucis ad quantitatem digiti, ad longitudinem vero palme virilis. Vestita erat hec crux auro purissimo, et gemmis preciosis et multis. Erat et alia crux lignea auro optimo vestita, in qua imago erat aurea domini crucifixi, que imago cuiuslibet communis hominis magnitudinem excedebat, concava sed multum spissa, cuius venter plenus erat reliquiis et gemmis preciosissimis. Dicebatur autem nec Romanum imperium meliores habere. Hec crux poterat dissolvi membratim in iuncturis, primo in talo, in genubus, in femore, in humeris, in cubito, in manibus, in collo ubi corpori inherebat; cetera pars corporis, dorsum scilicet et venter, pariter coherebant; et hoc ideo, ut commodius et securius posset in arca sibi ad hoc deputata specialiter reservari. Hec raro ponebatur, nisi forte presente rege vel alio magno principe, et in festis pasche vel natalis Domini, et pontifice hoc iubente. Cum autem hoc fieri oportebat, tunc in loco valde eminenti in templo super trabem, ubi nulli alieno patebat accessus, a ministris fidelibus locabatur. In huius imaginis capite loco oculorum erant due gemme, quas carbunculos vocant, tante magnitudinis ut duo vitelli ovorum, qui in tenebris coruscabant. Huic cruci inscriptus erat versus iste:

»Auri sexcentas habet hec crux aurea libras.«

Et nota quod una libra habet duas marcas auri. Sic ergo erant mille et ducente marce auri probatissimi. Nec silendum arbitror: pro speciali huius auri examinatissimo valore, crux ipsa proprio nomine censebatur, vocabatur autem Benna.

De indumentis quotidianis, crucibus, calicibus, ampullis, attinentibus et thuribulis mentionem facere propter multitudinem non bene possum. Sed quia de calicibus dicimus, subiit memoria quod fueram iam oblitus. Erant calices duodecim argentei, omnes deaurati, eiusdem ponderis cum patenis, scilicet de tribus marcis, dempto calice qui pertinebat ad maius altare, et is ceteros dimidia marca precellebat. Cuilibet calici erant speciales ampulle argentee et pyxis argentea ad hostias deputata. Preter hos calices erant tres aurei. In uno horum poterat celebrari, qui etiam suas habuit ampullas et pyxidem ad hostias ex auro purissimo et margaritis, et peram ad corporalia filis aureis insertis, miri operis et decoris. Habebant etiam calices alii suas peras ad corporalia ex purpura et auriphrigiis adornatas. Erant fistule quinque ad communicandum argentee deaurate. Erant cole argentee novem, per quas vinum poterat colari si necesse fuisset; preter eam que attinebat calici aureo, et hec aurea erat. Hoc aureo calice solus pontifex vel prelatus ecclesie maioris in summis festivitatibus utebatur. Alii duo calices tante erant quantitatis, quod cum ipsis divina mysteria nequaquam poterant celebrari. Erat enim unus maior altero. Minor habebat cum patena marcas auri electissimi octodecim, in cuius pede per circuitum preciosi erant lapides valde, et in patene circuitu limbus eiusdem operis ambiebat, et ipse quidem gemmis preciosis non carebat. Calix maior quot marcas auri habuerit, nescio; certum autem est, quod spissitudo eius erat digiti, et per totum, tam in pede quam supra, gemmis erat preciosissimis adornatus. Habebat etiam idem calix duas ansas, que poterant manus replere levantis, sicut solent habere mortarii in quibus piperata et salsa preparantur. Huius patena talis erat latitudinis et spissitudinis, quod ipsi congruebat, et ipsa gemmis per circuitum decorata. Hic calix habebat altitudinem unius ulne, et capere poterat dimidium sextarium vini. Nec ab omni homine poterat levari a terra commode.

XXXIX.

EIN GOTHISCHER THRONSTUHL.

„Die Erlösung", mittelhochdeutsches Gedicht um 1250. — ed. K. Bartsch, Bibliothek der gesammten deutschen Nat.-Lit., Bd. XXXVII, Quedlinburg, 1858. S. 14 ff.

Literatur: Bartschs Einleitung bes. S. III. ff.; Schauffler, Quellenbüchlein zur Kulturgeschichte des deutschen Mittelalters. Leipzig, 1894. S. 70 und 154.

Der Dichter scheint ein aus Hessen stammender Geistlicher zu sein, der, wie so viele seiner Standesgenossen, selbst praktischer Architekt war;

deshalb und wegen der zahlreichen technischen Ausdrücke ist das Bruchstück (eine Beschreibung von Gottes Thron) hier aufgenommen worden

v. 393. Der trôn was gemachet wol,
als dâ ein keiser sitzen sol,
von golde und ouch von rîcher hort,
geteilt in vier und zwênzic ort,[1])
von silber, von gesteine,
von clârem helfenbeine,
von gimmen, margarîten.
Jâ uz allen sîten
schinen aller hande wes,
perlîn fîn und agathes,
truchmus und adamas,
turkes und crisopias,
alamanden, ascalamus,
pintes, allectorius,
jaspis und thopasion,
corellen und elitropion,
barillen unde gamahie.
Gemischet wâren under die,
gesetzet wol nâch listen,
grânât und amatisten,
crisoliton und rubîn,
saffîr unde ouch sardîn,
smaragden, jachande,
gesteine maneger hande.
Dâ lûhten ouch vil schône
cristallen, calcidône,
carbunkel und manc edel gestein.
Swaz von clârheit ie geschein,
zendel und edel sîde
und allez hôhe gesmîde,
wêre daz bî ein ander gar,
blûmen aller lei gefar,
alle goldes wirdikeit,
aller sonnen clârheit,
mâne und aller sterne glast,
steine und aller berge last,

wêre daz allez sonnen schîn,
sô schône kunde doch niht gesîn,
daz ez sich konde glîchen
ez mûse der zierde entwîchen.

Daz selbe tabernâkel
ein rôtguldîn pinâkel[2])
an der hôhe hatte.
Von sechen[3]) was sîn latte,
cêdrîn die hengelrûden.[4])
Die ziegel alle glûden
von arâbischem golde.
Dar umbe stûnt ein dolde[5])
von posten und fiôlen,
wintburgelîn, gargôlen,
gesimse dar under,
die alle glîch besunder
ir swellen hatten unde keln.
Durch waz moht ich die rede heln?
Pîler danne ûz trâten,
die ouch besunder hâten
ir basis unde ir capitel,
gefieret unde sinewel,
mit loubern meisterlîch durchgraben,
tier gestempfet und erhaben,
lintwurm vil und adelar,
vil manger hande konne spar.[6])
Dâ wâren ouch ûz gewassen[7])
von formen und tripassen[8])
mit vôr und ouch mit gâne[9])
in rehtem parapâne[10])
gar lobelîche dinster.

[1]) Felder. — [2]) pignaculum, pignon, Decke. — [3]) jedenfalls eine Holzart; vielleicht ist eichen zu lesen. — [4]) Die »Latten« und »hengelrûden« (Quersparren) bilden das Dachgerüst. — [5]) Der Vergleich mit der Blumendolde hinkt etwas. — [6]) Sperlinge. — [7]) hervortretend. — [8]) Beide Ausdrücke gehen auf das gothische Maßwerk. — [9]) Diese Zeile ist unverständlich; der Text wahrscheinlich verdorben. — [10]) im rechten Maßverhältnis.

XL.

DER TEMPEL DES H. GRALS.

Aus dem jüngeren Titurel des Albrecht von Scharfenberg (um 1270). — Ed. F. Zarncke, Abh. der sächs. Gesellsch. der Wissenschaften. Phil.-Hist. XVII, 434 ff.

Literatur: Piper S. 637; Schnaase VI., 262 u. 280; Boisserée, Über die Beschreibung des Tempels des h. Grals. Denkschr. der Akad. der Wiss. zu München I., 335; Weber, Der Dom des h. Gral. Quedlinburg 1868; Droysen, Der Tempel des h. Gral. Bromberg 1872; Zarncke a. a. O.; Otte, Kirchl. Kunstarchäol. I, 37.

1. Begunnen wirt ze mâle wie Titurel der reine
in gotes êre dem grâle ein tempel stifte ûz edelm lieht gesteine
und anders niht wan ûzer rôtem golde,
daz dritte lignum alôê, ob man iht holz dar zû bedürfen wolde.

— — — — — — — — — — — — —

12. Die ligenden gruntveste di vant er schône gerizzen. Grundriss.
Mit wârheit er dâ weste wie daz werk nu solde sîn ervlizzen.
der stein het mêr dan hundert klâfter breite
Alumb der klâfter fümfe, vón der mûre unz an der grêde ûfleite.[1]

13. Sinwel als ein rotunde nach âventiur gehôre. Rundgestalt, Chöre.
wît unde hôch: er kunde geprûfen wol zwên unde sibenzic kôre
ûzen herdan unde für geschozzen
ieglich kôr besunder so rîcher kost, einn armen hets verdrozzen.

14. ûf êrîn siul gewelbet wárt ditz werk só spæhe, Wölbung.
an vröuden ungeselbet wáer mîn herze, ob ich ez noch gesæhe,
einn tempel alsô rîch über al begarwe:
dâ schein ûz rôtem golde ieglîch edel stein nâch sîner varwe.

---

[1] bis an den Anfang der Stufen.

15\. Dâ sich diu gewelbe reifent nach der swibogen krumbe,
von siulen übersweifent vil manic spæhiu lîste [1]) daran alumbe
wárt ergraben, mit wæher kunst gewieret;
von berlîn, von korallen wárt daz werk gein rîcher kost gezieret.

Bildwerke.
16\. über âl die pfîler obene ergraben und ergozzen
vil engel hôh ze lobene als si von himel wæren dar geschozzen
in vröuden vluge und alsô lachebære
daz nâch ein Wâleis tumbe [2]) gesworn het, daz er bî lebene wære.

17\. Vil bilde in grôzem werde ergozzen ergraben erhowen,
als es der künic begerde crúcifixus und nâch unser vrouwen,
von hôher kunst mit rîcher kost gereinet
daz ich dâ prûfens mûz gedagen; in hân mich solher künste niht vereinet

— — — — — — — — — — — — —

Altäre.
23\. aller zierde wunder trûgen di altære,
ûf ieglîchem besunder kése, [3]) taveln, bilde kostebære
stûnden und dazû ein rîch zibôrie,
gesimzet über houbet vil manigem himelkind ze rîcher glôrie.

Bewegliche Taube.
24\. Samît, der grûne gebete, [4]) gesniten über ringen
ob ie dem alter swebete für den stoup, und swenne der priester singen
wólt, sô wart ein borte aldâ gezücket:
ein tûbe [5]) einn engel brâhte der kom ûz dem gewelbe her ab geflücket.

25\. Ein rat in wider fûrte enmitten an der snûre
mit fluge gên im rûrte di tûbe und nam den engel, sam si fûre
ûz dem paradîse gelîch dem hêren geiste
der mess zû hôhem werde, daran der kristen sælde lît diu meiste.

---

[1]) leisten? — [2]) eine Handschrift hat: ain to̊rscher paier. — [3]) (Reliquien)-Kästchen. — [4]) der grüne (farbe) gewährte. — [5]) (Ciboriums-)Taube.

26. Diu glasevenster wæhe von vremden listen rîche Fenster.
ich wæn ie man gesæhe und ouch ie gehôrte dem gelîche:
sie wâren niht mit aschenglas verspannen,
ez wâren lieht crîstallen swáchiu kost was gar verjaget
dannen.

27. Berillen und cristallen wart dâ vür glas gesetzet
dâ durch begunde vallen des tages sô vil, daz lîht dâ wær
geletzet
ein ouge, ob ez die lenge vrevellîchen
daz werk dâ wolte schowen, daz wart erwant mit listen
meisterlîche.

28. Verwierens niht entwâlen wold man, ûf die berillen
entwerfen unde mâlen dâ mit man möht den brehnden glast
gestillen,
und ouch der rîchen kost zû einer zierde
got und dem grâl zû éren wan er den tempel rîchlîch
kondiwierde.[2])

29. Swáz die meister garwe dâ ûf diu glas entwürfen
swelherleie varwe si mit dem pensel wolten dar bedürfen,
daz wart verwieret mit edelem gesteine,
der ie die selben varwe het nâch der art, lieht lûter unde reine.

— — — — — — — — — — — — — —

37. Swer an das dach gedenket, daz was von rôtem golde
mit plahmâl überblenket, darumbe daz er niht versnîden solde Dach.
die ougen gên der liehten sunnen glitze:
alsus wart er besorget von meisterlîcher kunst mit gûter wîtze.

— — — — — — — — — — — — — —

45. Die kôre heten innen all underfiz[3]) mit mûre Chöre und
dem hôchsten got zû minnen nám si aller kost vil gar untûre. Gewölbe.

— — — — — — — — — — — — — —

46. über ál daz gewelbe obene mit saphîr was geblæwet,
der heilikeit zû lobene mit keinem andern stein niht under-
strewet.

---

[2]) schmückte. — [3]) Zwischenraum (Zwischen mauern).

wan lûter lieht gestirnet mit karvunkel,
di sam diu sunne lûhten, ez wær diu naht lieht, trûbe oder
tunkel.

— — — — — — — — — — — — — —

Uhr.

48. Die zugen âbent und morgen oroléi von kunst der rîchen
mit listen sô verborgen, das oug nie kund erkiesen ir
umbeslîchen,
und giengen doch ir zirkelreichen schône:
die siben tagezîte zimbâl ûz golde in kunten wol mit dône.

— — — — — — — — — — — — — —

Bilder der Evangelisten.

50. Vil wênic si vermisten vier edliu bilde starke
nâch den ewangelisten ergozzen ûzer golde manger marke,
ir flüge hôch lanc wît und ûzgebreitet;
swelch ouge ez dâ was sehende, des herze wart in jâmers
tal geleitet.

— — — — — — — — — — — — — —

Orientierung und Benennung der Altäre.

52. Swar ie der kôr nu wære ûz nâch der krümt gewente,
iedoch was der altære, dáz der priester reht gên ôriente
dar obe sîn antlütze mûste kêren,
swenne er der kristen sælde und Christes lop zer messe
wolde mêren.

53. Die riht gen ôriente der kôr was dâ der meiste,[1]
ir zweier ûzgelente het er alein,[2] wan er dem hêren geiste
geordent was mit aller zierde schône,
mit sunderkost geedelet sît er über al den tempel was
patrône.

54. Der næhst dâbî der meide, diu mûter was des kindes,
daz himel und erde beide gewalticlîchen pfliget und des
gesindes.
Jôhannes hier des dritten kôres herre
Selb zwelfte sîner geverten gehûset hâten bêdenthalb niht verre.

Äußeres und Ornament der Chöre.

55. Die ecke al ûzen wâren sinwel gedræht zû berge.
die meister niht verbâren von reben stricke, mangerleie
gezwerge

[1]) der größte. — [2]) er war doppelt so groß als die andern Chöre.

wárt von in zû lobne aldar gemachet,
vil merwunder wæhe gefrumt an rîcher koste niht verswachet.

56. Dâ zwischen an der mûre ergraben was, erhowen,
ich hân den nâchgebûre, ich hânz dafür und wold erz ebene schowen
von ende anz ort daz werc sô wunnebære,
er stûnd aldâ villîhte biz daz sîn hûzgenôz enbizzen wære.

57. als ûz geschozzen wâren die kôre mit den ecken, Glocken-thürme.
den künic niht beswâren der kôst enwolt, er hiez ûf zwên ie lecken
ein glochûs hôch sehs gadem über al gelîche.
swer des niht geloubet der sag von arme, sô sag ich von rîche.

58. Si wâren der constanze als ouch der tempel hêre
alumbe zeinem kranze die glochûs standen wol nâch grâles êre.

— — — — — — — — — — — — — —

59. Der wende wâren ehte und ie als manic ecke,
al nâch der kôre gepfehte[1]) kunst unde koste âne niderlecke
wárt daz werk nâch wunsche vollenfûret.
heizt mich dar ieman liegen, ich wæn den selten kunst und koste rûret.

60. Zû ieglîchem gademe driu venster zallen wenden,
die spinnel[2]) ûzer brademe[3]) darîn gedræt; daz werk wol ougen pfenden
kúnde ûf sîner weide gên der sunnen
ir dach gelîch des tempels, ir knöpfe rubîn grôz, die vaste brunnen.

61. Ûf den knöpfen kriuze hôch snêvar lieht kristalle,
dem tiufel zeiner schiutze, wan im dâ gar gesaget was mitalle
schâch unde mat vor ræten und vor schünden;
daz werde hofgesinde versigelt was vor hellebæren sünden.

62. Ûz gold ein ar gerôtet gefiuret und gefunket,
ûf ieglîch kriuz gelôtet: vérre sehnde nieman des bedunket,

1) Maßverhältnis. — 2) Zwischensäule. — 3) ein Stein?

wan daz er vlügelinge selbe swebete:
daz kriuz er von der lûter gesiht verlôs, darûf er sich enthebete.

Mittelthurm.

63. Ein turn al enmitten stûnt in disen allen,
von golde ûz mangen smitten was dâ wunderwerkes an gevallen,
und manic tûsent clâr lieht lûter steine:
ir zweier wîte und hôhe und alle ir zierde lac an disem eine.

64. Der knopf ein lieht karvunkel was michel, grôz ze lobene,
swenn diu naht wær tunkel daz man gesæte beide niden und obene:

— — — — — — — — — — — — — —

Allerheiligstes.

67. Der tempel enmitten inne ein werk het überrîche
got und dem grâl zû minne erbowen schône, dem tempel über al gelîche,
wan daz die kôr al sunder altær wâren;
daz ander was begarwe daz werc wart al volbrâht in drîzic jâren.

68. Niht wan ein altære darinne wart gehêret
die kôre alumbe lære stûnden, sus wart richeit dran gekêret:
für diu glochûs stûnden rîch zibôrie
vol bilde der sanctôrum, ieglîches brief[1]) dâ seite sin histôrie.

69. Der selbe tempel rîche besundert wart dem grâle,
daz man in stæteclîche darinne solt behaltem zallem mâle,
und ûf enbor erhaben in solher mâze,
daz ein sacristiê wît unde clâr darunder was verlâzen.

Chorthüren und Ornament.

70. Zwô tür vil kostebære in ie den kôr dâ giengen,
dâ zwischen ein altære, úzerhalb darüber kanzel hiengen,
gewelbet, ûf zwô spinnelsiul[2]) gestollet,
ie spannelanc gereifet, dâ zwischen ie mit sunderspæh ervollet.

71. Gegetert goldes rîche die tür vor allen kôren
daz man alumb gelîche ez baz gesehen möhte und gehôren;
die wende bî den türen ouch verspenget
het ie ein gater rîche und allez mit gesteine undermenget.

[1]) Titulus. — [2]) Spindelsäulen.

72. ûf den mûren vil gezierde, die die kôr dâ underviengen
mit fremder kondewierde: spinneln stark, darüber bogen giengen,
darûf von golde boume hoch begrûnet,
mit vogeln übersezzen, die wâren alles krieges gar versûnet.

73. Daz si volbringen mohten, des wart dâ vil erfunden,
mit reben gar durchvlohten überál di bogen: ie zwô sich oben wunden
die über sich nâch büge von ander giengen
und über die gestûle bêdenthalbe klâfter lanc wol hiengen.

74. Darunder was geschozzet wunder wæh florîen,
hie rôsen breit vol brozzet, wîz unde rôt an boumen und an zwîen
mit stengeln grûn, gebleter liljen wîze;
aller blûmen varwe, ieglîcher bilde sach man dâ mit flîze.

75. Jeglîcher wurze blûme gar al der hôhen edelen
ze wunniclîchem rûme sach man si alle gelîche schône wedelen.
mit varwe und al ir forme, als si solden;
stingel, krût und blûde, gelenk und ouch gelöuber ûzer golde.

76. Die reben stark von golde wâren übergrûnet,
als ein rebe wesen solde, und ouch darumb daz ez diu ougen kûnet
und gab ouch schate vor mangem sunderglaste,
durch daz in allen kôren die mûr mit smaragt wârn gemenget vaste.

77. Diu löuber wâren dicke, swenn sich ein luft enbôrte,
daz man si sunder schricke in einem sûzen dôn erklingen hôrte,
réht als ob sich tûsent valken swüngen
in einer schar gelîche und schellen klein von golde an in erklüngen.

78. Die reben überflücket wárn mit schar der engel,
als ob si wæren gezücket ûz paradîs und swenn der reben kengel

Engel-automaten.

20*

der löuber klanc begund wegende fûren
die engel sus gebârten, sam si sich lebelîchen künden rûren.

79. Der höhste kôr der vrône[1]) wart ie wol ûz gesundert
mit aller zierden schône; disiu zierde ist tiurre danne ander
hundert.
reb unde engel was dazû bereitet
daz wint dar in verholne mit lîsten grôz von balgen was
geleitet.[2])

80. Per mûsic und per ûse[3]) beide hôch und lîse,
als ic von dem winthûse der meister dar geleite gap der wîse,
mit der pfafheit gâbens sûz gedœne,
der engel schar gelîche don sunder wort; jâ was ez dannoch
schœne.

81. Als in diu gezierde rîche sô vil gap vreuden luste,
sô sprâchens all gelîche ‚got vater herre!‘ und slûgen sich
zer bruste,
‚sît du uns hie verlihen hâst solch êre
waz hâstu dann zû himele, dâ er sich hunderttûsentvaltet
mêre?‘

Keine Krypta.

82. Ob si dâ hæten grüfte? nein, herre got enwelle,
daz under erden slüfte reine diet sich immer valsch geselle,
áls etwenne in grüften wirt gesammet!
man sol an lichter wîte krîsten glouben künden und Kristes
ammet.

Beleuchtung der Chöre.

83. Kleiner unde grôzer cristallen gelîche den hûten
gléifer unde rózer bálsamvaz da brunnen sam si glûten.

---

[1]) des h. Geistes. — [2]) Über solche mechan. Kunstwerke, die schon im Alterthum erwähnt werden (cf. Cassiodori ep. I., 45) und auch aus Liutprands Gesandtschaftsbericht vom Hofe zu Byzanz des nähern bekannt sind, vgl. Ellissen, Analekten der mittel- und neugriech. Lit. V., 234. Anm. 34, sowie die Note Zarnckes zur Ausgabe des Graltempels a. a. O. S. 493 ff., wo zahlreiche Beispiele aus der mittelhochdeutschen Literatur angeführt sind. Sie scheinen durch den vielverbreiteten, auch in die Volkssprachen übersetzten apokryphen Brief des indischen Priesterkönigs Johannes an den byzantinischen Kaiser angeregt worden zu sein. (s. Zarncke a. a. O. S. 829 ff.) — [3]) Mensuralnoten u. Neumen, cf. die bei Du Cange s. v. Usus angeführte Stelle aus dem Interpreten des Hugo v. Reutlingen.

ûf ie den kôr was dristunt zwei gehangen,
und ûzen vor den kôren ie zwei und zwei an rîchen golt-
strangen.

84. Dar ob dann engel swebten zwô klâfter hôch gemezzen,
als sie di lieht dâ hebten, und oberhalp wart mit gesicht
vergezzen [1])
der strang, swie si die engel mûsten halten
unz ûf an daz gewelbe, sus wart dâ manger rîchen kost
gewalten.

85. Vil engel kerzen habten ûf kanzel und ûf mûre
hie gewúnden, dort die gestabten; swie si doch solher koste
nam untûre,
der si von balsem grôze richeit hâten,
doch wolden si von kerzen durch gût gewonheit liehtes
niht gerâten.

86. Vil krône rîch von golde dar ûf vil kerzen lûhte,
gehangen, als man wolde: ein engel habende klâfter zwo
si dûchte,
er wold die krône gên den lüften fûren;
nieman kunde erkiesen, daz si dâ habte golt mit rîchen
snûren.

87. Die altaer zwir gevieret mit liehte wârn gemeine,
swênn dâ wart gezieret gotes êre und unser heil mit amte
reine:
des balsam viere bran dâ zallen zîten
daz wachs mit sîner viere mûst ie der luht biz an daz
amt erbîten.

88. Swélcherleie stimme im tempel wart erklenget, Akustik.
von edelkeit der gimme, von wîte und ouch von hôhe wart
gelenget
der widergalm in hellem dône sûze
gelîcher wîs dem walde, der wider gît im meien vöglîn grûze.

89. Sô manger hande geziere möht ich mit sundermære Bilder-
geprûfen niht wol schiere: nu merket selb, dâ was ot nien- schmuck.
der lære

[1]) Die Stricke verschwanden für das Auge.

spánnebreit über al den tempel inne,
ez wær ergozzen und ergraben und ouch gemâlt mit kunstrichem sinne.

90. Sprich ich nu von gemæle, des wolten si gerâten,
diu kunst het dâ væle, sît si sô manger varwe steine hâten,
wan durch bilde antlütze wol gestellet;
daz geschach von solcher kunste, di sich von art den steinen wol gesellet.[1])

— — — — — — — — — — — — —

Kanzeln u. Heiligenbilder.

92. Gesimpzet und gespinnelt die kanzeln wârn alumbe,
vil schône darûf gezinnelt man sæh in al der liewen[2]) bogen krumbe
zwelfboten, bîhter,[3]) meide, patriarke,
mártires, prophêten: ir briefe seiten dâ materje starke.

93. Darzû die helfe bietent von heilikeit der grôzen
und sich der alsô nietent, von milde und von erbermde des genôzen,
der in Engellant was krône tragende:[4])
dâ stûnden meide klâre, vón der krenzen wær man wunder sagende.

Glocken.

94. Aller stimme ein crône ist herpfen seiten ziere,
in sûzem hellem dône sô clinget dannoch fürbaz arzibiere:[5])
zwô glocken wâren drûz gedræt mit kunste,
die cleckel drin von golde, der rîcheit zeiner vollekomen gunste.

95. Diu ein zem tempel solde, di ander zûm convente,
sô man zem tische wolde óder sus an strîtlîch soldimente:[6])
glóckenclanges wolden si nicht mêre
nâch klôsterlîchem orden ûnde durch des grâles schar darkêre.

Bilder der Wölbung.

96. Die cleinen und di grôzen gewelb gar unverdrozzen
mit swîbogen understôzen ie von vier ecken über sich geslozzen,

---

[1]) nur die Gesichter waren gemalt, aber derart, dass sie völlig zu den Mosaiken stimmten. — [2]) Wölbung. — [3]) d. i. Bekenner (confessores.) — [4]) St. Oswald (erwähnt unter derselben Bezeichnung im Titurel Strophe 3570). — [5]) Ein Stein? — [6]) Sold.

und dâ di ecke nider was gesetzet,
evangelisten viere wárn ie dâ mit rîcheit nicht geletzet.

97. Ein smaragt zeiner schîben enmitten dar gevelzet,
man lie des niht belîben dar ûf ein lamp mit reiner kost gesmelzet,
daz kriuz in sîner klâ, der van gerǒtet:
daz zeichen hât uns heil erstriten und Lûcifer an sîm gewalt ertǒtet.

98. Ûzen was von vreise ergraben und ergozzen,
wie die templeise tägelîch in wâfen unverdrozzen
striten ritterlîch in grôzer herte,
zû dienst dem hêren grâle, dâmit man in vor valscher diet ernerte.

Thaten der Gralsritter.

99. Drîe was der porte niht mêr al sunder wâne,
di eine gên dem orte der werlde, daz man heizet merîdjâne,
diu ander het ûzvart gên occidente
diû dritt gên aquilone dánnen gît der wint niht gût prêsente.

Portale. Kreuzgang.

100. Ir palas und ir dormter stûnd gên merîdjâne,
ein kriuzganc wol geformter dâ zwischen lac, des wâren si niht âne,
als er ze brûderschefte wol gehôrte:
zwô vorlouben rîche zierten wol vor andern zwein die porte.

101. Die porten wâren rîche von lûter rôtem golde,
gestein sô kostelîche darûf verwiert, ichn weiz wes man si solde
entgelten[1]) lân, si warn ot ouch gerîchet
mit slôzen, rîch gespenget,[2]) alsô daz in ûf erden niht gelîchet.

102. Mit listen man dô tráhte vor ieglîcher porten
aller steine slahte, di zû dem rîchen grôzen werk gehôrten,
di lâgen neben ein ander dâ bekennet
geschriben bî ieglîchem stûnt sîn art und wie er was genennet.

---

[1]) Es war an ihnen nichts auszusetzen. — [2]) gegittert.

103. Sus wâren die porten gehêret und mit súnderkost berûchet
vil wunders dran gekêret und hoher künste sunder vil versûchet.
wie maniger hant di steine wârn gebildet
vümf zîle[1]) wît alumbe geboget, ich wæn ez mir zû prûfen wildet.

Orgel-bühne.

104. Hôch innen ob der porte gên occidente schône,
daz man vil gerne hôrte, was ein werk in hellem sûzem dône,
ein orgelsank, dâ man ze hôchgezîten
daz ammet mit flôriert, als man noch pfligt in kristenheit vil wîten.

105. Ein boum ûz rôtem golde mit loube und mit esten
der saz, als man dâ wolde, vogel vol überal der aller besten,
di man an sûzer stimme lobt zû prîse,
von balgen gie dar în ein wint, daz ieglîch vogel sanc in sîner wîse,

106. Einer hoch, der ander nidere, ie nâch der slüzzel leite:
der wint zû berge widere was in dem boum gewîset mit arbeite.
swélherleie vogel er wolde stungen,
der meister wol bekande den slüzzel, ie dar nâch di vogel sungen.

Jüngstes Gericht.

107. Vier engel ûf den esten, ie zwên an dem ende
die stûnden âne gebresten, von golde ein horn ieglîcher in der hende
hét und bliesen di mit grôzem schalle,
und wincten mit der andern hant reht in der wîs: ‚wol ûf, ir tôten alle!‘

108. Da stûnt daz jungst gerihte ergozzen, niht gemâlet
durch sünden riwe gesihte wárt hie mit der manung riht entwâlet,
daz ie nâch der sûze gêt daz sûren:
durch daz sol man in vröuden ie gedenken an daz selbe trûren.

---

[1]) Reihen.

109. Ein kost von zierde michel dâ sunder was zû schowen, Fußboden.
únden der onichel darinne was ergraben und erhowen
vische und al der merwunder bilde,
ieglîchz in sîner forme, und fûren reht als ob si wæren wilde.

110. Wan rôr alumbe giengen von ûzen dar mit lufte;
den estrîch überviengen cristallen clâr, dar under wol mit gufte
sach man si reht, sams in dem wâge lebten:
wintmül von ûzen verre mit balgen dar den selben bradem gebten.

111. Des estrîches künde gap liehten ougen wîse,
als ob ein sê mit ünde sich enden regt und doch bedaht mit îse
wær, daz man ez gar durchlûhtic sæhe
und waz von vischen, tieren und merwundern sturmes dâ geschæhe.

DRITTES BUCH.

VIERZEHNTES UND FÜNFZEHNTES JAHRHUNDERT.

(CAP. XLI.—LIV.)

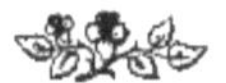

XLI.

DIE GLASGEMÄLDE VON ST. ALBANS.

(Ende des XIV. Jahrhunderts?)

Tituli „ex vetere m. s. in bibl. Bodleiana I. E. 31.“ — Ed. Dodsworth et Dugdale, Monasticon Anglicanum. Ed. II. London, 1682. vol. I, 181 ff.

Literatur: Beiträge S. 149 u. 152; vgl. Jahrbuch Bd. XVII, 84.

Hic subscribuntur metra illa omnia, quæ ponuntur in claustro monasterii sancti Albani in fenestris, proclariori historiarum intelligentia adipiscenda. Kreuzgang.

1. Sara licet vetula prægnans hic stat patriarcha.
Prægnans virgo pia stat et hic cum prole Maria.
Anna diu hic sterilis se fit flendo Samuelis.

2. Hic muri Jericho flatu cecidere sonoro.
Hic parit ut virgo, templum pacis ruit ultro.
Hic in Ægypto simulachra ruunt quasi toto.

3. Hic aqua de silice bibat ut plebs, defluit ecce.
Fons olei Romæ cibat ut populum, fluit hicque.
Hic stat vas et aquæ quod potum præstat Heliæ.

4. Hic Helizeus aquas in dulces vertit amaras.
Hic Jesus in vinum metretas vertit aquarum.
Hic Moyses et aquas en stanti reddidit aptas.

5. Hic fons Nicopolis cunctis bene subvenit ægris.
Fons sacer hic et aquæ bene mundat crimina quæque.
Morbos quoscunque piscina lavat Siloesque.

6. Hic per contactum cadit Osa levita retrorsum
Ægra Jesum tetigit mulier, mox sana recessit.
Tangere dum voluit regi manus hicque stupescit.

7. Hic modo per Moysen mare dividitur rubicundum.
Imperat hic Christus, sistit mare ventus et eius.
Jordanis flumen hic dividitur per Eliam.

8. Hic mare divisum Moyses intrat gradiendum.
Hic supraque mare Christus, Petrus ambulat atque.
Hic intrat Pharao, rediit mare, tangitur ergo.

9. Hic dum Susanna fert, casta probatur Osanna.
Hic accusata stat adultera salvificata.
Hic mandatque dari prolem Salomon meretrici.

10. Hic per collirium Raphael iuvat ecce Tobiam.
Per sputumque lutum curat Jesus hic quoque cæcum.
Perque oleum merum sanat Samarita plagatum.

11. Dum parat ipse patri Jacob escas complacet illi.
Dum lux fit veluti, placuit Jesus ac bene patri.
Dumque Joseph refecit patrem, pater ac benedixit.

12. Filius hic viduæ prece rursus vivit Heliæ.
Alter et hic obiit, Christo danteque revixit.
Tertius hic stratus Eliseo statque levatus.

13. Terruit per tonitrum populum Deus hic inimicum.
Terruit et hic homines Jesus hunc captare volentes.
Terruit et hic plebem, regem Deus ac Pharaonem.

14. Dum cogitat Josue, stat pausans solque sororque.
Dumque Jesus patitur, soror obstat, sol tenebratur.
Dum rex fert signum, se traxit solque retrorsum.

15. Fictores Josuæ fuerant hic Gabaonitæ
Hic Christus Cleophæ se finxit longius ire.
Hic et Achis regi fictu placuit David uti.

16. Idola consuluit Occasias rexque recessit.
Christum percoluit Abagarus rexque revixit.
Vitam dum flevit, Esechias rexque redemit.

17. Stirpibus esca datur cæli quæ manna vocatur.
Hic sedet in cœna cum Christo plebs duodena.
Melchisedec Abrahæ panem vinum dedit ecce.

18. Dum citharaque canit, David ictu pene perivit.
Per pacis signum studet hic fraus perdere Christum.
Basia perque doli fert Amasa vulnera fratri.

19. Samson cæcatus stat et hic male ludificatus,
Hic illudebat Christo plebs ac feriebat.
Hic subsannatum tulit plebisque sacratum.

20. Jurgia sponsarum fert Lamech verbera et harum.
Ecce flagellatur orbs per quem salvificatur.
Hic Achior vinclis vale multaturque flagellis.

21. Hic proboque gravi redeunt a principe missi.
Hic a plebe Jesus illuditur est quoque cæsus.
Hic exprobatur David, a Semeyque gravatur.

22. Hicque ferunt alii, pro vita solet recreari.
Hic Christusque crucem daret ut vitamque salutem.
Hic Isaac ligna fert, fiat ut hostia digna.

23. Hicque per insidias lapidatus erat Jeremias.
Hic clavisque Jesus iacet in ligno crucifixus.
Hic Sarra cecidit, Isaias ac requievit.

24. Dirutus ac Elephas agat ut bene prælia Judas.
Confossusque Deus ut homo sit vivificatus.
Absalon est stratus, David ut sit salvificatus.

25. Hicque Josep cæsum credens Jacob ingemit ipsum.
Hicque suum natum plangit virgo cruciatum.
Occisum flentes Abel stant ecce parentes.

26. Sic in cisterna Josep ast fuit hæc mora parva.
Christus sic gelidæ fuit infra viscera terræ.
Piscis erat trinis Jonas seu ventre diebus.

27. Sicque Jonas cæti rediit de ventre marini.
Clauso sic saxo prodiit Jesus e monumento.
Urbe velut clausa Samson perfregit ad extra.

28. Salvus a morsu Daniel rapidoque voratu.
Sic Stigis a facula stat Adam bene salvus et Eva.
A flamma pueri seu sunt hic salvificati.

29. Hicque rubo dominus focus apparet velut ardens.
Apparetque piæ Jesus hic surgendo Mariæ.
Hic Abrahæ trinus apparet sed Deus unus.

30. Hic et translatus est Ennoc et veneratus.
Hic scandensque polum Jesus accipit a patre regnum.
Hic curru clausum petit Helias paradisum.

31. Ars nova scribendi datur hic nova lexque regendi.
Ad fandum variis datur hic nova gratia linguis.
Linguarum prima fuit hic divisio facta.

32. Hic unum salvat, hic alterum Pharao dampnat.
Dat Jesus hic dignis plaudenda dolenda malignis.
Hic Nabuchodonosor intersedet agmina censor.

Explicit.

Hic subscribuntur metra omnia, quæ ponuntur in fenestris
Biblio-thek. in domo libraria monasterii prædicti.

1. Doctor eram minimus, docui magis ipse [.....]
Pastor et egregius rexi magis imo regendus,
Mitram deposui, libro studioque vacavi.
Ruffus eam sumpsi loca libris hæcque paravi.

2. Decor Donatus sum radix grammaticatus.
Ortographusque vocor Dindimus hicque locor.
Sum quantus dat opus minus et maius Priscianus.
Derivans quis ego fert stilus Hugucio.

3. Rethor eram magnus Marcus Cicero vocitatus.
Alter ego dictus Salustius æmulus eius.
Musæus. Ipse poeta fui primusque poetica scripsi.
Orpheus. Ipse secundus ei manes modulamine flexi.

4. Dicor Aristoteles, direxi philosophantes.
Ac ego Porphirius doctor monui logicantes.
Nuncupor ipse Plato, moralia civibus apto.
Ipseque Pitagoras do normas moribus aptas.

5. Chrisippus. Dixi quis cubicus numerus sit quisque quadratus.
Nichomachus. Ac ego cur impar numerus mas, femina impar.
Dixi quot Guido moduli sunt in monicordo
Quotque tenet cithara unchalusve viella.

6. Euclides vocitor, magnus fueram geometer.
Circi quadrator Archimedes ego dicor.
Maximus astronomus reputatus eram Tholomæus
Magnus et Albimasar introductor vocitabar.

7. Moyses. Lator eram veteris primævus scribaque legis.
Aaron. Frater eramque suus primus legisque sacerdos.
Sol legis fueram Rabi-Moyses mihi nomen.
Ipseque sal legis Rabi-Salomon vocitatus.

8. Petrus. Claviger ecclesiæ sera legis eramque novellæ.
Paulus. Legifer in gentes legem docuique salutis.
Athanasius. Dixi symbolice quæ debet credere quisque.
Alexan. Johan. [Constant.] Scripsi rethorice quis quomodo crederet atque.

9. Justinianus [Imp.] Duximus in quinas duo legum millia libros.
Gratianus [mon.] Iunximus et sparsas multas in canone causas.
Accurtius. Legum doctor eram, dubias patulas faciebam.
Hugutius. Alter ego iuris bonus enucleator et eius.

10. Benedictus. Regula claustralis per me viget et monachalis.
Augustinus. Per me lata prius stat normaque canonicatus.
Bernardus [Cassinensis.] Illius dubia declaravi quasi cuncta.
Nich. Trevet. Istius obscura manifestavi quoque plura.

11. Magnus eram medicus, Hypocras sum nomine dictus.
Alter et egregius vocitatus eram Galienus.
Guilelmus [chirurg.] Emplastri cura sanavi vulnera plura.
Brunus [chirurg.] Ossaque confracta mea fecit potio recta.

12. [De rerum crescentiis]. De agricultura dederam nova dogmata plura.
Palladius. Virgilius. Arteque de simili post pascua rura retexi.

Petr. Bartholomaeus. [De rerum naturis]. Quomodo plantabis vites, docuique putabis.
Quando seresque metes scripsi quoque florida carpes.

Presbyterium. Ibidem. *De pictura presbiterii monasterii supradicti.*
Dic ubicumque vides sit pictus ut agnus et ales
Effigies operis sexti patris ista Johannis
Esse vel in toto [.....] vel in faciendo.
Est opus hoc unum, causavit cum faciendum.
Attamen illius inceptor erat capitalis.
Nomine Willelmus Blackney cognomine dictus.
Obsequioque sibi functus custosque sigilli.
Intulerant fratres varii sanctum venerantes.
Quorum Willelmus Prior Albon substitit unus.
Alter Willelmus Wallingford clavigeratus.
Tertius et primus Willy sacrista Johannes.
Post illos quartus Albonque Thomas cameratus.
John Thortun quintus bursarius officiatus.
Walley devotus vir sextus Bartholomeus.
Valtam septenus dives durusque Ricardus.
Octavusque Thomas Wittun, vir munere parcus.
Pauperibus nonus Russel dans æra Ricardus
Willelmus decimus Lichfeld, vir corpore parvus.
Ast animo largus et more satis generosus.
Contulerant isti: sint propterea benedicti.

XLII.

DER PALAST DER FAMA.

Chaucer, The house of Fame (geschrieben im Jahre 1383). — ed. Tyrwhitt. The poetical works of Geoffrey Chaucer, London, 1874, S. 373 ff.

Literatur: ten Brink, Chaucer-Studien 1870, S. 88 f.; Ders., Gesch. der engl. Literatur, II., S. 33 ff., bes. S. 107 ff.; Paul, Grundriss der german. Philologie, II, i. S. 692 ff.; Willert, House of fame. Diss. Berlin, 1883; Desselben Ausgabe, Berlin, 1888, ist mir nicht zugänglich.

Es ist bemerkenswert, dass Chaucer im J. 1389 zum Aufseher der königlichen Bauten (clerk of the kings works) ernannt wurde und u. a. die Restauration der St. Georgenkapelle in Windsor leitete. (ten Brink, Lit.-gesch. a. a. O., S. 128.)

I, v. 119. But as I slept, me mette I was,
Within a temple ymade of glas,
In which there were mo [1]) images
Of gold, standing in sundry stages,
In mo rich tabernacles,
And with perrie mo pinacles,
And mo curious portraitures,
And queint [2]) manner of figures
Of gold worke than I saw ever.

But certainly I n'ist never
Where that it was, but well wist I,
It was of Venus redely
This temple, for in portreiture
I saw anon right her figure
Naked, fleeting in a see,
And also on her head, parde, [3])
Her rose garland white and red,
And her combe to kembe her hed,
Her doves, and dan [4]) Cupido,
Her blind sonne, [5]) and Vulcano,
That in his face was full browne.

But as I romed up and downe,
I found that on the wall there was
Thus written on a table of bras:
»I woll now sing, if that I can,
The armes, and also the man [6])
That first came through his destinie
Fugitife fro Troy the countrie
Into Itaile, with full much pine,
Unto the stronds of Lavine:«
And tho began the story anone,
As I shall tellen you echone.

---

[1]) f. more. — [2]) f. quaint, wundersam. — [3]) frz. parbleu. — [4]) lat. domnus, Sir. — [5]) son — [6]) Die bekannten Anfangsverse der Aeneis: Arma virumque cano.

21*

First, saw I the destruction
Of Troy, through the greek Sinon,
With his false untrue forswearings,
And with his chere and his lesings
Made a horse brought into Troy,
By which Troyans lost all hir joy.

And after this was graved, alas,
How Ilion castle assailed was.[1])

— — — — — — — — —

III, v. 94. All was of stone of berile,
Both the castell and the toure,
And eke[2]) the hall, and every boure,
Without peeces or joynings,
But many subtell compassings,
As babeuries and pinnacles,
Imageries and tabernacles,
I saw, and full eke of windowes,
As flakes fallen in great snowes;
And eke in each of the pinnacles
Weren sundry habitacles,
In which stooden, all withouten,
Full the castle all abouten,
Of all manner of minstrales,
And jestours, that tellen tales
Both of weeping and of game.

— — — — — — — —

v. 203. I gan forth romen till I fonde
The castell yate on my right honde,
Which so well corven was,
That never such another n'as,
And yet it was by aventure,
Ywrought by great and subtill cure;
It needeth not you more to tellen
To make you too long dwellen
Of these yates florishings,

[1]) Es folgen eine Reihe von Scenen aus der Aeneis bis zur Ankunft Aeneas in Italien. — [2]) alt f. even, auch.

Ne of compaces, ne of karvings
Ne how the hacking in masonries,
As corbettes, and imageries.

XLIII.

DIE WANDGEMÄLDE DER BIBLIOTHEK DES PRÄMONSTRATENSERSTIFTES IN BRANDENBURG.

(Anfang des XV. Jahrh.)

Hartmann Schedel, Miscellancodex no. 418 der Münchener Bibliothek (geschrieben im Jahre 1466). — A. Schultz, im Jahrbuche der k. preuß. Kunstsammlungen. I, 35 ff. — Vollständig (mit den ausführlichen Inschriften) im Jahrbuche Bd. XVII, S. 96 ff.

Literatur: Wattenbach, H. Schedel als Humanist, Forsch. zur deutschen Gesch. Bd. XI., 349; Beiträge S. 147 ff.; Jahrbuch a. a. O. S. 84 ff.

Picture nobiles septem arcium liberalium et mechanicarum, theologie et medicine cum pulcerrimis sentenciis philosophorum.

Vir barbatus in bireto: Tullius. »Philosophiæ est omnium rerum divinarum et humanarum rationes investigare.« Hec in libro de utilitate. Gem. der Philosophie.

Rethorica. Ymago mulieris, habens in manibus ramos ex floribus.

Loyca. Ymago mulieris stans, habens pulpitum ante se et librum apertum, in quo scribit.

Quarta Gramatica. Ymago pulcre mulieris, habens palmiterium in manu una et virgam in altera et stat.

Quinta Philosophia, scienciarum domina. Ymago mulieris ornata in vestimentis satis (sic), sedens, habens sceptrum in manu sinistra et ante se pulpitum cum libro aperto, super quo ponitur manus (?) dextra.

Seneca. Ymago viri antiqui. »Philosophia animum format et fabricat, vitam disponit, affectos regit, agenda et omittenda demonstrat.« Hec ad Lucillum (Lucilium) epistola XVI.

Secundum triplicem philosophiam, videlicet rationalem, naturalem et moralem, exorta est sciencia triplicis sermonis, scilicet congrui, veri et ornati. De congruo sermone est grammatica, de vero est loyca. De ornato sermone est rethorica.

Prima harum dicit:

»Scribo perfecte, que scripsi perfero recte.«

Secunda vero sic dicit:

»A falsis verum doceo discernere clerum.«

Tercia autem gloriatur sic:

»Media docendi trado cum flore loquendi.«

Hoc autem trivium.

»Mathematice quadrivium concomitatur, quod est arismetrica, musica, geometria et astronomia. Arismetrica est numerorum sciencia. Vocatur ab Ares, quod est virtus et rismus (sic), numerus. Musica est divisio sonorum et vocum varietas, quæ ab aqua vocabulum sumpsit. Geometria est fons sermonum et origo dictionum et interprætatur mensura terre. Astronomia est disciplina investigans spacia motus et reditus celestium corporum certis temporibus.« Hec Hugo.[1])

— — — — — — — — — — — — — — —

Hec sunt que in una parte parietis depicta et scripta sunt.

In eodem pariete sunt infrascripti versus scripti:

»Qui legis hos flores verborum corrige mores.
Philosophia sequere, bene fac, maledicta verere.
Parcus utaris verbis et honesta sequaris.
Sit tenuis victus, aqua potus, asper amictus.
Et bibe raro merum, quia turbant pocula verum.
Nam non viciosus homo fit magis ingeniosus.«

In alio pariete. In quolibet latere unus senex. Primus habet ritmum talem: »Mihi videtur primam operam dandam esse artibus, ubi fundamenta sunt omnium et pura simplaque veritas aperitur.« Hec Hugo in Didascalicon. Secundus senex ab alio latere sic dicit: »Cuiuslibet regni gloria crevit in immensum splendorem, artium liberalium studia in eo floruerunt.« Hæc Alexander[2]) de naturis rerum.

---

[1]) Hugo von S. Victor, berühmter Polyhistor des XIII. Jh. — [2]) Neckam.

Ymago mulieris, habens librum in manu dextra et cum sinistra ostendit cum digito stellas celi. Et habet scriptum supra: Astronomia.

Secunda ymago similiter mulier in modum virginis, habens circulum in manu dextra et triclinium in sinistra et habet scriptum supra se: Geometria.

Tercia musica. Mulier decora satis, cantans in cithara.

Quarta arismetica. Mulier, habens in manu tabulam cum ciffris.

Infra illas ymagines continetur hoc scriptum:

»Inter omnes prisce autoritatis viros«, etc. — — — — Dicta sunt hæc venerabilis Boecii in arismetica sua, capitulo primo.« [1])

In alia parte parietis depicta est apoteca cum pixidibus, in qua appoteccarius conterit in mortario species. Item medicus senex disposicionis gravis cum omni honestate tangit pulsum mulieri pulcre. Item infirmus in lecto decubans, coram quo stat puella pulcra, habens flabellum in manu, in alia cant(a)rum porrigens egro, ut bibat. Circa quam stat matrona honesta, que lamentatur. Item medicus iuvenis conspiciens urinam. Gem. der Medicin.

— — — — — — — — — — — — — — —

Sanctus Cosmas in latere dextro cum pixide in manu et cum dyademate in capite. Sanctus Damianus similiter in latere sinistro. In medio est ymago mulieris pulcre, sedens in solio alto, pulpitum cum libro aperto, manum tenens dextram in librum, in sinistra pixidem, coronam in capite, ritmum supra se: Medicina. A lateribus in parte dextra circa Sanctum Cosmam Avicenna, in manu tenens diffinicionem medicine primo canone (?), in alia parte circa et retro Sanctum Damianum Iohannicius, dicens in ritmum: »Medicina dividitur in duas partes, ut in Iohannicio etc.«

— — — — — — — — — — — — — — —

Ars scripturarum.

Ymago vetule sedentis, habens in manu recta colum et in alia librum apertum scriptum.

Duo simul disputant, inter quos stat scriptum: Sophiste.

[1]) De inst. arithm. I., 1.

Ymago rectoris scolarum, habens virgam in manu una et palmiterium in alia; coram sedent scolares studentes.

Item cathedralis[1]) scribens.

Item faber, habens librum in manu una, in alia forcipem et malleum.

— — — — — — — — — — — — — — —

Sacra theologia.

Gem. der Theologie. Ymago mulieris pulcerrima, sedens in solio, coronam regis in capite, sub qua est infula episcopi, habens sceptrum in manu dextra, pomum in sinistra, cum crinibus extensis, librum ante se apertum in pulpito iacentem.

Sanctus Gregorius sedet in sede, librum apertum in pulpito iacentem, longum baculum cum cruce in alia manu.

Sanctus Ieronimus, depictus sicut cardinalis, sedens in catedra, scribens ad librum in pulpito iacentem. In alia manu librum tenet in sinu apertum.

Sanctus Ambrosius } in forma episcoporum.
Sanctus Augustinus }

Isti quatuor doctores locantur in quatuor angulis, mulier in medio; circumstant retro doctores, in una parte unus cardinalis cum certis monacis, in alia parte episcopus cum infula cum certis similiter coniunctis religiosis et studentibus, habentes libros in manibus.

Inferius sub regina depictus est fons in loco viridi, circumcinctus muro, ex quo exeunt rivuli, irrigans locum viridem, super quo est rickmus (sic): »Theologia est fons et origo omnium virtutum.«

Gem. der Jurisprudenz. Depinguntur due ymagines pulcerrime in specie mulierum, que sedeant insimul in loco alto et elevato, prehendens invicem manus dextras. In sinistro vero quelibet teneat sceptrum. In capitibus habent coronas aureas. Una a dextris habet sub se lunam[2]) sub pedibus suis et ibi stat scriptum: lex civilis. Ea que a sinistris habet solem sub pedibus suis et continetur ibi scriptum: lex canonica. Circumstantes vero sunt doctores in habitibus

---

[1]) Kalligraph. — [2]) Diese Attribute beziehen sich auf den bekannten mittelalterlichen (von Dante verworfenen) Vergleich der beiden höchsten Gewalten mit Sonne und Mond.

doctorabilibus et nigrantibus, senes et iuvenes, bireta in capite, vestibus longis decenter ordinatis. Primum duo, qui prelocantur aliis, in quolibet latere ipsorum; quilibet habet pomum in manu dextra et librum clausum in sinistra.

— — — — — — — — — — — — — — —

Pictura. Lanificium.

Hic panni suspensi super falanga cum kartensi[1]) per virum et mulierem laborantur; hic venditur pannus et est pannicida. Mulier comparat et emit, pannicida cum ulna extensa vendit. Alter pannos eidem aptat. Hic fiunt funes per virum cum auxilio mulieris. Hic mulier sedet, facit telum. Alia mulier apportat glomeros tele in sacco de rethi. Hic lana percutitur, vulgariter ‚wollengeslagen', per virum in jopula (sic) stantem, coram quo stant sponte cum lana. Hic net mulier. Hic sedet sartor faciens tunicam. Hic mulier cum sartaore (sic) virum iuvans. Hic mulier, que ‚garen wint auf den haspel'. Hic sutor faciens calceos et magister scindens et aptans pellem ad calceos. Gem. der mechanischen Künste.

— — — — — — — — — — — — — — —

Pictura. Armatura.

Item lapicida adequans et aptans lapidem. Item ferens lapides lateres in scapulis. Item edificator edificans cum lapidibus domum. Item fodiens terram. Item balistarius. Item faciens tela et aptans. Item gladiator mundans gladios. Item duo carpentarii simul laborantes cum securibus in ligno magno et longo. Item duo, qui super incude ornant pileum ferreum. Item faber faciens babata (sic) et alia.

— — — — — — — — — — — — — — —

Pictura. Navigacio.

Item navis magna cum velo extenso, a qua deportantur bona ad terram, scilicet vasa et cetera bona. Item sedet mercator et numerat et dat alteri florenos et grossos. Item sunt duo, qui simul tractant de bonis emendum aut vendendum et unus indicat alteri pecuniam quia (quasi?) florenum. Item institor cum speciebus,

---

[1]) (Weber)-karde?

mitris, escariis, pannis de serico et aliis. Circumstant homines ementes et institor cum libra species ponderat. Item apportantur galline in foro sporta per mulierem. Venit alia extrahens pecuniam a bursa et emens eas. Item apportantur ad forum, auce, ova, triticum etc. Iudeus superveniens emit aucam. Item apportantur tela per mulierem. Item saccus per rusticum.

— — — — — — — — — — — — — — —

Pictura. Agricultura.

Item pomerium pulcerrimum, circumvallatum muro, habens portam. In quo pomerio sunt arbores in parte una dense, sub quibus latitat vir et mulier se simul amplexantes. Item in alia parte gramina viridia cum floribus et rosis et ibidem scampnum ex graminibus, super quo sedeat vir cantans in lutnia cum crinali de rosis in capite in latere dextro; in alio latere sedet mulier cantans in cithara, bene ornateque vestita, in capite habens crinale pulcerrimum ex pennis pavonis consertum. Coram ipsis est vas aut fons cum aqua, in quo vasculi positi sunt cum potu et ex ea exeunt meatus irrigantes ortum et sunt circumcirca rami de rosis pulcris albis et rubeis. Item extra ortum est campus. Hic sunt mulieres mecientes frumentum, nudipedes pulcre, quarum una bibit, pileum super caput habens de stramine. Hic aratur rusticus. Hic alter seminat. Hic puella defert gramina abscisa. Hic servus cum falce magna deponit gramina in prato viridi. Hic apportatur fenum iam exiccatum per duas mulieres aut puellas indutas camisiis. Hic quidam, qui facit cumulum (sic).

— — — — — — — — — — — — — — —

Pictura. Venatio.

Item silva dumosa arboribus, circa quam extensum est rethe, ad quod diversa compelluntur accurrere animalia, scilicet cervus, lepus, hynnulus, que canes multi insequuntur, aliqua mordicando, aliqua ad rete veniunt. Hic venator vulnerat ursum, quem adiuvant canes. Hic domicellus fistulat in cornu, sedens in equo. Hic falconarius, in equo sedens, faciens evolare falconem aut accipitrem, cum muliere secum equitante, habens in sinu canem pulcerrimum nobilis generis, quos sequuntur magna cohors equitum. Hic fit piscacio per piscatores cum reto magno, in quo est magna multitudo piscium. Hic mulier pulcra ponit gurgustum in aquam. Hic vir cancros] arripit. Hic mulier cum rete parvo piscatur. Vir cum ligno grosso excitat pisces. Hic vadunt in navi parvi, certi rete cum piscibus ad eam trahunt, alii cum unco pisces capiunt.

— — — — — — — — — — — — — —

Pictura. Teatrica.

Hic saltant cum falanga; unus ponit metam. Hic proiciunt lapidem. Hic falangam in longum eiiciunt. Hic fistulatores et buccinatores in loco alto stant fistulantes. Hic pulcerrima corea; primus affert in manu duo candelebra accensa; pulcrum satis cum virginibus et mulieribus exornatum. Hic fiunt hastiludia; certi prosternuntur, alii vincunt.

Finiunt quedam pulcerrime picture septem artium liberalium et mechanicarum, theologie et medicine. Et omnia prescripta ita sunt ordinata in liberaria Brandeburgensi in Marchia extra urbem, ubi sunt Premonstratenses.

XLIV.

ALLEGORIEN DES AUSGEHENDEN MITTELALTERS.

Hartmann Schedel, Cod. lat. 418, fol. 247, der Münchener Hof- und Staatsbibliothek. — Ungedruckt.

Literatur: S. o. no. XLIII. Über das Glücksrad: Heider in den Mitth. der Centralcomm. IV, 113; Weinhold, Glücksrad und Lebensrad, Abh. der preuss. Akad. Berlin, 1892; Jahrbuch, Bd. XIV, S. 287. vgl. u. no. L.

SCRIPTA QUAEDAM DE FORTUNA ET AMORE.[1])

I.

Aristotiles VIII. ethicorum: Quanto maior est fortuna, tanto minus est secura.

Socrathes. In libro de descripcione iusticie: Eadem non valet facie unum hominem fortuna semper respicere.

[1]) So im Register.

Aristotiles

Kunig merche das wunder,
Wy geluck vellet under:
Der gestern was in eren gross
Der siczet heut eren ploss.
Sich das du nicht werst seyn genoss.

(Socrates.)

Wer das gut dein eigen gewesen
Ein ander het es nicht erlesen.
Vil offt es einen geraut
Das er zu vil auf gelucke paut.

Gelucke mich erhaben hat gar,
Mir nimant geschaden kan als um ein har,
Ab mir ymant schaden hat getan,
Wy wol ich ym das vergelden kan.

Regno.

Domina fortuna est ceca.
Ich ste hy in geluckes spil
Ich hoe und nîder wen ich wil.

Edels gelucke, ich lobe dich
Das du merer erhohest mich:
Dy mein armut versmeht haben,
Den wil ich in dy eysen traben.

Gross gut ich han verloren
Dor umb mich meyn freunt hant verkoren:
Ich furcht, das ich in alten tagen
Muss sorg und kummer klagen.

Regnabo.

Regnavi.

Jeronymus libro III contra Pelagium: In perversa fortune ait eundem semper vultum habere non possum.

Sum sine regno.

Ich pin gefallen in armut gross
Wy wol ich pin der fursten genoss:
Got wol es entwenden,
Armut wirt mein enden.

Seneca ad Lucillum epistola IIII: Fortune tranquillitati noli credere, concutitur enim in momento velut mare.

Plato in Phedione: Homo non optet ut omnia fiant sua sponte, sed pacienter ferat adversa fortune.

Seneca

Freund ich sag dir gar eben,
Du solt dich geluckes nicht erheben.
Mit nimant treib deinen ubermut
So wirt dein ende an zweifel gut.

Plato

Getrau Got zu aller frist,
Wy wol das du arm pist,
Und leid mit geduld dein armut
So wirt dein ende gut.

Boecius Severinus patricius romanus.[1])

II.

Franciscus Petrarcha: Ab amoris auctoribus inter multa præcipitur interponendas amantibus non numquam brevis absencie morulas, ne vicissim fastidio forte præsencie ex assiduitate vilescant.

Tullius: Omnibus ex anime passionibus profecto nulla est amore vehementior.

Vir inquit:

Etas genus virtus certe mea pectora movit.
Hys furor incubuit rabiesque libidinis arsit.

Mulier inquit:

Dum furor in cursu, currenti cede furori,
Dificiles aditus impetus omnis habet.

Terencius in Eunucho: In amorem hec omnia insunt vicia: Iniuria suspectiones inimicicie, inducie, bellum, pax rursum.

Seneca: Ei qui amorem exuere conatur, vitanda et omnis admocio dilecti corporis: nihil enim facilius recrudescit quam amor.

[1]) Diese Unterschrift scheint etwa auf das Titelbild einer Handschrift der »Consolatio philosophiae« zu deuten.

XLV.

HENRI BAUDE'S VERSE AUF ARAZZI.

(2. Hälfte des XV. Jahrh.)

Ed. M. J. Quicherat, Les vers de maître H. B. poète du XV. siècle. — Le trésor des pièces rares ou inédites. Paris, Aubry 1856. T. V. p. 95 suiv.

Literatur: cf. Schnaase VI., 54 ff.

DICTZ MORAULX POUR METTRE EN TAPISSERIE.

1.

Des pourceaulx qui ont répandu ung plain panier de fleurs:

Belles raisons qui sont mal entendues
Ressemblent fleurs à pourceaulx estendues.

2.

Ung beau cheval enfermé dans ung parc, et en sortant par-dessus ung paliz se mect ung pal en la poitrine.

Le Cheval

J'avoye bien où pasturer,
Si je l'eusse sceu endurer.

L'Asne hors le parc, qui ne mangeue que chardons:

J'ayme mieulx menger des chardons
Qu'estre lardé de telz lardons.

3.

Ung bon homme[1]) regardant dans ung bois ouquel a entre deux arbres une grant toille d'éragne. Ung homme de court luy dit:

Bon homme, diz-moy, si tu daignes,
Que regarde-tu en ce bois?

---

[1]) Jacques le bonhomme, bekannter Spitzname des französischen Bürgers.

Le Bon Homme

Je pence aux toilles des éreignes
Qui sont semblables à noz droiz,
Grosses mousches en tous endroiz
Passent; les petites sont prises.

Le Fol.

Les petitz sont subjectz aux loix,
Et les grans en font à leurs guises.

4.

Ung Patient.

L'estomac guérir
Qui me fait gémir
Veuillez, médecin.

Le Médecin.

Pour y parvenir,
Te fault, ou languir,
Cracher au bassin.

Le Fol.

Tel maint gras lopin
Mangeue au matin,
Qu'au soir fault vomir.

5.

Ung gros homme tenant un grant verre plain de vin:

Quant je boy, maistre Jehan Avis, [1])
Je ne sens ne mal ne friçon.

Le Médecin.

Guéry estes, à mon advis
Puisque vous trouvez le vin bon.

La Folle.

La taincture de vostre viz
A plus cousté que la façon.

[1]) Berühmter Arzt zu Paris in der zweiten Hälfte des XV. Jahrhunderts.

6.

Le Galiffre de Baudas.[1])

Apportez moy harnois et auberjons,
Apportez moy enclumes et marteaulx
Cloches, landiers, bassins et chaulderons,
Fers à cheval, et mailletz à massons,
Mors et estriers, braquemars et cousteaulx,
Fers de lances, clefz, grilles et vaisseaulx
De fer ou fonte, et charretes ferrées:
J'avalleray hallebardes, espées;
Rien ne treuve qu'à moy ne soit mengeable,
Et si telz mez aux grans festes années
Ne treuve bons, je mengeray le deable.

Il doibt estre à table et doibt avoir de toute ferraille devant luy et menjer une enclume en disant:

Affin que mieulx ma bouche j'euvre,
J'avalleray ce coing de beurre.

7.

Ung homme qui presse cailloux à ung pressouer.

Par presser faiz huille saillir
De cailloux de roche ou rivière.
Je n'ay point de peur de faillir;
Ne me chault de quelle carrière.
J'en prens davant, j'en prens derrière,
J'en tire la substance à force
Par si très-subtile manière,
Qu'il n'y demeure que l'escorce.

---

[1]) I. e. le calife de Bagdad, komische Figur (»Eisenfresser«) im französischen Mittelalter. Beim Einzuge Karls VIII. in Paris (Cérémonial françois p. 214.) wurde er zum Ergötzen des jungen Königs in der Rue St. Denis dargestellt:

Plus avant, à la Porte aux Peintres,
Vis le Galiffre de Baudas,
Qui engoulloit, sans nulles feintes
Enclumes de fer à grans tas,
Denotant que tels goulias
En France ont fait grant mangerie:
Dont plusieurs en sont au pourchas
Par le monde quérans leur vie.

8.

Ung homme qui parle à ung munier qui oste le cours de l'eau d'un moulin pour le faire venir au sien:

Pourquoy oste-tu le chemin
A la rivière de nature?
C'est, contre raison et droiture,
A l'intérest de ce moulin.

Le munier:

C'est pour faire venir, Colin,
L'eaue à mon gré, dont je prens cure
Cependant que le temps me dure,
Abondamment en mon molin.

La meunière parle à son varlet:

Prens double portion, Robin,
De ce blé à comble mesure.
Il ne me chault s'on en murmure,
Car la raison est au moulin.

Le Fol.

Le munyer prend l'eau du voisin,
Sa femme prent double moulture:
Conclusion, chascun procure
De tirer l'eaue à son moulin.

9.

Une chandelle allumée entre un homme de court et un laboureur.

L'Homme de Court:

Maint homme monte sans eschelle
Jusques au feu, pour ce qu'il luit,
Comme le papillon de nuit
Qui chiet, quant il s'est brulé l'esle.

La Chandelle:

Chacun vient sans que je l'appelle,
Et je brule ce qui me suit,

Pour tant qui est sage me fuit,
La façon de court est ytelle.

Le Laboureur:

On prent du riche la querelle,
On flatte celui qui a bruit,
On fait ainsi que se conduit
Le papillon à la chandelle.

10.

Ung homme qui boute ung chien avec ung baston, dit:

Maistre Canis, vous dormez trop,
Et le dormir vous est contraire.

Le chien tourne la teste et dit:

De me réveiller tu as tort:
Si je dors, ne te doibt desplaire.

Ung autre homme à une fenestre, qui monstre le chien au doy et dit:

Tel réveille le chien qui dort,
Qui gaigneroit mieulx de se taire.
Quant il dort, il ne peult mal faire;
Mais quant il ne dort pas, il mort.

11.

Deux femmes dont la première dit:

J'ai de mon sens et mon visaige
Par qui j'ay de grans faveurs,
Fait tous mes amis grans seigneurs
Et trouvé partout avantaige.

L'autre femme.

J'ay par mon corps et mon langage
Moiennans mes entreteneurs,
Bénéfices, estaz, honneurs,
Et grans partiz en mariage.

Ung Fol qui dit:

Pour remectre sus ung mesnage
Soubdainement, sans grans labeurs,
Ne fault, ce dient nos docteurs,
Qu'une putain en ung lignage.

12.

Chascun le Particulier.

Ne sçay à qui me douloir des griefs faiz
Que je soustiens par dure vyolance,
Car à nully je ne treuve fiance,
De tous coustez je ne voy que forfaiz.

Le peuple.

Chascun le plainct (et je, peuple, me taiz)
Pour despartir ensemble ma substance;
Et d'avoir mieulx n'ay-je point espérance.
Je paye tout et ne puis avoir paix.

13.

Trois chiens.

Nous ne faisons rien qui soit de nouveau
Vous entendez comme nous la matière;
Si nous voulons cy boire par prière,
Que vous en chault, dites, dans ce séau?

Le Fol.

Prier sans pris est vin doulx sans vaisseau;
Prier est voix, mais pris est chose chère.
Qui n'en aura, fauldra bien qu'il en quiere,
Car mascher fault, avant boire, ung morceau.

14.

Ung docteur qui est sur les degrez du Palais et dit:

Quant on voit d'asnes quantité
Dessus mulles, comme barons,
Signiffie que nous avons
Pollitique d'asinité.

Des asnes abillés en advocas sur des mulles et une femme nommée »Faveur«, qui leur chausse les esperons.

Se nous avons prospérité
Beaucoup plus que nous ne valons,
Faveur nous a mis aux tallons
Les esperons d'auctorité.

Ung fol qui les montre au doy et dit:

Puisqu'asnes ont félicité
Par dame Faveur ou par dons,
Nous aurons de petiz asnons
Pour fournir l'Université.

15.

Ung homme assis en une chaire soubz ung beau pavillon, habillé comme ung empereur, et souffle en une trompe, de laquelle sort ung asne vollant, qui est moitié dans la trompe et moitié hors, et a une mittre en la teste et une crosse entre les bras; et y a deux autres asnes vollans. »Faveur« dit:

Je suis Faveur, qui au son de ma trompe
Souffle et produiz des choses nompareilles,
Il n'est nul droit que par moy ne corrompe.
Tant soit-il bon ou loyal à merveilles.
Je fais voller asnes à grans oreilles
Soubdainement, assez hault par les branches.
Les gens sachans mascheront ces groselles
Soit tort ou droit: c'est la façon des manches.

Ung asne volant.

Je suis ung asne que Faveur fait voller,
Lequel on voit ainsi pesant et lourt,
Que Fortune a voulu accoler
Et advancer par service de court;
Et non pour tant je suis muet et sourt.
Faveur m'a fait avoir de grans offices;
Asnes ont bruit, selon le temps qui court,
En haulx estaz, sans y estre propices.

Le second asne vollant.

Et moy je suis ung asne tout parfaict;
Né et issu d'une povre caverne.
Si m'a Fortune tant par ditz que par faict
Soufflé si fort, que les princes gouverne.
J'ay bien aprins l'escolle de taverne
A riens sçavoir, affin d'acquérir bruict.
J'abats tout bois, soit de fou ou de verne,
Sans coup férir, pour le danger du fruict.

Le tiers asne, issant de la trompe Faveur.

Je ne suis pas encore du tout né
Ne sorti hors de la trompe Faveur,
Et si ne say pas le »Domine me«,
Car norry suis de chardons sans saveur,
Mais Fortune, où rien n'y a de seur,
Si m'a soufflé en ung bon évesché.
Qui est ami de Faveur, frère ou seur,
N'est-ce pas bien, sans riens savoir prescher?

L'Acteur.

Retenez bien, gens lectrés et sçachans,
Cecy ne puet trop longuement durer
Que ces asnes malheureux et meschans
N'allent aux champs les chardons pasturer;
Mais ce pendant nous fauldra endurer,
En attendant que Faveur ne soit plus.
Voz bons renoms vous feront pardurer
Et le vray Dieu parfera le surplus.[1])

16.

Ung Religieux et ung Homme de court au pié d'ung poirrier.

Le Religieux.

Es grans cours croissent soucie et encolie,
Sur les haultz montz fiert fouldre qui tout froisse,

[1]) Das Stück wurde, jedoch ohne Grund, auf die beiden Günstlinge Ludwigs XI., den bekannten La Balue und den Admiral Jean de Montauban, bezogen.

En tous terrouers croissent poires d'angoisse,
En cloistre n'a ren que merencolie.
Mais qui de cuer avec Dieu se ralie,
Prenant vertu pour sa guide et conduicte,
S'il vainc soy-mesmes, délices met en fuite
Quant de plaisirs mondains il se deslite.

L'Homme de court.

J'ay en maintz lieux de divers fruiz tasté,
Entre lesquelz poires sont de grans pris;
Bon chrestien, franc soreau s'ay gousté,
Et d'autre sorte qu'en leur saison ay pris;
D'angoisse aussi menger ay bien apris
Que j'ay cueilly partout, ainsi qu'on court;
Mais je maintien, sans peur d'estre repris,
Qu'il n'est angoisse que celle de la court.

XLVI.

BESCHREIBUNG EINES PALASTES.

A. Ordericus Vitalis von St. Évroult (Normandie), Historia ecclesiastica (geschr. 1121—1141). Pars I., Lib. II, c. 14. — Migne, vol. CLXXXVIII, 159.

B. La Intelligenzia, Poëma in Nona Rima (del sec. XIV.) — ed. Ozanam, Documents inédits p. 321 ff. Neue Ausgabe von Gellrich, Breslau, 1883, S. 144 ff.

Literatur: Über Ordericus: Piper S. 505; Wattenbach II., 218. — Über die Intelligenzia, die man früher dem florentinischen Historiker Dino Compagni zuschreiben wollte, s. Ozanam a. a. O., S. 138; Bartoli, Storia della lett. ital. II., 316; del Lungo, Dino Compagni, Florenz, 1879 I., 477 ff.; bes. Gaspary, Gesch. der ital. Literatur I., S. 206 ff. u. 506; Gellrichs Untersuchung über die Quellen der J. bietet für die Palastbeschr. gar nichts. Über die Palastbeschreibung: Zusammenfassend: Beiträge S. 41—64 (mit Reconstruction). Vgl. Gregorovius, Gesch. der Stadt Rom III., 563; del Lungo a. a. O.; Literaturblatt f. germ. u. rom. Philologie 1884, 154. Zahlreiche Versionen in versch. Handschriften: Ältester Text in der lateinischen Passio s. Thomæ ed. Bonnet, Supplem. cod. apocryph. Leipzig, 1883, I., 133. Fragment von Farfa:

Mabillon, Annales ord. s. Ben. Paris, 1704 II., 410; Fatteschi, Mem. istorico-diplomatiche riguard. la serie de' duchi e la topografia di tempi di mezzo nel duc. di Spoleto. Camerino, 1801, p. 166; Promis, Vocab. latini di architettura posteriori a Vitruvio etc. Turin, 1875, p. 232; Hs. in. S. M. sopra Minerva in Rom: Schepss, Neues Archiv der Gesch. f. ält. d. Geschichtsk. X., 378, vgl. IX., 177, 188; Hs. im Vatican: de Rossi, Piante iconografiche di Roma. Rom, 1879, p. 123; Codex im Archiv von St. Peter: Fatteschi, Promis, de Rossi a. a. O.; bei Froumund von Tegernsee: Neues Archiv IX., 177; bei dem lombardischen Lexikographen Papias (XI. Jhrt): Beiträge S. 43; Hs. der Bibl. von St. Omer: Clemen, Westdeutsche Zeitschr. 1890 S. 112. a. 220 (vgl. Repert. XV., 219.); Hs. in der Bibl. v. Brüssel: Bock, Das Rathhaus zu Aachen, A., 1853, S. 45. a. 1.

Die Palastbeschreibung hat mit dem Palaste von Spoleto etc. nichts zu thun, sondern stellt offenbar die Legende eines spätantiken Palastplanes vor. Ich mache darauf aufmerksam, dass in alten Homerscholien und im Commentar des Eustathios Zeichnungen zu der Palastbeschreibung in der Odyssee erwähnt werden. cf. H. Schenkl, Die homerische Palastbeschreibung, in den Analecta Graecensia, Festschrift zur 42. Versammlung deutscher Philologen und Schulmänner in Wien, 1893. Graz, 1893. S. 67 u. 78. (Vgl. a. o. die Grundrisse bei Adamnanus.) Dieser Palastplan wurde als rhetorisches Prunkstück (Ekphrasis) in die lateinischen Thomasacten (in den griechischen fehlt er noch) aufgenommen und erregte stets großes Interesse, wie die zahlreichen Abschriften zeigen. So wanderte er denn auch in die «Intelligenza» hinüber. Auch die Sage vom «Priester Johannes» in Indien spielt herein. S. darüber Zarncke, Der Priester Johannes, Abhandlungen der kgl. sächs. Gesellsch. der Wissenschaften. Phil.-Hist. 1879, 827 ff. In Johannes' apokryphen Sendschreiben an den byzantinischen Kaiser Manuel heißt es (bei Zarncke §. 56): «Palatium vero quod inhabitat sublimitas nostra ad instar et similitudinem palacii, quod apostolus Thomas ordinavit Gundoforo regi Indorum, in officinis et reliqua structura per omnia simile est illi.» Es folgt dann eine längere phantastische Beschreibung dieses Palastes, die jedoch mit der unsrigen nichts gemein hat. Auch sie ist jedoch in die Volksliteratur übergegangen, in den jüngeren Titurel (bei Zarncke S. 973 ff.), womit wir in den Kreis der Graldichtung kommen, die überhaupt von phantastischen Bauten angeregt ist. (s. o.)

Über die Sujets der Wandgemälde, die historische Stoffe im ritterlichen Stil der mittelalterlichen Epen und Geschichtsromane behandeln, s. u. unter no. L. Solche halb oder ganz phantastische Beschreibungen von Palästen etc. gehören überhaupt zu den gewöhnlichsten Requisiten der Dichter des XIV. Jahrh. nicht nur im Abendlande (Titurel, Boccaccio, Chaucer), sondern selbst in Byzanz. (Der sog. Meliteniotes, allegor. Gedicht über den Palast der Σωφροσύνη. Notices et extraits de la bibl. Imp. Par. 1858. vol. XIX.)

A.

(S. Thomas ap. et Didymus.) Cum venissent Hierapolim in India civitatem, ingressus Abbanes ad Gundaforum regem, nuntiavit Thomam adesse peritissimum artificem.

Rex autem de fabricando palatio cum eo tractavit et ædificii locum illi ostendit. Thomas autem arundinem apprehendit et metiendo dixit: Ecce ianuas hic disponam et ad ortum solis ingressum: primo proaulium, secundo salutatorium, in III. consistorium, in IV. tricorium, in V. zetas hiemales, in VI. zetas æstivales, in VII. epicaustorium et triclinia accubitalia, in VIII. thermas, in IX. gymnasia, in X. coquinam, in XI. colymbos et aquarum lacus influentes, in XII. hippodromum et per gyrum arcus deambulatorios. Rex autem considerans ait: Vere artifex es et decet te regibus ministrare. Deinde infinitas illi pecunias relinquens, abiit.

B.

Der Palast. Str. 60. In una bella e nobile fortezza
Istà la fior d'ogni bieltà sovrana,
In un palazzo ch'è di gran bellezza:
Fu lavorato a la guisa indiana.
Lo mastro fu di maggior sottigliezza
Che mai facesse la natura umana.
È molto bello, nobile, e giocondo
E fu storato a lo mezzo del mondo
Intorneato di ricca fiumana.

L'alto palazzo è di marmo listato,
Di bella guisa e molto ben istante
Le porte son di ebano afinato
Che nol consuma fuoco al mi' sembiante.
Conteròvvi come fu 'deficato:
La porta sta diritta al sol levante,
Proaulo è 'l secondo ch'om appella
Verone ed è d'overa molto bella
Co la gran sala fu posto davante.

Lo terzo loco è lo salutatorio
È quel luoch' è la grande caminata
Di gran larghezza, ove 'l gran parlatorio.
La grata è di cipresso inciamberlata
E lo sagreto luoco é concestorio.
Ogni finestra à 'ntagli ed à vetrata;
E son di profferito (sic) i colonnelli

E d' alabastro molto ricchi e belli
Antica storia v' é dentro 'ntagliata.

La volta del palazzo è d' un' assisa
Ed è d' un serenissimo colore,
Lavorata di molto bella guisa;
Chè non si poria dir lo gran valore.
Tricorio 'l quarto loco si divisa
Ov' arde l' aloè che rende ardore
In quinto loco è da verno la zambra
Ove fuoco si fa pur di fin' ambra:
Carbonchioli vi rendono splendore.

Lo sexto loco si è zeta estivale
Ch'è fatta quasi a guisa di giardino
Che per lo grande caldo molto vale;
Ha le finestre a lo vento marino
E l'ornamento più tesoro vale
Che ciò che tenne in vita Saladino.
E quivi sono i letti del avorio
Puliti, pien di gemme 'l copertorio,
Dipint' à rose, e fiori ad oro fino.

E 'l settimo si è la sagrestia
Là dove stanno li arnesi e 'l tesoro;
Corone e robe v' ha d' ogni balía,
Cinture e gemme, anella e vasi d' oro.
Una cappella v' ha che si ufizía,
Molte reliquie sante, altare e coro;
Le lampane vi son di chiar cristallo,
E balsimo vi s' arde in sagro stallo,
Ed havi ricco e nobil dormentorio.

Evvi loco, triclinio che s' appella
Fra noi cienacol, molto spatioso.
Le tavole son poste in colonnella
Son d' amatisto assai meravillioso.
E di dionisia, cara pietra e bella
Che rende il loco molto odiferoso.
E la vertù di quella margarita

Del cui valor la tavol' è stabilita
Contra l' ebrietadi è grazioso.

— — — — — — — — — —

68. L'octavo loco termas è chiamato
Secondo lo latin de li Romani
E per volgare si è stufa appellato
E in molti luochi bagni Suriani.
Pirite chelonite è lo smaltato,
Gemme che rendon calor molto sani:
Havvi alabastri ed acque lavorate,
Fumi di gomme odifere e triate
Con nuov' odori divisati e strani.

Gienasium v' è ch' è lo nono loco
Fra noi è scuola, ov' è d' uom sapienza.
Qui v' è lo studio assai grande e non poco
Ove s' apprende sovrana prudenza.
Celindrium cella è non presso al foco
Ch' è l' decimo grado 'n sua essenza;
E quivi son le veggie del sappino
Dov' ha vernaccia, e greco, e alzur vino,
Riviera,[1]) e schiavi di grande valenza.

Ipodromio si è 'l loco undecimo
Là dove vengnon l'acque per condotti.
La cucina istà 'n luoco duodecimo
Ov' arde cera a li mangiar far cotti;
E non si contan più gradi ch' i' esimo.
Torniam al loco ove son li disdotti
Là dove son l' intagli e le pinture;
Gemälde. Evi la rota che dà l' aventure,
Che tal fa regi et tal pover arlotti.

Glücksrad. Decke. Amore und die Liebespaare.

Nel mezzo de la volta è 'l Deo d' amore
Che ne la destra mano tiene un dardo
Ed avvisa qualunque ha gentil core
E fierelo chè mai non ha riguardo.

---

[1]) Bedeutung unklar.

Ed havvi donne di grande valore
Ch' inamorar del suo piacente sguardo.
Qui v' è chi per amor portò mai pena,
Qui v' è Parisi con la bella Elena,
E chi mai 'namorò per tempo o tardo.[1])

— — — — — — — — — —

77. Dall' altra parte ha 'ntagli di fin auro — Geschichte Caesars.
Ch'a fine morse sono lavorati;
Qui v' è la storia di Giulio Cesaro
Co le milizie e cavalier pregiati,
Sicome 'l mondo tutto soverchiaro,
Ricevendo tributi smisurati.
Sonvi porti e navili 'e le battaglie,
Le sconfitte, l'asprezze e le schermaglie,
Che fecer i Roman molt' onorati.

— — — — — — — — — —

216. Dall' altra parte del luogo giocondo — Alexander-Lied.
Evvi 'ntagliato Alessandro signore,
Come si mosse ad acquistar lo mondo
Al tempo del re Dario a grand' onore:
Tutto come cercò del mare il fondo,
In un' olla di vetro a chiar colore,
E come in aria portàrlo i griffoni,
E come vide tutte regioni,
Di buoni 'ntagli e di fini figure.

— — — — — — — — — —

240. Dall' altra parte v' è tutto 'ntagliato, — Lied von Troja.
A propi 'ntagli ed a fini colori,
Sì come 'l mondo fue tutt' assembiato
A Troia guerreggiar dentro e di fuori;

---

[1]) Im Folgenden sind noch diese berühmten Liebespaare genannt: Achill und Polyxena, Aeneas und Dido, Tristan und Isolde, Lancelot und Ginevra, Alexander und Roxane, Erek und Enide, Athenagoras und Tarsia, deren Vater Apollonius von Tyrus und Archistratis, Diomedes und Bersenda, Ulisses und Penelope, Aeneas und Lavinia, Iwein und Analida, Flor und Blancheflor, Lancelot und Isolde Weißhand, David und Bersabe, Narciss und sein Spiegelbild, Merlin und die Zauberin Arnante.

E tutto com' fu l'odio incominciato
Tra Lamedone e Giasone signori,
Onde morir re, duca, e conti assai,
Baroni, e cavalieri in guerre e guai,
Ettor e 'Gammennone ne fur rettori.

— — — — — — — — — —

Die Tafelrunde K. Artus.

287. Dall' altra parte del ricco palazzo
Intagliat' è la Tavola Ritonda,
Le giostre, e 'l torneare, e 'l gran sollazzo;
Ed evv' Artù e Ginevra gioconda,
Per cui 'l prò Lancialotto venne pazzo;
Marco, e Tristano, ed Isotta la blonda;
E sonvi pini, e sonvi le fontane
Foreste, e rocce, e l' re di Trebisonda.

E sonvi tutt' i begli accontamenti
Che facean le donne e i cavalieri,
Battaglie, giostre e be' torneamenti
Foreste, rocce, boscaggi e sentieri.
Quivi son li bei combattimenti,
Aste troncando, e squartando destrieri.
E quivi son le nobili avventure.
E son tutte a fin oro le figure,
Le cacce, corni, valetti, e scudieri.

XLVII.

NOVELLE VON GIOTTO UND DANTE.

(1306.)

Benvenuto da Imola (um 1350), Commentarius ad Dantis Comoediam. — Muratori, Antiqu. Ital. I, 1185.

Literatur: Vasari ed. Milanesi I., 400. n. 3; Wickhoff, Mitth. des Instituts f. österr. Gesch. X, 258.

Accedit antem semel, quod dum Giottus pingeret Paduae, adhuc satis iuvenis, unam capellam in loco ubi fuit olim theatrum sive arena, Dantes pervenit ad locum. Quem Giottus honorifice receptum duxit ad domum suam, ubi Dantes videns plures infantulos eius summe deformes et — ut cito dicam — patri simillimos, petivit: »Egregie magister, nimis miror, quod cum in arte pictoria dicamini non habere parem, unde est, quod alias figuras facitis tam formosas, vestras vero tam turpes? Cui Giottus subridens præsto respondit: »Quia pingo de die, sed fingo de nocte.» Haec responsio summe placuit Danti, non quia sibi esset nova, cum inveniatur in Macrobio, Libro Saturnalium, sed quia nata videbatur ab ingenio hominis.[1]) Iste Giottus vixit postea diu. Nam mortuus est in MCCCXXXVI et sic nota quod Giottus adhuc tenet campum, quia nondum venit alius eo subtilior, cum tamen fecerit aliquando magnos errores in picturis suis, ut audivi a magnis ingeniis. Ista ars pingendi et sculpandi habuit olim mirabiliores artifices apud Graecos et Latinos, ut paret per Plinium in Naturali historia.

XLVIII.

DIE TAFELRUNDE VON SAN MINIATO

(um 1358.)

Franco Sacchetti (1335—1405). Novella 136. — ed. O. Gigli, Firenze, Le Monnier 1886. I, 322.

Literatur: Gaspary, Gesch. der ital. Lit. II, S. 70 ff.; Rumohr, Italienische Forschungen II, 166 ff.

Nella città di Firenze, che sempre di nuovi uomeni è stata doviziosa, furono già certi dipintori, e altri maestri, li quali essendo a un luogo fuori della città, che si chiama San Miniato a Monte, per alcuna dipintura e lavorio, che alla chiesa si dovea fare; quando ebbono desinato con l'Abate, e ben pasciuti e bene avvinazzati, cominciarono a questionare; e fra l'altre questione mosse uno, che avea nome l'Orcagna, il quale fu

[1]) Dieser alte Künstlerspass steht wirklich bei Macrobius, Saturn. II., 2, 10. ed. Eyssenhardt p. 140: apud L. Mallium qui optimus pictor Romæ habebatur, Servilius Geminus forte cenabat cumque filios eius deformos vidisset, «Non similiter» inquit, «Malli, fingis et pingis». Et Mallius: «In tenebris enim fingo« Inquit, «luce pingo».

capo maestro dell' oratorio nobile di Nostra Donna d'Orto San Michele: Qual fu il maggior maestro di dipignere, che altro, che sia stato da Giotto in fuori? Chi dicea, che fu Cimabue, chi Stefano, chi Bernardo[1]), e chi Buffalmacco, e chi uno e chi un altro. Taddeo Gaddi, che era nella brigata, disse: per certo assai valentri dipintori sono stati e che hanno dipinto per forma, ch' è impossibile a natura umana poterlo fare; ma questa arte è venuta e viene mancando tutto dì. Disse uno, che avea nome maestro Alberto, che era gran maestro d'intagli di marmo:[2]) E' mi pare, che voi siate forte errati, perocchè certo vi mostrerò, che mai la natura non fu tanto sottile quant' ella è oggi, e spezialmente nel dipignere e ancora del fabbricare intagli incarnati. Li maestri tutti, udendo costui, rideano, come se fosse fuori della memoria. Dice Alberto: Oh voi ridete! io ve ne farò chiari, se voi volete. Uno che avea nome Niccolao, dice: Deh, faccene chiari per lo mio amore. Alberto risponde: Ciò farò poichè tu vuogli; ma ascoltate un poco (perchè tutti erano a modo delle galline, quando schiamazzano): e Alberto comincia, e dice: Io credo che il maggior maestro che fosse mai di dipignere e di comporre le sue figure, è stato il nostro Signore Dio; ma e' pare, che per molti che sono, sia stato veduto nelle figure per lui create grande difetto, e nel tempo presente le correggono. Chi sono questi moderni dipintori, e correttori? Sono le donne fiorentine[3]).

---

[1]) Bernardo di Daddo, Schüler Giottos. cf. Vasari ed. Milanesi I., 622. Von ihm rührt die Madonna in Orcagnas Tabernakel zu Or San Michele her. — [2]) Alberto Arnoldi, nach Follinis Forschungen 1358 Capo maestro des Florentiner Dombaues und Verfertiger der Madonnenstatue im Bigallo. In Sacchettis 229. Novelle kommt er nochmals vor, in Mailand am Hofe Galeazzo Viscontis arbeitend. — [3]) Das weitere der übrigens unvollständig erhaltenen Novelle ist der Ausspinnung dieses Scherzes gewidmet.

XLIX.

PETRARCA'S SONETTE AUF SIMONE MARTINI.

Petrarca († 1374.), Sonetti e canzoni in vita di Madonna Laura. — ed. G. Leopardi, Mailand, Stella 1826. I, 190 ff.

Literatur: cf. Vasari ed Milanesi I., 546 und 560. Über Simone s. u. cap. LIII.

Sonetto XLIX.

Per mirar Policleto a prova fiso
Con gli altri ch'ebber fama di quell' arte,
Mill' anni, non vedrian la minor parte
Della beltà che m'ave il cor conquiso.
Ma certo il mio Simon fu in Paradiso
Onde questa gentil donna si parte;
Ivi la vide, e la ritrasse in carte
Per far fede quaggiù del suo bel viso.
L'opra fu ben di quelle che nel Cielo
Si ponno immaginar, non qui fra noi,
Ove le membra fanno all'alma velo.
Cortesia fe; nè la potea far poi
Che fu disceso a provar caldo e gelo
E del mortal sentiron gli occhi suoi.[1])

Sonetto L. (58.)

Quando giunse a Simon l'alto concetto
Ch'a mio nome gli pose in man lo stilo
S'avesse dato all'opera gentile
Con la figura voce ed intelletto,
Di sospir molti mi sgombrava il petto
Che ciò ch'altri han più caro, a me fan vile

---

[1]) »Simone fece atto grazioso e cortese a ritrarre, siccome egli fece lassù in cielo, il volto di Laura per darlo a conoscere qui a noi; e non avrebbe potuto farlo dopo che ei fu disceso in terra e che gli occhi suoi sentirono del mortale, cioè sperimentarono lo stato mortale, o vero ebbero, tennero, parteciparono del mortale; perocchè in tal condizione essi non sarebbero stati atti a vedere e contemplare una bellezza celleste, come è quella di Laura, in guisa da potercela bene rappresentare.« Leopardi, l. c. p. 191.

Però che in vista ella si mostra umile
Promettendomi pace nell' aspetto:
Ma poi ch' i' vengo a ragionar con lei,
Benignamente assai par che m'ascolte;
Se risponder savesse a' detti miei.
Pigmalïon, quanto lodar ti dêi
Dell immagine tua, se mille volte
Navesti quel ch'io sol una vorrei!

Son. LXXXVI (100.) Bei der Entfernung von Laura.
E solo ad un' immagine m'attegno
Che fè non Zeusi o Prassitele o Fidia
Ma miglior maestro e di più alto ingegno.

L.

HÖFISCHE KUNST IM TRECENTO.

Boccaccio († 1375.) Amorosa Visione. — Opere volgari, Florenz, Moutier 1883. vol. XIV, S. 17 ff.

Literatur: Wickhoff, Die Gestalt Amors in der Phantasie des italien. M. A. Jahrbuch der k. preuss. Kunstsammlungen XIV.; Schlosser, Ein veronesisches Bilderbuch und die höfische Kunst des XIV. Jahrhunderts. Jahrbuch, Bd. XVI., 144 ff., 176 ff.

Cap. IV.

I. Saal 1. Wand. Triumph der Künste.

Andando in tal maniera, noi entrammo
Per la gran porta insieme con costoro,
Ed in una gran sala ci trovammo.
Chiara era e bella e risplendente d'oro
D'azzurro di color tutta dipinta
Maestrevolemente in suo lavoro.
Humana man non credo che sospinta
Mai fosse a tanto ingegno, quanto in quella
Mostrava ogni figura lì distinta:
Eccetto se da Giotto, al qual la bella
Natura, parte di sè somigliante
Non occultò, nell' atto in che suggella.

Noi ci traemmo nella sala avante,
  Quasi nel mezzo d'essa, e quivi stando,
  Vedevam le figure tutte quante.
Ell'era quadra; ond'io che riguardando
  Giva per tutto, dirizzai il viso
  Ver l'una delle facce in piede stando.
Là vid'io pinta con sottil diviso
  Una donna piacente nell' aspetto,
  Soave sguardo aveva e dolce riso.
La man sinistra teneva un libretto,
  Verga real la destra, e' vestimenti
  Porpora gli estimai nell' intelletto.
A piè di lei sedevan molte genti
  Sopra un fiorito e pien d'erbette prato,
  Alcuni meno e alcuni più eccellenti.
Ma dal sinistro e dal suo destro lato
  Sette donne vid'io, dissimiglianti
  L'una dall'altra in atto ed in parato.
Elle eran liete, e lor letizia in canti
  Pareami dimostrassero, ma io
  Con l'occhio alquanto più mi trassi avanti.
Nel verde prato a man destra vid' io
  Di questa donna, in più notabil sito,
  Aristotile star con atto pio:
Tacito riguardando in sè unito
  Pensoso mi pareva; e poi appresso
  Isocrate sedea quasi smarrito.
Eravi quivi ancor Platon, con esso
  Melisso, Anassimandro v'era e Tale,
  E Speusippo lei mirando spesso.
Raclito ancora, e Ippocras il quale
  In abito mostrava d'aver cura
  Ancora di sanare il mondan male.
Ivi sedeva con sembianza pura
  Galeno, e con lui era Zenone,
  E'l Geometra[1]) ch'a dritta misura

[1]) Euklid.

Mosse l'ingegno, sicchè con ragione
  Oggi s' adopra seguendo suo stile:
  E dopo lui Democrito e Solone.
Insieme con costoro in atto umile
  Si sedea Tolomeo, e speculava
  Il ciel con intelletto assai sottile,
Riguardando una spera che lì stava
  Ferma davanti, e Tebico con lui,
  E Abracis ancora in ciò mirava.
Averrois e Fedon dopo colui
  Sedevan rimirando la bellezza
  Di quella donna che onora altrui.
Nassagora ancor quella chiarezza
  Mirava fiso insieme con Timeo,
  Mostrando in atto di sentir dolcezza.
Dioscoride ancor v' era, ed Orfeo,
  Ambepece e Temistio, e poi un poco
  Esiodo, e Lino, e Timoteo.
O quanto quivi in grazioso gioco
  Pittagora onorato si vedea,
  E Diogene in sì beato loco!
Vie dopo questi ancora mi parea
  Seneca riguardando ragionare
  Con Tullio insieme, che con lui sedea.
Innanzi a loro un poco, ciò mi pare,
  Parmenide sedea e Teofrasto,
  Lieto ciascun della donna mirare.
Vestito d' umiltà pudico e casto
  Boezio si sedeva ed Avicena,
  Ed altri molti, i qua' s' a dir m' adasto,
Non fosse troppo rincrescevol pena
  Dubbio al lettor, però mi taccio omai,
  E dirò di color che seco mena,
Dalla man manca, ov' io mi rivoltai.

Cap. V.

Io dico che dalla sinistra mano
  Di quella donna vidi un' altra gente,
  L' abito della qual non guari strano

Sembrava dl color, che primamente
  Contati abbiam, benchè la vista loro
  Si stenda ver le donne più fervente.
Virgilio mantovan infra costoro
  Conobb' io quivi più ch' altro esaltato,
  Siccome degno per lo suo lavoro:
Ben mostrava nell' atto che a grato
  Gli eran le sette donne, per le quali
  Sì altamente avea già poetato:
Il ruinar di Troia ed i suoi mali,
  Di Dido, e di Cartagine e d' Enea,
  Lavorar terre e pascere animali,
Trattar negli atti suoi ancor parea.
  Omero e Orazio quivi dopo lui,
  Ciascun mirando quelle, si sedea.
A' quai Lucan seguitava, ne' cui
  Atti parea ch' ancora la battaglia
  Di Cesare narrasse, e di colui
Magno Pompeo chiamato, che 'n Tessaglia
  Perdè il campo, e quasi lagrimando
  Mostra che di Pompeo ancor gli caglia.
Eravi Ovidio, lo quale poetando
  Iscrisse tanti versi per amore,
  Come acquistar si potesse mostrando.
Non guari dopo lui fatt' era onore
  A Giovenal, che ne' su' atti ardito
  A mondar falli ancor facea romore.
Terenzio dopo lui aveva sito
  Non men crucciato, e Panfilo, e Pindaro,
  Ciascun per sè sopra 'l prato fiorito.
E Stazio di Tolosa, ancora caro
  Quivi pareva avesse l'aver detto
  Del teban male e del suo pianto amaro.
Bell' uom' tornato d' asino soletto
  Si sedeva Apuleio, cui seguiva
  Varro e Cecilio lieti nell' aspetto.
Euripide mi par che poi veniva,
  Antifone, Simonide ed Archita,

Parea dicesser ciò ch' ognun sentiva
Lì di diletto, e di gioconda vita
Insieme ragionando, e dopo questi
Sallustio quasi in sembianza smarrita
Là parea che narrasse de' molesti
Congiuramenti che fè' Catilina
Contra' Roman, ch' a lui cacciar fur presti.
Al qual Vegezio quivi s' avvicina,
Claudiano, Persio, ed Agatone,
E Marziale in vista non meschina.
L' antico e valoroso buon Catone
Quivi era nel sembiante assai pensoso,
Tenendo con Antigono sermone.
E vago ne' suoi atti di riposo,
Da una parte mi parve vedere
Quel Livio che fu sì copioso,
Guardando que' che innanzi a sè sedere
Tanti vedea, nell' aspetto contento
L'avere scritte tante storie vere.
Geloso di cotal contentamento
Valerio appresso parea che dicesse:
Breve mostrai il mio intendimento.
Ivi con lor mi parve ch' io vedesse
Paolo Orosio stare, e altri assai,
De' qua' non v' era alcun ch' i' conoscesse.
Allora gli occhi alla donna tornai,
A cui le stette d'avanti e d'intorno
Stavano tutte in atti lieti e gai.
Dentro del coro delle donne adorno,
In mezze di quel loco ove faciéno
Li savii antichi contento soggiorno,
Riguardando vid' io di gioia pieno
Onorar festeggiando un gran poeta,
Tanto che 'l dire alla vista vien meno.
Aveali la gran donna mansueta
D' alloro una corona in sulla testa
Posta, e di ciò ciascun' altra era lieta.
E vedend' io così mirabil festa,

Per lui raffigurar mi fe' vicino,
Fra me dicendo, gran cosa sia questa.
Trattomi così innanzi un pocolino,
Non conoscendol, la donna mi disse:
Costui è Dante Alighier Fiorentino,
Il qual con excellente stil vi scrisse
Il sommo Ben, le Pene, e la gran Morte:
Gloria fu delle muse mentre visse,
Nè qui rifiutan d' esser sue consorte.

Cap. VI.

Oltre passai senza far più dimora 2. Wand. Triumph des Ruhmes.
Con gli occhi a riguardar (lasciando stare
Quel ch'io disio di rivedere ancora)
Là dove a colei piacque che voltare
Io mi dovessi, e vidi in quella parte
Cosa ch' ancor mirabile mi pare.
Odi: che mai natura con sua arte
Forma non diede a sì bella figura;
Non Citerea allor ch' ell' amò Marte,
Ne' quando Adon le piacque, con sua cura
Si fe' sì bella, quanto infra gran gente
Donna pareva lì leggiadra e pura.
Tutti lì soprastava veramente
Di ricche pietre coronata e d' oro,
Nell' aspetto magnanima e possente:
Ardita sopra un carro tra costoro
Grande e trionfal lieta sedea,
Ornato tutto di frondi d' alloro,
Mirando questa gente: in man tenea
Una spada tagliente, con la quale
Che 'l mondo minacciasse mi parea.
Il suo vestire a guisa imperiale
Era, e teneva nella man sinestra
Un pomo d'oro: e 'n trono alla reale
Vidi sedeva, e dalla sua man destra
Due cavalli eran che col petto forte
Traeano il carro tra la gente alpestra.
E intra l' altre cose, che iscorte

Quivi furon da me intorno a questa
Sovrana donna, nemica di morte,
Nel magnanimo aspetto fu, ch' a sesta
Un cerchio si movea grande e ritondo
Da' piè passando a lei sopra la testa.
Ne' credo chè sia cosa in tutto 'l mondo,
Villa, paese dimestico o strano,
Che non paresse dentro da quel tondo.
Era sopra costei, e non invano,
Scritto un verso, che dicea leggendo:
Io son la Gloria del popol mondano.
Così mirando questa, e provedendo
Ciò che d' intorno, di sopra e di sotto
Le dimorava, e chi la gía seguendo,
O lei mirava: senza parlar motto
Per lungo spazio in ver di lei sospeso
Tanto stett' io, che d' altra cura rotto
Nella mente sentimmi, e il viso steso
Diedi a mirar il popolo che andava
Dietro a costei, chi lieto e chi offeso,
Siccome nel mio credere estimava:
E quivi più e più ne vidi, e quale
Conobbi, se 'l parer non m' ingannava,
Onde al disio di mirar crebbi l' ale.

Cap. XII.

3. Wand. Triumph des Reichthums.

Il dir ch' io le faceva, un poco aspetta,
Non mi valeva, per ch' io mi voltai
Verso la terza faccia a man diretta:
Aveavi certo d' ammirare assai
Più ch' io dir non potrò, tal che me stesso
Assai fiate men meravigliai:
Con gli occhi alzati mi feci più presso
Al detto luogo, acciò ch' io conoscessi
Chi e che cose vi stessero in esso.
Oro ed argento un gran monte, e con essi
Zaffiri et ismeraldi con rubini,
Ed altre pietre assai credo vedessi.
Riguardando più basso, con uncini,

Chi con piccono, e chi avea martello,
E chi con pale, e chi con gran bacini,
Ronconi alcuni, ed altri intorno ad ello
Con l' unghie, e chi co' denti uno infinito
Popol vi vidi per pigliar di quello.
E ciaschedun parea pronto ed ardito,
Non onorando il piccolo il maggiore,
A suo poter fornia suo appetito.
Gente v' avea di molto gran valore
In vista, avvegna che la lor viltate
Pur si scopria, veggendo con romore
Gli altri che quivi per cupiditate
Givan, cacciarli con duoli e con morte
Per prendern' essi maggior quantitate;
Iniqua tirannia rubesta e forte
Usando, chi con fatti e chi con detti,
Prendendo più che la dovuta sorte.
Alcun v' avea che i loro manteletti
Se n' avean pieni, e per volerne ancora
Abbandonavan tutti altri diletti.
Tra quella gente che quivi dimora
Conobb' io molti, e vidivene alcuno
Ch' aver preso di quello ora ne plora,
E forse ne vorrebbe esser digiuno;
Ma a cosa fatta penter non ti vale,
Nè puolla addietro ritornar nessuno:
Adunque ogni uom si guardi di far male.

Cap. XV.

Quella parte dov' io or mi voltai, 4. Wand. Triumph der Liebe.
Cogli occhi riguardando e colla mente,
Di storie piena la vidi ed assai.
Volendo adunque d' esse pienamente,
Almen delle notabili parlare,
Rallungar si convien l' opra presente.
E però dico, che nel riguardare
Ch' io feci, a guisa d' un giovane prato
Tutta la parte vidi verdeggiare.
Similmente fiorito ed adornato

D' alberi molti e di nuove maniere,
E l' esservi parea gioioso e grato.
Tra' quali in mezzo d' esso al mio parere
Un gran signor di mirabile aspetto
Vid' io sopra due aquile sedere.
Al qual mentro io mirava con effetto,
Sopra due lioncelli i piè tenea.
Ch' avean del verde prato fatto letto.
Una bella corona in capo avea,
E li biondi cape' sparti sott' essa,
Che un fil d' oro ciaschedun parea.
Il viso suo come neve mò messa
Parea, nel qual mescolata rossezza
Aveva convenevolmente ad essa.
Senza comparazion la sua bellezza
Era, ed aveva due grande ali d' oro
Alle sue spalle stese in ver l' altezza.
In man tenea una saetta d' oro,
E un' altra di piombo, alla reale
Vestito al mio parer d' un drappo ad oro.
Orrevolmente là il vedea cotale,
Tenendo un arco nella man sinestra,
La cui virtù sentir gia molti male.
Nè però era sua sembianza alpestra,
Ma giovinetta e di mezzana etate,
Dimestica e pietosa e non silvestra.
E 'ntorno avea, senza fine adunate
Genti, le qua' parea che ciascheduno
Mirasse pure a sua benignitate.
Gai e giocondi ve ne vidi alcuno,
Tristi e dolenti sospirando gire
Altrui vi vidi, in isperanza ognuno.
Io che mirava il grazioso sire,
Immaginando molto il suo valore,
Per motti ch' io vi vidi a lui servire,
Ornata come lui con grande onore
Li vidi allato una donna gentile,
La qual parava, sì com' egli è Amore,

Vaga negli occhi, pietosa ed umile:
  Ver è ch' era d' alloro incoronata,
  E in tanto era ad Amor dissimile.
Angiola mi parea nel cielo nata;
  E in me pensai più volte ch' ella fosse
  Quella che in Cipri già fu adorata.
Non so quel che 'l cor mio sì percosse
  Mirando lei se non che l' alma mia
  Pavida dentro tutta si riscosse,
Nè senza a lei pensar fu poi nè fia.
  Sì eccellente e tanto graziosa
  Quivi a lato ad Amor vidi Lucia.
In fronte a lei più ch' altra valorosa
  Due begli occhi lucean, sì che fiammetta
  Parea ciaschun d' amore luminosa.
E la sua bocca bella e picioletta,
  Vermiglia rosa e fresca somigliava,
  E parea si movesse senza fretta.
D' intorno a sè tutto il prato allegrava,
  Come se stata fosse primavera,
  Col raggio chiar che 'l suo bel viso dava.
Io non credo ch' al mondo mai pantera
  Col suo odor già animal tirasse,[1])
  Tacendoli venir, dovunque s' era,
Blandi e quieti, ch' a lei somigliasse;
  E sì parean mirabili i suoi atti,
  Ch' Amor pareva lì se n' ammirasse.
O come nello aspetto in detti e fatti
  Savia parea, con alto intendimento,
  Pensando al suo sembiante ed a' suoi tratti,
Contemplando, ad Amore il suo talento
  Parea fermasse in la sua chiara luce;
  Com' aquila a' figliuoi nel nascimento
Con amor mostra, ond' ella li produce
  A seguir sua natura; così questa
  Credo che faccia a chi la si fa duce.

[1]) Eine bekannte Fabel der »Bestiarien«, hier, wie so oft im Mittelalter, in erotischer Symbolik verwendet.

A rimirar contento questa onesta
  Donna mi stava, che in atti dicesse
  Parea parole assai piene di festa,
Come lo immaginar par che intendesse.

Cap. XVI.

Costei pareva dir negli atti suoi:
  Io son discesa della somma altezza,
  E son venuta per mostrarmi a voi.
Il viso mio, chi vuol somma bellezza
  Veder, riguardi, là dove si vede
  Accompagnata lei a gentilezza;
Ȯ pietà per sorella, e di mercede
  Fontana sono: Iddio mi v' ha mandata
  Per darvi parte del ben che possiede.
Donna più ch' altra sono innamorata,
  E mai sdegno in me non ebbe loco;
  Però Amor m' ha cotanto onorata.
Ancor risplende in me tanto il suo foco,
  Che molti credon talor ch' io sia ello,
  Avvegnachè da lui a me sia poco:
Cortese e lieto son di lui vasello,
  Nè mai mi parran duri i suoi martiri,
  Pensando al dolce fin che vien da quello.
E bene è cieco quei che i soi disiri
  Si crede senza affanno aver compiuti,
  E senza copia di dolci sospiri.
Riceva in pace dunque i dardi aguti,
  Ch' alcun piacer di belli occhi saetta,
  Que' che attendon d' esser provveduti.
Tal, qual vedete, giovane angioletta
  Qui accompagno Amor che mi disia,
  Poi tornerò al cielo a chi m' aspetta.
Ancor più intesi, ma la fantasia
  Nol mi ridice, si gran parte presi
  Di gioia dentro, nella mente mia
Lei rimirando, e' suoi atti cortesi,
  Il chiaro aspetto e la mira biltate,
  Della qual mai a pien dir non porriési.

Da lato Amor con tanta volontate
  Vidi mirarla, che nel bello aspetto
  Tutto si dipingeva di pietate.
Ognor a sè colla sua mano il petto
  Tastando, quasi non si avesse offeso,
  Perchè a guardarla avea tanto diletto.

Cap. XXXI.

Tosto finì il suo cammin costei, II. Saal. Das Rad der Fortuna.
  Che di quel loco per una portella
  In altra sala ci menò con lei.
Ell' era grande, spaziosa e bella,
  Ornata tutta di belle pitture,
  Siccome l' altra ch' è davanti ad ella.
Oh quanto quivi in atto le figure
  Si mostravano tutte variate
  Dall' altre prime, e non così sicure.
Color con festa e con giocondìtate
  Parevan tutti con li vestimenti,
  Costor con doglia e con avversitate.
Hai, quanto quivi parevan dolenti,
  E spaventati qualunque vi s' era
  Con vili, e poverissimi ornamenti!
Ivi vid' io dipinta in forma vera
  Colei, che muta ogni mondano stato,
  Talvolta lieta e tal con trista cera:
Col viso tutto d' un panno fasciato,
  E leggermente con le man volveva
  Una gran rota verso il manco lato.
Horribile negli atti mi pareva,
  E quasi sorda, a niun prego fatto
  Da nullo, lo intelletto vi porgeva.
E legge non avea nè fermo patto,
  Negli atti suoi volubili e incostanti,
  Ma come posto, talor l' avea fratto,
Volvendo sempre ora dietro ora avanti
  La rota sua senza alcun riposo,
  Con essa dando gioia e talor pianti.
»Ogni uom che vuol montarci su, sia oso

Di farlo, ma quand' io 'l gitto a basso,
In verso me non torni allor cruccioso.
Io non negai mai ad alcuno il passo,
Nè per alcuna maniera mutai,
Nè muterò, nè 'l mio girar fia lasso:
Venga chi vuol.« Così immaginai
Ch' ella dicesse, perchè riguardando
D' intorno ad essa vi vid' io assai,
I qua' sù per la rota ad erpicando
S' andavan colle man con tutto ingegno,
Fino alla sommità d' essa montando;
Saliti su parea dicesser: regno;
Altri cadendo in l' infima cornice
Parea dicessero: io son senza regno; [1])
In cotal guisa un tristo, altro felice
Facea costei, secondo che la mente,
La qual non erra, ancora mi ridice.

Cap. XXXVIII.

Der Brunnen.

Sì con diletto per lo loco andando
Vidi in un verde e piccioletto prato
Una fontana bella e grande, e quando
Io m' appressai a quella, d' intagliato
E bianco marmo vidi assai figure,
Ognuna in diverso atto ed in istato.
Mirando quelle vidi le sculture
Di diversi color, com' io compresi,
Qua' belle, e qua lucenti, e quali scure.
Vidi lì un bel marmo, e quel sediési,
Sopra la verde erbetta, di colore
Sanguigno tutto, e 'n su quella stendiési,
In piano, e s' io già non presi errore
Nell' avvisare, una canna per verso,
Quadro e basso, e lucido di fore.
Sovr' ogni canto di quel marmo terso
Di marmo una figura si sedea,
Benchè ciascuna avea atto diverso:

---

[1]) S. o. cap. XLIV.

Ch' umil, bella, soave mi parea
  L' una di queste, e due spiritelli
  Con l' una mano appiè di sè tenea.
Habituati parlando con quelli
  Gli aveva sì in un voler recati,
  Che ciascuno contento è di quel ch' elli
All' altro vedea in voglia, e colorati
  Eran li suoi vestir, di tanti e tali
  Colori, ch' io non gli avre' mai avvisati.
Nell' altro canto a man destra, ch' eguali
  Spazio occupava, una donna vi stava
  Ad ogni creatura diseguali.
Ella nel capo suo quivi mostrava
  Tre visi, ed è vestita, ciò mi pare,
  Come di neve, e così biancheggiava.
Là vid' io poi nel terza angolo stare
  Una donna robusta tutta armata
  Ad ogni affanno presta dì portare.
Parea di ferro questa ivi formata
  Tutta a veder, e dopo lei seguia
  Un' altra sopra 'l quarto angol fermata.
Rimirando colei ognun diria
  Che di fino smeraldo fatta fosse,
  In abito piacente, umile e pia.
Or quel che più a mirarle mi mosse
  Fu un vaso vermiglio grande e bello,
  Che tutte sostenean colle lor posse:
Fermato sopra loro il bel vasello
  Più che 'l sanguigno marmo si spandeva
  Sopra 'l fiorito e verde prato, e quello
Egli era tondo, e 'n mezzo d'esso aveva
  Formata una colonna picciolettta,
  Che diamante in vista mi pareva,
Rotonda e bella, e sopra quella eretta
  Un capitel v' aveva di fino oro
  Fatto con maestria non miga in fretta.
E sopra quel tre figure dimoro
  Faceano ignude, e le spalle rivolte

Erana l' una all' altra di costoro.
Rideva l' una in atto, benchè molte
Lagrime fuor per gli occhi ella gittasse,
Che poi nel vaso parevan raccolte:
Bruna era e nera, e poi che somigliasse
Foco pareva l' altra e dalla poppa
Acqua gittava, e la terza sopr' a sè
Rampollava ancor bianca, ma non troppa.

Cap. XXXIX.

Oh quanto bella tal fonte pariami,
E quanto da lodar, talchè giammai
Di mirarla saziato non sariami.
Com' io a basso al vaso riguardai
Dove l' acqua cadea, ch' era gittata
Da quelle tre, se bene immaginai,
O vidi il vero, io vidi ch' adunata
Era da parte quanta ne gittava
La bianca donna, e là effigiata;
Onde uscia quella del vaso, vi stava
Un capo d' un leone, e 'n ver levante
D' un picciol fiume il bel giardin rigava.
Tolto di quivi e fattomi più avante,
Ciò che la donna vermiglia spandea
Nel vaso, vidi fare il simigliante.
Rimirando esso ancora vi vedea
Una testa d' un toro al mio parere
Del qual quell' acqua ad un' asta scendea.
Oltre ver mezzogiorno il suo sentiere
Tenendo mi parea, che se ne andasse
Ancor rigando il piacente verziere.
Poi mi parve ch' alquanto mi tirasse
In ver la terza donna tutta nera,
Che ridendo parea che lagrimasse.
Parevami, che poich' adunato era
Suo lagrimar nel vaso, che scendesse
Per una testa ancora che quivi era;
Ove mirando, parve ch' io vedesse
Che lupo fosse, e questa se ne gía

Or qua or là, nè parea che tenesse
En l' andar suo nulla diritta via,
Ad aquilon talora, e 'n ver ponente
Scendendo, non so dove si finia.

LI.

DIE TENDENZGEMÄLDE DES COLA DI RIENZO IN ROM.

Vita di Cola di Rienzo (in altromaneskem Dialect, vor 1354.) — ed. Muratori, Antiquitates Italicae III, 401 und 407.

Literatur: Fernow, Römische Studien. (Zürich, 1808.) Bd. III., 299. — Gaspary, Gesch. der ital. Lit. I., 539; treffliche Zusammenstellung über die polit. Gemälde bei Schnaase VII, 504—509. Vgl. dazu Beiträge S. 17, wo auch Tendenzgemälde aus römischer Zeit aufgeführt sind. Etwas ähnliches ist die merkwürdige Verwendung der Malerei zur Stigmatisation von Staatsverbrechen. (Beilage S. 18.) Auch nach der Flucht Cola's vor Janni Pipino ließen die römischen Senatoren den Tribunen sammt seinen Anhängern in schimpflicher Weise an die Wand des Conservatorenpalastes malen (Vita cap. 38. bei Muratori a. a. O. S. 477.) Bei allen diesen Bildern handelt es sich um ephemere Darstellungen, die am ersten den illustrierten Flugblättern an die Seite zu setzen sind.

Cap. 2. Anco secunnaria[1]) lo preditto Cola ammonío li Rettori e lo Puopolo a lo bene fare per una similitutine, la quale fece pegnere ne lo Palazzo de Campituoglio, nanti lo Mercato, ne lo parete fora sopra la Cammora. Penze[2]) una similitutine in quessa[3]) forma. Era pento uno grannissimo[4]) mare; le onne[5]) horribile e forte turvato. In mieso[6]) de quesso mare stava una nave poco meno che soffocata, senza timone, senza vela. In quessa nave, la quale per pericolare stava, ce stava una femmena vedova, vestuta da nero, centa de cengolo di tristezza, sfessa la vuonella[7]) da pietto[8]), sciliati li capelli, come volesse piagniere. Stava inninocchiata[9]): incrociava le mano, piecate[10]) a lo pietto per pietate in forma de perire, che sio pericolo non fossi. Lo soprascritto dicea: Questa ene[11]) Roma. Attorno quessa nave, da la parte de sotto nell' acqua, stavano quattro navi affonnate:[12]) le loro vele cadute, rotti li arvori, perduti li timoni. In ciascuna stava una femmena affocata e morta. La prima avea nome: Babilonia; la secunna: Cartaine; la terza: Troja; la quarta: Jerusalemme. Lo soprascritto diceva: Quesse cittate per la iniustitia pericolaro e vennero meno. Una lettera jesciva[13]) fora fra quesse morte femmene e diceva cosinto:[14])

Sopra onne Signoria fosti in aitura[15])
Hora aspettamo quà la toa[16]) rottura.

Da la lato manco stavano doa[17]) isole. In una isoletta stava una femmena, che sedea vergognosa, e diceva la lettera: Quessa ene Italia. Favellava quessa e diceva cosinto:

Tollesti la balía ad onne[18]) terra;
E sola me tenesti per sorella.

Nell' aitra[19]) isola stavano quattro femmene, co le mano a le gote e a le jenuocchi,[20]) con atto de moita[21]) tristezza e dicevano cosinto:

D'onne vertute fosti accompagnata
Hora per mare vai abbannonata.

Quesse erano quattro vertuti cardinali, cioene Temperanza, Justitia, Prudenza e Fortezza. Da la parte ritta stava una isoletta. In quessa isoletta stava una femmena inninocchiata, la mano destenneva a lo cielo, como orassi. Vestuta era di bianco; nome avea: Fede christiana. Lo sio viezo[22]) dicea cosinto:

O sommo patre, duca, e signor mio!
Se Roma pere, dove starajo io?

Ne lo lato ritto della parte de sopra stavano quattro ordeni de' diverzi animali co' le scielle,[23]) e tenevano corna a la vocca,[24]) e soffiavano como fossino vienti,[25]) li quali facessino tempestate a lo mare, e davano ajutorio alla nave, che pericolasse. Lo primo ordene erano lioni, lopi[26]) e orzi;[27]) la lettera diceva: Quessi soco[28]) li potienti baroni, e riei[29]) rettori. Lo secunno ordene erano cani, puorci[30]) e crapiuoli;[31]) la lettera diceva: Quessi soco li mali conziglieri, seguaci de li nuobili. Lo tierzo ordene stavano pecoroni, draoni[32]) e goipi;[33]) la lettera diceva: Quessi soco li falzi officiali, judici e notarii. A lo quarto ordene stavano liepori, gatti, crape[34]) e scignie;[35]) la lettera diceva: Quessi soco li puopolari, latroni, micidiali,[36]) adulteratori e spogliatori. Nella parte di sopra stava lo Cielo. In mieso staeva la Majestate divina, como venisse a lo Judicio. Doi spade le jescivano da la vocca, de là e de chà.[37]) Da l'uno lato staeva Santo Pietro, e da l'aitro Santo Pavolo[38]) ad oratione. Quanno la jente[39]) vidde quessa similitutine de tale fiura,[40]) onne perzona se maravigliava.

Cap. 4. Per quesso modo fece pegnere ne lo muro de Santo Agnilo Pescivennolo[41]) (lo quale ene luoco famoso a tutto lo munno)[42]) na feura,[43]) cosinto fatta. Ne lo cantone de la parte manca stava uno fuoco moito[44]) ardente, lo fumo e la fiamma de lo quale se stenneano[45]) fi a[46]) lo Cielo. In quesso fuoco stavano moiti puopolari e regi: de li quali aicuni parevano miesi vivi, aicuni muorti. Ancora nce[47]) stava in quella medesima fiamma una femmena moito veterana e per la granne caliditate le doa parte de quessa veglia[48]) erano annerite e la terza parte era remasa illesa. Da la parte ritta nell' aitro cantone era una chiesia, da la quale jesciva un' agnilo[49]) armato, vestuto de bianco. La soa cappa era de scarlatto roscio[50]) vermiglio. In mano portava una spada nuda e con la mano manco prenneva quella donna veglia per la mano perchè la voleva liberare da pericolo. Nell' aitezza de lo campanile stavano Santo Pietro e Santo Pavolo, como venissero da cielo e dicevano cosinto: Agnilo, agnilo, succurri a l'albergatrice nostra. Stava ancora pento, como da cielo cadevano moiti farconi,[51]) e cadevano muorti in mieso de quella ardentissima fiamma. Ancora era nell' aitezza de lo cielo una bella palomma[52]) bianca, la quale tenea ne lo sio pizzo[53]) una corona de mortella e donavala a uno minimo celletto,[54]) como passaro,[55]) e puoi cacciava quelli farconi da cielo. Quello piccolo celletto portava quella corona e ponevala in capo a quella veglia donna. De sotto a quesse feure stava scritto cosinto: Veo[56]) lo tiempo[57]) de la granne justitia e tu aspetta a lo tiempo.

---

[1]) secondario, [2]) pinse, [3]) questa, [4]) grandissimo, [5]) onde, [6]) mezzo, [7]) gonnella, [8]) petto, [9]) inginocchiata, [10]) piegate, [11]) è, [12]) affondate, [13]) usciva, [14]) così, [15]) altura, [16]) tua, [17]) due, [18]) ogni, [19]) altra, [20]) ginocchi, [21]) molto, [22]) verso, [23]) ale, [24]) bocca, [25]) venti, [26]) lupi, [27]) orsi, [28]) sono, [29]) rei, [30]) porci, [31]) capriuoli, [32]) dragoni, [33]) volpi, [34]) capre, [35]) scimmie, [36]) omicidi, [37]) quà, [38]) Paolo, [39]) gente, [40]) figura, [41]) Sant'Angelo Pescevendolo (jetzt in Pescheria) in der Nähe des ehemaligen Ghetto, [42]) mondo, [43]) una figura, [44]) molto, [45]) stendevano, [46]) fino, [47]) ci, [48]) vegliarda, vecchia, [49]) angelo, [50]) rosso, [51]) falconi, [52]) palomba, [53]) becco, [54]) uccelletto, [55]) passero, [56]) vedo, [57]) tempo.

LII.

FILIPPO VILLANI'S LOB DER FLORENTINISCHEN MALER.

Filippo Villani (um 1404), de famosis civibus. — Ed. Frey, Il libro di Antonio Billi, Berlin, 1892. S. 73 (aus dem Autograph Villani's im Cod. Ashburnh. 942).

Literatur: Vasari ed. Milanesi I., 415; Frey, Il codice Magliabecchiano cl. XVII., 17. Berlin. 1892. S. XXXII. ff.

De Cimabue, Giocto, Maso, Stephano et Taddeo pictoribus.

Vetustissimi, qui res gestas conspicue descripsere, pictores optimos ymaginum atque statuarum sculptores cum aliis famosis viris suis voluminibus miscuerunt. Poete quoque vetustissimi Promethei ingenium diligentiamque mirati, ex limo terre eum fecisse homines fabulando finxerunt. Extimaverunt, ut coniector, viri prudentissimi, nature ymitatores, qui conarentur ex lapidibus et ere hominum effigies fabricare, non sine nobilissimi ingenii singularisque memorie bono ac delicate manus docilitate tanta potuisse. Igitur inter illustres viros eorum annalibus Çeusim, Policretum, Phydiam, Prasitelem, Mironem, Appellem, Conon et alios huiuscemodi artis insignes indiderunt; michi quos (quoque?) fas fit hoc loco, irridentium pace dixerim, egregios pictores Florentinos inserere, qui artem exanguem et pene extinctam suscitaverunt: Inter quos primus Johannes, cui cognomento Cimabue nomen fuit, antiquatam picturam et a nature similitudine pictorum inscicia pueriliter discrepantem cepit ad nature similitudinem quasi lascivam et vagantem longius arte et ingenio revocare. Constat siquidem ante hunc Grecam Latinamque picturam per multa secula sub crasse (im)peritie ministerio iacuisse, ut plane ostendunt figure et ymagines, que in tabulis atque parietibus cernuntur sanctorum ecclesias adornare.

Post hunc stra[c]ta iam in novibus (nouis?) via Giottus, non solum illustris fame decore antiquis pictoribus conparandus, sed arte et ingenio preferendus, in pristinam dignitatem nomenque maximum picturam restituit. Huius enim figurate radio ymagines ita liniamentis nature conveniunt, ut vivere et anhelitum spirare contuentibus viderentur, exemplares etiam actus gestusque conficere adeo proprie, ut loqui, flere, letari et alia agere non sine delectatione contuentis et laudantis ingenium manumque artificis prospectentur. Extimantibus multis nec stulte quidem pictores non inferioris ingenii his quos liberales artes fecere magistros, cum illi artium precepta scriptis demandata studio et doctrina percipiant, hii solum ab alto ingenio tenacique memoria que in arte sentiant mutuentur. Fuit sane Giottus seposita arte picture vir magni consilii, et qui multarum rerum usum habuerit. Hystoriarum insuper notitiam plenam habens, ita poesis extitit emulator, ut pingere que illi fingere subtiliter considerantibus perpendatur. Fuit etiam, ut virum decuit prudentissimum, fame potius quam lucri cupidus. Unde ampliandi nominis cupidine per omnes fere Ytalie civitates famosas locis spectabilibus aliquid pinxit Romeque presertim in foribus ecclesie Sancti Petri Transtiberim, ubi ex musivo periclitantes navi apostolos artificiosissime figuravit, ut confluenti orbi terrarum ad urbem indulgentiarum temporibus de se arteque sua spectaculum faceret. Pinxit insuper speculorum suffragio semet ipsum sibique contemporaneum Dantem in tabula altaris capelle palatii potestatis.

Ab hoc viro laudabili velud a fonte abundantissimo et sincero picture rivuli nitidissimi defluxerunt, qui novatam emulatione nature picturam preciosam placidamque conficerent. Inter quos Masius, omnium delicatissimus, pinxit mirabili et incredibili venustate.

Stefanus, nature symia, tanta eius ymitatione valuit, ut etiam a phisicis in figuratis per eum corporibus humanis arterie, vene, nervi queque minutissima liniamenta proprie colligantur et ita, ut ymaginibus suis sola aëris atraccio atque respiratio deficere videatur.

Taddeus insuper hedificia tanta arte depinxit, ut alter Dynocrates uel Victruvius, qui architecture artem scripserit, videretur.

Et numerare innumeros, qui eos secuti artem nobilitaverunt octiantes, lactius foret offitium et materiam longius protrahentis; igitur in hac re de his dixisse contentus ad reliqua venio.

———

LIII.

MICCHELE SAVONAROLA UBER DIE TRECENTISTEN OBERITALIENS.

M. Savonarola, De laudibus Patavii (*ca. 1440*). — *Muratori, SS. RR. Ital. XXIV, 1770 ff.*

Literatur: Über Altichiero u. s. Schule: vgl. Jahrbuch Bd. XVI, S. 180 ff. J. P. Richter bereitet ein Werk über die veronesische Schule vor. Über Giusto: Schlosser, Giustos Fresken in Padua etc. Jahrbuch Bd. XVII. Über Guariento: Schiavon im Archivio Veneto vol. XXXV, 303; Wickhoff, Der Saal des großen Rathes zu Venedig in seinem alten Schmucke, Repertorium f. Kunstw., Bd. VI, 17.

Lib. I. In hoc autem ordine[1]) duos famosos civitas nostra habuit, Guarientum scilicet et Justum. Quorum fama adhuc ex mirandis gloriosisque picturis præclarissima est, Guarientus autem magnificentia stupendum superbumque nimis serenissimi dominii Veneti prætorium quod sala maior nominatur, digitis propriis miro cum artificio depinxit illudque mirum in modum ornavit. Cuius intuitus tanta cum aviditate expectatur, ut cum adest solennis Ascensionis dies, quo omnibus ingressus licet, nulla superfit diei hora, qua locus innumerabili diversarum patriarum hominum copia non repleatur. Tantusque est admirandarum figurarum iucundus aspectus et tanti depicti conflictus admiranda res, ut nemo exitum quærat.

Guariento.

Pinxit autem Justus locum amplissimum quem Patavi Baptisterium vocant. Eo etenim loco sacro in die congregato clero Patavo baptismus fit baptizanturque pueruli. Ita eos earum magno cum artificio compositarum figurarum peramœnus aspectus intrantibus, quam molestus fiat exitus. Novum et vetus testamentum maximo etiam cum ornatu figuratur.

Giusto.

Et quoniam de viris illustribus et famosis dictum est, sintque externi domesticis superadditi, animo concepi his pictoribus eos addere illustres et famòsos, quorum gloriosa fama ex his quæ in urbe nostra reliquerunt, magna sui ex parte floruit. Et primum in sede locabo Zotum Florentinum qui primus ex antiquis musaicis figuras modernas mirum in modum configuravit. Cuius in arte tanta fuit præstantia, ut et aliorum usque

Giotto.

[1]) Der Künstler.

modo princeps habitus sit. Hic magnificam amplamque nobilium de Scrovineis capellam suis cum digitis magno cum pretio pinxit, ubi novi et veteris testamenti imagines velut viventes apparent. Capitulumque Antonii nostri etiam sic ornavit, ut ad hæc loca et visendas figuras pictorum advenarum non parvus sit confluxus. Et tantum dignitas civitatis eum commovit, ut maximam vitæ partem in ea consummavit et ut in sic post se relictis gloriosis figuris in civitate semper viveret. Secundam sedem Jacobo Avantii Bononiensi dabimus, qui magnificorum marchionum de Lupis admirandam capellam veluti viventibus figuris ornavit. Tertiam vero Alticherio Veronensi, qui templiculum Georgii Sancti nobilium de Lupis, templo Antonii propinquum maximo, cum artificio decoravit. Postremo Stephano Ferrariensi non parvum honorem dabimus, qui stupendis miraculis gloriosi Antonii nostri cappellam figuris veluti se moventibus miro quodam modo configuravit. Hi etenim sua in arte illustres viri, ita gloriosam suis picturis urbem nostram reddiderunt, ut famosior pictorum schola facta sit.

Avanzi.

Altichiero.

Stefano Ferrarese.

LIV.

LORENZO GHIBERTIS NACHRICHTEN ÜBER DIE TOSCANISCHEN KÜNSTLER DES TRECENTO.

(Um 1452.)

Ghiberti, Commentario II. — Cicognara, Storia della scultura, IV, 208; Le Monnier'sche Vasariausgabe vol. I.; Emendirter Text in Frey's Sammlung ausgew. Biogr. des Vasari. vol. III., S. 33 ff. (nach der einzigen Hdschr. der Magliabecchiana).

Literatur: Vasari ed. Milanesi II., 247; Frey l. c. und in der Vorrede zum Cod. Magliabecch. XVII, 17. p. XXXIX ff.; Perkins, Ghiberti et son école. (Bibl. internat. de l'art.) Paris, 1885.

Neuere Literatur über die von Ghiberti erwähnten Künstler:

Über Cimabue und Giotto: Wickhoff, Über die Zeit des Guido von Siena, Mitth. des Inst. f. öst. Gesch. X, 255 ff; Thode's Erwiderung, Repertorium f. Kunstw. XIII.

Giotto: Chini, Vita di G. Florenz 1875; Dobbert in Dohmes Kunst u. Künstlern I., 1877; Tikkanen, Der malerische Stil Gs. Helsingfors, 1889; Frey, Studien zu G. Jahrb. der preuß. Kunstsammlungen VI; Thode, Der h. Franz von Assisi, Berlin 1885; Brun im christl. Kunstbl. 1885; Lumbroso, La giustizia e la ingiustizia dip. da G. in Padova. Atti della R. Acad. dei Lincei Ser. IV. vol. III.; Müntz, Boniface VIII. et G., Mél. d'archéol. et d'hist. 1881.

Giottino: Müntz, G. à Rome 1369. Chron. des arts 1880.

Cavallini: Salazaro, Pietro C., Neapel 1882.

Die Meister des Campo Santo in Pisa: Dobbert im Repertorium f. Kunstw. IV.; Supino in Archivio stor. dell' arte. 1894; Trento, L'inferno e gli altri affreschi del Campo Santo di Pisa. Pisa, 1894.

Duccio: Pératé, Études sur la peint. Siennoise I. Duccio. Gazette des beaux-arts 1893; Dobbert, Die Geburt Christi in Berlin, Jahrb. der k. preuß. Kunstsammlungen VI, 157 ff.

Über die Lorenzetti etc.: Thode, Studien zur Gesch. der ital. K. im XIV. Jhdt. Repertorium, Bd. XI.

Simone Martini: Müntz, Les peintures de S. M. à Avignon. Mem. de la Soc. nat. des antiquaires de France vol. XLV.

Niccolò Pisano: H. Semper, Über die Herkunft von N. P. Stil, Lützow's Zeitschr. f. b. K. 1871, 294; Dobbert, Über den Stil N. Pisanos. München, 1873; Hettner, Zur Streitfrage über N. P.: in seinen »Ital. Studien« (Cap. I.); Schmarsow, S. Martin in Lucca, Berlin 1890.

Gio. Pisano: Supino, Il pergamo di G. P. nel duomo di Pisa. Arch. stor. dell' arte 1892; Ders., Due madonne attrib. a G. P. ibid. 1893; Ders., Gio. Pisano, ibid. 1895, 43; Reymond, L'angelo che suona del Bargello e la fontana di Perugia ibid. 1894.

Andrea Pisano: Schmarsow in den preuß. Jahrb. 1889; über die Reliefs des Campanile: Jahrbuch, Band XVII., S. 53 ff. (mit Abbildungen).

1. Adunche al tempo di Constantino imperadore e di Silvestro papa sormontò su la fede cristiana. Ebbe la ydolatria grandissima persecuzione in modo tale, tutte le statue e le picture furon disfatte et lacerate di tanta nobiltà et anticha e perfetta dignità, et così si consumaron colle statue e picture e vilumi e comentarii e liniamenti e regole, davano amaestramento a tanta et egregia e gentile arte. Et poi levare via ogni anticho costume di ydolatria constituirono i templi tutti esser bianchi. In questo tempo ordinorono grandissima pena a chi facesse alcuna statua o alcuna pictura, e cosi finì l'arte statuaria e la pictura et ogni doctrina che in essa fosse fatta. Finita che fu l'arte, stettero e templi bianchi circa d'anni 600. Cominciorono i Greci debilissimamente l'arte della pictura e con molta roçeza produssero in essa, tanto quanto gl' antichi furon periti, tanto

erano in questa età grossi et roçi. Dalla edificatione di Roma furono olimpie 382.

(Giotto.)

2. Cominciò l'arte della pictura a sormontare in Etruria in una villa allato alla città di Firenze la quale si chiamava Vespignano. Nacque uno fanciullo di mirabile ingegno, il quale si ritraëva del naturale una pecora. In su passando Cimabue pictore per la strada a Bologna vide el fanciullo sedente in terra et disegnava in su una lastra una pecora. Prese grandissima ammiratione del fanciullo, essendo di si pichola età, fare tanto bene, veggendo aver l'arte da natura, domandò il fanciullo, come egli aveva nome. Rispose e disse: »per nome io son chiamato Giotto, e 'l mio padre ha nome Bondoni et sta in questa casa, che è appresso«, disse a Cimabue andò con Giotto al padre, aveva bellissima presentia, chiese al padre el fanciullo. E' l' padre era poverissimo. Concedettegli el fanciullo a Cimabue, menò seco Giotto e fu discepolo di Cimabue. Tenea la maniera greca; in quella maniera ebbe in Etruria grandissima fama; fecesi Giotto grande nell' arte della pictura. [3.] Arrechò l'arte nuova, lasciò la roçeza de' Greci, sormontò excellentissimamente in Etruria. E fecionsi egregiissime opere e specialmente nella città di Firençe, et in molti altri luoghi, et assai discepoli furono, tutti dotti, al pari delli antichi Greci. Vide Giotto nell' arte quello che gli altri non aggiunsono; arecò l'arte naturale e la gentileza con essa, non uscendo delle misure. Fu peritissimo in tutta l'arte; fu inventore, e trovatore di tanta doctrina, la quale era stata sepulta circa d'anni 600. Quando la natura vuole concedere alcuna cosa, la concede sença veruna avaritia. Costui fu copio(so) con tutte le cose, lavo(rò) in muro, lavorò a olio, lavorò in tavola. Lavorò di mosayco la nave di S. Piero in Roma, et di sua mano dipinse la capella e la tavola di S. Piero in Roma. Molto egregiamente dipinse la sala del re Uberto[1]) de huomini famosi. In Napoli dipinse nell castello dell' Uovo. Dipinse nella chiesa, cioè tutta è di sua mano, della Rena di Padova, e di sua mano una gloria mondana. Et nel palagio della parte è una storia della Fede

Giotto

[1]) Roberto.

christiana, e molte altre cose erano in detto palagio.[1]) Dipinse nella chiesa d'Asciesi nell'ordine de' frati minori quasi tutta la parte di sotto. Dipinse a S. Maria degli angeli in Ascesi, a S. Maria della Minerva in Roma uno crocifisso con una tavola. [4.] L'opere che per lui furon dipinte in Firençe: Dipinse nella Badia di Firençe sopra all' entrare della porta in un arco una meça Nostra Donna con due figure dallato molto egregiamente. Dipinse la capella maggiore e la tavola nell' ordine dei frati minori quattro capelle e quattro tavole. Molto excellentemente dipinse in Padova ne' frati minori. Doctissimamente sono ne' frati Humiliati in Firençe, era una capella e uno grande crocefisso et quattro tavole fatte molto excellentemente; nell' una era la morte di Nostra Donna con angeli e con dodici apostoli et Nostro Signore intorno, fatta molto perfectamente. Evvi una tavola grandissima con una Nostra Donna assedere in una sedia con molti angeli intorno. Evvi sopra la porta, va nel chiostro, una meça Nostra Donna col fanciullo in braccio. È in S. Georgio una tavola et uno crocifixo. Ne' frati Predicatori è uno crocifixo e una tavola perfectissima di sua mano; ancora vi sono molte altre cose. Dipinse a moltissimi signori. Dipinse nel palagio del Podestà di Firençe; dentro fece el comune, come era rubato, e la capella di S. Maria Maddalena. Giotto meritò grandissima lode. Fu dignissimo in tutta l'arte, ancora nell' arte statuaria. Le prime storie sono nello edificio, il quale da lui fu edificato, del campanile di S. Reparata;[2]) furono di sua mano scolpite e disegnate. Nella mia età vidi provedimenti di sua mano di dette istorie egregiissimamente disegnati. Fu perito nell' uno genere e nell' altro. Costui è quello a chui, sendo da lui resultata e seguitata tanta doctrina, a chui si de(ve) concedere somma loda, per la quale si vede la natura procedere in lui ogni ingegno. Condusse l'arte a grandissima perfectione. Fece moltissimi discepoli di grandissima fama. E discepoli furon questi.

(Stefano.)

Stefano. 5. Stefano fu egregiissimo doctore. Fece ne' frati di

[1]) Es ist dies nicht auf den Pal. della parte guelfa in Florenz, sondern wahrscheinlich auf den Pal. della Ragione in Padua zu beziehen, der 1404 abbrannte (daher der Ausdruck erano?). — [2]) S. M. del fiore.

S. Agostino in Firençe nel chiostro primo tre istorie. La prima, una nave con dodici apostoli con grandissima turbatione di tempo et con grande tempesta, et come appare loro Nostro Signore, andante sopra all' acqua, et come Sampiero[1]) si getta a terra della nave, et con moltissimi venti; questa è excellentissimamente fatta et con grandissima diligentia. Nella seconda la transfiguratione. Nella terça è come Christo libera la indemoniata a piè del tempio con dodici apostoli, molto popolo a vedere; le quali storie sono condotte con grandissima arte. E ne' frati Predicatori allato alla porta va nel cimiterio uno S. Tommaso d'Aquino fatto molto egregiamente; pare detta figura fuori del muro rilievata, fatta con molta diligentia. Cominciò detto Stefano una capella molto egregiamente; dipinse la tavola e l'arco dinançi, ove sono angeli cadenti in diverse forme e con grandissimi (scorci?); son fatti maraviglosamente. Nella chiesa d'Asciesi è di sua mano cominciata una gloria, fatta con perfetta e grandissima arte la quale arebbe, se fosse stata finita, maraviglare ogni gentile ingegno. L'opere di costui sono molto mirabili et fatte con grandissima doctrina.

(Taddeo Gaddi.)

6. Fu discepolo di Giotto Taddeo Gaddi; fu di mirabile ingegno; fece moltissime capelle et moltissimi lavori in muro; fu doctissimo maestro, fece moltissime tavole egregiamente fatte. Fece ne' frati di S. Maria de' Servi in Firençe una tavola molto nobile e dì grande maestero con molte storie e figure, eccellentissimo lavorio, et è una grandissima tavola. Credo, che a nostri dì si truovino poche tavole miglori di questa. Fra l'altre cose e' fece ne' frati minori uno miracolo di S. Francesco d'uno fanciullo, cadde a terra d'uno verone, di grandissima perfectione; et fece, come il fanciullo è disteso in terra, e la madre e molte altre donne intorno piangenti tutte el fanciullo, e come S. Francesco el resuscita. Questa storia fu fatta con tanta doctrina e arte et con tanto ingegno, che nella mia età non vidi di cosa picta, fatta con tanta perfectione. In essa è tratto del naturale Giotto et Dante, e 'l maestro che la dipinse, Taddeo Gaddi.

---

[1]) S. Pietro.

cioè Taddeo. In detta chiesa era sopra alla porta della sagrestia una disputatione di savi, e quali disputavano con Christo d' età d' anni dodici; fu mandata in terra più che le tre parti per murarvi uno concio di macigno; per certo l'arte della pictura viene tosto meno.

(Maso.)

Maso. 7. Maso fu discepolo di Giotto. Poche cose si trovano di lui, (che) non sieno molto perfette. Abbreviò molto l'arte della pictura. L'opere che sono in Firençe: ne' frati di S. Agostino in una capella perfectissim(a) era (sopra) la porta di detta chiesa la storia dello Spirito Sancto; era di grande perfectione; et allo entrare della piaça di questa chiesa è uno tabernacolo, v'è dentro una Nostra Donna con molte figure intorno, con maraviglosa arte fatta. Fu eccellentissimo: fece ne frati minori una capella nella quale sono istorie di S. Silvestro e di Costantino imperadore. Fu nobilissimo e molto dotto nell' una arte e nell' altra. Sculpì meraviglosamente di marmo e una figura di quattro (braccia) nel campanile; fu docto nell' uno et nell' altro genere. Fu huomo di grandissimo ingegno. Ebbe moltissimi discepoli, furono tutti peritissimi maestri.

(Bonamico Buffalmaco.)

Bonamico Buffalmaco. 8. Bonamicho fu eccellentissimo maestro; ebbe l'arte da natura, durava poca fatica nelle opere sue. Dipinse nel monistero delle donne di Faënça; è tutto egregiamente di sua mano dipinto con moltissime istorie molto mirabili. Quando metteva l'animo nelle sue opere, passava tutti gli altri pictori. Fu gentilissimo maestro. Colorì freschissimamente, fece in Pisa moltissimi lavorii. Dipinse in Campo Santo a Pisa moltissime istorie. Dipinse a S. Pagolo di Ripa d'Arno istorie del testamento vecchio e moltissime istorie di vergini. Fu prontissimo nell' arte; fu nomo molto godente. Fece moltissimi lavorii a moltissimi signori per insino all' olimpia 408. Fiorì Etruria molto egregiamente; fece moltissimi lavorii nella città di Bologna. Fu dottissimo in tutta l'arte. Dipinse nella Badia di Settimo le storie di S. Jacopo e molte altre cose.

Fu nella città di Firençe uno grandissimo numero di pictori molto egregii; sono assai, i quali io non ho conti. Tengo, che l'arte della pictura in quel tempo fiorisse più che in altra età in Etruria, molto maggiormente che mai in Grecia fosse ancora.

(Pietro Cavallini.)

9. Fu in Roma uno maestro el quale fu di detta città; fu dottissimo infra tutti gl' altri maestri; fece moltissimo lavorío, e 'l suo nome fu Pietro Cavallini. Et vedesi dalla parte dentro sopra alle porte IVvangelisti di sua mano in S. Piero di Roma, di grandissima forma, molto maggiore che el naturale, et due figure: uno s. Piero et uno S. Pagolo, e sono di grandissime figure molto eccellentemente fatte et di grandissimo rilievo; et così 'ne sono dipinte nella nave d' allato; ma tiene un poco della maniera anticha, cioè Greca. Fu nobilissimo maestro; dipinse tutta di sua mano S.ta Cicilia in Trestevere, la maggior parte di S. Grisogono; fece istorie, sono in S.ta Maria in Trestevere, di musayco molto egregiamente nella capella maggiore VI istorie. Ardirei a dire in muro non avere veduto di quella materia lavorare mai meglo. Dipinse in Roma in molti luoghi. Fu molto perito in detta arte. Dipinse tutta la chiesa di S. Francesco; in S. Pagolo era di musaico la faccia dinançi; dentro nella chiesa tutte le parieti delle navi di meço; erano dipinte storie del Testamento Vecchio. Era dipinto el capitolo tutto di sua mano, egregiamente fatte.

Pietro Cavallini.

(Orcagna und seine Brüder.)

10. Fu l' Orcagna nobilissimo maestro perito singularissimamente nell' uno genere e nell' altro. Fece il tabernacolo di marmo d'Orto S. Micchele: è cosa eccellentissima et singulare cosa, fatto con grandissima diligentia. Esso fu grandissimo architettore e condusse di sua mano tutte le storie di detto lavorío; evvi scarpellato di sua mano la sua propria effigie, maraviglosamente fatta; fu di prezo di LXXXVI migliaja di fiorini. Fu huomo di singularissimo ingegno; fece la capella maggiore di S.ta Maria Novella et moltissime altre cose dipinse in detta chiesa. E ne' frati minori, tre magnifiche istorie fatte con grandissima arte, ancora in detta chiesa una capella e molte altre cose, picte di sua mano. Ancora sono picte di sua mano due

Orcagna und seine Brüder.

capelle in S.ta Maria de Servi; è dipinto uno rifettoro ne' frati di S. Agostino. Ebbe tre fratelli: l'uno fue Nardo: ne' frati predicatori fece la capella dello 'nferno, che fece fare la famigla degli Stroçi; seguì tanto quanto scrisse Dante in detto Inferno; è bellissima opera condotta con grande diligentia. L'altro ancora fu pictore, e 'l terço fu scultore non troppo perfetto. Fu nella nostra città molti altri pictori, che per egregii sarebbon posti: a me non pare porgli fra costoro.

(Ambrogio Lorenzetti.)

Ambrogio Lorenzetti.

11. Ebbe [ne]la città di Siena excellentissimi et docti maëstri, fra quali vi fu Ambruogio Lorenzetti. Fu famosissimo e singularissimo maestro, fece moltissime opere. Fu nobilissimo componitore; fra le quali opere è ne' frati minori una storia la quale è grandissima et egregiamente fatta, tiene tutta la pariete d' uno chiostro: come uno giovane deliberò essere frate; come el detto giovane si fa frate, e il loro maggiore il veste, et come esso fatto frate con altri frati dal maggior loro con grandissimo fervore addimandano licentia di passare in Asia per predicare a Sarrayni la fede de Christiani, et come e detti frati si partono et vanno al Soldano, come essi cominciorono a predicare la fede di Christo; di fatti essi furon presi et menati innançi al Soldano; di subito commandò, essi fussono legati a una colonna e fosseno battuti con verghe. Subito essi furon legati e due cominciorono a battere i detti frati. Ivi è dipinto, come due gl' anno battuti et colle verghe in mano, et scambiati altri due, essi si riposano co' capelli molli, gocciolanti di sudore e con tanta ansietà e con tanto affanno, pare una meraviglia a vedere l'arte del maestro; ancora è tutto el popolo a vedere cogli occhi adosso a gli ignudi frati. Evvi il soldano a sedere al modo moresco et con variate portature et con diversi abiti; pare vedere essi essere certamente vivi; et come esso soldano dà la sententia, essi siano impiccati a uno albero. Evvi dipinto, come essi ne inpiccano uno a uno albero manifestamente, tutto el popolo, che v' è a vedere, sente parlare et predicare el frate inpiccato all' albero; come comanda al giustitiere, essi siano dicapitati. Evvi, come essi frati sono dicapitati con grandissima turba a vedere, a cavallo è a piede. Evvi lo executore della giustitia con moltissima gente armata;

evvi huomini et femine; et dicapitati e detti frati, si muove una turbatione di tempo scuro con molta grandine, saette, tuoni, tremuoti, pare a vederla dipinta pericolo el cielo e la terra; pare, tutti cerchino di ricoprirsi con grande tremore, venghossi gli huomini et le donne arrovesciarsi e panni a capo e gli armati porsi in capo e palvesi; essere la grandine folta in su e palvesi, pare veramente che la grandine balçi in su palvesi con venti meraviglosi. Vedesi piegare gli alberi insino in terra, e quale speççarsi e ciascheduno pare che fugga; ognuno si vede fuggente. Vedesi el giustitiere cadergli sotto il cavallo e ucciderlo; per questo si batteçò moltissima gente. Per una storia picta mi pare una meravigliosa cosa. [12.] Costui fu perfectissimo maestro, huomo di grande ingegno. Fu nobilissimo disegnatore, fu molto perito nella teorica di detta arte; fece nella facciata dello spedale due storie, et furono le prime: l'una è, quando Nostra Donna nacque, la seconda quando ella andò al tempio, molto egregiamente fatte. Ne frati di S. Agostino dipinse el capitolo, nella volta sono picte le storie del Credo; nella faccia maggiore sono tre istorie: la prima è come S. Katerina è in uno tempio et come el tiranno è alto, et come egli la domanda; pare che sia in quello di festa in quello tempio; evvi dipinto molto popolo dentro e di fuori. Sonvi e sacerdoti all' altare, come essi fanno sacrificio. Questa istoria è molto copiosa et molto excellentemente fatta. Dall' altra parte, come ella disputa innanzi al tiranno co' savi suoi et come è' pare, ella gli conquida. Evvi come parte di loro entrino in una biblioteca et cerchino di libri per conquiderla. Nel meço Christo crocifisso co' ladroni e con gente armata a piè della croce. Nel palagio di Siena è dipinto di sua mano la Pace e la Guerra; evvi quello s'apartiene alla pace et come le mercatantie vanno con grandissima sicurtà, et come le lasciano ne' boschi, et come e' tornano per esse. E le storsioni si fanno nella guerra, stanno perfettamente. Evvi una cosmografia, cioè tutta la terra abitabile; non c'era allora notitia della cosmografia di Tolomeo, non è da meraviglare, se la sua non è perfetta. E tre tavole nel Duomo, molto perfette, di sua mano. E a Massa una grande tavola et una capella. A Volterra una nobile tavola di sua mano. In Firençe è il capitolo di S. Agostino. In S. Brocolo in Firençe è una tavola e una capella. Alla scala dove si ritengono i gittati, è una Nuntiata, molto maraviglosamente fatta.

(Simone Martini und Lippo Memmi.)

Simone Martini und Lippo Memmi.

13. Maëstro Simone fu nobilissimo pictore et molto famoso. Tengono e pictori Sanesi, fosse il miglore; a me pare molto miglore Ambruogio Lorençetti et altrimenti dotto che nessuno degli altri. Torniamo a maestro Simone: di sua mano è nel palagio in su la sala una Nostra Donna col fanciullo in collo et con molte altre figure intorno, molto maraviglosamente colorita. È in detto palagio una tavola molto buona, e nella facciata dello Spedale due storie fatte, come Nostra [Donna] è isposata; l'altra come è visitata da molte donne et vergini, molto adorne di casamento e di figure. E nel Duomo due tavole di sua mano. Era cominciata sopra alla porta, che va a Roma una grandissima istoria d' una incoronatione. Vidila disegnata colla cinabrese. Ancora è sopra la porta dell' Opera una Nostra Donna col fanciullo in braccio et di sopra è uno stendardo con agnoletti volanti, che lo tengono, et con molti altri santi intorno, fatta con molta diligentia. Et stette al tempo della corte a 'Vignone (Avignone) et fe' molte opere. Lavorò con esso maestro Filippo; dicono ch' esso fu suo fratello; furono gentili maestri et loro picture furono fatte con grandissima diligentia, molto dilicatamente finite; feciono grandissima quantità di tavole.

(Barna.)

Barna.

14. I maestri Sanesi dipinson nella città di Firençe: Uno maëstro, el quale fu chiamato Barna, [costui] fu eccellentissimo fra gl' altri. E due capelle ne' frati di S. Agostino con moltissime fra l'altre istorie; et un giovane va a giustitiarsi; va con tanto tremore della morte e collui uno frate lo conforta. Con molte altre figure è riguardar l'arte usata per quello maestro, o molte altre istorie, in detta arte fu peritissimo. A San Gimignano molte istorie del Testamento vecchio e ne a Cortona assai lavorò; fu doctissimo.

(Duccio.)

Duccio.

15. Fu in Siena ancora Duccio, el quale fu nobilissimo; tenne la maniera Greca; è di sua mano la tavola maggiore del

Duomo di Siena e nella parte dinançi la incoronatione di Nostra Donna et nella parte di dietro il Testamento Nuovo. Questa tavola fu fatta molto excellentemente e doctamente; è magnifica cosa, e fu nobilissimo pictore. Moltissimi pictori ebbe la città di Siena et fu molto copiosa di mirabili ingegni. Molti ne lasciamo indietro, per non ne abondare nel troppo dire.

(Die Pisani.)

16. Ora diremo degli scultori furono in questi tempi. Die Pisani. Fu Giovanni, figluolo di mæstro Nichola. Maestro Giovanni fece il pergamo di Pisa; fu di sua mano il pergamo di Siena, e'l pergamo di Pistoja. Queste opere si veggono di maestro Giovanni, e la fonte di Perugia; di mæstro Andrea da Pisa, fu bonissimo scultore, fece in Pisa moltissime cose, a S. Maria a Ponte, fece nel campanile in Firenze sette opere della misericordia, sette virtù, sette scientie, sette pianeti. Di maestro Andrea ancora sono intaglate quattro figure, di quattro braccia l'una. Ancora vi sono intaglati grandissima parte di quelli, i quali furono trovatori dell' arti. Giotto si dice, sculpì le prime due storie. Fu perito nell'una arte et nell' altra. Fece maestro Andrea una porta di bronzo alla chiesa di S. Giovanni Battista nella quale sono intaglate le storie di detto S. Giovanni, e una figura di S. Stefano, che fu posto nella faccia dinançi a S. Reparata dalla parte del campanile. Queste sono l'opere, si truovano di questo maestro. Fu grandissimo statuario. Fu nell' olimpia 410.

(Der Kölner Meister.)[1])

17. In Germania nella città di Colonia fu uno maestro Der Kölner Meister. nell' arte statuaria molto perito; fu di excellentissimo ingegno, stette col duca d'Angiò, fecegli fare moltissimi lavorii d'oro; fra gli altri lavorii fe' una tavola d'oro fra quale con ogni sollicitudine et disciplina; [questa tavola] condussela molto egregiamente. In perfecto nelle sue opere, era al pari degli statuarii antichi Greci; fece le teste maraviglosamente bene et ogni parte

[1]) Der Anonymus des Cod. Magliabecch. XVII, 17 nennt ihn »Gusmin«; cf. Freys Ausgabe des Cod. XVII. 17, S. 328.

ignuda; non era altro manchamento in lui, se non che le sue statue erano un poco corte. Fu molto egregio et dotto et excellente in detta arte. Vidi moltissime figure, formate delle sue. Aveva gentilissima aria nell' opere sue; fu doctissimo. Vide disfare l'opera, la quale aveva fatta con tanto amore e arte pe' publici bisogni del Duca; vide esser stata vana la sua fatica, gittòsi in terra ginocchioni, alzando gli occhi al cielo e le mani, parlò dicendo: »O Signore, il quale governi el cielo e la terra et costituisti tutte le cose, non sia la mia tanta ignorantia, ch' io seghui altro che te; abbi misericordia di me.« Di subito ciò che aveva, cierchò di dispensare per amore del creatore di tutte le cose. Andò in su uno monte, ove era uno grande romitorio, entrò et ivi fece penitentia, mentre che visse. Fu nella età, fini al tempo di papa Martino. Certi giovani, i quali cercavano essere periti nell' arte statuaria, mi dissono come esso era dotto nell' uno genere e nell' altro, e come esso, dove abitava, aveva picto. Era docto et finì nello olimpia 438. Fu grandissimo disegnatore e molto docile. Andavano i giovani, che avevano volontà d'aparare, a visitarlo, pregendolo; esso humilissimamente gli riceveva, dando loro docti amaestramenti: e mostrando loro moltissime misure et facendo loro molti exempli. Fu perfectissimo; con grande humiltà finì in quel romitorio, con ciò sia cosa che excellentissimo fu nell' arte e di santissima vita.

NACHTRÄGE
UND
BERICHTIGUNGEN.[1]

Zur Einleitung: Über die Titulidichter vgl. de Rossi, Inscr. christ. II., p. XXXIV., §§. 10., 11.; Bibliographie der Inventare von Mély und Bishop, Bibliographie générale des inventaires imprimés, 3 vols. Paris 1894.

Zu cap. III., S. 13—30: Abweichende Lesarten der Ausgabe W. v. Hartels: S. Pontii Meropii Paulini Nolani opp. Pars I. Epistulae (Corpus Scriptorum ecclesiast. Lat. vol. XXVIII.) Vindob. 1894, p. 275 ff. und Pars II. Carmina, (ibid. vol. XXX.) Vindob. 1895, p. 285 und 291. — Zur Literatur: Hartel, Patristische Studien V. Zu den Briefen des h. Paulinus von Nola. VI. Zu den Gedichten des h. Paulinus von Nola. Sitzungsberichte der Wiener Akademie der Wissenschaften CXXXII. (1895.) Abth. IV. und VII. Ferner: A. Franz, Das Kreuz von Nola, Zeitschr. f. christl. Kunst. VIII. (1895), 197.

S. 14, Z. 7 v. o.: Die in runden Klammern stehenden Worte sind Zusatz des alten Herausgebers Lebrun.

S. 14, Z. 5 v. u.: facies. Hartel.

S. 14, Z. 3 v. u.: Durch ein ärgerliches Versehen ist hier der letzte Satz des obern Abschnittes auseinandergerissen worden. Er hat richtig zu lauten: 3. Sed ne nostri causa . . . . irrideretur; ut revera potest et debet, hac tantum gratia parui . . . . conspicarentur.

S. 15, Z. 16 v. u.: villior, lies vilior.

S. 16, Z. 5 v. o.: Sequentes . . . . sunt fehlt bei H. Zusatz einiger Hs.

S. 16, Z. 14 v. o.: quia, H. qua.

S. 16, Z. 3 v. u.: memorae, lies memoriae.

S. 16, Z. 2 v. u.: meritus, lies meritis.

S. 16, Z. 1 v. u.: animam, H. anima.

S. 17, Z. 9 v. o.: Christo, H. Christi.

S. 17, Z. 13 v. o.: de ullo, H. ne ullo.

S. 17, Z. 17 v. o.: exanimos, H. exanimo.

S. 17, Z. 1 v. u.: adhaerentem, H. adhaerentes.

S. 18, Z. 12 v. u.: qua martyr, ibi et crux, H. quia martyris, et crux.

[1]) Leider haben sich während des — mit sehr grossen Schwierigkeiten verbundenen — Druckes eine Reihe hässlicher und sinnstörender Druckfehler eingeschlichen, die infolge der Entfernung des Verfassers vom Druckorte nicht mehr rechtzeitig corrigiert werden konnten.

S. 19, Z. 5 v. o.: scilicet Dominus cum (apostolis), H. si demus eam (apostolis).

S. 19, Z. 20 v. o.: ut oporteret, H. et oportere.

S. 19, Z. 13 v. u.: elaborata, H. laborata.

S. 19, Z. 11 v. u.: contignata, lies consignata.

S. 20, Z. 2 v. o.: Nach choro ist der Schlusspunkt ausgefallen.

S. 20, Z. 11 v. o.: Nach quo ist der Beistrich zu tilgen.

S. 20, Z. 15 v. u.: Nach spatium ist ebenfalls der Beistrich zu tilgen.

S. 20, Z. 10 v. u.: familiarium, H. familiarum.

S. 21, Z. 12 v. o.: ab aede Dei, H. domo Domini.

S. 21, Z. 19 v. o.: altera, H. alia.

S. 21, Z. 12 v. u.: reservabatur, lies reserabatur.

S. 22, Z. 8 v. o.: et lies e.

S. 22, Z. 13 v. o.: familis, lies famulis.

S. 23, Z. 3 v. o.: apsidis, H. apsidae.

S. 23, Z. 19 v. o.: recluso, lies refuso.

S. 23, Z. 21 v. o.: forte, lies fonte.

S. 23, Z. 4 v. u.: Quam, H. Quod.

S. 24, Z. 11 v. o.: his est, lies hic est.

S. 24, Z. 15 v. o: miratur, lies mirantur.

S. 24. Z. 10 v. u.: Irrepit, H. Inrepsit.

S. 25, Z. 13 v. o.: Sunt, lies sint.

S. 26, Z. 15 v. u.: Cum, lies Cui.

S. 26, Z. 11 v. u.: ritu, lies voto.

S. 26, Z. 2 v. u.: sinu, lies situ.

S. 27, Z. 1 v. o.; H. tilgt das zweite et.

S. 27, Z. 13 v. o.: Jobus, H. Job.

S. 27, Z. 24 v. o.: capacius, lies capacibus.

S. 27, Z. 9 v. u.: densata, lies denseta.

S. 27, Z. 8 v. u.: H. marmor mirum oculis aperit, spatiantibus artat.

S. 27, Z. 4 v. u.: iocos, lies lacus.

S. 27, Z. 1 v. u.: Der Punkt nach est ist zu tilgen.

S. 28, Z. 9 v. o.: spectabile, H. spatiabile.

S. 28, Z. 20 v. o.: Ut, H. Et.

S. 29, Z. 6 v. o.: Hier sind noch folgende vier Verse zu ergänzen:

Nam steterant vasto deformibus agmine pilis,
Nunc meliore datis eadem vice fultis columnis
Et spatii cepere et luminis incrementa
Depositoque situ reducem sumpsere iuventam.

S. 29, Z. 13 v. o.: putari, appido, lies putavi, oppido.

S. 29, Z. 14 v. o.: paravimus, H. paramus.

S. 29, Z. 17 v. o.: si forte et eam, H. si forte unam.

S. 29, Z. 19 v. o.: abside magis, H. num magis.

S. 29, Z. 12 v. u.: propter, H. praeter.

S. 30, Z. 4 v. o.: de reliquiis, Zus. Rosweyds, H. om.

S. 44, Z. 9 v. u.: cum, lies eum.

S. 47. Z. 2 v. u.: mistit, lies misit.

Zu S. 49, Cap. XI. Zur Lit.: H. Semper in Lützows Zeitschr. für bild. Kunst. 1871, 296 ff.

Zu S. 59. cap. XIII. Zur Lit.: Ebert, II., 374; Waitz, in der Histor. Zeitschr. 1880; Labarte, Arts industriels, I., 349 ff. (Besprechung der Notizen über Kunst im Lib. pont. Rom.); Über die Gewänder etc. mit figürlichen Darstellungen: Springer. Ikonographische Studien II. in den Mittheilungen der Central-Commission V. (1860), 70 ff.; Beissel, Gestickte und gewebte Vorhänge der röm. Kirchen in der zweiten Hälfte des VIII. und in der ersten Hälfte des IX. Jahrhunderts. Zeitschr. f. christl. Kunst VII. (1894), 357.

S. 79, Z. 4 v. u.: presbyterim, lies presbyterium.

S. 105, Z. 18 v. o.: Prostasii, lies Protasii.

S. 134, Z. 2 v. u.: pœtae, lies poëtae.

S. 188, Z. 2 v. u.: docorari, lies decorari.

Zu S. 192, Cap. XXX. Zur Lit.: Schnaase, III., 266; IV., 699; Rumohr, Ital. Forschungen, I., 287; Diehl, L'art byzantin dans l'Italie méridionale. Bibl. internat. de l'art. Paris 1894; Neumann, Über Kunst in Italien im XII. Jahrhundert, Neue Heidelberger Jahrb. V.

S. 206, Z. 6 v. o: pœtae, lies poëtae.

S. 207, Z. 12 v. o.: tabulum, lies tabulam.

S. 208, Z. 3 v. o.: ætera, lies altera.

S. 220, Z. 14 v. o.: volumnia, lies volumina.

S. 242, Z. 12 v. o.: cœquato, lies coaequato.

Zu S. 252, cap. XXXIV. Zur Lit.: Fiorillo, Gesch. der zeichn. Künste, England, S. 48.

S. 296. Z. 9 v. u.: acedotum, lies sacerdotum.

S. 351, Z. 5 v. u.; stilo, lies stile.

S. 366, Z. 1 v. o.: Erana, lies Erano.

S. 383, Z. 8 und 11 v. o: mæstro, lies maëstro.

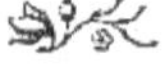

I. VERZEICHNIS DER AUTOREN.

1. Italien

2. Deutschland.

3. Frankreich.

4. England.

II. ORTSREGISTER.

III. SACHREGISTER.

25*

IV. VERZEICHNIS DER KÜNSTLERNAMEN.

A. = Architekt. M. = Maler.
G. = Goldschmied. P. = Plastiker.

V. VERZEICHNIS DER TECHNISCHEN AUSDRÜCKE.

Schlussbemerkung. Zu S. 390 des Registers: exatonpentaicus. So Duchesne, dessen Erklärung jedoch gänzlich verfehlt ist Die ältere Lesart: ecatonpentelaicus gibt noch weniger einen deutlichen Sinn, da 105füssige Säulen (etwa 35 *m*) monstruös wären. — Bei Cap. XI. ist die Anführung des Commentars von Ilg (in den Mitth. der Central-Commission 1871, 63) unterlassen worden, die hiemit nachgetragen sei.

Verzeichnis der häufiger gebrauchten Abkürzungen.

Augusti, Beitr. = Ch. W. Augusti, Beiträge zur christl. Kunstgeschichte und Literatur. Leipzig 1841. 2 Bände.

— — Denkw. = Ch. W. Augusti, Denkwürdigkeiten aus der christl. Archäologie. Leipzig 1817 ff. 12 Bde.

Beiträge = J. v. Schlosser, Beiträge zur Kunstgeschichte aus den Schriftquellen des frühen Mittelalters. Wien 1891. (Sitzungsber. der kais. Akademie der Wissenschaften in Wien. Bd. CXXIII.)

Dehio und Bezold = G. Dehio und G. v. Bezold, Die kirchliche Baukunst des Abendlandes. Stuttgart 1892.

Ebert = A. Ebert, Allgemeine Geschichte der Literatur des Mittelalters im Abendlande. 3 Bde. Leipzig 1880 ff.

Garrucci = P. Raff. Garrucci, Storia dell'arte cristiana nei primi otto secoli della chiesa. 6 voll. Prato 1881.

Jahrbuch = Jahrbuch der kunsthistorischen Sammlungen des ah. Kaiserhauses, redigiert von Dr. H. Zimmermann. Wien 1883 ff.

Migne = Patrologiae Cursus completus etc. Series Latina prior, accurante J. P. Migne. Paris, J. P. Migne.

Piper = F. Piper, Einleitung in die monumentale Theologie. Gotha 1867.

Rossi, de = Jo. Bapt. de Rossi, Inscriptiones christianae urbis Romae septimo saeculo antiquiores. Rom 1861 ff. 2 voll.

Schnaase = C. Schnaase, Geschichte der bildenden Künste. Zweite Auflage. 8 Bde. Düsseldorf 1869 ff.

Schriftquellen = J. v. Schlosser, Schriftquellen zur Geschichte der Karolingischen Kunst in der Sammlung dieser Quellenschriften. Neue Folge. Bd. IV. Wien 1892.

Steinmann = E. Steinmann, Die Tituli und die kirchliche Wandmalerei im Abendlande vom V. bis zum XI. Jahrhundert. Beiträge zur Kunstgeschichte (Seemann). Neue Folge, Bd. XIX. Leipzig 1892.

Teuffel = W. S. Teuffel, Geschichte der römischen Literatur. 5. Auflage. Bearbeitet von L. Schwabe. 2 Bde. Leipzig 1890.

Wattenbach = W. Wattenbach, Deutschlands Geschichtsquellen im Mittelalter bis zur Mitte des XIII. Jahrh. 6. Auflage. 2 Bde. Berlin 1893.

K. u. k. Hofbuchdrucker Fr. Winiker & Schickardt, Brünn.

82-132526

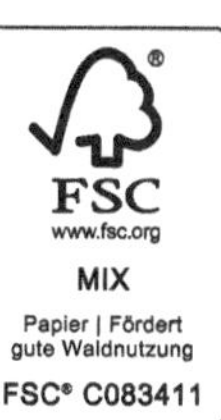

Zeitfracht Medien GmbH
Ferdinand-Jühlke-Straße 7
99095 Erfurt, Deutschland
produktsicherheit@kolibri360.de